廖平全集

主編 舒大剛 楊世文

8

春秋類

春秋左氏古經說義疏

春秋左傳杜氏集解辨正

春秋左氏古經説義疏

廖平　撰
楊世文　張玉秋　校點

校點説明

是書又名《左氏古經説》、《春秋左氏古經説疏證》，是廖平於經學「二變」時改《左傳》爲「今學」後的著作。成於光緒三十四年（一九〇八），同年由成都府中學堂刊刻。全書十二卷，以魯十二公爲次序，各爲一卷。廖平初治《左傳》，分爲兩端，其從《漢書·藝文志》中的《左氏微》得到啓發，將《左氏春秋》分爲義例的「説」和記事的「傳」，沿着先「説」後「傳」的次序，依次著成了《左氏古經説讀本》、《左氏古經説漢義補證》（又名《春秋古經左氏説漢義補證》）、《左傳漢義證》、《左傳漢義補證》，而《春秋左氏古經説義疏》經、傳同載，與《左氏古經説漢義補證》、《左傳漢義證》之經、傳别行不同，是廖氏集其《左氏》學諸成果而成之作。原書每卷下標有「井研廖氏學」。全書旨在闡發經義，廣引二傳、《禮記》、《論語》、《國語》、《史記》等以相印證，博采賈、服、許、班等漢儒師説，以匡杜説之失。其間采杜説較劉文淇爲嚴，多推傳例、師説以補古注所無。主要版本有光緒三十四年（一九〇八）成都中學堂刻本、民國八年（一九一九）重刻本、民國十年（一九二一）四川存古書局《六譯館叢書》重印成都中學堂刻本。兹據成都中學堂刊本整理。

目録

左氏古經説漢義補證十二卷序①

吴縣潘祖蔭序曰：《春秋》三《傳》，《左氏》立學最晚，因出孔壁，漢儒謂之「古文」，然其禮制大旨與博士異議，崇尚古學，所引與《周禮》同類，非也。《左氏》授受無人，《移太常書》亦不言其有師，則《漢書》所有《左氏》傳授，與曾申六傳至賈誼云云，皆後人僞撰淵源，未可據也。從來言《左氏》者皆喜文采、詳名物，引以説《經》者少。治二《傳》者疑解經爲劉附益，輒詆諆之。案博士謂《左氏》不傳《春秋》，《左》與《史記》文同者，凡解經之文《史》皆無之；《史》《漢》皆以《左氏春秋》爲《國語》，則解經爲後人所增無疑。然《魯世家》「魯人共令息姑攝位」，不言「即位」，正用隱元年《傳》文；《陳世家》「桓公病而亂作，國人分散，故再赴」，正用桓五年《傳》文，如此者數十條，則史公所見《左氏》已有解經語，疑不能明也。門下士廖季平進士精敏賅洽，據《漢書·五行志》於《左氏》經傳後引「説曰」有釋經明文，在劉氏説前；又《藝文志》有《左氏微》，謂左氏事業具於《傳》，義例出於《説》。今《傳》事、説雜陳，乃先秦左氏弟子依《經》編年。漢時《國語》通行，《傳》與《説》、《微》藏在秘府，獨史公得見之。《年表》爲《春秋》而作，

① 案：此序據光緒《井研縣志·藝文二》補入。

故仿其式，與《傳》文疊矩重規。因仿二《傳》之例，剌取《傳》中經解、釋例之文附古《經》下，引先師舊説注之，爲《春秋古經左氏漢義補證》十二卷，與《傳》别行，意在申明漢法，刊正杜義。更爲外編若干種，説詳首卷。觀其鉤沈繼絶，著於「長義」、「補例」二門。至「異禮」、「異例」諸表，不蹈争門户者專己守殘之故智，以本《傳》爲主，亦不至膚引二《傳》。又據《史記》以左氏爲魯君子，在七十子後，不用國史史文之説，其書乃尊。以解經皆爲師説，與二《傳》一律，尤足釋劉申綬「附益」之疑，至以《左氏》禮同《王制》，歸還今學，不用漢説，其論雖創，其理則易明也。季平謂史公引董子説，是漢師説《左氏》不求異於二《傳》。余謂史公治《左氏》，實兼通《公羊》，其論述大旨主《左氏》而兼用《公羊》。《孔子世家》所言「素王」義與王魯、宗周、故宋，筆削頗同，諸例又季平所述董子《春秋》説是也。如《宋世家贊》推美宋襄公，與《敘傳》引壺生所云《左氏》與《公羊》同者矣。今古相争勢同水火，皆在劉歆以後。西漢十四博士道一風同，諸儒多兼習數經，小夏侯采歐陽與諸經義自成一家，與大夏侯同立學官，其明驗也。劉文淇《左傳正義》中明賈、服，抉擇甚嚴，其言曰：「《五經異義》所載《左氏説》皆本《左氏》先師，《説文》所引《左傳》亦是古文家説，《五行志》劉子駿説皆《左氏》一家言。《周禮》、《禮記》疏所引《左傳注》不載姓名，而與杜注異者，亦是賈、服舊説。」今閲是書，多所甄録。惟劉書與古注所無，皆以杜注補之，此則不用杜説，推《傳》例師説以相補，惟杜氏用二《傳》説者乃引之。鉤輯之功，無愧昔賢。季平謬以余爲知《春秋》，挾書求序，略爲述之，恐不足張之也。案此書期月已成，加十年之功，當必有進於此者。改官廣文，正多暇日，季平勉乎哉！

左傳漢義證二十卷序

唐人設科，以《左氏》爲大經，固以卷帙繁重，亦因晚出，師法闕亡，貫通者稀，故與《戴記》同號難治。范升謂《左氏》授受無人，孝平以後乃暫立學，不如二《傳》師説詳明，其難一也。太常指爲不傳《春秋》，《傳》中義例閒説史事，與《經》例不同，二也。史稱「左氏《春秋國語》」，《劉歆傳》云：「引《傳》解《經》，由是章句理解①備焉。」近人遂疑解經爲歆附益，三也。古文博士各立門户，《傳》爲劉立，《異義》引爲古學，而禮説不同《周禮》，或古或今，疑不能明，四也。三《傳》同説一《經》，自異則嫌於迕《經》，隨同又疑於反《傳》，五也。全《經》要例，《公》《穀》文詳，本《傳》多僅孤證，欲削則疑於本有，補之則近於膚引，六也。古先著作惟存杜氏，通塞參半，高下在心，未可依據，七也。漢師根據《周禮》，間乖《傳》義，一遇盤錯，皆没而不説，八也。六朝以來，辨難皆在小節，不究《經》義，無所采獲，九也。《公》《穀》既已紛争，攘臂助鬭，更形轇轕，十也。積兹十難，久爲墜學。季平素治二《傳》，近乃兼治《左氏》。庚寅成《經説》十二卷。舟車往反，相與辨難，因得盡悉其義。季平經營《左氏》已久，倉卒具草，固無

① 理解：《漢書·楚元王傳》作「義理」。

足奇。然巨經墜學，隱議難通，卒能犯險攻堅，拾遺繼絕，不可謂不偉矣。綜其長義，凡有廿端：《傳》爲解《經》而作，以《經》爲主，《經》例著明，則三《傳》皆在所統，一。先成二《傳》，洞澈異同，補治《左氏》，故舉重若輕，二。以《左氏》歸還今學，理古學牽引之失，考《王制》合同之妙，一貫同源，門户自息，三。以編年解《經》出於先師，非《左氏》之舊，則《傳》義與博士舊說皆明，四。據《史記》爲始師，則《傳》非古學，說非劉羼，不待詳辨，五。於《傳》《經》立異，《經》見義一例，《傳》不合《經》者，可借以見筆削之旨，反爲要例，六。據《傳》不以空言說《經》爲主，推考事文，多關義例，雖同二《傳》，非由竊取，七。三《傳》大綱皆同，小有參差，不過百一，别立異同諸表，既喜大同，又免揉雜，八。取《戴記》爲舊傳，六藝子史，莫不同條共貫，闢國百里，如日中天，九。無《傳》之《經》說多詳於别條，鉤沉摭佚，具見詳備，十。杜氏通塞相防，周孔錯出，盡刊新舊之誤，不遺斷爛之譏，十一。據《五行志》所引劉氏諸條，皆不見《傳》，知劉無附益，「莊公篇」寧闕毋補，尤見謹嚴，說皆舊文，乃足尊貴，十二。於《傳》中推出新例，確爲授受微言，《傳》專傳《經》，不爲史文，二《傳》不書諸例皆得證明，十三。别出《經說》，附《經》而行，與二《傳》相同，則《傳》本三家，可以共用，古《經》易於誦習，二《傳》事實易明，十四。據《移書》不言授受，僞撰淵源，無從附會，十五。同盟赴告，《公》舉諸義例，皆以爲史法，今據本《傳》證爲《經》例，然後知《傳》非紀事之史，十六。三《傳》事、禮、例舊說以爲不同者，今考證其互文、參差、隱見諸例，不惟不背，反有相成之妙，十七。《傳》例不全，今就《傳》文爲之推考等差正變，作爲「補例」，每立一義，皆從《傳》生，不苦殘佚，又無嫌膚引，十八。筆削爲《春秋》所重，二《傳》但詳其筆削，説則略焉，今將不見《經》事依《經》例編成一書，删削乃詳，因其所棄，知其所存，十九。賢者作《傳》，祖述六藝，故不獨傳《春秋》，凡所引用，多屬六藝微言，今搜考群經佚説，並可由《傳》以通群經，廿。有此廿長，故足以平兹十難。余初學《公羊》，用武進劉氏説，以爲《左》不解《經》，今觀所論述，凡余之素所詬病者，皆非《傳》義。且旌旗既改，壁壘遂新，不惟包舉二《傳》，六經亦藉以愈顯。吁，何其盛也！自來説三《傳》者，皆有門户之見，入主出奴，不能相通。季平初刊《凡例》，亦屬分途，乃能由①疑而信，深探本原。禮樂刑政本屬故物，爲注誤者所蒙蔽自絶者二千年，一旦歸依故國，復覩冠裳，此非季平之幸，乃《傳》大幸也。鄭盦師既爲之序矣，時余方治《周禮》，力申本經，與季平宗旨小别，然通經致用，詳制度而略訓詁同也。二《經》皆爲世詬病，歸獄劉歆，今正前失、搜佚義，彌縫禦侮，以期存亡繼絶者，又相合也。既歎季平之勤，自感著述之苦，故論其難易之故以歸之，殊未足自盡其意也。宋育仁序。

① 由：原作「山」，據光緒《井研縣志·藝文二》改。

左氏古經説讀本二卷序見光緒《井研縣志·藝文二》。

後世習《左氏》者，高則詳典章，考事實，下者獵辭采，評文法，《左氏》經説遂爲絶學，不能與《公》《穀》比。緣傳繁重，循覽一周，已屬不易，何有餘力精考義例？今欲闡明《左氏》經説，必先求卷帙簡要。故平刺取全傳解經之説，别爲一書，名曰《古經説讀本》。且别録經説，凡屬事傳，三《傳》可以從同，不惟昌明《左氏》，並有裨《公》《穀》，一舉而三善得，此書之謂與！

春秋左氏古經説義疏卷一①

隱公

元年，周平王四十九年。春，王正月。無事必書，謹始也。元年、春、王、正月、公即位，爲五始。○史文當有「公即位」，《經》乃削之不書。

元年，春，王周正月。「王」即謂時王，不必更出「周」字。「周」當爲王之記識字，誤入正文，如「郭公盟於召陵」之比。不書即位，繼立變文。攝也。《經》例于元年首書即位，以明世及，所謂父死子繼、兄終弟及之辭，非因行禮不行禮。攝者，從隱公之意言之，即二《傳》之「成公意」。

三月，公及邾儀父盟於蔑。蔑，二《傳》作「眛」。三月以首事，明用夏正。

三月，公及邾儀父盟於蔑，以内及外，内爲主。邾子克也，邾子名克，儀父其字。未王命，故不

① 案：本書書名，稱謂不一。宋育仁序稱《左傳漢義證》，潘祖蔭序稱《左氏古經説漢義補證》。而本書各卷標目，亦有稱《左氏春秋古經説》、《春秋左氏古經説疏證》者。今據光緒三十四年成都中學堂刊本書首范溶題檢，定名爲《春秋左氏古經説義疏》。

書爵。賈、服以爲北杏之會乃得王命。曰「儀父」，貴之也。董子説：附庸字者三十里，名者二十里，人氏十五里。邾在春秋前爲二十里附庸。

夏，四月，費伯帥師城郎。此史所書。不書，謂《經》削之。○元年《經》書七事，不書者七事。《傳》於《經》書七事皆有解説。不書七事亦皆言其所以不書之故。發凡起例，以爲全書筆削綱領。以此推之，凡見《經》之事皆必有説，不見《經》者，當詳其所以不書之故。《經》《傳》各言七事，又以此相起也。非公命也。《經》例不得稱費伯、夷伯、單伯，均爲天子大夫。○《傳》惟隱三言「非公命」，從不書即位推之，公自以爲攝，故不命大夫。

夏，五月，鄭伯克段于鄢。鄭，豫州方伯。豫州王畿，不置諸侯，故從寰内諸侯例稱「伯」，如召伯、毛伯。後晉爲二伯，乃以鄭補冀州方伯。《經》以次國待之，故有使、有監者、有湯沐邑。

書曰：凡言「書曰」皆《春秋》加損之文。「鄭伯克段于鄢。」段不弟，故不言「弟」。《經》母弟稱弟。不弟，以貶段。如二君，故曰「克」。如《尚書》克商之「克」。又《傳》言「得儁曰克」，「儁」當爲「獲」。大夫生死皆曰「獲」，故《穀梁》以爲能殺。稱鄭伯，譏失教也，《穀梁》：「殺世子母弟，目君。」謂之鄭志。不言出奔，難之也。史本書鄭伯之弟出奔衛，《經》言鄭伯克段于鄢，克爲難辭。《穀梁》所謂「處心積慮以成于殺」，與「克葬」、「克納」不同。在《春秋》爲一見例。其義甚于書「殺」。○此事二《傳》釋之詳盡，本《傳》言簡而該，其意均同。

秋，七月，天王使宰咺來歸惠公仲子之賵。孝惠娶于商，此仲子卒在春秋前，當從《穀梁》，以爲惠公之母。繫母于子，如僖公成風之例。杜以爲桓母，未允。

秋，七月，天王使宰《公羊》以爲宰士，與宰周公之冢宰不同。咺繫名于官，與宰渠伯糾氏字并見者不同。來歸惠公仲子之賵。緩，議不及事。且子氏未薨，言死不書「薨」。成風舉謚書葬，此不舉謚，知死不書

「薨」。不書「薨」則爲妾，王不宜來，非謂仲子未死。故名。貶咺不氏。《穀梁》：賵人之母則可，賵人之妾則不可。天子七月而葬，此下爲《經》通例，不專説此事。同軌畢至；諸侯五月，同盟至；「同盟」爲《傳》中大例，謂以同盟待之。十九國惟滕、薛、杞發不同盟之例，以三國皆卒正下等。大夫三月，同位至；大夫内則天子大夫、元士，外則卒正、連帥二等，故曹以下用大夫禮，不以五月爲期。士踰月，外姻至。士指中士、下士，外則屬長，此類通不見《經》。贈死不及尸，杜云：「尸，未葬之通稱。」弔生不及哀，杜云：「諸侯以上，既葬則衰麻除，無哭位，諒闇終喪。」豫凶事，非禮也。杜誤解「未薨」句，以「豫」爲凡事豫之豫。《説苑》引《穀梁傳》文與《傳》同。「豫凶事，非禮也」，解葬期所以必數月之故。衾絞衰麻，死而後制，爲「不豫」。

八月，紀人伐夷。此史所書。夷不告。紀夷，不在十九國内，不專記事，故《經》例爲不告。故不書。

有蜚，不爲災，不入《經》災例。亦不書。《經》削例，凡外事不書者從此。

九月，及宋人盟于宿。卑盟之始。

九月，及宋人盟于宿，「及」者，内卑者；「宋人」，外卑者。卑者例不見《經》，凡見《經》，皆命大夫以上。始通也。

冬，十月，庚申，改葬繼嗣不明，釀成弑禍，故不書葬。惠公。公弗臨，葬惠公，隱無不臨之理。謂隱志在讓桓，不敢主喪。故不書。此《春秋》嗣子嫡庶有亂不書葬通例。葬者臣子事，不書葬，以爲無臣子也。惠公之薨也，有宋師，太子少，太子指桓公，繼嗣不明之證。葬故有闕，是以改葬。因繼嗣不明不書「葬」例。與二《傳》相同。

衛侯《經》以爲兖州方伯，齊爲二伯後，即以補之，與魯同等。來會葬，史所書。不見公，禮，諸侯相見曰「朝」，不見猶言「不朝」，謂非來朝之國也。來朝之國來會葬。亦不書。《經》例衛不會葬。凡非山東國君，統無來文，惟使大夫往來，所以別尊卑。

鄭人以王師、虢師伐衛南鄙。《經》惟魯言「鄙」，詳内也，外伐不言鄙，略之也。請師于邾，邾子使私于公子豫。豫請往，公弗許，遂行。及邾人、鄭人盟于翼。《傳》邾在鄭上，《經》則邾在鄭下。不書，非公命也。本爲公許，爲内諱惡，託于非命，使其罪若專在下者然。

新作南門，史書。不書，經削之。亦非公命也。新作有所譏乃書之，此託之非公命。

冬，十有二月，祭伯來。祭伯爲監大夫。氏祭，與祭公同見爲王臣。伯與仲、叔同爲字。

十二月，祭伯來，天子大夫來爲魯監，故不繫事。《公羊》以來爲奔，《穀梁》以來爲朝，因《經》無明文，故各以己意立説。非王命也。謂非奉命來使，故不書「使」。

公子益師卒。益，不氏公子，書「卒」，爲卿不日，知貶之。

衆父卒，後爲衆氏，衆仲其子。公不與小斂，禮，卿與小斂，大夫則否，此禮待降等。不與小斂，謂不以卿禮待之。故不書日。此明日月例。卿卒例日，大夫卒不日。此以卿從大夫禮，與公子彄大夫加等與小斂書日事相反。《穀梁》以爲惡，事在春秋前不見。一説：氏公子，譏世卿，故貶之。

二年，春，公會戎于潛。潛，内邑，戎爲齊，隱、桓不見外州國。西方曰戎，不能遠來會公。《國語》「返其侵地棠潛」，以齊取潛，知爲齊也，不可言齊，故託之戎。

春，公會戎于潛，修惠公之好也。外取我邑，諱言「會」。魯不與戎好，謂齊也。非修好，託言之。戎請盟，公辭。《春秋》之戎多非真戎，當據事實求之。

夏，五月，莒人入向。向爲國，故言「入」。莒滅之，爲邑，後爲内邑。不言「滅者」，《春秋》初諱滅言入。

夏，莒人入向，以姜氏還。

無駭帥師入極。極，魯屬小國，内諱滅言入。無駭不氏公孫，貶之同微者。内外連書，比而譏之也。

司空無駭入極，費庈父勝之。

秋，八月，庚辰，公及戎盟于唐。戎作齊，則「唐」當爲「棠」。

秋，盟于唐，復修戎好也。齊前取潛，此復取棠。一説唐晉地，戎即晉，如貿戎爲晉之比；晉未爲二伯，故初見避之，託于戎。

九月，紀裂繻來逆女。紀稱侯，爲小國之大者，故于其來接内一見。不氏大夫，如邾、莒。不言「使」，紀小國，不言使也。○杜以下「子帛」爲裂繻字，非。

九月，紀裂繻來逆女，卿爲君逆也。《穀梁》：「逆女，親者也；使大夫，非正也。」按春秋以前無親迎之禮，《經》乃定爲娶婦必親迎。《公羊》「譏始不親迎」，爲依《經》立説。託之于古，以見徵信。

冬，十月，伯姬歸于紀。伯、仲、叔、季爲字例，男女均同，《經》爲此①。紀子帛、莒子盟于密。「帛」與「伯」爲古今字，子、伯并見，以明非爵。杜氏以爲裂繻字，誤。卒正中杞亦稱伯稱子，與此同非本爵。

冬，紀子帛、讀作「伯」。子在伯上，亦明子貴于伯之義，非以五等爵言。莒子盟于密，魯故也。二國皆朝内，爲魯屬臣，不能在君上。小國大夫無字例，更不能稱子。

十有二月，乙卯，夫人子氏薨。孝惠娶于商，譏娶母黨。隱以前皆宋女，桓始娶于齊。「子氏」《傳》無明文，二《傳》各以意立説。據三年《傳》「聲子卒」爲隱母，則此當從《穀梁》以爲隱妻。

鄭人伐衛。專伐之始。

鄭人伐衛，《傳》引《經》文有直録，有加損，各有取義。討公孫滑之亂也。

三年，春，王二月，己巳，日旬。有食之。日食有吞吐之狀，如鼷鼠食郊牛之食。「之」指日。○日食在春秋一隅爲異，在全球則爲常，記之以爲驗小推大之基礎。○《公羊》：「日食則曷爲或日或不日？或言朔或不言朔？曰某月某日朔，日有食之者，食正朔也。其或日或不日，或失之前或失之後。失之前者，朔在前也；失之後者，朔在後也。」

三月，庚戌，天王崩。《穀梁》：「高曰崩，厚曰崩，尊曰崩。天子之崩，以尊也。」《公羊》：「天子記崩不記葬，必其時也。諸侯記卒、葬，有天子存，不得必其時也。」

春，王三月，壬戌，天王崩。實日。赴以庚戌，赴到之日，非崩日。故書之。《傳》之過緩例。託

① 「此」下疑有脱文。

之赴告，故因赴到日書之，以懲臣子之過，非承赴誤文。

夏，四月，辛卯，君氏卒。「君」當依五年《傳》「尹氏、武氏」連文讀作「尹」，與二《傳》同，譏世卿。

補五年《傳》曲沃莊伯以鄭人、邢人伐翼，王使尹氏、武氏助之。《經》尹氏、武氏連書，故《傳》亦尹氏、武氏連文。翼侯奔隨。本《傳》亦作尹氏，君爲字誤可知。尹氏、武氏連文，所以譏世卿。王臣尹氏以辛卯卒，魯君氏以四月卒，尹氏有經無傳，君氏有傳無經。

夏，君氏卒，此史例所書。聲子也。惠公繼室。子，宋女，媵辭也。不赴于諸侯，不反哭于寢，不祔于姑，三者皆妾母禮。故不曰「薨」；妾母書卒，不書薨。不稱夫人，故不言「葬」，不書姓。繼室不得用夫人禮，從媵辭。故禮節減殺。爲公故，曰「君氏」。禮：妾母以子氏，《經》書皆在孫世，故以子謚氏，如惠公仲子、僖公成風。此在子世，稱君而已，當曰①君子氏；不言姓，則只曰「君氏」。必在《傳》乃有此稱，《經》例氏上必爲姓，無稱「君氏」之例。《傳》以爲隱公母，《公》《穀》皆不言。《經》有隱母，故此事見《傳》不見《經》。《經》之「尹氏卒」則有經無傳，後師誤據《傳》之「君氏」以改《經》之「尹氏」，以致二《傳》男女不同，爲世詬病。皆杜氏不知《經》《傳》之分所致。

秋，武氏子來求賻。言「武氏子」，二氏連文，同爲譏世卿。王未葬，故不稱「使」，且以見其未命。

武氏子武氏子，父死在喪之稱。如諸侯在喪稱「宋子」、「陳子」。來求賻，王未葬也。《穀梁》：言求者，

① 曰：原作「白」，據文意改。

交譏之。「歸死者曰『賵』，歸生者曰『賻』。」《説苑》：「賵襚所以送死也，賻賵①所以佐生也。」

八月，庚辰，宋公和卒。卒爲生者事。公在先，故《穀梁》曰舉上。○諸侯曰「薨」，以「卒」言者，以君夫人曰「薨」，故辟之。與内大夫同者，不嫌也。

八月，庚辰，宋穆公卒，殤公即位。君子曰：「宋宣公可謂知人矣，立穆公，其子饗之，命以義夫。」此爲魯隱發也。宋宣以兄讓弟，其子得立，魯隱以兄讓弟，爲弟所弑；但以知人許之，不論其事之得失。《公羊》「大居正」又别一義，不可據以相難。

冬，十有二月，齊侯、鄭伯盟于石門。外大國盟之始。外盟例時，月者謹始。

冬，齊、鄭盟于石門，尋盧之盟也。

癸未，葬宋穆公。葬爲臣子事。公在下，故《穀梁》曰「舉下」。○不曰「宋葬穆公」者，《春秋》葬之，《經》于諸侯有不葬者，絶其臣子也。

四年，春，王二月，莒人伐杞，取牟婁。取者易辭。爲莒牟夷以牟婁及防、兹來奔張本。《穀梁》：「諸侯相伐取邑于是始，故謹而志之。」

戊申，衛州吁弑其君完。不氏公子，當國也。○杜誤用宣四年弑君稱臣例，州吁弑賊，有罪何待言！

春，衛州吁弑桓公而立。弑桓公而立爲當國，所以釋不氏公子之意。

夏，公及宋公遇于清。《曲禮》：「不期而會曰遇」，又「不及期相見曰遇」。清，内地，故内主之。

① 賵：原脱，據《説苑·脩文》補。

公與宋公爲會，將尋宿之盟。未及期，釋遇之義。衛人來告亂。衛，常記事之國。○不言不告不書，一言「告亂」。以下不告。

夏，公及宋公遇于清。宋公出而公要之，志相得也。

宋公、陳侯、蔡人、衛人伐鄭。爲公在侯上，一定之次。州吁弑君，諸國助逆，稱「人」貶之。不「人」宋、陳，明非微者，「人」蔡、衛，即所以「人」宋、陳也。

于是陳、蔡方睦于衛，故宋公、陳侯、蔡人、衛人伐鄭。圍其東門，不書「圍」者，隱、桓不言「圍」。五日而還。《春秋》初記内四州國，魯、衛、陳、鄭爲四方伯。宋爲王後，鄭則卿士。

秋，翬帥師會宋公、陳侯、蔡人、衛人伐鄭。會伐不再叙，此會伐之始，故謹而叙之，且以見翬之專也。《經》凡書「帥師」，皆惡專兵。

秋，諸侯復伐鄭。宋公使來乞師，公辭之。羽父請以師會之，公弗許，固請而行。此與公子豫事同，豫不書者，見爲《傳》之託辭。故書曰「翬帥師」，疾之也。將尊師衆曰「帥師」，非可以微者當之，故知有所疾。二《傳》以爲貶，與此同。翬終隱世不氏公子，于桓世逆女稱公子，明賊隱而親桓也。專兵即弑君之漸，所謂非一朝一夕之故。書此以爲弑君張本。

九月，衛人殺州吁于濮。濮①，陳地，陳助衛討之也。○稱「人」以殺，爲衆詞，討有罪也。與諸侯稱人爲貶詞、大夫稱人爲微者不同。州吁不氏公子、不繫國，如鄭人殺良霄、晉人殺欒盈，純爲討賊詞。氏公子，則嫌與楚比同；繫國，則

---

① 濮：原作「衛」，誤。據經文改。

嫌與鄭忽同，故僅書名以絶之于本國。

九月，衛人使右宰醜涖殺州吁于濮。石碏使其宰獳羊肩涖殺石厚于陳。以不書于《經》，故別言之。君子曰：「石碏，純臣也。惡州吁而厚與焉。與弑也。大義滅親，其是之謂乎！」石厚助弑，《春秋》之法所必誅，大義滅親，明不以私害公。立説本無偏頗，後人假此言以作亂，則堯舜禪讓之事，魏晉以下襲爲故常，豈能謂堯舜之過？宋以後多此偏執之説，不足計也。

冬，十有二月，衛人立晉。稱「人」以立，爲衆辭。雖爲衆所欲立，而非王命，故晉不氏公子以惡之。《公羊》：「立者不宜立。」所謂不與父死子繼、兄終弟及之辭。董子：「《春秋》常于嫌得者見不得，以明尊王之義。」

衛人逆公子晉于邢。冬，十二月，宣公即位。書曰「衛人立晉」，衆也。《穀梁》：「得衆則是賢也，賢則其曰不宜立何？《春秋》之義，諸侯與正而不與賢也。」〇按：宜立則不書，書之者，必有所見。

五年，春，公矢魚于棠。「矢」讀作「觀」，二《傳》作「觀」，本《傳》亦言「觀」，矢當爲觀字變文。

遂往陳魚而觀之。《傳》作「觀」，知《經》矢字之誤，非訓射。書曰「公矢魚于棠」，非禮也，常事曰「視」，非常曰「觀」。且言遠地也。與「公如齊觀社」同譏游戲。

夏，四月，葬衛桓公。葬，臣子事，去年不葬，賊未討，以爲無臣子。賊討，晉立，乃有喪主，故十五月①而葬也。諸侯月葬爲正。此不以渴葬言者，從有喪主以後言之也。

夏，葬衛桓公。衛亂，因有亂，故不書葬。是以緩。緩謂過時不書葬，其事不明者緩書。《春秋》緩之，

① 十五月：原作「五月」，誤。衛君完于四年春遇弑，至此已十五月。

非本國綏。董子「《春秋》書事時詭其實」是也。

秋，衛師入郕。

衛之亂也，郕人侵衛，故衛師入郕。《經》言衛入郕，而削郕侵衛之文，有末無本，《傳》乃詳之。《春秋》見者不復見，有見其始者，有見其末者。立武宮言，立桓、僖不言，立以見災，則知復立也。此爲本末例，賴《傳》得以明之。

九月，考仲子之宮。考猶入室也。仲子爲妾母，始未入廟，隱乃別爲立廟。

九月，考仲子之宮，將萬焉。萬舞也。仲子爲桓母，正合妾母于子祭之例。《公羊》：「隱爲桓立，故爲桓祭其母。」《穀梁》以爲惠母者，非。

初獻六羽。八佾行①八風，爲帝王典禮，魯舊用之，故三家亦八佾。《春秋》正名器，乃以爲始僭諸公，當時不以爲僭。

于是初獻六羽，始用六佾。「始用六佾」，見先之用八佾也。魯爲諸侯，當用四佾，故于妾母立廟以爲僭諸公。《公羊》：「僭諸公，猶可言；僭天子，不可言也。」

邾人、鄭人伐宋。邾主兵，故叙二伯上。此主客一見例。

宋人取邾田，外取田邑不書。邾人告于鄭曰：如邾、莒愬于晉。「請君釋憾于宋，敝邑爲道。」鄭人以王師鄭時爲伯，故以王師。會之，言「會」者，邾爲主。不言王師，諱之也。伐宋，入其郛，《經》書「伐曹入郛」，此仿之。以報東門之役。

① 行：原作「平」，誤。《左傳》隱公三年：「夫舞所以節八音而行八風。」據改。

螟。蟲災也。反常爲異，有害爲災。《經》凡三記螟，隱二莊一。

冬，十有二月，辛巳，公子彄卒。字臧，其孫乃以臧爲氏。

冬，十二月，辛巳，臧僖伯卒。氏臧者，從後追稱之。公曰：「叔父臧氏世爲大夫，非卿大夫稱叔父，如天王稱方伯曰叔父。有憾于寡人，寡人弗敢忘。葬之加一等。」加等，葬加卿禮。衆父卒，公不與小斂，爲降等；此日又稱「公子」，爲加等。加等則與小斂。○善則加禮，惡則降禮；加則大夫從卿，降則卿從大夫。二《傳》據善惡爲説，《傳》據禮爲説，其實一也。

宋人伐鄭，圍長葛。「圍」爲國辭。伐國不言圍邑，以其久，故志之。

宋人伐鄭，圍長葛，以報入郛之役也。《春秋》大國乃言「圍」，以其强也。宋稱「人」，爲貶辭。上文邾人、鄭人伐宋。亦爲貶辭。當時諸侯交惡。禍亂已亟，故并貶之。《孟子》：「春秋無義戰，彼善于此，則有之矣。」

六年，春，鄭人來渝平。渝，二《傳》作「輸」，渝平猶言墮成。四年魯會伐①鄭，内與鄭人未有平也。無平而曰「渝平」，明非實也。不言其人，爲内諱也。《傳》曰：「諱莫如深。」因其恥大，故諱深也。

春，鄭人來渝平，更成也。《公羊》：「狐壤②之戰，隱公獲焉。」鄭初與魯交惡，至此乃會和。《經》諱前事，故反以爲非結盟，乃渝盟。

---

① 伐：原作「代」，據文意改。

② 壤：原作「壞」，據《公羊傳》改。

夏，五月，辛酉①，公會齊侯，盟于艾。齊地。

夏，盟于艾，始平于齊也。此類必以史事相證乃有義。

秋，七月。《春秋》編年首時，過則書，天道不可缺。《詩》有四始之義，《正月》、《四月》、《七月》、《十月》四篇是也。

冬，宋人取長葛。終去年伐圍事。不言鄭者，因上文「伐鄭」可知。二《傳》：「外取邑不書，此何以書？久也。」

秋，宋人取長葛。直録《經》文，下必有説，此本無之。《公》《穀》二本漢師各有異同增損，《傳》在當日亦非一本。

七年，春，王三月，叔姬歸于紀。爲伯姬之媵。《白虎通》引《公羊》：「叔姬歸于杞，明待年也」。○待年爲經制，當時不必有此禮。

滕侯卒。小國初「卒」以不名爲正，曹以上無之。○滕雖稱侯，不嫌其爲小國。《穀梁》以無名爲狄道，與本《傳》以杞人用夷禮則夷之同。《曲禮》「夷狄雖大曰子」，滕、杞并稱「子」，故以夷狄説之。

春，滕侯卒。凡見《經》皆百里侯國。《經》方伯乃稱侯，以伯、子、男爲卒正以下之稱，故見《經》小國多非本爵。滕于此及十一年來朝見本爵，以後見《經》皆稱「子」，與薛同爲本爵託號并見之國。以二國皆卒正下等。于此見義，其餘可知。不書名，未同盟也。滕小國，不以同盟之禮待之，如今小國不入公法，非爲大國言，故三發傳在滕、薛、杞，均小國。凡此「五十凡」之一，杜以爲周公舊例。諸侯同盟，二伯、方伯及卒正上等乃待以同盟。于是稱名，故薨則赴以名，就《經》例言之。告終稱嗣也，以繼好息民，謂之禮經。此爲大國定例，惟

① 辛酉：原脱，據《左傳》經文改。

滕、薛、杞在卒正下等。三發此凡，杜注誤據以説大國。

夏，城中丘。《穀梁》：「凡城之志，皆譏也。」不譏則不書。

　夏，城中丘，書不時也。書城各有所取，此于夏書，上下無起文，以見不時。

齊侯使其弟年來聘。母弟稱弟。

　齊侯使夷仲年來聘，結艾之盟也。諸侯之弟正辭不稱「弟」，因來魯，舉其親。

秋，公伐邾。邾與内交惡，《經》獨詳記之，以見近魯之國皆有兵事。其不書者，有所諱也。

　秋，宋及鄭平。外平不書。七月，庚申，盟于宿。外盟不書，有所見乃書。公伐邾，爲宋討也。欲以求宋好。

冬，天王使凡伯來聘。凡伯，天子大夫。許叔重《異義》《公羊》説『天子不下聘』」，《穀梁》：「下聘非正。」《傳》及《周禮》則均言下聘。今定爲方伯以上得下聘，從《左氏》；卒正以下不下聘，從二《傳》。考《經》于朝魯之卒正言魯下聘，公孫茲如牟，則連帥亦有聘，下行二等而止。則知天子亦得聘二伯、方伯也。戎伐凡伯于楚丘以歸。戎，《穀梁》：「衛也。」楚丘，衛地，以地知爲衛。「伐」爲國辭，一人而曰伐者，天子之大夫受地視子男，故得以國辭言之。

　初，戎朝于周，朝王。發幣于公卿，王引之説：「發幣，猶致幣也。」凡伯弗賓。與衛有隙。冬，王使凡伯來聘，還，從魯還。戎伐之于楚丘以歸。執之歸于衛也。衛篤從中國，《經》有内衛之例。伐王使不可言，故託之戎，如《公羊》以貿戎爲晉，以爲此非中國所爲，戎狄則或有之爾。《傳》及《公羊》以此爲真戎，乃緣《經》立説。《經》多託辭，《傳》則各詳一義，須并通之。○當時諸侯與今世界相同，然無君臣統一，《春秋》乃以王法撥正之，定爲天子、諸侯各等級。執王使不可言，故避之稱「戎」，以時局推之自得。

八年，春，宋公、衛侯遇于垂。

春，齊侯將平宋、衛，如外國居間調和。有會期，期兼地言。宋公以幣請于衛，請先相見，未及期。衛侯許之，故遇于犬丘。犬丘，垂也，一地兩名。○《曲禮》：「未及期相見曰遇。」爲《春秋》舊傳文。

三月，鄭伯使宛來歸祊。二《傳》作「邴」。宛言「使」，爲卿不氏，貶之。貶宛即所以貶鄭伯。《公羊》以爲微者，就不氏立説。

鄭伯如二伯之辭。請釋泰山之祀，二《傳》云天子不巡狩。而祀周公，許田有周公廟。以泰山之祊易許田。祊爲鄭之湯沐邑，在泰山下。許田爲魯之朝宿邑，近許之田，各就所近易之，以見天子不復巡狩，諸侯不復朝覲。三月，鄭伯使宛來歸祊，不祀泰山也。《鄭世家》：鄭莊公怒周弗禮，與魯易祊田。○鄭二伯從天子巡狩，每岳貢兩伯之樂，非東諸侯不會泰山下。

庚寅，我入祊。入者，拒之之辭，義不得入，故上有來歸之文，而猶言入者，以諸侯不得專地也。邑而以入言者，大天子之邑也。上文歸祊貶鄭，此書「入祊」，並以惡内也。

夏六月，已亥，蔡侯考父卒。《穀梁》：諸侯日卒正也。○隱、桓世，陳、蔡、鄭、衛經皆以内州國待之，故記蔡卒文詳。蔡後篤從楚，乃狄之。

辛亥，宿男卒。書卒者當名，不名者不卒之國。宿爲青州連帥小國，不日卒，日者亦明不卒。經非十八國不記卒，史所卒者經皆削之，一卒宿以明削例，與諸卒不同，爲小國一見例。

秋七月，庚午，宋公、齊侯、衛侯盟于瓦屋。參盟之始，齊尚未伯，故序王後下。

齊人卒平宋、衛于鄭，秋會于温，盟于瓦屋，經有盟無會，舉重也。以釋東門之役，禮也。

八月，葬蔡宣公。三月而葬，不及時。經于時葬皆以五月乃書有故，則或遲或早，因其遲早以見意，不必爲實事。

○葬不書日者，諸侯五月而葬，以月決者不以日計。

九月，辛卯，公及莒人盟于浮來。書「及」，有内及外、尊及卑、大及小、主及客之別，此爲以尊及卑。人爲小國人夫在盟會之稱，所謂小國無大夫，專就盟會稱人而言，與大國之君及大夫稱人爲貶辭者不同。

公及莒人人者，莒大夫。公不與大國大夫盟會，小國則不嫌。盟于浮來，以成紀好也。

螟。

冬，十有二月，無駭卒。公孫無駭也。卒始請族，其後以展爲氏。

無駭卒，羽父請謚。謚當作氏，音之誤。與族此爲其子請氏，非無駭終身無氏，卒乃賜之也。又公孫以公孫爲氏，無待于請。杜氏以不書氏爲未賜族，大誤。公子、公孫豈待請耶？公問族于衆仲，衆仲對曰：單問族氏已明，此傳因事見禮説。「天子建德，建德者，因其九德錫命以國土，《尚書》所謂錫土姓，指封諸侯之事。因生以賜姓，因所生地，謂若舜生于嬀汭，陳爲嬀姓。胙之土而命之氏，姓者，所以統繫百世使不別也，氏者所以別子孫之所出。姓如姬姓之國皆姓姬，氏如尹氏、武氏，又以所封之國名其氏以別之，如畿内所封國名。諸侯謂諸侯子孫，公孫之子。以字爲謚。謚讀作氏。《史記·五帝本紀》集解引《駁五經異義》作「諸侯以字爲氏」，謂以王父字爲氏，如三家之仲、叔、季。① 因以爲族。如宋之戴、武、宣、穆、莊之族。官有世功，則有官族。

① 案：本段前有缺文。

以官爲氏，如司馬、司空及晉之籍氏、士氏之類。邑亦如之。」以邑爲氏，如韓、趙、魏之類。公命以字爲「展氏」。《公羊》：「展無駭也」，同《傳》。○上言請族，此言爲氏，氏族互文，大夫則一也。此因無駭爲公孫，于卒明請族之制，非爲未賜族，亦非貶之，特《經》託爲未賜族。君前臣名，以不稱氏爲正，此爲正例，一見明之。

九年，春，天王使南季來聘。南，采。季，字。王大夫。

三月，癸酉，大雨，震電。記異也。不時，故爲異。○段玉裁云：「左氏《經》如此，《傳》作『癸酉，大雨霖，以震。』以霖釋大雨。以震賅電也。」

春，王三月，癸酉，大雨霖，爲霖，《經》乃書「大雨」。以震，書始也。杜云：「書癸酉，始雨日。」此以日月疏數見義。

庚辰，大雨雪。此類日月不爲例，因本事必假日月而後見義。惟同屬人事，或日或時，乃爲日月例。

庚辰，大雨雪，亦如之。八日之間再有大變。書時失也。杜云：「夏之正月微陽始出，未可震電，既震電，又不當大雨雪，故皆爲時失。」凡雨，自三日以往爲霖。《經》不言霖。一説霖爲大雨之誤。平地尺爲大雪。雪有言大不言大之分。

挾卒。微者，故不氏，不日月，《穀梁》以爲所挾。○《經》惟卒三卿，大夫以下不書「卒」。此微者，一見以示例。

夏，城郎。此類當于上下文求之，屬辭以見義，如凶年不修舊，或爲兵戰防守。

夏，城郎，書不時也。

秋，七月。

冬，公會齊侯于防。外爲主。凡齊、晉大國多言會。

冬，公會齊侯于防，謀伐宋也。防，宋地。

十年，春，王二月，公會齊侯、鄭伯于中丘，石門齊、鄭離盟，此有公。○杜云：「《傳》言正月會，癸丑盟。《釋例》推《經》《傳》日月，癸丑是正月二十六日，知《經》二月誤。」

春，王正月，公會齊侯、鄭伯于中丘。癸丑，盟于鄧，爲師期。書會不書盟，略之，不舉重者，爲内諱。

夏，翬帥師會齊人、鄭人伐宋。翬不氏，終隱之篇貶也。貶翬故亦貶齊、鄭，避公在師之辭也。何以知公在師？上下有公，是公在師也。公在師而目翬，翬不臣也。見翬强無君，以爲弒君之先見也。

夏，五月，羽父先會齊侯、鄭伯伐宋。雖先會亦當目公，《傳》緣《經》爲説。

六月，壬戌，公敗宋師于菅。内魯，不言戰，直敗之而已。

六月，戊申，公會齊侯、鄭伯于老桃。會，《經》無日例。壬戌，公敗宋師于菅①。不書會師，書敗宋，爲舉重。

辛未，取郜。辛巳，取防。郜、防均宋邑，此後屬魯。言「取」，易辭也，明取自鄭。○此藉日月以見疏數。如上辛大雩、季辛又雩之類，《春秋》此爲一專例。《公羊》：「取邑不日，此何以日？一月而再取也。」

庚午，鄭師入郜；辛未，歸于我。庚辰，鄭師入防；辛巳，歸于我，記取不書「入」，録末以

① 菅：原作「管」，誤，據《左傳》改。

包本。不言鄭歸于我者。內實欲之，且不許諸侯專地。

秋，宋人、衛人入鄭。此入鄭時，下入郕有日月，此就人事以見日月例。

秋，七月，庚寅，鄭師入郊。猶在郊，宋人、衛人入鄭，乘虛入之。蔡人從之伐戴。

宋人、蔡人、衛人伐戴，鄭伯伐取之。《公羊》：「其言伐取之何？易也。其易奈何？因其力也。」《穀梁》：「不正其因人之力而易取之，故主其事也。」○《春秋》守土之君自致削亡與併人土地，皆在譏貶之例。撥亂反正，以禮樂征伐歸之天子，各守封域，禁絕兼併，然後天下可治。

八月，壬戌，鄭伯圍戴。三國之師在戴，故鄭伯合圍之，不復言圍者，鄭後滅戴，舉重言之。癸亥，克之，取三師焉。宋、衛既入鄭，而以伐戴召蔡人，蔡人怒。故不和而敗。見鄭敗之之易。

冬，十月，壬午，齊人、鄭人入郕。《穀梁》曰：「入，惡入者也。」郕，魯同姓。

冬，齊人、鄭人入郕，討違王命也。不會伐宋也。

十有一年，春，滕侯、薛侯來朝。稱侯，不嫌也。《春秋》貴賤不嫌同號，相嫌則異號。來朝不嫌，故可見本爵；若盟會，則分別尊卑，故託之伯、子、男，以異于次國稱侯。○《經》序滕常在薛上，後稱滕子、薛伯。有子貴于伯，且以明子、伯非爵。

春，滕侯、薛侯來朝，争長。服云：「争長，先登受玉也。」○穀、鄧來朝各言之，此屢數者，《經》欲明同姓在先之旨，故因屢數來朝以見其義。本《傳》不以空言說《經》，託之争長，其說深切著明，不能移易。若在二《傳》，則但云「《春秋》之序同姓在上」而已，此《春秋說》所以云「不如見之行事之深切著明」也。薛侯曰：「我先封。」以年爲次，《穀梁》所謂年同。滕侯曰：「我，周之卜正也；同姓。薛，庶姓也，異姓。我不可以後之。」經制如此。公使羽父請于薛侯，不必有其事，據《經》立說耳。曰：「君與滕君辱在寡人，王引之說：

「杜注不解『在』字，按《爾雅》：『在，存問之也。』」周諺有之曰：『山有木，工則度之；賓有禮，主則擇之。』《禮經》，賓之器物、位次，皆主人制之。周之宗盟，異姓爲後。周爲天子，晉爲二伯，則以姬姓爲先。齊則先姜，楚則先芈①。寡人若朝于薛，設爲此辭。不敢與諸任齒。任，薛姓。此從主君之姓而分，各國不同。君若辱貺寡人，則願以滕君爲請。」班序之説，如晉楚、晉吴之比。薛侯許之。六卒正爲魯屬，故曹、滕在四異姓之先。乃長滕侯。分别等級，所以息争，故曰惟禮可以已亂。○先同姓爲《春秋》特制，舉滕、薛立説，則薛可以包杞，曹爲滕比，邾、莒又爲薛比，晉爲滕比，齊、楚又爲薛比，此全《經》大例所關，非止一時之升降也。

夏，公會鄭伯于時來。二《傳》作「夏，五月」，據《傳》亦五月事，當是本《經》脱文。

夏，公會鄭伯于郲，謀伐許也。《春秋》之許、曹，如《詩》之鄶、曹。

秋，七月，壬午，公及齊侯、鄭伯入許。許，《春秋》以爲鄭之卒正，故盟會常叙鄭下，且以界鄭伯曹伯次國小國之分。內不言「入」，言「入」則滅，下「許叔入許」乃復立也。

秋，七月，公會齊侯、鄭伯伐許。當時實不僅三國，《經》惟見三國耳。庚辰，傅②于許。杜云：「傅于許城下。」壬午，遂入許。許莊公奔衛。不書者，隱公之世不言「奔」、「滅」。不書「出」者，國已滅。此緣《經》立説。○諸侯滅國出奔不書者凡七：虞、虢、頓不專記事，莒去疾、郊公見不再見，萊共公國滅略之。

冬，十月，鄭伯以虢師鄭、虢如二伯。伐宋。如王師討宋。壬戌，大敗宋師，以報其入鄭

① 芈：原作「芋」，誤。

② 傅：原作「傳」，據《左傳》改。

也。宋不告命，下方見蔡、衛、陳從王伐鄭，故此避不言。不必告不告。故不書。史有，《經》削。○宋大國，得專記事，偶有不書，《傳》以不告言之。至于晉，初則例不書，故不言不告；于例書之事，則以來告言之。此以筆削爲赴告例也。凡諸侯有命，告十八國例得記事，則以爲告。則書。爲《經》之筆削。不然則否。在十八國亦多從削，有所見乃書之，《傳》以爲告命。師出臧否，亦如之。侵伐戰敗從同。此專説兵事。必以告命爲據。《傳》中兵事不見《經》者多，且兵事有勝敗克獲，《經》則或言侵伐或言勝敗而已，與《傳》詳略相反。若專以史例説之，必不能通。雖及滅國，滅多矣，《經》書者不及十一，故《傳》滅多不見《經》，有所見乃書。滅不告敗，被滅之國不必因告命乃書，不過《傳》據以爲例。勝不告克，戰勝與克國，《經》取以備卒正、連帥之數者則書之，以爲告命。不書于策。如楚滅漢陽諸姬。晉多數折滅國多矣，無所見則削之，以爲不告不書。按二《傳》之言筆削，直言書不書，本《傳》之言筆削，則以告不告爲説。孔子修《春秋》，豈尚考當日之赴告？如不告，史既不書矣，又何從而知有是事？此《傳》不以空言説《經》，不以辭害意可也。

冬，十有一月，壬辰，公薨。公薨當地，不地，非正卒。《穀梁》：「公薨何以不地？隱之不忍言也。」不書「弑」者，《春秋》爲親者諱，不可以言弑也。不書「葬」者，二《傳》云：「君弑，賊不討，不書葬。」以爲無臣子也。

羽父請殺桓公，將以求太宰。太宰官魯不再見，當即「百官總己以聽」之冢宰。羽父時已爲卿，故更求此職。公曰：「爲其少故也，吾將授之矣。使營菟裘，吾將老焉。」隱立已久，不自正，而曾以讓桓爲言，所由殺身也。羽父懼，反譖公于桓公，而請弑之。十一月，公祭鍾巫，齊于社圃，館于寪氏。壬辰，羽父使賊殺公于寪氏，不言弑，内大惡諱。立桓公而討寪氏，有死者。諱莫如深，故并不言討事，且非真弑賊。不書葬，不成喪也。二《傳》以爲無臣子，無臣子故不能成喪，與本《傳》同。

春秋左氏古經説義疏卷二

桓公

元年，春，王正月。《穀梁》：「桓無王，其曰『王』，何也？謹始也。其曰無王何？桓弟弑兄、臣弑君，天子不能定，諸侯不能救，百姓不能去，以爲無王之道，遂可至焉耳。元年有王，所以治桓也。」○《穀梁》：「國之大事日，即位大事，何以不日？以年決者不以日決也。」按，「國之大事日」一語爲日月例之根本。《釋例》云：「重事例日，輕事例時」云云，以二意，何君之説紛繁，使人駭怪；杜氏立説不多，而深得其旨。

元年，春王正月，公即位。

元年，春，公即位。繼弑君不言「即位」，繼弑而言「即位」，如其志，以見桓之弑也。杜氏以爲實不即位，乃不言即位，全以史例説《經》，非也。

三月，公會鄭伯于垂。垂爲内邑，杜以爲衛邑，非。此與隱八年遇垂相起。

修好于鄭。

鄭伯以璧假許田。假不言以，言以非假也。非假而曰假，辟以地與人也。

鄭人請復祀周公，卒易祊田，下言結祊成，祊即許田之邑名。公許之。三月，鄭伯以璧假許田，近許之田，與許國之許不同。爲周公、祊祊爲朝宿邑名，爲天子邑，故辟而繫之許田。故也。

夏，四月，丁未，公及鄭伯盟于越。未易先會，已易又盟。公弒兄自立，欲結鄭以自固。

夏，四月，丁未，公及鄭伯盟于越，結祊成也。祊爲邑名。故云結成。盟曰：「渝盟，渝盟即鄭之渝平。無享國。」盟辭如今之密約、公法條約。

秋，大水。

凡平原出水爲大水。《公》《穀》：「高下有水災曰大水。」即本《傳》「平原出水」之變文。

冬，十月。

二年，春，王正月，戊申，宋督弒其君與夷，及其大夫孔父。督，大夫，不氏者，爲下華氏爲卿再見也。《春秋》之法，弒賊不再見，有其末，故其始辟之。華孫來盟，即督之孫，《傳》曰：「先臣得罪宋殤公。」因後見華氏，此辟不見。

宋華父督公子督字華父，後以華爲氏。見孔父亦字，名嘉。之妻于路。目逆而送之，曰：「美而豔！」此文從《宋語》録之。二年春，宋督攻孔氏，殺孔父而取其妻。同爲公子兄弟也。殺兄奪嫂，蠻野之習。公怒。督懼，遂弒殤公。君子《春秋》之義。以督爲有無君之心而後動于惡，故先書弒其君。先書者。加損例也。本弒事在後，乃先書之，與荀息、仇牧後死不同。此《春秋》加損變易事實，非如俗説據事直書而已。

滕子來朝。不稱侯，一見已明，故此從正辭。

三月，公會齊侯、陳侯、鄭伯于稷，以成宋亂。「成」者，未成而成之之辭。桓與宋督同爲弒賊，相助，故不諱内惡。

會于稷，以成宋亂。爲賂故，立華氏也。不討賊而立華氏，華氏不可見，故不氏也。

夏，四月，取郜大鼎于宋。戊申，納于太廟。

夏，四月，取郜大鼎于宋。戊申，納于太廟。非禮也。有日無月，無王也。

秋，七月，杞侯來朝。「杞」當作「紀」，魯屬也。稱侯者，與滕、薛相同，不嫌也。

秋，七月，杞侯來朝，不敬。杞侯歸，乃謀伐之。

蔡侯、鄭伯會于鄧。

蔡侯、鄭伯會于鄧，始懼楚也。

九月，入杞。

九月，入杞，討不敬也。二《傳》以「紀朝」、「入杞」爲二事，《傳》以爲一事。

公及戎盟于唐。

公及戎盟于唐，修舊好也。

冬，公至自唐。

冬，公至自唐，告于廟也。凡公行，告于宗廟；反行，飲至，舍爵，策勳焉，禮也。公還必行飲至禮。《傳》因書「至」言其禮，不謂行禮乃書，不行禮則不書。杜以爲史因行禮乃書之，以禮節定書法，非也。

特相會，往來稱地，所謂離不言會。讓事也。除公外只一國，則不得言會。自參以上，則往稱地，來稱會，必外有二國乃可言會。成事也。人三成衆。

三年，春，正月，公會齊侯于嬴。

會于嬴，成昏于齊也。

夏，齊侯、衛侯胥命于蒲。《穀梁》：「胥，相也。相命而信諭，結言而退，以是爲近古。」

公會杞侯于郕，杞求成也。

秋，七月，壬辰，朔，日有食之。既。既，盡也。

公子翬如齊逆女。翬于隱世不氏，于桓世氏公子，明爲桓之徒。

秋，公子翬如齊逆女。脩先君之好，公子繫于先君。故曰「公子」。《傳》于一事再見者稱不稱皆有説。餘皆稱公子，爲正例也。

九月，齊侯送姜氏于讙。當時女多爲人所奪，故《春秋》立送迎之禮。

齊侯送姜氏，非禮也。凡公女嫁于敵國，敵國謂尊卑相同，如魯爲方伯，則衛、陳、鄭、蔡、秦、楚、吴七國爲敵國。姊妹則上卿送之，以禮于先君；姊妹與女子不同。公子則下卿送之。于大國，大國，尊于我者，謂二伯，王後，齊、晉、宋是也。雖公子亦上卿送之。尊尊之義。于天子，則諸卿皆行，三卿同行。公不自送。使人不親，惟親迎乃言親。于小國，小國謂卒正以下，如莒、邾之類。則上大夫送之。禮能化争已亂。

公會齊侯于讙。

夫人姜氏至自齊。《春秋》昏禮爲新制，撥亂反正之用，故全與《經》説合。

冬，齊侯使其弟年來聘，年，無知之父。弟，同母弟。舉其親貴，爲内辭。

冬，齊仲年來聘，致夫人也。

有年。《春秋》不書有年，惟桓、宣書。弒君之賊，惡之也。

四年，春，正月，公狩于郎。狩，冬田之名。于春言「狩」，明用夏時也。

春，正月，公狩于郎。《王制》：「歲三田。」無事，夏不田也。劉子政説《穀梁》，而《説苑》亦言夏不田。惟董子説《公羊》，而《繁露》有四時田文，雖異而實同。許、鄭以此爲異，非也。書時，禮也。于此言禮，明《春秋》改制用夏正，故曰「禮」。

夏，天王使宰渠伯糾來聘。「渠」當爲采，伯爲字，糾爲名。杜以「渠」爲氏，以「伯糾」爲名，非也。

夏，周宰渠伯糾來聘。父在，故名。《曲禮》：「父前子名，天子大夫不名。」如召伯、毛伯是也。此《傳》當言渠伯足矣。因其父在，故名之。譏世卿也。

秋，七月。據《傳》，秋有秦師侵芮事，不書者，莊以前不見秦國，外夷狄也，

冬，十月。據《傳》，冬有王師執芮。○桓公無王而行，天子不能誅，反下聘之，故去二時以貶之。

五年，春，正月，甲戌，己丑，陳侯鮑卒。

春，正月，甲戌，己丑，陳侯鮑卒，再赴也。《經》書二日，如再赴者然，不書其亂，以二日見，非謂實再赴乃書二日。于是陳亂，文公子佗殺太子免而代之。公疾病而亂作，二《傳》不言亂事，當以《傳》

補之。國人分散，二《傳》以爲陳侯病狂。以甲戌日亡，己丑日得；參之本《傳》，非病狂也，公有疾而亂作，非全以疾卒。國人分爲二黨，甲戌，太子奉公以出，敗後，己丑乃得公尸。不知死于何日，如齊桓公故事。故再赴。不知實日，舉終始以見之。《傳》託于再赴，以見其爭國。

夏，齊侯、鄭伯如紀。

夏，齊侯、鄭伯朝于紀。外相如不書，此書，非如也。非如而曰如，襲紀未成也，欲以襲之，紀人知之。其謀已洩，未成也。

天王使仍叔之子來聘。

仍叔之子，弱也。武氏子不言之，此言之者，繫之于其父，是幼弱未及年也。天子使仍叔，老不自行，遂以弱子代之。較武氏子尤失禮，故《春秋》開選舉，譏世卿也。

葬陳桓公。

城祝丘。

秋，蔡人、衛人、陳人從王伐鄭。王與四國同在豫州。「從」，如「天子出，二公從」之「從」。鄭爲二伯，今反在三國之下。

王奪鄭伯政，鄭伯不朝。秋，王以諸侯伐鄭。《經》言「從王伐鄭」，此三國受命伐之，王不在師之辭也，鄭伯禦之，蔡、衛、陳皆奔。王卒亂，鄭師合以攻之，王卒大敗，祝聃射王中肩。王中肩不可言，諱莫如深也。故爲王在師之辭不言「征」言「伐」，亦諱在王師也①。

大雩。

秋，大雩，言「雩」者，旱，雩而得雨也。與記災同例，所以重民也。書，不時也。凡祀，啟蟄而郊，《穀梁》：「自正月至于三月，郊之時也。」夏四月五月郊，不時也。郊祀祈農事，魯無冬至大郊之事，降殺于天子，與啟蟄之月祈穀于上帝不同。龍見而雩，龍，角亢也。謂四月昏龍星體見，萬物始盛，待雨而大，故雩祭以求雨也。始殺而嘗，始殺，秋也，自始殺以往皆可嘗。閉蟄而烝。凡冬三月皆可烝。自閉蟄爲始，非惟一月乃可烝。過則書。常事不書，有所見乃書。故時祭惟書嘗烝，《春秋》四時祭只言嘗烝，據以立説，舉秋冬可以包春夏矣。以外皆不書。此爲過則書，當時則不書，非史例君舉必書矣。

螽。

冬，州公如曹。州公者，青州國公，失地寓公之稱也。如曹，朝曹也。連帥事卒正，如卒正事方伯之儀。

冬，淳于公如曹，度其國危，遂不復。國君死社稷，國危而逃，所以譏之也。

六年，春，正月，寔來。

春，自曹來朝。書曰「寔來」，本來朝，不書「朝」書「來」者，直來曰「來」，如祭伯爲監之比。不復其國也。留魯爲寓公也。禮，諸侯不臣寓公。

① 在王師也：據前文，似當作「王在師也」。

夏，四月，公會紀侯于成。《春秋》見《經》皆侯國，故統稱諸侯。此義久失，故董子以紀稱侯爲欲尊天子后父故加封其國，杜氏遂爲時王進退之説，誤矣。

夏，會于成，二年來朝，不敬。入之三年，來求成。《經》書「六月，公會紀侯于郕」，此亦當從三年作「郕」。

紀來諮謀齊難也。成爲内邑，故云「來」。

秋，八月，壬午，大閱。

秋，大閱，簡車馬也。夏之六月無事而修戎。如用兵臨敵，所以譏之。與祠兵相起。

蔡人殺陳佗。佗一名五父。《經》云「殺陳佗」，《傳》又云「蔡人殺五父」。本《傳》以佗爲五父，與《世家》同。《公羊》何《注》以躍爲佗子，誤。本《傳》厲公名躍。

九月，丁卯，子同生。《釋例》云：「季友與莊公同生。」按，《公羊解詁》：「其雙生也，文家據見立先生，質家據本意立後生，皆所以防愛争立也。」

九月，丁卯，子同生。《公羊》以子同爲莊公。按，莊公之名不見《經》，史亦不得直指其名，杜氏以爲莊公與季子同生是也。以太子生之禮舉之：接以太牢，卜士負之，士妻食之，公與文姜、宗婦命之。

冬，紀侯來朝。紀侯賢者，又與内爲昏姻，親魯而不能救亡，故詳録之，閔其亡也。

冬，紀侯來朝。請王命以求成于齊，公告不能。朝聘不繫事，惟盟乃言之，内外相同。

七年春，二月，己亥，焚咸丘。咸丘，魯地。焚者，火田也。周二月，夏十二月。以火焚取，非禮也。

夏，穀伯綏來朝。穀爲魯邑，猶稱伯者，尚食采邑，如紀季入酅事。雖取其國，不廢其君。禮，諸侯皆有采地。○又如海洲滅國食租税事。

鄧侯吾離來朝。蔡侯、鄭伯會于鄧，《傳》以懼楚爲言，此豫州之鄧也。此言「來朝」，與穀伯相比，則鄧爲青州國可知。

春，穀伯、鄧侯來朝。名，《曲禮》：「諸侯不生名」。賤之也，凡言「來朝」者不名，此名者，失地也。《公羊傳》曰：「貴者無後，待之以初」是也。

秋，七月。據《傳》，秋有鄭人、齊人、衛人伐盟向事，不書。

冬，十月。據《傳》，冬有曲沃伯誘殺晉小子侯事，不書。○是年又不書秋、冬，與四年相比。桓弑君自立，無王而行，天子不征而反聘之，諸侯不討而反朝之，不成爲年，故又去秋、冬。

八年，春，正月，己卯，烝。烝，冬祭也。正月烝，正也，因正以見其不正也。○《春秋》祭祀田獵用夏正，故獲麟亦曰狩。

天王使家父來聘。《春秋》八記下聘。隱一，莊、僖、宣各一，成以下無之，王室愈微也。桓獨三記，譏禮惡人也。

夏，五月，丁丑，烝。已烝矣，何爲再言「烝」，祠，非烝也。僭天子不可言，故託之再烝也。○舊説以冬烝禮文甚備，故亦謂之烝。

秋，伐邾。不言其人，爲内諱也。言伐者，惡公也。

冬，十月，雨雪。今八月雨雪，太早。

祭公來，遂逆王后于紀。後世外戚之禍當以此撥正之。天子不與外戚論婚姻，如王姬下嫁。

祭公來，天子三公稱公。祭公、周公是也。王臣稱公，以外監者稱字，祭伯、祭仲、祭叔是也。遂逆王后于紀，其曰王后者，天子無外，王命之則成矣，不如諸侯至國乃稱夫人。何以不稱使？以我主之也。禮也。祭公逆王后，與單伯送王姬相對成文，皆禮也。

九年，春，紀季姜歸于京師。漢師説王欲昏于紀，先封之爲大國，故稱紀侯，非是。

九年，春，紀季姜稱「紀季姜」者，自我言紀，猶曰「吾季姜」。與齊侯送姜氏《傳》同，不似後世有父母拜其女如事君之禮者。《春秋》不奪人父子之親，絶歸甯之事，所以各申其尊。歸記歸皆譏不親迎，如專行之辭，不使祭公得專逆事。于京師。天子行在之地統稱京師，如狩于河陽亦稱京師是也。○此《春秋》存西京之義。凡諸侯之女行，惟王后書。諸侯嫁女于天子不書，故歸不書；惟欲示諸侯相敵之禮，以魯爲婚主，故書之。

夏，四月。據《傳》有楚圍鄾事。

秋，七月。據《傳》有虢仲等伐曲沃事。

冬，曹伯使其世子射姑來朝。曹以下不稱「使」，不記災，小國也。《春秋》方伯以上乃稱「使」。内方伯國乃記災。○《穀梁》以爲參譏之，譏曹伯、譏世子，又譏魯。

冬，曹太子來朝，即《周禮》之「孤」。賓之以上卿，次國上卿。禮也。世子言朝，是攝其君，禮也。魯不以君禮待之，而待以卿禮，正名定分，故《傳》以爲禮，不使其安居父位也。

十年，春，王正月，庚申，曹伯終生卒。隱、桓不卒卒正，卒者，明射姑爲父病攝政也。然事須稟命，今君在而行朝禮，是失臣子之道。言此所以禁後世内禪之事，不使有二君也。

十年，春，曹桓公卒。曹卒何以日？卒正之首，從正卒例，故詳世系也。日、名則與方伯同，貴賤不相嫌，與以下之降之，見爲小國。末國則以漸而升，居首則以漸而降，互文見義也。

夏，五月，葬曹桓公。内葬無不書日，外葬則因其尊卑以定時、月、日之例。

秋，公會衛侯于桃丘，弗遇。弗遇者，志不相得也。弗，内辭也。公與衛約會于桃丘，後聽齊、鄭，不會公。與垂之遇公不見宋、衛同。桃丘，衛邑也。

冬，十有二月，丙午，齊侯、衛侯、鄭伯來戰于郎。衛與齊、鄭相結，故不見公而有此戰。

冬，齊、衛、鄭來戰于郎，不稱「侵伐」，直言「來戰」。我有辭也。我以守周班爲鄭所怒，我無失理，故不使三國得加于我。初，北戎病齊，在六年。諸侯救之，不書，爲削例。鄭公子忽有功焉。齊人餼諸侯，使魯次之，齊以鄭有功，故使先魯。魯以周班後鄭。魯以周班，不肯後鄭，卒先鄭。鄭人怒，請師于齊，鄭爲主兵。齊人以衛師助之，故不稱侵伐。戰不言伐，舉其重也。内侵、伐皆言鄙，遠之也；郎，近邑；言「來」，舉兵深入矣。據《傳》説雖言「來戰」，亦當先言「侵伐」也。先書齊、衛，不以鄭序上，言「先書」，加損例也，史文鄭在齊、衛先，《春秋》乃改之。王爵也。以主客言。小國主兵，皆序大國上，如虞先晉、紀先鄭、蔡先吴是也。至于尊卑通例，無論孰爲主兵，皆以大統小，故凡有二伯在師中，皆以二伯爲主。論尊卑不分主客。尊二伯也。○此例杜氏以爲班序譜，二《傳》所略，本《傳》甚詳，此當爲左氏長義也。

十有一年，春，正月，齊人、衛人、鄭人盟于惡曹。此皆君也，稱「人」者，貶也。何貶乎？爲滅紀貶也。

十一年，春，齊、衛、鄭、宋盟于惡曹。杜以宋不書爲《經》闕。案，宋不與上伐，又序班宋不能在衛、鄭下，此「宋」字當同「來」字。

夏，五月，癸未，鄭伯寤生卒。鄭爲方伯，卒例日。

夏，鄭莊公卒。

秋，七月，葬鄭莊公。月者，方伯以上正例也。嗣子有亂，下有所見，故不去葬。

九月，宋人執鄭祭仲。祭仲，鄭之監大夫也。天子大夫不名，然鄭稱伯、祭稱仲，皆爲字。君臣同以字見何也？因鄭以上大夫加錫爲方伯，祭仲以未加等之下大夫臣于加等之上大夫，故不嫌也。

初，祭封人仲足隱元年《傳》稱「祭足」，是祭氏名足，字仲。仲足者，名字兼舉。封人者，封于祭者。高哀爲蕭封人，是爲附庸君，與此相比。有寵于莊公，莊公使爲卿。爲公娶如翬、遂。鄧曼，鄧女，曼姓。生昭公，故祭仲立之。禮，監大夫當治方伯事，不與方伯本國私事。《傳》言使娶女，是執鄭國政也。非本國大夫，莊公乃命之爲卿。《公羊》以爲鄭國大夫嘉之不名者，誤。宋雍氏女于鄭莊公，曰雍姞，生厲公。雍氏宗有寵于宋莊公，故誘祭仲而執之。先儒以仲爲字，以爲鄭人，嘉之，故以字告。此用《公羊》與《傳》常例而誤者。

突歸于鄭。突不稱公子，嫌也。名突者，如段當國之辭也。

祭仲與宋人盟，以厲公歸而立之。歸爲善辭，此惡事也，而以歸言，不嫌也。

鄭忽出奔衛。公侯在喪稱子，是鄭稱伯，故不得稱子，與《公羊》説同。《穀梁》以爲貶之，引此爲説明鄭忽不可稱鄭子之意。

秋，九月，丁亥，昭公奔衛。己亥，厲公立。《傳》言二日，與《世家》同。杜以《經》無日月爲闕略，據此足證其誤。

柔會宋公、陳侯、蔡叔，盟于折。柔者何？未命大夫也。叔者何？蔡之弟也。言蔡叔者，明蔡季當繼，兄終弟及之辭也。

公會宋公于夫鍾。爲鄭事，宋求賂于突，突求我請于宋也。詳言宋、鄭之事，以見兵事起于細微也。

冬，十有二月，公會宋公于闞。宋未許，故再會。此何以月？一年再會，故月之也。

十有二年，春，正月。

夏，六月，壬寅，公會杞侯、莒子，盟于曲池。公盟例日。杞，二《傳》作「紀」，古今文字小異。

十二年，夏，盟于曲池，平杞、莒也。杞，王後，稱子、稱伯，不稱侯。紀稱侯者屢見，知作「紀」爲長。

秋，七月，丁亥，公會宋公、燕人，盟于穀丘。燕者，南燕也。不常叙，叙者一見例。同盟而不卒者，不在十九國内。○句瀆①合音爲「穀」，急讀二音，合爲一字。

八月，壬辰，陳侯躍卒。據《田世家》，淫蔡者乃躍也。《公羊》以爲佗，故校者以「佗」易「躍」，誤。

公會宋公于虚。

冬，十有一月，公會宋公于龜。一年再會，故月。言會者，宋辭平也。此與去年相起，二年之中四會二盟，可

① 句瀆：原作「句讀」，誤。據《左傳》改。

謂親矣。乃宋不肯平，公遂與鄭伐宋。詳録以譏之，公與宋皆失之也。

丙戌，公會鄭伯，盟于武父。公盟日，正也。

丙戌，衛侯晉卒。再日卒，以決其得立也。賈氏以日月蒙上爲説，非也。《經》見二日，以明不蒙上之義，知日月以本條爲斷也。

十有二月，及鄭師伐宋。凡公出會，月皆變例，正例皆時。杜誤以變例爲正例，與日例不對。

丁未，戰于宋。地宋者，深入，故地國不地邑。但言戰于宋，與宋、與鄭，語未詳明，故三《傳》異説。

公欲平宋、鄭。秋，公及宋公盟于句瀆①之丘。七月盟于穀丘。宋成未可知也，故又會于虚；八月。冬，又會于龜。宋公辭平。故與鄭伯盟于武父，盟會四次，總發一《傳》，此類叙之例也。遂帥師而伐宋，戰焉。但言「戰」是内敗，從内言「戰」。宋無信也。詳言公與宋、鄭之事，一見例也。

君子曰：「苟信不繼，盟無益也。《詩》云：『君子屢盟，亂是用長。』無信也。」此《春秋》惡盟，所以許齊、衛胥命于蒲。

十有三年，春，二月，公會紀侯、鄭伯。己巳，及齊侯、宋公、衛侯、燕人戰。齊師、宋師、衛師、燕師敗績。紀序鄭上者，主兵也。燕稱「人」，微也。戰不叙燕，叙者一見例。戰稱「人」、敗稱「師」者，敗必以衆辭。言「及」者，由内及之也。言「戰」者，由外言之也。○鄭伯下有「伐宋」二字，則文義明白。

① 句瀆：原作「句讀」，誤。據《左傳》改。

宋多責賂于鄭，鄭不堪命，故以紀、魯謂伐宋也。下年宋人以諸侯伐鄭，報宋之戰，與此相起。及齊與宋、衛、燕戰。下年云「報宋之戰」，即此。○二《傳》以此戰爲紀與齊。紀主兵，故序鄭上。本《傳》以宋與鄭主兵，則二國皆不首序。齊之先宋者，二伯在軍，通及天下，不拘主兵也。不書所戰，謂不地。後也。《公羊》以不地爲近乎國，《穀梁》以不地于紀也，本《傳》以不地爲戰于宋。○據《傳》以爲戰于宋，「後」謂後期，故月下乃見己巳。三國伐宋在前，齊、衛、燕來救而敗之，日月不屬。故《傳》以爲後。

三月，葬衛宣公。方伯葬例月，衛侯背殯而出，以爲不義之戰，直書其事而罪惡見。

夏，大水。

秋，七月。

冬，十月。

十有四年，春，正月，公會鄭伯于曹。結魯、鄭以抗齊、宋也。此參會也，曹與鄭與公，而三公會者，惡公也。文世言鄭伯會公，莊以後通不會方伯。○《經》有月，《傳》不言，爲桓公危。

鄭人來請修好。十四年，春，會于曹。據杜氏說，以詳略二意爲主，大事詳日，小事略時，月在中爲消息，無正例。曹人致餼，曹爲主，致餼于二國，此曹會也。禮也。按漢説今佚者多，悉本師法推補之，以復其舊。會于曹，爲主，致餼者，主國之禮備。《經》未詳。

無冰。終春無冰，一時無冰也。于正月言無冰，加寒之詞。正月無冰，則終無冰矣。○此如地文者之言寒暑氣候。

夏，五。「夏五」者何？闕疑也。《論語》「吾猶及史之闕文」，又曰「君子于其所不知，蓋闕如也」。《春秋》筆削加損，游、夏莫贊。惡其近于詭也，故特留不改之迹以示信史。此闕疑例也。

鄭伯使其弟語來盟。「來盟」者何?《穀梁》以爲前定之盟,與內臣蒞盟相同,盟以抗宋也。凡非前定者,聘而後盟。鄭伯突逐兄,桓弑兄,故與交最深。來盟皆不月,知「夏五」爲別條。

夏,鄭子人來尋盟,前定之盟,與《傳》尋盟相同。○如今之密約。且修曹之會。曹會即正月會。專兵者不言「使」,此何以言「使」?使聘,禮也。桓世記諸侯使聘盟皆言「弟」,所以愧桓之不弟。

秋,八月,壬申,御廩災。《穀梁》:「邑曰火,國曰災。」《公羊》何氏説:「火自出燒之曰災。」本《傳》:「人火曰火,天火曰災。」三《傳》不同,當入異例表。

乙亥,嘗。四時祭何以獨見烝嘗,以諸侯二者皆祫也。《經》、《傳》記言四時祭,春夏有異名而秋冬無異者,以《經》有明文也。

秋,八月,壬申,御廩災①,藏粟米以爲粢盛之所。乙亥,相去二日。嘗;書,一小災常事,例不書。不害也。「不害」者,謂粟米未全焚,猶得以嘗。譏其未易災之餘也。○外國無宗廟祭祀者,禮不備,未能行也。

冬,十有二月,丁巳,齊侯禄父卒。齊大國,日卒,正例。

宋人以齊人、蔡人、衛人、陳人伐鄭。言「以」者,譏宋求賂結衆以行其意也。

冬,宋人以以者,如今之聯軍。諸侯伐鄭,皆諸侯也,「人」者,貶之。報宋之戰也。宋之戰在十二年。○宋以齊者,不爲小大上下之分,此就强弱多寡而説。如魯以楚、蔡以吴、宋以齊,所以者皆强大于本國,不盡關品秩也。

---

① 災:原脱,據《左傳》補。

十有五年，春，二月，天王使家父來求車。家者，氏也。父者，字也。稱字必以伯、仲、叔、季，不言「父」也。父者，如儀父，父與甫通，家父蓋王子也。

十五年，春，天王使家父來求車，非禮也。諸侯不貢車服，即四方各以其職來貢也。天子不私求財。《穀梁》：「周雖不求，魯不可以不共；魯雖不共，周不可以求之。」言「求」，兩譏之也。○爲求金發。

三月，乙未，天王崩。桓王也，桓十五年凡七書，詳之也。以下紀天王事略，僖、莊二王不書崩，王迹甚微。及齊桓伯，然後詳之。

夏，四月，己巳，葬齊僖公。大國葬例月。齊、晉、宋爲大國，其葬有無時者；曹、郲、滕、薛、杞、許爲小國，其葬有無日者。至于内方伯，則以月爲正例。不用《公羊》何君之説。

五月，鄭伯突出奔蔡。諸侯不生名，名者，突不正而逐，正誅絶之也。

夏，厲公出奔蔡。出奔蔡者，其母蔡女也。諸侯出奔，史作逐其君。《傳》稱「孫林父、甯殖出其君」，名在諸侯之策，是也。《春秋》不以臣加于君，乃以君出爲文。

鄭世子忽復歸于鄭。君在稱「世子」。忽已立矣，何爲稱「世子」？明其當立也。不可稱子，稱世子則不嫌矣。奔不稱世子者，君初卒，與稱子例相混。

六月，乙亥，昭公入。《經》言「復歸」，《傳》言「入」者，《傳》多便文，間有緣《經》立説者，須分别觀之。下《傳》當與此合爲一條。

許叔入于許。許叔何以字？兄終弟及之詞也。

許叔莊公弟也。入于許。此復國也，何爲以「入」言之，許已滅，取國于鄭之詞。蔡季言「歸」，許叔言「入」，季有國，叔無國，故異詞。

公會齊侯于艾。

公會齊侯于艾，謀定許也。公會齊，助突也。忽入，而許自興，故助許以與忽爲難。《傳》以爲「定許」，是也。

邾人、牟人、葛人來朝。邾前稱「人」，葛下稱名，此因不奔天王喪而朝惡，故同稱「人」以貶之。

秋，九月，鄭伯突入于櫟。《傳》例。獲大城曰「入」，爲本國入本國專例。

秋，鄭伯因櫟人殺檀伯，而遂居櫟。出入皆名，惡之也。入者，内弗受也。自此以下十七年不詳鄭事，略之也。《公羊》所謂「末言耳」。

冬，十有一月，公會宋公、衛侯、陳侯于袲，伐鄭。此納突也，不言「納」者，惡事不目也。

冬，會于袲，本《經》與《穀梁》同。《公羊》作「公會齊侯」。謀伐鄭，將納厲公也。地而後伐，《穀梁》以爲疑辭，與傳同。弗克此仿《經》書「弗克納」之文。而還。不加褒貶者，美惡易見，不嫌同辭也。不言「納厲公」者，不以諸侯廢置諸侯也。

十有六年，春，正月，公會宋公、蔡侯、衛侯于曹。

十六年，春，會于曹，謀伐鄭也。再伐鄭，謀納厲公也。

夏，四月，公會宋公、衛侯、陳侯、蔡侯伐鄭。伐皆不日，此時例也，亦不當月，月爲變。故至亦月，危之至也。

夏，伐鄭。伐鄭者，再納突也。

秋，七月，公至自伐鄭。至不月，月者，因伐正以納不正，故危之也。

秋，七月，公至自伐鄭，以飲至之禮也。公致不月，此月，故《傳》以飲至爲説。杜氏以爲因行禮乃書，誤。

冬，城向。向者何？莒之邑也。何爲城之？取莒之邑也。不可以言取，故諱言城也。

冬，城向。書，時也。按《傳》「時」上當脱「不」字。不時而書者，以見取莒邑。《傳》但就時例言之。

十有一月，衛侯朔出奔齊。《曲禮》：「諸侯不生名。」朔出入皆名，絶之也。《穀梁》：「朔之名，惡也，天子召而不往也。」

十一月，左公子①洩、右公子職立公子黔牟，惠公奔齊。出奔常例，《傳》無逐君之明文。杜氏以不言二公子逐爲罪之，誤。

十有七年，春，正月，丙辰，公會齊侯、紀侯盟于黄。黄，内地也。

十七年，春，盟于黄，平齊、紀，且謀衛故也。謀納朔也。當有兵事，不書者，削之也。至莊世乃克納。

二月，丙午，公會邾儀父，盟于趡。

及邾儀父此稱字、下稱子何？紀未亡也。紀亡後乃升子，以補卒正缺也。此《春秋》進退黜陟之大法也。盟

---

① 子：原脱，據《左傳》補。

于雉，尋蔑之盟也。蔑盟至此二十八年矣，故以尋盟説之也。

夏，五月，丙午，及齊師戰于奚。

夏，及齊師戰于奚。《穀梁》：「内諱敗，舉其可道者也。不言其人，以吾敗也。不言及之者，爲内諱也。」疆事也。疆事，謂邊陲之事。不如郎之戰舉兵深入也。

六月，丁丑，蔡侯封人卒。

蔡桓侯卒，蔡人召蔡季于陳。召者，以蔡侯之遺命召之也。有君命爲正，故書「歸」，此《春秋》所謂大受命也。

秋，八月，蔡季自陳歸于蔡。前蔡侯在會稱叔，以起此蔡季之宜立也。

秋，蔡季自陳歸于蔡。蔡季即獻武也，何君以爲别一人，誤。蔡人嘉之也。嘉之，謂許以相及之辭。癸巳，葬蔡桓侯。葬皆稱公，此稱侯，正也。《春秋》于蔡以明其正，以見其餘稱公之爲假號也。董子云：「生不稱侯，葬不稱公。」因而《左傳》、《史記·蔡世家》于蔡皆稱侯，不稱公，緣《經》立説也。

及宋人、衛人伐邾。

伐邾，邾近于我，不能保守，乃從外國伐之，自壞藩屏，謀國不臧。宋志也。邾與宋近，數有兵事，故言宋志。

冬，十月，朔，日有食之。

冬，十月，朔，日有食之。不書日，官失之也。此《傳》日月例，不爲例門之例根也。《經》中凡日食星災及冰霜雷電之類，皆以記時事，不爲例者，日食之門皆就本事而見，亦不爲例，惟人事門同一事而所書不同者乃爲例。天子有日官，諸侯有日御。日官居卿以底日，禮也。日御不失日，以授百官于朝。

十有八年，春，王正月，公會齊侯于濼。濼，内邑也。

公會齊侯于濼。此年專記内事，痛公之遇禍也。

公與夫人姜氏遂如齊。有夫人，此「如」不爲朝。

遂及《傳》言「及」，《經》作「與」，爲一見例。文姜如齊。齊侯通焉，公謫之，以告。不言及者，夫人抗不受命也。如齊非禮①。《公羊》無「與」字。

夏，四月，丙子，公薨于齊。《穀梁》：「其地，于外也。」

夏，四月，丙子，享公。使公子彭生乘公，公薨于車。爲彭生所斃。

丁酉，公之喪至自齊。昭公喪至，殯而即位，此何以不言即位？一年不二君也。

秋，七月。據《傳》有齊侯師于首止，殺鄭子亹、轘高渠彌事，不書者，略之也。

冬，十有二月。己丑，葬我君桓公。弑君，不討賊不書葬。此葬者，賊在外，不責其于是復仇也。莊元年夫人孫于齊，明賊已討。

---

① 「禮」下原衍一「禮」字，據文意删。

春秋左氏古經說義疏卷三

莊公

入此世有伯。自此至昭，合爲一世。

元年，春，王正月。

元年，春，不稱即位，二《傳》：「繼弒君不言即位，正也。」文姜出「文姜出」即見公弒于齊，非謂因文姜不在國不行禮故也。○據此可見姜氏未歸。故也。劉、賈、潁云：「恩深不忍，則《傳》言『不稱』；恩淺可忍，則《傳》言『不書』。」皆非確解。

三月，夫人孫于齊。內諱奔爲「孫」。孫者討賊之辭，明當屏之于齊。即位即言孫者，又以明莊公首在討母，故《公羊》云「三月以首事」。

三月，《公羊》「三月以首事」，言莊公之立，首在討母。夫人孫于齊。《春秋》之義，以莊當仇絶其母，緩追逸賊，親親之道。故因其在齊而以孫言之。不稱姜氏，哀姜殺子不言姜，文姜弒夫不言姜氏，弒夫之罪重于殺子也。絶不爲親，董、劉：絶文姜之屬，不爲不愛其母。父尊母親，討母以報父仇，而後私恩絀、大義申。禮也。父母尊親無所偏倚，事變非常，不能兩全。《經》藉魯事以示父、母之輕重，又藉衛事以示祖、父之尊卑。決嫌明疑，以爲後世法，非聖人不能定此疑獄。

夏，單伯送王姬。據天子卿有單子，今又稱字，是天子大夫爲監于魯者。二《傳》作「逆」，從魯至京師之辭；作「送」者，受天子召而使之，從京師至魯之辭也。兩義皆通。○撥正昏禮，從尊卑不相爲禮而出。

秋，築王姬之館于外。外當地，不地，非外也。非外而曰外，明魯若不與其事者然。

　秋，築王姬之館于外。據主昏，不能在外築。爲外，禮也。《公羊》：「于外，非禮也。」《穀梁》：「築之外，變之正也。」然實事築內，《春秋》變其實而託于外。外王姬以外齊使，若未嘗至國，所以避莊公與齊接也。《公羊》與本《傳》各言一節，《穀梁》合之乃全。本《傳》「是委君貺于草莽也」，即「于外」之說。

冬，十月，乙亥，陳侯林卒。詳《世家》

王使榮叔來錫桓公命，桓公弒賊，逆天之甚，乃于葬後追錫稱謚，舉必于其重者，故去「天」以惡之。

王姬歸于齊。歸如專行辭，絶齊侯，不使來逆。言「歸」，明魯主昏，起王不與齊侯爲禮。○王姬雖貴，仍同內女。春秋蓋蠻野之世，貴賤不相爲禮，如東洋男親王與女親王相配者多矣。《經》沿其意而改其法，王女不自嫁，使大國主之，既男女不同姓，又尊卑不相爲禮。此撥正之義，與今時勢正同。

齊師遷紀郱、鄑、郚。大國齊、宋乃言遷。遷者，取滅也。《公羊》以二伯例待齊襄，故爲之諱，且張大之。《傳》曰：「遷，亡辭也，其不地，不復見矣。」此遷而復見者，皆人遷之，與自遷不同。

二年，春，王二月，葬陳莊公①。月葬正例。

夏，公子慶父帥師伐于餘丘。翬伐宋不稱公子，此稱公子者，時慶父幼。禮不貴童子，然公子貴矣，師重矣，

---

① 陳莊公：原作「陳桓公」，據《左傳·莊公二年》改。

而敵人之邑，則公子病矣。公子專兵，不免有無君之心，而卒貽弑逆之禍。帥師不言使，《白虎通義》以爲兵不從内御，今以爲弑先見。美惡各由本事而定。〇公伐皆言國，此不言國，公在也。公在而曰不在，且病公已。

秋，七月，齊王姬卒。内女卒例日，不日者，非内女也。《檀弓》：「齊穀王姬之喪，魯莊爲之服大功，或曰：由魯主，故爲之服姊妹之服；或曰：外祖母也。」前説二《傳》同，後説以爲襄公母，非新逆者。言「歸」、言「卒」，與内女同，即尊卑不相爲禮之義。

冬，十有二月，夫人姜氏會齊侯于禚。禚，《公羊》作「郜」，内邑也。前訃言孫于齊，無歸文，此從内辭，如別一姜氏者然。

夫人姜氏會齊侯于禚。書元年夫人歸。婦人無外事，宜諱不書。姦也。如非文姜，所以辟其姦。〇當時齊如海外，多男女自相爲婚，姑姊妹不嫁者七人，皆嫁于桓也。外嫁之姦猶愈于自婚，故特書之，以著撥正之義。

乙酉，宋公馮卒。馮爲弑賊，例不日卒；日卒者，不以馮主弑，爲宋宣諱也。

三年，春，王正月，溺會齊師伐衛。内卿翬、柔皆卒，溺不卒，非卿也。所以在外稱師，在内不氏。

三年。春，溺會齊師伐衛，疾之也。齊師者，齊侯也。不言齊侯，諱與仇伐同姓，故疾惡之也。

夏，四月，葬宋莊公。宋葬無時例。日葬，正也。月者，危其弑。

五月，葬桓王。

夏，五月，葬桓王，《穀梁》：「近不失崩。不志崩①，失天下也。」又云「近不失崩」，謂入莊世爲近代。緩

---

① 崩：原作「葬」，據《穀梁傳》莊公三年改。

也。《公羊》：「改葬也。」《穀梁》：「卻尸以求諸侯。」即謂緩葬，與本《傳》同。○緩，如《公羊》之慢葬。《經》以過時不及時明臣子之志爲經例，非事實。

秋，紀季以酅入于齊。稱季，是紀亡季別立之辭，即兄弟相及之例。

秋，紀季紀小國，大夫不能以字見。故季爲兄弟相及辭，與蔡叔同。以酅入于齊。以地適人當言「出奔」。此言「入」與入許、入齊相同，不嫌也。以酅服齊，存紀也。紀于是乎始判。言分判爲附庸始于此。○紀季事詳《董子》。

冬，公次于滑。次，止也，言有畏也。

冬，公次于滑，二《傳》作「郎」。將會鄭伯，謀紀故也。紀已遷，猶言救者，欲復其國。不言救紀，不敢直言救耳。鄭伯辭以難。凡師，惟師乃言次。一宿爲舍，再宿爲信，古有別名。記此，名學。過信爲次。用兵不進，是畏敵逗遛耳。

四年，春，王二月，夫人姜氏享齊侯于祝丘。享，二《傳》作「饗」。《禮經》鄉飲酒禮。《儀禮》本爲卿相饗禮。○公在，不言，爲公諱也。

三月，紀伯姬卒。内女已嫁，無故不卒，卒例日。亡國，所以閔其亡國無歸。

夏，齊侯、陳侯、鄭伯遇于垂。垂，内邑也。三國會，公在可知。不出公，諱與仇人遇也。

紀侯大去其國。言「去」而其國固存。《公羊》後師以不言滅賢齊襄，故設九世復仇説，借譏公不能報仇，而反與仇人會饗遇狩，甚無人子之心。

紀侯不能下齊，以與紀季。稱季，兄終弟及之辭，夏，紀侯大去其國。《穀梁》賢紀侯爲常，《公羊》賢齊襄爲變。違齊難也。如太王避狄故事。

六月，乙丑，齊侯葬紀伯姬，葬，臣子事，目齊侯，病齊侯也。紀滅，伯姬無主，齊侯同姓，齊故葬之。

秋，七月。

冬，公及齊人狩于禚。二《傳》作「郜」。自元年至此辟公，狩乃見者，狩事重。餘不復言者，一譏已明也。

五年，春，王正月。

夏，夫人姜氏如齊師。婦人既嫁不踰竟，如齊師，踰竟也。言師，公在也。不言公，諱也。

秋，郳犂來來朝。郳犂來與隱元年邾儀父一卒正一附庸，相比見義。

郳犂來來朝。名，朝不稱名，在名例者，爲二十里附庸。未王命也。與《穀梁》「未爵命」相同。

冬，公會齊人、宋人、陳人、蔡人伐衛。四國皆君，因逆天子命，貶之。貶四國，即以貶公也。

冬，伐衛，納惠公也。天王立黔牟，諸侯伐之，因辟王，故不言納朔，而言伐衛。

六年，春，王正月，王人子突救衛。王子貴者，因不勝諸侯，故託微者而繫之以「人」，所以辟恥辱也。○《春秋》避周之號，以王字代；王人，如稱齊人、晉人。

春，王人救衛。王人，微者也。救者善，足見伐者不正矣。

夏，六月，衛侯朔入于衛。朔出入皆名，其惡當絶。

夏，衛侯入，入爲篡辭，與入許、入齊不同。放公子黔牟于周，放甯跪于秦，所謂緩追。殺左公子洩、右公子職，當時世族政治，《春秋》乃改之。乃即位。詳《世家》。

秋，公至自伐衛。《公羊》以致會、致伐爲説，致伐者，不敢勝天子之意。《穀梁》亦同。但師經四時不致，不致，無以見公之惡、事之成也。

螟。書蟲災以重民食，足見農學之不明，不能去蟲害。

冬，齊人來歸衛俘。二《傳》作「寶」。

冬，齊人來歸衛寶，言齊人來歸，明齊爲主惡，此惡事目外、善事舉内之例。文姜請之也。由會防推得之。

七年，春，夫人姜氏會齊侯于防。防，魯北鄙也。

春，文姜會齊侯于防，公會而主夫人，不言公，以有辟也。齊志也。會，外爲主。

夏，四月，辛卯，夜，恒星不見。夜中，星隕如雨。不見者，恒星本在天上，目力不及之辭。上「夜」字《穀梁》作「昔」。

夏，恒星不見，恒星者，經星也。不見恒星，是獨見緯星之辭。恒星遠而行星近，夕時日初入，目力見近不見遠。以此明恒星與行星遠近。夜讀作「夕」。明也。恒星常居其所，因地轉晝夜，乃有隱見，故明則不見。星隕如雨，《穀梁》：「著于上見于下謂之雨，著于下不見于上謂之隕。」亦發于地爲雨，雨螽是也；降于天爲隕，隕星是也。與雨偕也。偕，同也，謂星隕同于雨雪之「雨」。

秋，大水。

無麥苗。不先言苗而後言麥者，待無麥然後書無苗，變亦甚已。

秋，無麥苗，不讀作「丕」。害①嘉穀也。水災，壞苗與麥。

冬，夫人姜氏會齊侯于穀。

八年，春，王正月，師次于郎，以俟陳人、蔡人。言師者，諱公也。

甲午，治兵。治，《公》作祠。

春，治兵于廟，禮也。治兵、大閱，皆習戰也，《公羊》云：「吾將以甲午之日治兵于是」，託爲緩兵之詞，上所以言次，下接圍郕之文，與《傳》同；《穀梁》以爲因陳、蔡伐我，嚴兵待之。以《經》無明文，故爲此說。

夏，師及齊師圍郕，郕降于齊師。公也，內外皆言師，辟之也。

仲慶父請伐齊師。公曰：「不可。我實不德，齊師何罪？罪我之由。《夏書》曰：『皋陶邁種德，德乃降。』姑務修德②以待時乎。」

秋，師還。還爲善詞。因滅同姓，故託之師老，與《公羊》同。

秋，師還，君子是以善魯莊公。或以「君子曰」爲劉歆所加，考《國語》亦多言「君子曰」，知爲左氏原文。

冬，十有一月，癸未，齊無知弑其君諸兒。《穀梁》：「大夫弑其君，以國氏者，嫌也，弑而代之也。」

---

① 害：原脱，據《左傳》補。

② 德：原脱，據《左傳》補。

僖公之母弟曰夷仲年，即來聘之弟年。生公孫無知，有寵于僖公，衣服禮秩如適，襄公絀之。二人因之以作亂。遂入，殺孟陽于牀，曰：「非君也，不類。」見公足于户下，遂弑之，而立無知。初，襄公立，無常，鮑叔牙曰：「君使民慢，亂將作矣。」奉公子小白出奔莒。亂作，管夷吾、召忽奉公子糾來奔。

九年，春，齊人殺無知。已立矣。稱殺者，討賊，不與爲君辭，與衛人殺州吁同例。

春，雍廩殺無知。本雍氏。以私怨殺稱人，討賊，故爲衆辭。

公及齊大夫盟于蔇。公與齊大夫盟不諱者，齊無君也。○大夫不名例，大國齊宋、小國曹有之。大國大夫尊同卿，不名；小國大夫以爲士，故不名。

公及齊大夫盟于蔇，齊無君也。《傳》諱公與大夫盟，使若衆者。然大夫不名，亦以無君故。

夏，公伐齊，納公子糾。二《傳》無「子」字。糾，公子，不稱公子，君前臣名也。

齊小白入于齊。入，篡詞。氏國者，當國。

夏，公伐齊，納子糾，桓公自莒先入。

秋，七月，丁酉，葬齊襄公。九月而葬者，賊討乃書葬也。

八月，庚申，及齊師戰于乾時。我師①敗績。《公羊》以不言敗爲與公，《穀梁》以不言敗爲惡内，美惡相

① 師：原作「時」，據《左傳》經文改。

反，各言一說。

秋，師及不言「及之」者，爲内諱也。齊師戰于乾時，我師敗績。内不言敗，言戰則敗。恐其文不顯，故特一見以明之。公喪戎路，傳乘而歸。

九月，齊人取子糾，殺之。言取，内辭也。脅我，使我殺之，我方納，不可言殺，故託之齊取。子者，貴也，宜其爲君也。

鮑叔帥師來言曰：「子糾，親也，請君討之；管、召，讎也，請受而甘心焉。」乃殺子糾于生竇。事與《經》不同，乃見《經》義。

冬，浚洙。洙，水名。浚，深也。本爲司空平水土之政，因有兵事，兼以防齊耳。

十年，春，王正月，公敗齊師于長勺。内勝也，内不言戰，故直敗之而已。○據《傳》言，公將戰，齊人三鼓，則齊已陳矣。直言敗爲内外例，杜據未陳爲説，非是。

二月，公侵宋。不至者，惡事不至也。

三月，宋人遷宿。遷者，滅也。不言滅而言遷者，以其地屬他國而不統之也。禮，二伯、王後皆不統國，故特見遷以明之，此《經》例也。

夏，六月，齊師、宋師次于郎。不言伐者，宋于我無伐文。如齊當言鄙，此已深入，故諱之爲「次」。公敗宋師于乘丘。

夏，六月，齊師、宋師次于郎。公子偃曰：「宋師不整，可敗也。宋敗，齊必還。請擊之。」公弗許。自雩門竊出，蒙皋比而先犯之，大敗宋師于乘丘。齊師乃還。

秋，九月，荆敗蔡師于莘，以蔡侯獻舞歸。荆與梁、徐皆爲州舉，不言揚者，因閒于徐而略之也。○《經》以前見青、豫二州國，至此乃言南服荆、徐，爲三世例。

秋，九月，楚《傳》言「楚」，《經》言「荆」，所以爲州舉。敗蔡師于莘，以蔡侯獻舞歸。禮，諸侯不生名，凡伯以歸亦不名，蔡侯名者，絶其爲人所獲，恥辱太甚。然不言「獲」者，不與夷狄獲中國也。

冬，十月，齊師滅譚，譚子奔莒。「奔」當言「出」，不言出者，國已滅矣。

冬，齊師滅譚，譚無禮也。譚子諸侯失地名。譚已滅，譚子何爲不名？滅已明，故不名。奔莒，同盟故也。《傳例》同盟例名，不名者，微國也。

十有一年，春，王正月。

夏，五月，戊寅，公敗宋師于鄑。鄑，紀所遷之邑。不致者，惡事也。

夏，宋爲乘丘之役故，侵我。公禦之。宋師未陳而薄之，敗諸鄑。「未陳」即不敢爲敵之辭。二《傳》説内不言戰，言戰則敗，因内諱敗，故以言戰，爲内敗之正例。凡内敗外，故不言戰，直敗之而已，如未陳者然，所以尊内。凡大夷敗小夷亦不言戰。凡師，通例，在内外例外。敵未陳曰「敗某師」，兩外相敗，未陳，不言戰。皆陳曰「戰」，兩軍約期戰。大崩曰「敗績」，敗之甚。得儁「儁」當作「獲」。《釋例》有得獲門，詳《五十凡考》。曰「克」，《尚書》「克商」，《經》只一見「克段」。覆而敗之曰「取某師」，取，易辭。京師敗曰「王師敗績于某」。尊王，不使諸侯得加之，爲自敗之辭。

秋，宋大水。《春秋》記外災，著尊卑之等差。二《傳》外災不書，如夷狄及卒正以下，無論及我不及我皆不得書。宋大國，又王後，故較諸國尤詳，五記災，三記異。

秋，宋大水，公使弔焉。記災爲大國禮待，非因有使乃書。《傳》因《經》書災記弔災，師説耳。杜説誤。

冬，王姬歸于齊。此齊桓娶爲夫人。《春秋》見者不再見，此何以再見？非仇讎、非在喪，元年爲變，此乃爲正者。過我也，過我即主婚之義。〇二《傳》皆云：「志者，過我也。」過我即主婚之義。

冬，齊侯來逆共姬。言歸，有逆可知。此無所避。不書來逆者，譏使卿，不親迎，故王姬有專行之辭。〇經不字者，王姬尊，不同内女以伯仲見。

十有二年，春，王三月，紀叔姬歸于酅。叔姬者，伯姬之娣也。不書者，隱之。《穀梁》：國而曰歸，此邑，言歸者，喜其得所也。〇酅，紀季之邑。禮，婦人無主，歸于夫家昆弟，所以伸叔姬之志。

夏，四月。

秋，八月，甲午，宋萬弑其君捷，及其大夫仇牧。弑事惟大國言「及」，及，累也，以尊及卑也。累數則臣亦得蒙弑名者，所以明殉君之例。

秋，宋萬弑閔公于蒙澤。遇仇牧于門，批而殺之。遇太宰督于東宮之西，又殺之。立子游，群公子奔蕭。公子御説奔亳，南宫牛、猛獲帥師圍亳。

冬，十月，宋萬出奔陳。言奔，故月。譏失賊也。賊不討，不書葬，失德也。

冬，十月，蕭叔大心及戴、武、宣、穆、莊之族以曹師伐之。殺南宫牛于師，戰將，故死于陳。殺子游于宋，已立爲君，故殺之于都，立桓公。討賊立君，義也。猛獲奔衛；南宫萬不氏南宫，微者不氏。奔陳，如今國事犯。以乘車輦其母，一日而至。宋人請猛獲于衛，衛人欲勿與。如外國保護國事犯。石祁子曰：「不可。此《春秋》大義，託之時人。天下之惡一也，以嚴討賊之義，無此疆爾界。書奔，明亦爲當時所討。惡于宋而保于我，保之何補？《尚書》「逋逃藪」。得一夫而失一國，與惡而棄好，非謀也。」言此所以孤亂黨。衛人歸之。亦請南宫萬于陳，《傳》曰：有無父之國則可，既爲賊子，人人得誅，《春秋》有許鄰國代討之義。書奔，不終其事，明當如猛獸猘犬見絶于陳。以賂。陳人使婦人飲之酒，而以犀革此蠻野之法，雖聖門高弟亦不免此，足見當時程度。裹之。比及宋，手足皆見。宋人皆醢之。

十有三年，春，齊侯、宋人、陳人、蔡人、邾人會于北杏。《穀梁》云：「是齊侯、宋公也，其曰人何？始疑之。」因下有伐宋事，此時桓尚未伯，至柯以後信著，乃以伯許之。〇西人結密約，改舊章，與《春秋》之盟會相同。

春，會于北杏，以平宋亂。上年弑君之亂。

夏，六月，齊人滅遂。遂者，兖州國。此齊侯也，因其滅，故以「人」貶之。

遂人不至。此先師屬辭推例之説。夏，齊人滅遂而戍之。爲下殲于遂張本。

秋，七月。

冬，公會齊侯，盟于柯。晉文伐原示信，不書者，惡文也；桓公一匡九合本起于柯，其盟不日者，信之也。

盟于柯，二《傳》有曹沬盟事，其文不見《左氏》。師説甚多，《傳》不言，略之也。始及齊平也。齊桓之信始著，魯國之怨始平。〇平者，如今之立和約也。

十有四年，春，齊人、陳人、曹人伐宋。本齊侯也，因伐宋、疑之，故稱「人」。

宋人背北杏之會。會時有條約，如葵丘盟辭，宋背約。十四年，春，諸侯伐宋。如海外聯軍。

夏，單伯會伐宋。單伯者，監也。桓公初伯，收監者之權反之天子，此二伯之大義也。以下不言王臣會伐諸侯矣。

齊請師于周①，大伯代②天子征伐，如司馬掌九伐，故請師。單伯會之。元年送王姬，二《傳》作「逆」，以單伯從內大夫例故也。又方伯如卿，監大夫專司方伯公事，故齊師請于周。周可，命單伯帥往會。〇單伯不列序而言會者，後會也。取成于宋而還。取成之「成」與齊平之「平」相同，故《穀梁》曰：「會，事之成也。」

秋，七月，荆入蔡。荆再見皆爲蔡事。《春秋》所以夷蔡者，以夷狄治夷狄也。

楚子以蔡侯滅息，滅息不書者，方治中國，故略于南方。遂伐蔡。秋，七月，楚入蔡。《經》言荆不言楚者，州舉之也。因春秋初江淮以南無名國，與今赤道以南無名國亦以州舉相同。

冬，單伯會齊侯、宋公、衛侯、鄭伯于鄄。《穀梁》：「復同會也。」桓伯始于北杏，至此而再，故曰「復同會」。再見監者，爲王事也。

冬，會于鄄。《經》書王人，尹子、劉子于諸侯先，爲王會諸侯，單伯從內臣例。叙在會上，明爲魯監。因請命于周，亦如王人。宋服故也。宋未服，故伐之；已服，故爲此會以定條約。

---

① 于周：原脱，據《左傳》補。

② 代：原作「伐」，據《左傳》改。

十有五年春，齊侯、宋公、陳侯、衛侯、鄭伯會于鄄。桓之大會至此而三，且以同會起同盟也。

十五年，春，復會焉。與《穀梁》「復同會」相同。齊始霸也。此三大會爲桓會之始。《傳》云命齊桓爲卿士。霸即伯。

夏，夫人姜氏如齊。

秋，宋人、齊人、邾人伐郳。宋叙齊上，尊卑之序，無所嫌也。邾新爲卒正，故末序之。

諸侯爲宋伐郳。《經》言「人」者，因伐小國，故微之。

鄭人侵宋。此時桓伯未盛，故二國同會于鄄，而有侵伐事。

鄭人間之而侵宋。爲下伐張本。

冬，十月。

十有六年。此年《傳》有晉武公伐夷、殺夷詭諸，周公忌父出奔虢事。夷爲下夷伯傳。

春，王正月。

夏，宋人、齊人、衛人伐鄭。

諸侯伐鄭，宋故也。討伐宋也。鄭至此從齊，故荆又伐鄭。

秋，荆伐鄭。鄭受楚禍甚烈，《經》多諱之者，不以夷狄治中國也。

鄭伯自櫟入，緩告于楚。以緩告爲不禮，《傳》所言赴告緩期皆同此例。借緩急以見意，非實據赴告。

秋，楚伐鄭及櫟，《經》不書，略之。爲不禮故也。有輕楚之心，故緩告。

冬，十有二月，會齊侯、宋公、陳侯、衛侯、鄭伯、許男、滑伯、滕子，同盟于幽。《穀梁》：「同者，同尊周也。」中國皆在之辭也。許男、曹伯、滕子皆卒正也，何以異稱？《春秋》伯、子、男一也。滑不叙，叙者一見例。○《經》共十二同盟，始此，終于昭，齊四、晉八，故同盟爲伯辭。

同盟于幽，鄭成也。《穀》以爲同尊周。時楚爭鄭，鄭服則伯成。

郳子克卒。曰「子」，進之也。孰進之？《春秋》進之也。與吳楚同稱子者，貴賤不嫌同號也。

十有七年，春，齊人執鄭詹。《穀梁》：「以人執，與之辭也。」詹，微者，不志，以逃來志之也。○執君以稱爵，爲伯討；執臣以稱人，爲衆辭。

鄭不朝也。謂貳于楚。惟大國言執，齊、晉、宋、楚是也。

夏，齊人殲于遂。此以自殲爲文者，與鄭棄其師、梁亡相同。可見遂已亡而猶存也。○海外亡國圖恢復之事。

夏，遂因氏、頜氏、工婁氏、須遂氏饗齊戍，醉①而殺之，齊人殲焉。遂亡已久，志遂人之殲，在遂爲許之；在齊，譏其輕敵以自敗。○國亡矣，人民能報仇，《春秋》許之。

秋，鄭詹自齊逃來。佞人逃來不志，志者，譏内受罪人也。○此如海外滅國殖民，受者思恢復，不堪壓制故也。

冬，多麋。魯舊無麋，今有而且多，故異之。○此動物學，麋有所宜地，則不爲異。

十有八年，有虢公、晉侯、鄭伯使原莊公逆王后于陳。陳嬀歸于京師，實惠后。春，王三月，日有食之。《穀梁》：不言日與朔者，夜食也。夜食在地不可見，故不言日與朔。○記日食以正曆法，所以改太陽曆之誤。

① 醉：原脱，據《左傳》補。

夏，公追戎于濟西。戎者，曹也。何以知爲曹？因其地濟西。《春秋》不言魯曹侵伐，諱其事，故以追言之。不言其來，言追知有來。諱之也。《穀梁》：「不使戎邇于我。」其來故不書。

秋，有蜮。一有一亡曰有。有者，不常有之辭也。○動物土宜學，以明各地動物之有遷變。爲災也。

冬，十月。

十有九年，春，王正月。

夏，四月。

秋，公子結媵陳人之婦于鄄。或曰此媵陳嬀歸于京師，異姓而媵，如齊媵宋共姬。《公羊》：「諸侯一娶九女。」如衛、晉同姓之國來媵是也。○一國媵三女，三國媵九女，合大國爲十二女，宋用王禮，故亦有異姓之媵。

遂及齊侯、宋公盟。大夫無遂事，此言遂者，因有可以安社稷、利國家者，則專之可也。

夫人姜氏如莒。

冬，齊人、宋人、陳人伐我西鄙。宋、陳不言「伐我」，言鄙者，從齊言之。齊在西北，莒在東，邾在南。

二十年，春，王二月，夫人姜氏如莒。

夏，齊大災。二伯乃記災，晉何以不記？西伯也。

秋，七月。

冬，齊人伐戎。《穀梁》作「伐我」，爲齊桓諱也。去年伐我不諱，今有大災而又伐戎，甚之也。

二十有一年，《傳》王臣有原伯，爲原仲起例，昭十二年又有原伯、原公。春，王正月。

夏，五月，辛酉，鄭伯突卒。鄭稱伯，從天子大夫之例，與小國稱伯不嫌。

五月，鄭厲公卒。

秋，七月，戊戌，夫人姜氏薨。夫人薨不地，不地爲正，地爲變。與夷薨相起。

冬，十有二月，葬鄭厲公。七月而葬，緩也。

二十有二年，春，王正月，肆大眚。《穀梁》：「眚，災也。」災眚謂過失之罪，大眚，過犯之大者耳，書此以杜後世輕赦之風也。○舊以《左傳》詳事，凡可疑事多缺，足見舊説①之非。

癸丑，葬我小君文姜。小君者，非君也，以其爲公配也。不言桓夫人者，元年夫人入齊，此如別一夫人者然。○葬稱謚，明夫人有專謚。

陳人殺其公子御寇。世子于父世見，公子于父世不見，見者，明爲太子，非公子也。

春，陳人殺其太子御寇。《世家》同爲世子。

夏，五月。首時以五月者，明十二月旋相爲本之義，如比月書日食。

秋，七月，丙申，及齊高傒盟②于防。大國大夫尊與公逼，故盟不出公，此《春秋》所以別嫌也。○在內故不

① 説：原作「誤」，據文意改。

② 盟：原作「明」，據《左傳》經文改。

至。

冬，公如齊納幣。納幣當使大夫，親納幣，非禮也。諱與齊女淫也，故目親納幣。納幣、親迎皆《春秋》制。○納幣爲《禮經》新制，何言與齊女淫？當時如鄫季姬皆自由結昏，《經》撥亂，乃制納幣之禮，所以遠恥。蓋納幣即所以撥自由之亂。

二十有三年，春，公至自齊。桓會不致，此如桓。國致者，危公淫也。

祭叔來聘。祭氏見三監者，伯、仲、叔皆是也。王臣稱祭公，必以同氏言者，起爲天子監。今言來聘，是爲監而兼爲天子行也。不言使，不得奉使也。

夏，公如齊觀社。

公如齊三如齊皆繫事者，忘仇事齊，惡之深也。觀社，《墨子》有齊社事。非禮也。觀者，非常之辭，與齊女淫不可言，故託之觀社耳。曹劌諫二《傳》皆直斷，本《傳》託之曹劌。曰：「不可。夫禮，所以整民也，如《禮經》所以撥亂之具，或以爲無用。故會《經》書諸會。以訓上下尊卑。之則，如今外交史。制財用之節，贄、幣、賦、貢之類。朝《經》之諸朝。以正班爵之義，今外國班次以到先後爲序，此改良者。帥長幼之序，爵同以年。《穀梁》曰年同。征伐《經》書兵戰。以討其不然。諸侯有王，朝覲。王有巡守，以大習之。《經》書其事，所以爲後法。非是，會、朝、征伐、巡守之外。君不舉矣。《周禮》所無。君舉必書，史例如此，非指《經》例言之。書而不法，後嗣何觀？」僖二十七年《傳》：「以臣召君，不可以訓，故書曰：『天王狩于河陽。』」

公至自齊。時致，正也。莊世以下，例往來皆月，危之甚。

荆人來聘。荆三見直稱「荆」，此爲善事，乃稱「人」，入僖世則稱「楚」。今言來聘，起公貳于楚。

公及齊侯遇于穀。穀，内地。本齊侯至魯，不言來言遇者，尊卑之義也。

蕭叔朝公。蕭，宋封附庸也。稱「叔」，知三十里之字者也。朝在外不言來，外朝，《春秋》所不許也。

秋，丹桓宫楹。

丹桓宫之楹。禮，諸侯不丹。見魯刻桷丹楹，以夸夫人，故書以譏之。

冬，十有一月，曹伯射姑卒。初卒已日，見其爲侯也，此不日者，降從小國例。《春秋》惟内方伯卒例日，餘皆以日月爲升降也。

十有二月，甲辰，公會齊侯，盟于扈。扈，晉邑。盟于扈，則晉自在也，不言晉者，晉未伯也。桓盟不日，日者，公貳心于晉，以危之也。

二十有四年，春，王三月，刻桓宫桷。

春，刻桓宫桷，皆非禮也。丹楹刻桷，皆僭天子，故曰非禮。御孫諫曰：「臣聞之：儉，守臣節。德之共也；侈，即僭天子。惡之大也。僭天子不可言。先君有共德，而君納諸大惡，無乃不可乎！」

葬曹莊公。小國之首，九卒皆葬，特筆以起爲卒正之長也。諸侯于其國内稱公，不論大國小國，從臣子辭也。

夏，公如齊逆女。公如齊三繫事，以下不繫。納幣、觀社、逆女，三事皆非禮，所以詳女禍也。

秋，公至自齊。公娶仇國淫女，不正其親迎也。不正而先致之，義不外公，故不使與姜氏同入。

八月，丁丑，夫人姜氏入。

秋，哀姜至。夫人與公本同至，而一言至，一言入。入者，内拒之辭，内不可拒公，故别書「入」。

戊寅，大夫宗婦覿，用幣，宗婦者，大夫之妻也。用幣是男女無别，明大夫雖男，見夫人亦當以女贄，不當用幣。

公使宗婦宗婦即世婦，三夫人、九嬪、二十七世婦、八十一御妻，即外命婦百二十官之妻。覿，用幣，非禮也。當時男女無别，《經》乃立此，表坊所以譏之。御孫曰：以師説託之時人。「男贄，大者玉《周禮》五玉。帛，諸侯之贄，孤執皮幣是也。小者禽鳥，《周禮》五禽。以章物也。各象其德。女贄不過榛、栗、棗、脩，《穀梁》：「男贄：羔、雁、雉、腒，女贄：棗、栗、腶①脩。」《公羊》：「婦贄棗栗云乎哉？腶②脩云乎哉？」以告虔也。今男女同贄，是無别也。此宗婦用幣固屬非禮，且明大夫見夫人亦當用女贄，不能以男用幣也。男女之别，國之大節也，今海外無别，《經》言此撥其亂。而由夫人亂之，無乃不可乎！」以起下弑逆延及二代。男女之事，累生欲弑，延及國家，欲保國延奪，故立此制。

大水。

冬，戎侵曹。《春秋》善事目諸侯，惡事則戎狄。如十八年公追戎于濟西，戎，曹也。今戎侵曹，戎，魯也。《經》魯與曹實有侵伐之事，而不言者，諱之也。

① 腶：原作「鍜」，據《穀梁傳》改。

② 腶：原作「鍜」，據《公羊傳》改。

曹羈出奔陳。《公羊》：「曹無大夫，其曰曹羈，賢也。」

赤歸于曹。《公羊》：「曹無赤者，蓋郭公也。」因其名，故以爲失地之君。本《傳》杜解以赤爲曹僖公，未確。

郭公。

二十有五年，春，陳侯使女叔來聘。女叔者，天子之大夫，爲監于方伯者。陳見二監，女叔、原仲是也。

陳女叔來聘，始結陳好也。方伯惟陳言聘最早，明陳初從中國也。嘉之，謂王臣尊于陳之大夫。故不名。《穀梁》：「天子之命大夫。」按陳大夫無不名者。

夏，五月，癸丑，衛侯朔卒。不書葬者，絶也。前出入皆名，其惡已見。

六月，辛未，朔，日有食之。鼓，用牲于社。《穀梁》：「言日言朔，食正朔也」，「鼓，禮也；用牲，非禮也」。

○西説以救日爲大愚，不知此敬天之主義。既主天，有大變，不得不改常。此屬天學，固非今日程度所知。

非常也。言鼓牲多在六月，譏之。惟正月之朔，舊以正月爲正陽之月。慝未作，日有食之，于是乎用幣于社，伐鼓于朝。出文十六年《傳》文。

伯姬歸于杞。伯姬稱「伯」，明有媵從也。不言逆者，無所見也。

秋，大水。鼓，用牲于社、于門。《公羊》：「于社，禮也；于門，非禮也。」大水與日食皆爲陰盛，故可言「鼓」，不可言「鼓牲」。鼓牲，故必言用以别之。

亦非常也。凡天災，有幣，無牲，或據《雲漢》以爲有牲。非日月之眚，不鼓。謂鼓于朝。此大水，鼓以動衆。

冬，公子友如陳。此内臣書「如」之始。陳不言如，因公子友乃言如，如陳，正也。如陳爲正，可見如陳葬原仲之爲變也。

二十有六年，春，公伐戎。戎者，曹也。不言曹者，諱伐同姓也。自此以後，不託于戎，託于狄矣。

夏，公至自伐戎。《公羊》：「得意致會，不得意致伐。」因伐同姓故也。

曹殺其大夫。列國卿爲大夫，惟方伯爲正稱。宋尊則爲卿，曹卑則爲士，故宋、曹殺大夫不名，其餘方伯大夫無不名者。稱國以殺，殺無罪。羈奔，又殺大夫，《春秋》所以狄曹也。

秋，公會宋人、齊人伐徐。荆、徐、梁，《春秋》三舉州。荆州舉而國楚，徐州舉何以不國？蓋徐州即蔡之國。伐之不主齊者，治夷狄先自楚也。

冬，十有二月，癸亥，朔，日有食之。

二十有七年，春，公會杞伯姬于洮。婦人無外事。内言夫人會齊侯，外言公會杞伯姬，互見，交譏之。

春，公會杞伯姬于洮，夫人會齊侯與此成反對。非事也。即民事之事，所以譏公。天子非展「展」當爲民字之誤，《論語》務民之義。義不巡守，詳《白虎通》。諸侯非民事不舉，《傳》之言舉不舉據禮而言。《經》例應書，以爲應舉，《經》所不書，以爲不舉，非偶爾勤惰。卿非君命不越竟。《經》言「如」爲君命，不言「如」爲私行。

夏，六月，公會齊侯、宋公、陳侯、鄭伯，同盟于幽。齊一匡，言同者，天下諸侯皆在；晉分伯，言同指北方諸侯。同盟始此。至桓爲二伯，前猶有疑，至此内外皆從，不復疑也。昭十三年止，爲有伯之世。○齊同盟爲尊周，天下諸侯皆在；晉同盟爲外楚，北方諸侯同在之辭。

夏，同盟于幽，陳、鄭服也。內得魯，外得宋，陳、鄭至此亦服。《穀梁》曰「得衆」，是也。

秋，公子友如陳，葬原仲。《穀梁》：如者，諱出奔也。《公羊》：辟内難也。陳不言聘不言如，因女叔乃言聘，此因原仲乃言如，女叔、原仲皆監也。

非禮也。不卒而葬，明非禮①。原仲，《傳》有原公、原伯，爲王臣，則此爲監可知。季友之舊也。《公羊》「夷伯」傳之「季氏之孚也」，與此同義。〇如朋友臨喪之事，故曰「通乎季子之私行」也。

冬，杞伯姬來。不繫事，歸甯正例。〇「七出」之説，後儒頗不以爲然，不知君子絶交不出惡聲，有簠簋不飭之意，故不宜有大惡大害之可言。立此七名，亦使出婦可嫁耳。

歸甯也。《詩》「歸甯父母」，與此異義。〇《尚書》：「其歸，視爾師、甯爾邦。」《儀禮》「歸甯乃邦」，非婦人辭。

凡諸侯之女謂内女。歸甯曰來，直來曰來。出曰來歸，絶于夫族，以母家爲家。夫人歸甯曰如某，如姜氏如齊。出曰歸于某。哀姜大歸于齊。

莒慶來逆叔姬。莒無大夫，言莒慶者，接内也。逆當言「女」，不言女，不與夫婦之稱也。

杞伯來朝。卒正事方伯有朝禮。莊世一書朝，譏朝也。杞伯與伯姬同來，非禮，故譏之。

公會齊侯于城濮。會城濮者，謀伐衛也，故下年春即有伐衛之文。

二十有八年，春，王三月，甲寅，齊人伐衛。衛人及齊人戰，衛人敗績。及者，有大小主客之分，

① 禮：原作「葬」，據文意改。

此衛以主及客也。去年盟幽，衛不至，故伐之。何以不言師敗績？入衛不可不入齊，如二國皆微者之事，爲齊桓諱也。

　春，齊侯伐衛，戰，敗衛師。數之以王命，取賂而還。

夏，四月，丁未①，邾子瑣卒。邾，小國也，《春秋》進之爲卒正。日者，初稱子，明不嫌也。

秋，荆伐鄭。荆始見稱荆，繼見稱荆人，今又稱荆，仍爲州舉。因伐爲惡事而狄之也。

　秋，子元以車六百乘伐鄭。

公會齊人、宋人救鄭。善救鄭也，救者善，則伐者不善。人者，功淺不足録也。

　諸侯救鄭，楚師夜遁。鄭人將奔桐丘，諜告曰「楚幕有烏」，乃止。

冬，築郿。二《傳》作「微」。《穀梁》以爲虞利，與《傳》小異。《傳》先叙饑而後言築，《經》先築，諱以凶年造邑也。

　築郿，非都也。凡邑有宗廟先君之主曰都，無曰邑。邑曰築，都曰城。

大無麥禾。一災不書，于無禾始追録無麥。大者，有顧之辭也。

臧孫辰告糴于齊。大夫行不言如，則是私行也。因其一年不熟即來告請，故諱之如私行者然。

　冬，饑。臧孫辰告糴于齊，禮也。桓盟「無遏糴」，本傳專言告糴爲古制，故曰「禮也」。

二十有九年，春，新延廄。延廄者，路馬之廄，名延也。言新，知有舊在。不言作，非新造可知。

　春，新作延廄，書不時也。修舊雖不譏，特不可與告糴并見，故曰不時。凡馬，日中而出，日中

---

① 丁未：原作「丁卯」，據《左傳》莊公二十八年經文改。

而入。
夏，鄭人侵許。鄭侵伐許亟矣，故稱人以貶之。
夏，鄭人侵許。凡師，有鐘鼓曰伐，無曰侵，輕曰襲。
秋，有蜚。《周禮》五土動物各異。蜚非中國所有，有則關夫氣候，所以記物變，即西人之「物産學」也。
秋，有蜚，爲災也。《公羊》「記異」，與傳小異。凡物不爲災不書。
冬，十有二月，紀叔姬卒。不日，紀亡已，且與葬日相起。
城諸及防。以大及小曰及。城亦有大小也。
書，時也。凡土功，龍見而畢務，戒事也。火見而致用，水昏正而栽，日至而畢。
三十年，春，王正月。
夏，次于成。次，止也，有畏也，欲救鄣而不能也。
秋，七月，齊人降鄣。鄣，紀之遺邑也，本桓之不言取而言降，諱也。
八月，癸亥，葬紀叔姬。月卒、日葬，不葬者也。不言齊侯，葬有喪主也。
九月，庚午，朔，日有食之。鼓，用牲于社。
冬，公及齊侯遇于魯濟。遇者，志相得也。齊約公伐山戎，公不從，故託爲相得之辭。
冬，遇于魯濟，濟，水名，流經數國。曰魯者，别名之，故《經》無同名之地邑。謀山戎也，以其病燕故也。

齊人伐山戎。不言齊侯，愛齊侯，不使近戎。言人非貶，《春秋》所以無達例也。

三十有一年，春，築臺于郎。魯有三臺。僭天子，不可言，故分爲三，以辟僭天子也。

夏，四月，薛伯卒。不名者，卒正之末也。不名起不卒，昭世乃名，乃正卒。

築臺于薛。薛、秦皆内地也，因與薛、秦同音。使若薛、秦别築二臺，則魯僅有一臺矣。

六月，齊侯來獻戎捷。戎捷者，山戎之所捷也。此言戎者，别種，與山戎不同。

非禮也。言來者，内齊侯也。《穀梁》：「軍得曰捷，戎，菽也。」凡諸侯有四夷之功，則獻于王，王以警于夷。中國則否，諸侯不相遺俘。

秋，築臺于秦。春夏秋三時接續興造，因徭役罷盡民力，《春秋》所惡。

冬，不雨。雨之多寡視其地之肥瘠。皇帝平天下，膏雨各得其平，故不雨。記異以明造化。

三十有二年，春，城小穀。小穀者，非穀也。諸侯城之，以封管仲。不言封，不與專地也。

春，城小穀，爲管仲也。劉向《七略·管子序》録有此説，城之以爲管仲邑，書之，見褒賢也。

夏，宋公、齊侯遇于梁丘。遇禮近者爲主，外相得曰「梁丘」，内相得曰「魯濟」。外遇三，止于此。

齊侯爲楚伐鄭之故，請會于諸侯。此有盟地。宋公請先見于齊侯，夏，遇于梁丘。

秋，七月，癸巳，公子牙卒。叔牙謀弑，季子討之，不曰刺者，諱之。莊不卒大夫，卒不日，日如正卒者，爲季子諱也。

公疾，問後于叔牙，對曰：「慶父才。」問于季友，對曰：「臣以死奉般。」公曰：「鄉者牙曰『慶父材』。」成季使以君命命僖叔，待于鍼巫氏，使鍼季酖之。曰：「飲此，則有後于魯國，不然，死且無後。」飲之。歸，及逵泉所謂將則必誅。而卒。立叔孫氏。

八月，癸亥，公薨于路寢。路寢者，正寢也。男子不絶于婦人之手，以齊終也。

子般即位，次于黨氏。除般、閔，弑皆于外，不地，亦所以正之。

冬，十月，己未，子般卒。不葬者，未踰年之君也。未成君，則不如閔。

冬，十月，己未，二《傳》作「乙未」。共仲使圉人犖賊子般于黨氏。成季奔陳。二《傳》以如陳葬原仲爲奔陳，本《傳》言奔陳于此，明有二次。立閔公。詳《世家》。

公子慶父如齊。慶父弑子般而言如齊，外之于齊，討賊之義也。不言奔者，爲下再奔地。此奔則罪已明，再入爲亂，則齊桓之縱逆可知已。〇齊爲逋逃藪，故《公羊》以爲吾慶父。

狄伐邢。《春秋》單言戎言狄者，非真戎狄也。此狄爲晉，因近邢而知之。晉初託戎，今又託狄，不惟爲齊桓諱，且晉方爲二伯，故亦諱之。

春秋左氏古經説義疏卷四

閔公《藝文志》：《公》、《穀》十一卷，《古經》則十二卷，蓋分閔公爲一卷，故爲十二。

元年，春，王正月。

不書即位，亂故也。繼弒君不言即位，正也。此時弒賊未討，先君未葬，其國有亂可知。

齊人救邢。救，善事。人者，因齊桓不早救，待其敗而救之也。

狄人伐邢，齊人救邢。

夏，六月，辛酉，葬我君莊公。過時乃葬，故也。

夏，六月，葬莊公。亂故，緩期以明有亂。是以緩。《經》緩書之耳。

秋，八月，公及齊侯盟于落姑。二《傳》皆以爲謀納季子。公與齊盟，是公之立由于齊，可見般之弒亦由于齊，託爲盟者，爲齊侯諱也。

請復季友也。慶父專政，必無謀納季子之事，此特就《經》書盟之意言之。

季子來歸。季子以内難奔陳，前奔不言出，再奔則反。以「來歸」言之，爲齊桓諱也。

季子稱字稱子，貴之。來歸，如内女大歸之辭。嘉之也。二《傳》「喜之」。據來歸言，《傳》言「嘉之」，指稱季子言。

冬，齊仲孫來。此齊仲孫湫也，因其來，知爲外臣。不繫事，不名，《經》若以内仲孫之文言之。

齊仲孫湫無知亦氏仲孫，此非其子孫。來省難，因魯亂而來。書曰凡言「書曰」①，爲特別例。「仲孫」，不名。大國大夫可不名，但稱孫，如宋之華孫。〇二《傳》以仲孫爲慶父，特推例之説耳。本《傳》齊有仲孫之難，是齊仲年之後爲仲孫，使爲慶父，則不當繫齊，知本《傳》之説爲實。亦嘉之也。「嘉」與「加等」之「加」同，即二《傳》褒進例。

二年，春，王正月，齊人遷陽。陽，兖州國也。遷，滅也。稱「人」，微也。不言「滅」，爲桓公諱也。〇昭世納北燕伯于陽，或以爲即此陽。

夏，五月，乙酉，吉禘于莊公。禘，四時祭名。當時人尚質，不行三年喪，《經》多主期，亦如今引進泰西，用夏變夷。言吉者，未可以吉也。〇《經説》藉夏、殷、周爲三世，符號由質而文，正經則爲準則。郁郁乎文，不能並見亂世昇平之故。《春秋》亦主三年，凡《墨子》夏、殷之别，則見説不見經，如《白虎通》質家三等，故《春秋》亦可曰改質從文。

夏，吉禘于莊公，速也。當時不言喪服，亦如今西人，《春秋》乃引進之，但爲質家，《傳》據《禮經》主説，則從周尚文之義。〇周喪多以期爲斷，鄒、魯先君皆不行三年，《墨子》尤力攻三年爲儒者私造僞禮，爲從先進從質。《經》言吉禘，是未至三年，曰速以譏之，此爲從周説。

秋，八月，辛丑，公薨。

---

① 曰：原作「向」，據文意改。

秋，八月，辛丑，共仲使卜齮賊公于武闈。閔公既立，慶父與哀姜淫益甚，慶父欲自立，又弑閔公。不地，故也。賊已討，不葬者，不討母以葬子。

九月，夫人姜氏孫于邾。

閔公之死也，哀姜與知之，故孫于邾。文姜以妻弑夫，罪重得討，又實未討，故桓書葬，以成其討。哀姜實討而罪輕于文，故不加葬。以此之不討葬起前之討葬也。然孫亦討葬辭也。齊人取而殺之于夷，以其尸歸，僖公請而葬之。此《傳》後《經》舉事，以終其事。此《傳》分年，故時有差誤。

公子慶父出奔莒。出奔例日，有罪不日。言出者，絶之也，慶父不復見矣。

共仲奔莒。公與夫人言「孫」，大夫言「出」、「奔」，尊卑異辭。

冬，齊高子來盟。《傳》「有天子之守國高在」。不名，與仲孫同，謂如漢之守相，亦嘉之。宋有華孫、子哀，齊有仲孫、高子。○《春秋》惟齊大夫稱子，與尹子、單子同，明大國大夫視天子之卿。

十有二月，狄入衛。據《傳》滅也。不言滅而言入，辟下封國也。狄，晉也，何以知之？因荀寅入于朝歌以叛知之。《春秋》書事時詭其實，不言晉者，晉爲二伯，不可滅人國，故諱也。

冬，十二月，狄人伐衛，晉師多有狄在。惡事，目外辭。衛師敗績，遂滅衛。記實事。

鄭棄其師。鄭者，狄之也。鄭伯棄一人而兼棄其師，故有夷狄不君之辭。《穀梁傳》：「梁亡、鄭棄其師，我無加損焉，正名而已。」

春秋左氏古經説義疏卷五

僖公

元年，春，王正月。

不稱即位，公出季子上年奉公出奔。故也。《公羊》：「繼弑君。」公出復入，此爲公舉。不書，例書。諱之也。與二《傳》同。諱國惡，禮也。二《傳》爲内諱。

齊師、宋師、曹伯次于聶北，救邢。曹獨稱伯，見齊、宋皆君。師者略之，不足乎揚。先言次，而後言救，君也進止自由，故先次後救，與叔孫豹不同。

諸侯救邢。邢人潰，待其潰而後救之，故次。出奔師，不書，爲救者諱。師遂逐狄人。足見齊强狄弱。具邢器用而遷之，《公羊》：「不言齊侯，不與諸侯專封。」師無私焉。

夏，六月，邢遷于夷儀。

閔二年傳 僖之元年，齊桓公遷邢于夷儀。此齊遷之也，以自遷爲文，辟專封也，如邢未亡者然。

邢遷如歸。按，此師説彙舉于閔公篇者。

齊師、宋師、曹師城邢。夏城不時，不譏者，有爲而然，不拘時刻。何爲復言三國師？不復言，無以知其爲一事也。

夏，邢遷于夷儀，諸侯城之，《經》但言齊、宋、曹，大國言齊，小國言曹，諸侯皆在之辭。救患也。《傳》齊桓存三亡國以屬諸侯。凡侯伯，二伯也。救患、分災、討罪，禮也。此爲大傳總例，後師乃分以説各條。

秋，七月，戊辰，夫人姜氏薨于夷，齊人以歸。夷，齊地也，桓公酖殺哀姜于此。實薨在以歸後，避其事，故以爲先薨，齊侯特以喪歸耳。

閔二年傳：閔公之死也，哀姜與知之，故孫于邾。以上説閔公編孫邾事。齊人取而殺之于夷，以其尸歸。與二《傳》同。僖公請而葬之。指本《經》。《傳》説具其本末，有先《經》、後《經》之分。

楚人伐鄭。伐惡事猶稱「人」者，楚漸進也。

鄭即齊故也。與齊争鄭。

八月，公會齊侯、宋公、鄭伯、曹伯、邾人于檉。檉者，内邑也。

盟于犖，犖即檉，一地二名也。謀救鄭也。陳不序，從楚也；衛不序，有難也。

九月，公敗邾師于偃。疑戰不日。邾無師言師者，以公敗録之。○内敗外則直敗之，不言戰；内諱敗不言敗，以戰爲内敗文。此内外例，非魯全以未陳勝外也。

冬，十月，壬午，公子友帥師敗莒師于酈，獲莒挐。内不言「獲」，言獲者，一見例也。

虚丘魯邑。之戍將歸者也。魯有亂，邾使兵戍虚丘，魯、邾無怨，因兵將還，要而敗之，所以惡僖公也。

冬，莒人來求賂，此莒伐我，不言莒伐者，戰不言伐也。公子友敗諸酈。事實與二《傳》同。獲莒子之弟挐，小國大夫不氏，故無稱弟者。非卿也，邾、莒無命大夫。嘉獲之也。嘉同喜。

十有二月，丁巳，夫人氏之喪至自齊。夫人不稱姜者，因與弒而貶也。不貶于與弒而貶于以喪至者，從其重也。

夫人氏之喪至自齊。君子以齊人之殺哀姜也①，爲已甚矣，《穀梁》：其不言姜，或曰爲齊桓諱殺同姓。與《傳》義同。女子，從人者也。伯主大義，得討，但殺之爲過。

二年，春，王正月，城楚丘。楚丘，衛邑也。城者，滅也。孰滅之？狄也。不言狄，滅者爲桓公，諱也。

閔二年傳 僖二年，封衛于楚丘，衛國忘亡，諸侯城楚丘《穀梁》：「國而曰城，此邑也，其曰城何也？封衛也。」而封衛焉。按，此《左氏》别一説。○不與桓公專封，實與而文不與也。不書所會，據城邢言齊、宋、曹三師。後也。《傳》例：凡諸侯會不書所會，後也，後至不書其國，避不敏也。○公後至，諸侯已會，故不列數。諸侯城緣陵，《公羊》以爲離至不可得而序，義亦同。

夏，五月，辛巳，葬我小君哀姜。哀者，謚也。夫人當從夫謚，此特謚，非禮也。哀，惡謚，亦譏之。○閔二年《傳》：「僖公請而葬之」，終此事。

虞師、晉師滅下陽。晉至此乃見者，以爲冀州方岳，因避齊桓，故晚見之。

---

① 也：原脱，據《左傳》補。

夏，晉里克、荀息經書師傳言二卿，此世尚不叙大夫專兵，不得爲貶之。帥師會虞師以會者，以虞爲主。伐虢，小國無師，因其先晉，故言師也。滅下陽。此滅同姓也。不見其人者，方譏虞貪賂取亡，不責滅同姓。滅同姓又别見之。先書虞，據晉爲主，當先叙，又虞小晉大。賄故也。虞，微國也，序乎大國之上者，首惡也。因亡，受賄假道，滅國以取亡也。

秋，九月，齊侯、宋公、江人、黄人盟于貫。此齊桓大伯，一匡天下，晉、楚分伯，各主北南，蓋用四岳之制，以南北爲綱而略于東西。西方秦不出，會雍不見，故略西岳；東方魯主東岳，見一州；徐已屬南方，爲夷狄，此晉、楚爲北南方岳之事。齊桓爲大伯，一統天下，皆其所屬。故《穀梁》以齊同盟爲尊周，晉同盟爲外楚。江、黄近楚，乃南方國，爲周南、召南所屬者，統來盟會，是爲一匡天下。〇小國惟詳卒正。外國常叙許男，此不叙近國而叙荆州之江、黄，江、黄已叙，則其他可知。

秋，盟于貫，服江、黄也。江、黄者，近楚之小國也。二《傳》皆謂大國言齊、宋，遠國言江、黄，是天下諸侯皆在之辭。

冬，十月，不雨。《穀梁》：「不雨者，勤雨也。」

楚人侵鄭。稱楚者，以爲荆州之小國皆在也。何以知之？因會盟見方伯爲一州皆在之辭，餘例從同。

冬，楚人伐鄭。《經》言「侵」、《傳》言「伐」者，亦略之，避齊桓也。鬭章囚鄭聃伯。《傳》四見鄭聃伯，事不書者，略之也。

三年，春，王正月，不雨。此例本《傳》無文，杜用二《傳》説。

夏，四月，不雨。

徐人取舒。徐者，州舉之也，明爲夷狄國。《春秋》非十九國不記事。此記徐，與梁亡同。梁爲秦封，徐爲蔡封，雖舉徐、梁，實舉蔡、秦也。○取，言易也。潁氏云：「舒有五名①：舒，舒庸、舒龍、舒鳩、舒城，其實一也。」

六月，雨。言僖有憂民之志，故每時一書；文無憂民之志，故歷時總書。

自十月不雨至于五月，歷三時之久。不曰旱，不爲災也。僖勤雨，故不成災。

秋，齊侯、宋公、江人、黄人會于陽穀。齊爲大伯，合八州皆統之，如周、召合統諸侯，不只會北方之國。

秋，會于陽穀，《穀梁》：「陽穀之會，桓公委端搢笏而朝諸侯，諸侯皆諭乎桓公之志。」謀伐楚也。爲下召陵事。

冬，公子友如齊涖盟。涖盟例不日。

齊侯爲陽穀之會來尋盟。尋盟承陽穀言之，是陽穀亦盟也。盟不言盟，成桓公之伯也。冬，公子友如齊涖盟。據此可知上之亦盟。《穀梁》：「涖者，位也，其不日，前定也。」

楚人伐鄭。獨言楚而不言從者，不與從夷狄以伐中國也。

楚人伐鄭。鄭伯欲成，從楚。孔叔不可，曰：「齊方勤我，陽穀齊伯方盛。棄德不祥。」明德，伯者之事。○鄭從齊，故下伐楚叙在師也。

四年，春，王正月，公及齊侯、宋公、陳侯、衛侯、鄭伯、許男、曹伯侵蔡。蔡潰，遂伐楚，次

① 名：原無，據《太平御覽》卷一六九引潁容《春秋釋例》補。

于陘。不以諸侯潰之爲文，重出蔡，與梁亡同，「侵」爲嘉蔡，「潰」爲惡蔡，義各有異。

春，齊侯以諸侯之師侵蔡。蔡潰，民逃其上曰「潰」。遂伐楚。楚子使與師言曰：「君處北海，齊地在兗州，屬恒山。《楚語》：「北正黎司地以居民。」○《莊子》：「北海之帝曰儵。」寡人處南海，荆正南。《楚語》：「南正重司天以居神。」○「南海之帝曰忽」。惟是風馬牛不相及也。北海如《書·文侯之命》，南海如《甫刑》，中分天下，不相統屬，不虞君之涉吾地也，何故？」《書》分天下爲二，義爲南伯，主東南；和爲北伯，主西北。此據中分天下制度爲説。管仲對曰：《經説》託之管子耳。「昔召康公命我先君太公曰：『五侯、《論語》「舜有臣五人」，如五運分剛日柔人①，則各得五人。南四方伯爲四侯，合以楚爲五侯。此言東伯，本屬東南二州。九伯，《尚書》：「民獻十夫。」《論語》：「亂臣十人。」除去齊則爲九。○此一匡天下，兼説東西，不止四州。八州八伯，合晉爲九。此兼管西伯事。女實征之，楚爲方伯，在九伯内，命齊得征之。○「女實征之」二語詳《世家》。以夾輔周室。』猶言一匡天下。賜我先君履：「履」謂齊得節制之國，不謂齊實封如此。所言四至據九州爲説，言此以明齊得討楚之故。○五服：冠、衣、帶、裳、履。冠爲京師，履在邊鄙，《詩》所謂「福履」即指下四至言。東至于海，東以海爲境，從兗至揚皆言之，不但言齊東境淮之會是。西至于河，河，西河也，葵丘之會是。雍、冀以河爲界。不及雍州者，雍爲王畿，不得言賜履。南至于穆陵，《史記索隱》：「今淮南有穆陵門。」此南方以荆、揚爲界，故楚在所履之内。淮南楚境，即此伐是也。北至于無棣。《索隱》：「無棣在遼西。」此據九州

① 柔人：據文意，似應作「柔日」。

疆域爲説，不專指齊境。伐山戎是也。爾貢九貢，九州之貢。包茅不入，《禹貢》：荆州貢苞茅。王祭不共，無以縮酒，寡人是徵。求也。昭王《經》不書，《傳》詳之。南征而不復，寡人是問。」按《本紀》例不説書法，今云「昭王崩，不書，諱也」，疑是《左傳》説，史公引之者。對曰：「貢之不入，寡君之罪也，敢不共給？昭王之不復，君其問諸水濱①！」

夏，許男新臣卒。成十三年，曹伯盧卒于師稱師，此不言師者，内桓師也，葬且加等也。

楚屈完來盟于師。盟于召陵。楚大夫不氏，此氏者，尊屈完也。○此言楚來盟者，楚服也。南方諸侯皆服，此一匡天下。晉則分主南北，不相統屬也。

師進，次于陘。夏，楚子使屈完如師。師退，次于召陵。《經》言「來盟」，《傳》言「如」，外楚也。

齊人執陳轅濤塗。

齊侯執轅濤塗。本齊侯也。「人」者，不正其踰國而執人也。

秋，及江人、黄人伐陳。及者，外之也。外見江、黄，則中國諸侯皆在，舉江、黄以包内，故不言其人。

秋，伐陳。禮，賜弓矢得專征。齊二伯也，何以不言「征」，無王命也。既曰專征，雖無王命可也，何爲猶以無王命言之？專者急事，惟討賊救難②用之，緩事不得專也。《春秋》急事亦不曰「征」何？齊、晉非受命伯，《春秋》託之

① 君其問諸水濱：「諸」字原脱，據《左傳》補。

② 難：原無，據文意補。

也。周制實無二伯、方伯、卒正統制控馭之事，孔子因桓、文建此制，六藝皆同。討轅濤塗之事，《穀梁》不言其人。及之者，内桓師也。

八月，公至自伐楚。何以致伐？楚叛盟也。《穀梁》：「有二事偶，則以後事致；後事小，則以先事致。以伐楚致，大伐楚也。」

葬許穆公。許葬皆時，小國正例也。許卒皆日、葬皆時，卒正以下正例也。許有正無變者，因不變以見其變也。○郲、滕、薛葬皆時，亦從此例。

許穆公卒于師，伯、子、男爲一等。葬之以侯，《曲禮》：「九州之牧，于外曰侯。」《春秋》託二伯于公，託方伯于侯，託卒正于伯、子、男。《傳》曰：卿可以會伯、子、男；鄭獻伯、子、男之禮。《公羊》：「小國稱伯、子、男。」又云：「伯、子、男，一也。」侯禮謂方伯之禮，即州牧之侯，非百里之侯也。禮也。許本侯爵，此就七錫方伯之侯言之。伯、子、男爲一等，上公爲一等，以侯加一等也。○許以侯禮葬，而書法不異，知不以禮節而變。杜氏因儀文而改書法，自是誤説。凡諸侯薨此言追錫之禮，《穀梁》以爲不追錫者，惡錫惡人也。于朝、會，加一等；各從錫命加一等。如伯、子、男爲侯，侯則爲公，公則以衮。許託稱男，實非男，如男爲實爵，進一等則得爲侯。今卒于朝會，但加一等而用侯禮，知非真爵也。死王事，加二等，于是有以衮斂。言三等，是大國、次國、小國之分，即二伯、方伯、卒正之説也。加二等，則卒正用二伯之平禮，方伯用二伯之上禮，二伯加命以衮，惟死者斂用之，生者不如此。此「凡」爲禮説，與經、史無關，杜以爲五十凡之一，非也。

冬，十有二月，公孫兹帥師會齊人、宋人、衛人、鄭人、許人、曹人侵陳。公孫兹，叔牙之子也。三家之勢成于僖公，記兹以見叔孫之始也。二伯之大夫何以不見？歸功于君，臣子之義也。

冬，叔孫戴伯帥師會諸侯之師此伯合諸侯，侯帥伯、子、男會伯之事。侵陳。陳成，歸轅濤塗。據《傳》，此諸侯之師也，其稱「人」，貶也。因轅濤塗之事而再伐陳，故譏之。歸轅濤塗不書者，略之也。

五年。

春，王正月，辛亥，朔，日南至。劉氏說詳①此。公既視朔，遂登觀臺以望，而書，公舉必書，史書而《經》無者，常事不書也。禮也。爲禮制。凡此禮制不見《經》之「凡」。分、至、啟、閉，二分、至，即二游。郯子以鳥名官：玄鳥氏司分者，伯趙氏②司至者，青鳥氏司啟者，丹鳥氏司閉者。必書雲物，禮則必書，《經》絶不一見。爲備故也。《儀禮》：「以五雲之物辨吉凶、水旱，降豐荒之祲象③。」降者，蓋預下其說，使民得早爲之防備。

晉侯殺其世子申生。殺世子母弟，目君者，甚之也。

春，《傳》晉事與《經》有早遲，後人造爲晉用晉正之說。按，此條爲明說。據《傳》，去年十二月戊申縊于新城，今春乃接其赴告，則不得不書于春，非時曆有不同。其同者，文不備耳。晉侯使以殺太子申生之故來告。此以赴告，明遲早之例。自文公入以後，晉通無來告不來告之說，皆《傳》託爲已告之辭。僖以前以爲全不告，僖以後書晉事多不必言「告」。不書、始書之間，一言此例。

① 詳：原作「祥」，據文意改。
② 「伯趙氏」下原衍「四」字，據文意删。
③ 象：原作「祥」，據《周禮·春官·保章氏》改。案，此引文出自《周禮》。

杞伯姬來朝其子。射姑名，此不名；射姑言使，此無使文。此男女之分，父得使子，母不得專之。子，世子，即下杞成公也。

夏，公孫兹如牟。公不入方伯以下國，大夫則得如之。牟爲小國，方伯不應下聘，故《傳》以娶解之。

夏，公孫兹兹父，慶父之子，記三家之始。如牟，此爲公事。娶焉。此爲遂事。○此内大夫娶于外諸侯之事，如内之高固、莒慶也。

公及齊侯、宋公、陳侯、衛侯、鄭伯、許男、曹伯會王世子于首止。世子即《周禮》之「孤」，上異五玉之君，下異五牲之臣，間二者之間，儀文獨異。

會于首止。會王太子鄭，《公羊》：「曷爲殊會王世子？世子貴也。世子猶世世子也。」不名者，世子尊也。謀寧周也。

秋，八月，諸侯盟于首止。首止，近鄭之地。

秋，諸侯盟。《公羊》：「諸侯何以不序？一事而再見者，前目而後凡也。」即尊世子不敢與盟也。諸侯皆百里國，《春秋》雖分爲三等，一曰侯，爲《春秋》三等爵之中，以侯爲正，舉以包上下，故稱諸侯也。王使周公召鄭伯曰：「吾撫女以從楚，南岳。輔之以晉，北岳。可以少安。」鄭伯逃歸。不盟。逃義曰逃，羞辱之辭。

鄭伯喜于王命，而懼其不朝于齊也，故逃歸①，不盟。逃爲惡辭，因其懷二心，背衆不盟，藉故而歸，故以逃目之。

楚人滅弦，弦子奔黄。不日，微國也。

楚鬭穀于菟入者略之。滅弦，有伯之世不可言滅，不諱者，以夷狄滅夷狄也。弦子奔黄。于是江、黄、道、柏方睦于齊，皆弦姻，弦子恃之而不事楚，又不設備，故亡。言此以爲戒。

九月，戊申，朔，日有食之。《春秋》記日食以正曆法，明天道，不爲災異休咎而言。皇帝法天，日月星辰即爲天命，即皇帝奉行之事。

冬，晉人執虞公。目虞公之執，罪在一人之辭。

八月，甲午，晉侯圍上陽。虢國都。冬，十二月，丙子，朔，晉滅虢，不書者，下陽已見滅文也。虢公醜奔京師。不書，略之。師還，館于虞，遂襲虞，滅之。不譏晉滅同姓者，方惡虞自取亡。執虞公稱公者，從臣下之辭。及其大夫井伯，以媵秦穆姬，不言，略之。而脩虞祀，且歸其職貢于王。故書曰當言滅虞、以虞歸。「晉人執虞公」，罪虞，故不言滅。凡用大師爲滅。且言易也。不言入、滅而言執，易辭也。晉之滅虞，如執一人，所以惡其貪賂，自取滅亡也。

六年，春，王正月。《傳》有晉夷吾奔梁事，云梁近秦，爲梁亡之先見。

① 故逃歸：原作「故鄭伯逃歸」，據《左傳》僖公五年删。

夏，公會齊侯、宋公、陳侯、衛侯、曹伯伐鄭，圍新城。因其新造，故以新城目之，所以見其圍邑也。

夏，諸侯伐鄭，以其逃首止之盟故也。去年逃盟。圍新密，本名密，《經》諱密而言新城，譏其不善交而徒城也。鄭所以不時城也。言此從新字生義。鄭欲抗齊，又懼侵伐，故新造密城以自固。

秋，楚人圍許。非國不言圍。圍者，兵至城下之辭。許篤從楚。圍許，一見例。

諸侯遂救許。救許，善之也。許初在豫州，後遷于荆者，外州卒正也。外卒正叙許者，惟一見例。

秋，楚子圍許以救鄭，《經》稱「人」，貶也，不言救鄭者，因圍許，不以善事目之，惡夷狄也。諸侯救許。

冬，公至自伐鄭。《穀梁》：「不以救許致何？大伐鄭也。」公在師目諸侯。諸言「救」，目善事者，内中國也。

乃還。從救許後言之。

七年，春，齊人伐鄭。凡帥師，襄以前大夫稱人者，君命也；見名氏者，譏專兵也。

齊人伐鄭。諸侯有討于鄭，未捷。因其未捷，故再伐之。

夏，小邾子來朝。小邾子者，郳也。因不能以名通，附邾以見，故曰「小邾」。小邾，附庸也。春秋千七百國，即有千七百附庸，皆主食間田之君也。

鄭殺其大夫申侯。申侯，申國之君也。禮，諸侯不臣寓公，申侯稱大夫以殺者，譏鄭也。

夏，鄭殺申侯以説于齊，上逃盟。且用陳轅濤塗之譖也。鄭有稱「人」稱「國」二例，稱國爲討無罪辭。初，申侯，申出也，申後爲楚滅，見獲于楚。有寵于楚文王。奔鄭，不書。又有寵于厲公。

子文聞其死也，曰：「古人有言曰：『知臣莫若君』，弗可改也已。」

秋，七月，公會齊侯、宋公、陳世子欵、鄭世子華，盟于甯母。言兩世子，與王世子相起。

秋，盟于甯母，謀鄭故也。

曹伯班卒。曹卒不日何？由日而月，由月而時，以漸降之也。

公子友如齊。如齊不繫事，聘也。外言「來聘」，内言「如」。

冬，葬曹昭公。小國正例。不言當時不當時，略之也。

閏月，《傳》曰「歸餘于終」，十二月之後一月。惠王崩。不書，失天下也。襄王惡太叔帶之難，懼不立，《年表》：「襄王立，畏太叔。」不發喪，而告難于齊。《周本紀》：「二十五年，惠王崩，子襄王鄭立。母早死，後母惠后，惠后生叔帶，有寵于惠王，襄王畏之。」

八年，春，王正月，公會王人、齊侯、宋公、衛侯、許男、曹伯、陳世子欵，盟于洮。《公羊》有「鄭世子華」四字。王人，微也，叙諸侯上者，先王命也。

春，盟于洮，謀王室也。臣不敢與君盟，此盟王人者，諸侯自盟以謀王室，非與君不協而盟，故曰「盟王室」。

鄭伯乞盟。上言「逃歸」，此言「乞盟」，乞者，處其所而請與，蓋酌之也。

請服也。

夏，狄伐晉。此齊也。以二伯不可伐二伯，故託之狄也。

狄伐晉，報采桑之役也。此因示弱于狄，故來報之速。

秋，七月，禘于太廟，用致夫人。此言太廟，不言莊，省文可知。祫祭稱有事，大祫稱大事，此稱禘者，犆禘也，犆禘于各廟行事，何以獨目太廟？以周公臨之之辭也。何以知禘爲犆？以吉禘于莊公知之。

秋，禘，而致哀姜焉，言夫人不言姓氏，故三《傳》異說。然哀姜已葬，魯乃立成風爲夫人，是二事本相同。《穀梁》以爲成風，《左傳》以爲哀姜，就入廟言之，二事并行，一致一立，皆可包之。《公羊》無異說。「不用者」，乃何君之辭。非禮也。夫人有罪者，與廟絶，當討之，不得入廟。以哀姜致爲非禮，則文姜之不當致更可知。凡夫人不薨于寢、哀姜薨于夷，不薨于寢，故即以説。如文姜有罪，薨于寢，便當致也。不殯于廟、定姒薨，《傳》不殯于廟，《傳》言僖公請葬之，因齊討，不備禮，故不殯于廟。不赴于同、孟子卒，《傳》不赴，故不稱夫人。元年，齊桓討而殺之。有罪，故不赴于同盟諸侯，亦不會葬。不祔于姑，姒氏卒，《傳》曰：「不稱夫人，不赴，且不祔。」禮，妾祔于妾祖姑，是新主未入廟，既致新主，則先祔可知。則弗致也。三者皆夫人禮。哀有罪見討，時未用其禮，《傳》因據以立説，非夫人喪必合此三者乃得入廟也。

冬，十有二月，丁未，天王崩。天王崩皆日。〇洮盟公在會，謀王室，則不告亦知之。王崩大事，知即當書，何必待告。

襄王定位而後發喪。故于此乃書之，晉文遲一年乃書同此。〇按，此一師之説，《傳》脱，書于「春，鄭伯乞盟」之下。書發喪即指《經》書「天王崩」，非春定位，又至冬乃來告也。

冬，王人來告喪。王臣不恒書，故託之告與遲告。按，洮盟謀王室，公在會，則無不知王崩之理，此《經》緩書之耳。難故也，此又一師説，故與前重出。是以緩。去年冬崩，經年乃來告喪，爲有叔帶之難故。〇按，《傳》

以緩明有難，爲全書大例。凡卒葬不以時書，遲者爲有難故，難故不明，故緩以起之。

九年，春，王二月，丁丑，宋公御説卒。宋大國，例日卒。

春，宋桓公卒。未葬，因背殯，故下不再①書葬。而襄公會諸侯，即夏葵丘之會。故曰「子」。稱子是未葬之辭。凡在喪，王曰「小童」，《曲禮》：「天子未除喪曰余小子。」小童即小子之誤。公侯曰「子」。禮，柩在堂，孤無外事，今背殯而出會，稱以「宋子」，當無哀矣。○按，諸侯不論尊卑五等，在喪稱「子」，其在盟會亦然，不論王事私事。至于《春秋》則假宋、陳、衛三國正稱之國以示例，凡尊卑相嫌之齊、晉、鄭、邾則通如常稱，此爲名號決嫌疑之法。

夏，公會宰周公、齊侯、宋子、衛侯、鄭伯、許男、曹伯于葵丘。周公者，三公也。宰者何？冢宰也。王在喪中，諸侯攝政。《公羊》曰：「天子之爲政者也。」宰渠伯糾、宰咺何以亦稱宰？制國用之冢宰也。大夫秩同名異實，攝政冢宰尊，司徒爲之，不常置。制國用大夫常置之官，爲道佐七人之一。

會于葵丘，尋盟，且修好，禮也。王使宰孔賜齊侯胙，曰：「天子有事于文、武，使孔賜伯舅胙。」《曲禮》：「二伯異姓稱伯舅。」此爲九錫作伯之證。

秋，七月，乙酉，伯姬卒。二《傳》未嫁而卒者記二，本《傳》只此一事。下伯姬卒，以爲已嫁反室之辭。

九月，戊辰，諸侯盟于葵丘。桓會，《公羊》陽穀爲最盛，本《傳》與《孟子》以葵丘爲盛。《公羊》得知微之義，本《傳》與《孟子》就其隆盛者言之耳，其實不異。

---

① 再：原作「在」，據文意改。

秋，諸侯盟于葵丘，言諸侯盟者，不敢盟王臣之辭。曰：盟詞也。「凡我同盟之人，既盟之後，言歸于好。」按此文與《孟子》同，《孟子》引盟辭與《穀梁》同。《公羊》在陽穀，傳聞偶異，辭亦詳略不同，惟《孟子》爲詳。宰孔先歸，《經》不敢盟王臣，故爲已先歸之辭。遇晉侯，曰：桓會，晉侯與者多矣，如扈盟，是《經》不先見晉侯，故不言耳，非晉不與也。「可無會也。知晉先此皆會，以後桓遂無盟，故宰孔以爲不必會。齊侯不務德而勤遠略，《經》書盟會多以譏之，此《傳》總論桓會。故北伐山戎，爲燕事。〇《傳》「北至于無棣」。南伐楚，召陵之師。〇《傳》「南至于穆陵」。西齊在東，與西相對。《鄭語》以晉爲西方國。爲此會，賈氏以葵丘在汾陽。東略之不知，東方或能再會。〇十六年盟于淮，《傳》曰「且東略也」。淮爲淮夷，境接海。《傳》曰「東至于海」。西則否矣。言桓無力及西，以後會盟皆在東。〇《傳》曰「西至于河」，非齊地。其在亂乎？言晉之憂在內不在外。君其務靖亂，無勤于行。」晉侯乃還。

甲子，晉侯佹諸卒。晉大國，故日。

九月，晉獻公卒。

冬，晉里克殺其君之子奚齊。不葬者，無臣子也。《春秋》上殺下曰「殺」，下殺上曰「弑」。此如兩君相殺然，罪晉侯也。

十月，里克殺奚齊于次。喪次。書曰「殺其君之子」，據不書弑君，言殺其君之子。〇《公羊》：「君存稱世子，君薨稱子某，既葬稱子，踰年稱公。」爲常例。未葬也。按，齊侯潘五月卒，舍以七月弑，《經》不書葬，時僅三月，本不在葬外。然舍用踰年之號，而奚齊仍繫于父，此宜以《穀梁》「國人不子」爲正。師云未葬，亦謂未葬可以稱子某也。荀息立公子卓以葬。《傳》言葬而《經》不書，以嗣子延校數世，故不葬之。

齊侯以諸侯之師伐晉。及高梁而還，討晉亂也。令不及魯，故不書。按齊師，公無役不從，《經》削之，故云「令不及」耳。

十年，春，王正月，公如齊。如齊不言事，朝齊也。在内①曰「來朝」，在外曰「公如」，此方伯事二伯之禮。書公如始此月者，起桓伯衰，爲公危之。○齊初見，以一伯總統天下，晉、楚乃分南北。

狄滅温，温子奔衛。蘇也，目温者，辟滅王臣國。不言晉，爲二伯諱。

狄滅温，温爲晉有，諱滅天子畿内國，故以「狄」言之。蘇子無信也。温爲詭名，避滅王畿國。蘇後見，復封也。蘇子叛王事見莊十九年。即狄，如衛孫良夫以戚叛。又不能于狄，故云無信。狄人伐之，狄即晉。王不救，故滅。《傳》：「昔周克商，封蘇忿生以温，爲司寇。」温爲襄王所賜者。蘇子奔衛。本晉滅也。

晉里克弑其君卓，及其大夫荀息。大國乃言「弑」。及荀息何？爲與孔父仇牧同，美惡不嫌也。

九年，十一月，《傳》在去年十一月，《經》書于今年春者，亦緩書之，不使一年弑二君，又以見踰年稱君。里克殺公子卓于朝，弑專在卓。荀息死之。自求殉君，以行其志。《經》據赴時，故書于春。

夏，齊侯、許男伐北戎。北戎者，北方之戎。西曰戎，《春秋》不見西戎，言戎皆在北，此名從主人也。○晉不伐戎，齊何以再言伐戎？以戎歸齊治之也。以狄屬晉，故三言敗狄。何以或言伐、或言敗？互文見義，故齊不言治狄，晉不言

---

① 内：原作「外」，據文意改。

治戎也。

晉殺其大夫里克。里克弑二君，不以討賊之辭者，惠公之大夫也。皆殺也，或言弑或言殺者，别尊卑也。

夏，四月，《經》無月，殺例時。周公忌父、《經》書周公，不名。王子黨會齊隰朋立晉侯。據《經》，齊、晉無相遇之文，《傳》言齊立晉侯，是齊會盟有晉可知，《經》不言耳。晉侯殺里克以説。《年表》：哀公元年，殺里克，倍秦約。

秋，七月。

冬，大雨雪。雪，《公》作「雹」。○《經》以日月爲例。人事與災異有别，人事不從日月生義，故同一事或日或時而輕重見焉，此人事以日月爲輕重之例也。至于災異，則必因時日以見義，如八月之間書雷電與雪，不繫時，不見義。如大雩，九月以下、十月以上不月亦是。又有不可以日計，如星災、大水，非一日之事，其災異雖重，不能以日計，所以與人事不同。

十有一年，春，晉殺其大夫平鄭父。爲謀納重耳，故殺之。據《傳》，同殺者祁舉及七輿大夫，但言平鄭者，舉重也。

春，殺在冬，至春乃來告，逾時已久，不能補書于本月日之下，故以赴時書之。宋、衛、陳、鄭同日火，數日皆來告，時甚近，故可補書于本日。此赴告有期限之説也。晉使以平鄭之亂凡大夫有罪，諸侯討而殺，則稱人以殺，不然則否。從弑君「凡」推考而出，爲晉、齊、衛、陳、鄭之專例，宋與楚、蔡、曹、莒不在此例。凡言「大夫殺」者，兩譏之。此稱國無罪，何以譏大夫？邦有道則仕，無道則止，仕亂朝見殺，于明哲之道有未盡也。來告。據赴告，故遲書。

夏，公及夫人姜氏會齊侯于陽穀。記夫人會齊侯，參譏之也。

秋，八月，大雩。

冬，楚人伐黄。黄，荆州國卒正。不以①爲夷狄而以爲遠國者，外四州不言夷狄，引進之也。

黄人不歸楚貢。楚大黄小，如今獨立與保護，《經》則以方伯、卒正言之。冬，楚人伐黄。滅弦、滅温皆不書，伐滅黄書「伐」者，起桓公之不能救也。

十有二年，春，王三月，庚午，日有食之。記日食所以明曆法，食宜在朔，今食二日，失之後。失之前者，朔在前也。○《五行志》引《傳》説，以爲食二日。

夏，楚人滅黄。記黄之滅，見齊桓不用管子之言，爲失謀也。

黄人恃諸侯之睦于齊也，恃遠國。不供楚職，輕近國。曰：「自郢及我九百里，焉能害我！」言此明齊去黄尤遠，不能援。夏，楚滅黄。《穀梁》：「貫之盟，管仲曰：『江、黄遠齊而近楚。楚，爲利之國也，若伐而不能救，則無以宗諸侯矣。』桓公不聽，遂與之盟。管仲死，楚伐江、滅黄，桓公不救，故君子閔之。」

秋，七月。《傳》有王討子帶，子帶奔齊，管仲平戎事，不書，爲天王諱。

冬，十有二月，丁丑，陳侯杵臼卒。諸侯有移封、遷徙、黜陟、升降例，故爲伯，爲牧，在此在彼，隨時不同。

十有三年，春，狄侵衛。狄者，晉也。

夏，四月，葬陳宣公。陳方伯，葬例月。

公會齊侯、宋公、陳侯、衛侯、鄭伯、許男、曹伯于鹹。齊、晉在宋上者何？天子之三公也。齊在兖州，

---

① 以：原作「知」，據文意改。

晉在冀州，其國何以不屬于方伯？東周爲行在所，齊、晉亦爲代巡，豫非王都，兗、冀亦非二伯也。實在二州，何爲以内臣言之？孔子曰：「其事則齊桓、晉文，其義則丘竊取之矣。」

夏，會于鹹，淮夷病杞故，淮夷者，徐州之夷也。《公羊》以爲徐、莒是也。《經》凡外四州通不見夷狄盟會，惟一書淮夷以見例。且謀王室也。爲王子帶事。

秋，九月，大雩。九月，記時也。此日月于本事有義，不以日月爲例者，日月爲不例，此類是也。

冬，公子友如齊。言公子如齊，見公用季子而國安，至公子卒而政衰矣。

十有四年，春，諸侯城緣陵。

諸侯城緣陵，而遷杞焉。《公羊》曰：「孰城之？城杞也。孰滅①之？蓋徐、莒脅之。」不書其人，有闕也。《穀梁》：「其曰諸侯，散辭②也。聚而曰散何？諸侯城，有散辭也，桓德衰矣。」○其人有闕，即《穀梁》「散辭」之説。鄭君説與《傳》相通。

夏，六月，季姬及鄫子遇于防。言遇，如專行之辭。《春秋》以前男女自由結昏，亦如海外。《經》乃立昏禮，用媒妁，使父母主之，撥亂反正。使鄫子來朝。本來請己，書曰「來朝」，即撥其亂。○服説季姬不言鄫，爲在室辭。當時諸侯男女遠出淫佚，如公如齊觀社，皆自由結昏。

鄫《經》無「鄫」字，就禮言之，當爲夫婦辭。季姬來寧，撥亂反正。《經》猶留野佅踪蹟，《傳》就文明立説。

---

① 滅：原作「城」，據《公羊傳》僖公十四年改。

② 辭：原作「亂」，據《穀梁傳》僖公十四年改。

亦如吴楚稱王，諱之曰「子」，以臣召君而書「王狩」，董子所云「書事詭實」。公怒，女家絶男家。止之。留之不使反鄫。以鄫子之不朝也。夏，遇于防，而使來朝。《傳》專爲以後立説。○《公羊》：「鄫子曷爲使乎？季姬來朝，内辭也。」非使來朝，使來請己也。面訂婚姻，不可爲訓，故《傳》特爲此説。

秋，八月，辛卯，沙鹿崩。方伯以上得記災異，晉何以不記？外州方伯不記，二伯亦不記。此晉地，何以不繫晉？名山大川不以封。《公羊》以爲爲天下記異，是也。

沙鹿崩，班曰：左氏云云。晉卜偃曰：「期年將有大咎，幾亡國。」據卜偃之占，專就韓戰言之，故云「期年」，懷公事乃遠占也。

狄侵鄭。託言狄侵，爲晉諱也。託夷狄之伐中國，内中國也。外州不言夷狄之伐，外外州也。

冬，蔡侯肸卒。不葬者，從楚也。從夷狄不葬例。

十有五年，春，王正月，公如齊。齊、魯皆封百里，魯何爲朝齊？《春秋》朝之也。因託齊桓爲二伯，故有朝事。周制魯不朝齊。《傳》以朝爲言，《春秋》説也。

楚人伐徐。楚，南岳伯，强國也。伐徐，諸侯當有從者，不忍以中國從夷狄，故不序。

徐徐在東南，如今澳州在赤道南，夷之，故州舉。即諸夏夏指禹，又指赤道絡絺，諸夏即《周官》「九夏」。故也。楚稱人，貶也。伐徐者，從中國國之也。

三月，公會齊侯、宋公、陳侯、衛侯、鄭伯、許男、曹伯盟于牡丘，遂次于匡。《穀梁傳》：「遂，繼事也。次，止也。有畏也。」

盟于牡丘，盟皆有條約。尋①葵丘之盟，續舊約。且救徐也。定新約。○諸侯救徐，畏楚不敢進，次匡，而使大夫救之，致敗于楚。言「次」以譏諸侯也。

公孫敖帥師及諸侯之大夫救徐。《穀梁》：「善救徐也。」

孟穆伯帥師及諸侯之師師，大夫也。救徐，諸侯君也。次于匡以待之。諸侯之大夫何以不叙，惡之也。外大夫專自此始，以前不言大夫，言人而已。諸侯在而大夫救，大夫專征伐之漸。

夏，五月，日有食之。

不書朔與日，官失之也。《年表》同。

秋，七月，齊師、曹師伐厲。厲，荆州國。

秋，伐厲，以救徐也。此次匡之師伐厲，所以救徐。不救徐，緩而伐厲，致徐敗于楚。不言齊侯者，不足乎揚。

八月，螽。蟲災例時，月者，重之。凡月皆同。

九月，公至自會。《公羊》：「桓會不致，此何以致？久也。致不月，久則月之。」

十六年傳：齊伐厲，不克，救徐而還。言還，當即説公至，誤脱在十六年夏。

季姬歸于鄫。《白虎通義》：「季姬，伯姬之娣，伯姬卒，改嫁于鄫。」記防遇以明改嫁之由，故前年定約，十五月乃

---

① 尋：原脱，據《左傳》補。

嫁。《公羊》以前使朝爲内辭，謂諱其不可訓者以可訓者言之。本《傳》就内諱言之，二《傳》就事實言之，兩不相妨也。

己卯，晦，《公羊》言朔不言晦，本爲日食例，而後師誤説災戰。劉氏云：「及朔言朔，及晦言晦，人道所不及，故天震之，此爲災。成世六月甲午晦，晉侯及楚子、鄭伯戰于鄢陵，亦晦戰也。以爲晝瞑，非是。」震夷伯之廟。《穀梁》：「夷伯，魯大夫。」蓋其子孫爲天子大夫監于魯，則得于魯閒田邑立廟。按，此奉命爲監，與實封不同。不當立廟而立廟，故雷震之，書以示警也。

震夷伯《傳》：王臣夷妘諸氏采同。之廟，罪之也。説桓宫、僖宫災亦如此。于是展氏有隱慝焉。「展」當爲「夷」字之誤。夷伯，天子監大夫，《傳》夷妘諸其同氏者。展氏不得稱夷伯，無駭子賜氏展，其父與子皆不得氏夷稱伯。《穀梁》但云魯大夫。知非展氏。

冬，宋人伐曹。

討舊怨也。

楚人敗徐于婁林。不日，略之。不言戰者，楚大夷，得内辭。董子：「小夷辟大夷不言戰。」楚稱人、徐舉國，亦大小之分。

楚敗徐于婁林，《穀梁》：「夷狄①相敗，志也。」徐恃救也。諸侯不能救。下齊合徐伐英氏，以同伐，徐不序者，舉楚爲重。

十有一月，晉侯及秦伯戰于韓，獲晉侯。不言師敗績者，君獲也，亦以遇濟而止，師未大奔故也。○《傳》

① 狄：原脱，據《穀梁傳》僖公十五年補。

記此事在雷震夷伯廟之前，《經》記于十一月者，亦遲書例也。晉初見，凡事緩書之，晉文以後乃不如此。

秦伯伐晉。秦，梁方伯。初見不名，從王臣例。壬戌，戰于韓原，秦獲晉侯以歸。君生曰獲，死曰滅；大夫生死皆曰獲，君臣之辭也。

十有六年，春，王正月，戊申，朔，隕石于宋，五。石爲地，故五，記地震配五方。

隕石于宋，五，《穀梁》：「後數，散辭，耳治也。」隕星也。五行星即五世界，地其一也，爲轂。

是月，六鷁退飛，過宋都。六六三十六，日食得數。○外國語言每先實後虚，經傳孔文則次序各有取義，此爲「正名學」。經義固非外語所能譒。

六鷁退飛，過宋都，《穀梁》：「先數，聚辭，目治也。」○同一日事，分其輕重，石無知，故日之；鷁微有知，故月之，此以見日月不相蒙，或説相蒙者，誤矣。風也。外異不書，宋爲王後，得記異。○風與水同爲氣化，初能馭水，久之則可御風。

三月，壬申，公子季友卒。名與字并見，與公弟叔肹同，賢也。○此明世卿禍始。友雖賢，子孫不宜世，世則專政。内史叔興曰：「是陰陽之事，物理格致學。非吉凶所生也。」不入占驗。直書其事，而失自見。

夏，四月，丙申，鄫季姬卒。嫁于諸侯，尊同有服，《經》則卒之，以明其禮。

秋，七月，甲子，公孫兹卒。

《傳》：今兹魯多大喪。兹，叔牙子，世爲亞卿。以三家始此，故重之。

冬，十有二月，公會齊侯、宋公、陳侯、衛侯、鄭伯、許男、邢侯、曹伯于淮。邢不叙會盟，此一見例，以明上存邢，下救齊。○邢，冀之卒正。稱侯，明本爵。其在曹上者，以稱侯故也。

會于淮，謀鄫，且東略也。淮與葵丘爲東，山戎爲北，召陵爲南，所言地望與管子四至相同。

十七年，春，齊人、徐人伐英氏。英氏，徐州附庸。人氏者，方十五里。

齊人爲徐伐英氏，英稱氏，夷狄。以報婁林之役也。外州不見夷狄，此見爲有國辭，引而進之也。

夏，滅項。《公》、《穀》以爲齊滅，杜誤以爲魯滅。公未歸，滅者何人？項在汝陰，去魯甚遠，勞師千里，取不能守，亦非情理。

師即上伐英之師，故不再言其人。滅項。齊侯與公在會，别遣大夫伐英，項近英，因而滅之。淮之會，淮與項近。公有諸侯之事，未歸，公留，未反魯。而取項。伐英，大夫生事滅項，非桓公本意。齊人以爲討，怒師違節制。而止公。以滅國之事魯大夫亦在行間，無所泄怒，故獨止公，非以項爲實魯滅，如取鄆之事。

秋，夫人姜氏會齊侯于卞。

聲姜以公故，此非淫也，何爲與文姜同？所以釋前事，以爲上譏會而不譏淫。會齊侯于卞。解齊侯之怒。

九月，公至自會。

公至。書月爲見止，危公也。書曰「至自會」，據止，地當目淮。猶有諸侯之事焉，可見諸侯同在，因事留三時之久，非公一人。且諱之也。以會致，則不見公，見止之迹，故爲内諱。○凡師說一事而有一意者，多言，且上說本意，下說兼意。

冬，十有二月，乙亥，齊侯小白卒。齊大國，例日。

齊桓公卒。卒後乃亂，故日。明陳侯鮑方病即亂，不知卒日，以二日卒之。易牙入，與寺人貂因内寵以殺群吏，而立公子無虧。孝公奔宋。十二月，乙亥，赴。本十月乙亥卒，以十二月乙亥赴，遲六十日乃赴，即用本日。此赴用本日，非赴到之日。辛巳，夜，殯。中間六十日乃殯，緩書，有難。

十有八年，春，王正月，宋公、曹伯、衛人、邾人伐齊。據戰言伐、客言及，知惡伐齊喪，故謹而月之。宋伐齊爲納孝公，不言納，宋聽桓立愛。以外國預嗣事，故不與討亂而正其伐喪，明桓、襄皆失正也。

宋襄公以諸侯伐齊。三月，齊人殺無虧。詳《世家》。

夏，師救齊。救者善辭，此非善事而言救，美惡不嫌同辭也。

五月，戊寅，宋師及齊師戰于甗。齊師敗績。《穀梁》：「戰不言伐，客不言及，言及①，惡宋也。」

狄救齊。

秋，八月，丁亥，葬齊桓公。二伯正例日。

八月，葬齊桓公。齊大國，故日。舊誤以日爲危，桓、文葬皆日，桓嗣子禍，《經》有明文，不假日以起之。

冬，邢人②、狄人伐衛。邢不事晉，與狄伐同姓，亦如虞人假道伐虢之事。

邢人、狄人伐衛，圍菟圃。邢，魯之同族，故詳著其所以亡。

---

① 言及：原脱，據《穀梁傳》僖公十八年補。

② 「邢人」前原衍一「人」字，據《左傳》經文删。

十有九年，春，王三月，宋人執滕子嬰齊。不言人，爲魯諱。滕近魯，又同姓，不能救，故不言人，如在會執者然。何爲執之？以其不從伐齊也。名者，絶之。以君而見執，既不能令，又不受命，辱國失尊也。

宋人執滕宣公。滕尚不書葬，書宣公者，《傳》別有所據。月者，謹之。

夏，六月，宋公、曹人、邾人盟于曹南。曹南，邾也。邾書曹南，使如二事然。辟一會執二君。不日，外惡盟也。

鄫子會盟于邾。會盟者，與陳侯如會同。盟在曹南，鄫子後至，又地邾，使如二事。

己酉，邾人執鄫子，用之。《穀梁》：「微國之君，因邾以求與之盟①。人因己以求與之盟，己迎而執之，惡之，故謹而日之。用之者，叩其鼻以衈社也。」

夏，宋公使邾文公邾爲卒正，鄫爲連帥，故鄫屬于邾。用鄫子于次睢之社，大國言執，邾不得言執，因一事而執二君，爲中國諱，故分惡于邾也。鄫子不名，無罪也。欲以屬東夷。東夷，淮夷也。○以人爲牲，野蠻之事。

秋，宋人圍曹。

討《傳》言討者，皆以大臨小之辭。不服也。曹從伐齊，又盟于曹南，乃從而圍之。宋惡甚矣！直書其事而罪惡見。○《傳》文在伐邢之後，所謂跳書，不必如杜説。

衛人伐邢。

---

① 因邾以求與之盟：原脱，據《穀梁傳》僖公十九年補。

秋，衛人伐邢，以報菟圃之役。此報前伐也。稱衛人者，一州之國皆在，其餘從同。衛篤從中國，故不與齊之盟。齊與魯、陳、蔡、鄭皆從楚，宋、衛所以弱也。

冬，會陳人、蔡人、楚人、鄭人盟于齊。《公羊》「會」上有「公」字。陳、蔡、鄭三君皆不葬，因其從楚，《春秋》夷狄之。君不葬，以其從夷，三國同罪同罰也。

陳穆公請修好于諸侯，以無忘齊桓之德。冬，盟于齊。此皆君也，「人」者，貶也。不言齊者，不以齊與楚盟，尊伯也。公盟不日，略之也。修桓公之好也。託言修桓公之好，實深惡痛絶之。楚序在蔡、鄭間者，或推之、或挽之，夷狄不能自亂中國也。

梁亡。昭二十四年《傳》：「昔梁伯溝其公宮而民潰，民棄其上，不亡何待？」

梁亡，梁，州舉，非梁山之梁。不書其主，秦滅梁。自取之也。謂梁本秦封，與滅國之例有異，或從二《傳》說，以爲不言滅是自亡。初，梁伯好土功，亟城而弗處，民罷而弗堪，則曰：「某寇將至。」乃溝公宮，曰：「秦將襲我。」民懼而潰，秦遂取梁。爲秦記。《春秋》立九州之制，存西京、開南服，荆、徐、梁、揚爲夷狄。《經》見荆、徐、梁之文，明新開南州也。

二十年，春，新作南門。《穀梁》：「作，爲也，有加其度也。」言新，有故也，非作也。南門者，法門也。」

書，不時也。凡啟塞，從時。《月令》：「仲春修闔扇，孟冬修鍵閉。」從時，從此時也。

夏，郜子來朝。《公羊》：「郜子者，失地之君也。何以不名？兄弟辭也。」

五月，乙巳，西宮災。《公羊》：「小寢，則曷爲謂之西宮？有西宮則有東宮矣。」○《傳》曰：「東宮得臣之妹。」太子所居爲東宮，則西宮爲公宮矣。

鄭人入滑。滑者，冀州國。入，得而不居。

滑人叛鄭滑爲鄭屬。滑在冀州，以屬鄭者，《經》以鄭爲冀伯，而服于衛。夏，鄭公子士、洩堵寇帥師入①滑。《傳》言鄭，與晉、虢、虞連文者，見鄭爲冀州伯之義。

秋，齊人、狄人盟于邢。外離盟不書，書邢，主盟也。外微者盟，不日。

齊、狄盟于邢，爲邢謀衛難也。《穀梁》「邢爲主焉爾」，謂「其爲主乎救齊」也。于是衛方病邢。爲下滅邢張本。

冬，楚人伐隨。隨，荊州國稱侯者，見伯、子、男不書于《經》，小國皆侯也。

隨以漢東諸侯叛楚。《傳》云「漢東之國隨爲大」，《春秋》託隨爲卒正，統三十國，故荊見六小國以備其數。冬，楚鬭穀于菟帥師伐隨，《經》言「伐」、「滅」多爲所屬之國。取成而還。君子曰：「隨之見伐，不量力也。量力而動，其過鮮矣。善敗由己，而由人乎哉！《詩》曰：『豈不夙夜，謂行多露。』」

二十有一年，春，狄侵衛。狄，晉也。録侵衛，見晉强大，與宋争諸侯也。

宋人、齊人、楚人盟于鹿上。此皆君。「人」者，貶也，《春秋》不以中國從楚。以大國臨之，其餘小國皆在也。

春，宋人爲鹿上之盟，以求諸侯于楚，言「求」，則不以伯許之。楚人許之。公子目夷曰：

① 入：原作「八」，據《左傳》改。

「小國争盟，禍也，宋其亡乎！幸而後敗。」

夏，大旱。

夏，大旱。旱繫時，正也。公欲焚巫尪，《檀弓》：「歲旱，穆公欲暴巫尪。」與此同。臧文仲曰：「非旱備也。修城郭，貶食省用，務穡勸分，此其務也，巫尪何爲！天欲殺之，則如勿生；若能爲旱，焚之滋甚。」公從之。是歲也，饑而不害。此明《經》所以書「旱」而不書「饑」之故，美其得備災恤民之道，以爲後世法也。

秋，宋公、楚子、陳侯、蔡侯、鄭伯、許男、曹伯會于盂，執宋公以伐宋。夷狄會不叙諸侯，叙者，一見以明之。

諸侯會宋公于盂，子魚曰：「禍其在此乎！君欲已甚，其何以堪之？」于是執宋公以伐宋。本楚執之，不言楚，不與夷狄執中國也。君子不親惡，宋公親楚子，惡其自引之也。

冬，公伐邾。記魯與邾交兵，爲滅須句。自桓以後，此初用兵。

楚人使宜申來獻捷。言使不稱君，貶也。宜申不氏，楚猶無大夫也。《傳》：諸侯不相遺俘，書者，貶楚子。人楚子即人公也。

十有二月，癸丑，公會諸侯盟于薄。釋宋公。

冬，會于薄以釋之。《穀梁》：「外釋不志，志者，以公之與盟目之。不言楚，不與楚專釋也。」《公羊》以爲公會諸侯釋之，故不復出楚。○《春秋》盟下不繫事，惟宋三繫事：成宋亂、釋宋公、宋災。

二十有二年，春，公伐邾，取須句。二《傳》以爲邑，本《傳》以爲國，二《傳》就已取言。須句入邾爲邑，如夷儀，文七年再取，與此相起。

任、宿、須句、顓臾，宿、須句見《經》，任、顓臾不見《經》，兼釋之。風姓也，實司太皞天神昊天，爲天帝稱。與有濟之祀，地示。以服事諸夏。《論語》：「顓臾爲東蒙主，何以伐爲？」邾人滅須句，須句子來奔，不書，爲内諱。因成風也。成風須句女，故奔魯。成風爲之言于公，《經》義託之成風耳。曰：「崇明祀，言太皞有濟之祀。保小寡，爲魯屬小國。以大字小，方伯之禮。周禮也。祖法。蠻夷猾夏，邾，蠻夷，引爲卒正，即用夏變夷。周禍也。若封須句，是崇皞、濟而修祀紓禍也。」春，伐邾，取須句，反其君焉，禮也。封不言者，不與專封也。

夏，宋公、衛侯、許男、滕子伐鄭。伐鄭求諸侯，實事也。宋不成其伯，故《春秋》以齊、晉託之。

三月，鄭伯如楚。外如不書。夏，宋公伐鄭。討從楚也。子魚曰：「所謂禍在此矣。」與《穀梁》同譏宋襄。

秋，八月，丁未，及邾人戰于升陘。《傳》言「敗績」，《經》不言者，言「戰」則敗。

公及邾師戰于升陘，《檀弓》：「邾婁復之以矢，蓋自戰于升陘始也。」我師敗績。邾人獲公冑，懸諸魚門。《穀梁》：「内諱敗，舉其可道者。不言其人，以吾敗也。不言及之，爲内諱也。」

冬，十有一月，己巳，朔，宋公及楚人戰于泓。宋師敗績。《穀梁》「遇朔曰朔」，與師説同。

楚人伐宋以救鄭。冬，十一月，己巳，朔，賈云：「譏宋襄，故言朔。」宋公及楚人戰于泓。

宋師敗績。《穀梁》：《春秋》三十六戰，未有以尊敗乎卑、以師敗乎人者。襄公如此而不驕其敵，何也？責之也。

公傷股。事詳《傳》。

二十有三年，春，齊侯伐宋，圍緡。

討其不與盟于齊也。《穀梁》：「伐國不言圍邑，此言者，不正其以惡報惡。」宋初伐其喪，齊乃因敗而伐之。

夏，五月，庚寅，宋公茲父卒。宋三世不葬，無大夫也。《穀梁》：不葬，失民也。以其不教民戰，是棄其師。

宋襄公卒，傷于泓故也。不與吴子門巢同後也。

秋，楚人伐陳。薄會陳已從楚，故伐鄭不敘陳。既敗宋，又伐陳，惡之也。

楚成得臣帥師伐陳，得臣，《經》不氏，楚無大夫。討其貳于宋也。遂取焦、夷，城頓而還。

中國四伯皆有楚患，所以美晉文之績也。

九月，晉惠公卒。

冬，十有一月，杞子卒。王後例稱公，黜杞，故稱子、伯。滕、薛、杞始卒不名，卒正下等。下即日者，杞王後，雖殿末，禮優于滕、薛。

杞成公卒，書曰「子」，杞，夷也。《曲禮》：「夷狄雖大曰子。」《春秋》舊傳文也。吴、楚稱子，莒、邾、滕稱子亦從夷狄例。○一説，襄十六年《傳》，會鄭伯爲夷故，「夷」誤爲「平」，謂爲一等，當與此夷同。不書名，從赴但言君卒。未同盟也。不以同盟待之。凡諸侯同盟，死則赴以名，邾以上爲同盟，皆以名。禮也。赴同盟則赴以名。以名，史補録載書之名。則亦書之，《經》從史文而書。不然則否，滕以下爲不同盟，故不名。

○同盟爲《經》例，如江、黄、滑、邢諸國，《經》見同盟而不卒，更無論名不名。辟不敏也。《經》例，十七國書卒，不在實盟與否。史本有名，孔子削之。十七國以外，雖同盟亦不書名。

二十有四年，春，王正月。

二月，甲午，晉師軍于廬柳。秦伯使公子縶如晉師，師退，軍于郇。辛丑，狐偃及秦、晉之大夫盟于郇。壬寅，公子入于晉師。丙午，入于曲沃。丁未，朝于武宫。戊申，使殺懷公于高梁。不書，亦不告也。爲辟晉先見，以不告言之。

夏，狄伐鄭。赤狄也，不言赤者，略之。一説王師也，不可言王伐，故託之狄。

狄伐鄭。先師以爲王使狄伐，緣《經》爲説，非實狄。天子伐同姓，後有禍出奔，故爲諱也。鄭子華之弟子臧出奔宋。不書，略之。

秋，七月。

冬，天王出居于鄭。《穀梁》：「天子不言出，出，失天下。居者，居其所，雖失天下，莫敢有也。」按，《傳》言避難，《穀梁》云「失天下」者，明非常出，内别立君，與天子巡守不言出者不同。言居，不失其所，不與子帶也。

王使來告難，東。曰：告難其事所有辭命，皆傳者緣據禮説補成，不必由史策，故諸書各不相同，且全與經傳合也。「不穀《老子》河上公本作「不轂」，言不輻輳也，穀乃字誤。不德，《曲禮》：「夷狄之君自稱曰不轂。」此天子降名。得罪于母弟之寵子帶，「弟」當爲衍文，謂「母之寵子帶」。鄙在鄭地氾，地鄭不地氾，舉其大。敢告叔父。」魯爲侯牧，故稱叔父。臧文仲對曰：「天子蒙塵于外，出行。敢不奔問官守？」京師。王使簡師父告于晉，北。使左鄢父告于秦。西。天子無出，天子以四海爲家，諸侯有封地，踰竟乃言出。書曰「天王出居于鄭」，不當出而出。辟母弟之難也。《公羊》：「王者無外，言出，不能乎母也。」天子凶服、素服。降名，稱「不穀」，如楚。禮也。失守出外，天子諸侯皆用降變之禮。

晉侯夷吾卒。去年①九月卒，今乃書。八年《傳》：「王人來告喪，難故，是以緩。」七年冬崩，八年冬乃書，相同。○大國不日，略之。不葬，絶之。

二十有五年，春，王正月，丙午，衛侯燬滅邢。

衛侯燬滅邢，《曲禮》：「滅同姓，名。」不于楚見責，夷狄，略也。此一見例。同姓也，與魯同姓，故舉以示例。故名。此舊傳佚文。先師引以説《經》。《春秋》滅同姓者多，不皆名。見者不復見，滅同姓例一見已明。○以名不名爲例，與二《傳》同。凡《傳》所未言，當據此推補。杜以爲從史，非。

夏，四月，癸酉，衛侯燬卒。連見燬名也，名爲死刑。

宋蕩伯姬來逆婦。諸侯嫁女于大夫，使同姓大夫主之。言來接于我，非之也。言「婦」，譏母黨也。稱「婦」，内外三見以示例。

宋殺其大夫。《傳》惟卿爲大夫。《傳》之卿，《經》稱大夫。從王推之，方伯卿正稱大夫，明次國卿位當天子大夫。

① 年：原無，據文意補。

宋尊如卿，故不名。小國君比大夫，卿但得爲士，故亦不名，曹是也。宋尊于方伯，故宋三不名，舍是則皆名矣。

秋，楚人圍陳，納頓子于頓。頓，豫州國，陳爲方伯，故圍陳以納頓子。

葬衛文公。

冬，十有二月，癸亥，公會衛子、莒慶，盟于洮。《傳》例，公侯在喪稱子，衛與宋、陳三國稱子，不嫌也。

衛人平莒如公法之干與。于我，《穀梁》「莒無大夫」，曰莒慶者，以公會目之也。十二月，盟于洮，修衛文公之好，新立。且及莒平也。國際古法。

二十有六年，春，王正月，己未，公會莒子、衛甯速盟于向。衛大莒小，然小國君在次國大夫上，尊卑之序也。

公會莒茲平公、謚爲昇平之法，太平則民無能名，不用謚。莒、吴無謚，明謚爲創制。甯莊子，盟于向，《傳》例，卿不會公侯，曰甯速者，以其隨莒子後，可言會。尋洮之盟也。同爲二國，一君一臣見先後之序，大國卿不敵小國君。

齊人侵我西鄙，公追齊師至酅，弗及。《穀梁》：「人，微者。侵，淺事。公追之，非正。至酅，急辭。弗及者，弗與也。及而不敢及也。其侵曰人，其追曰師，以公之弗及大之。弗及，内辭也。」

齊師侵我西鄙，討是二盟也。洮、向之盟也。齊以我與衛、莒盟，故來討。

夏，齊人伐我北鄙。取穀，不言者，以下取穀，則失穀可不見。連言西鄙、北鄙，見齊在西北。

衛人伐齊。方伯不言侵，伐齊，尊齊也。衛何以伐齊？衛事中國專，不嫌，故一伐齊、一伐晉文。以前大夫侵伐皆稱人，存征伐于諸侯，非盡貶也。

夏，齊孝公伐我北鄙。衛人伐齊，襄十九年孫林父伐齊，與此同意。洮之盟故也。爲晉故。

公子遂如楚乞師。乞，卑辭，内外同。《穀梁》：「重辭，重人之死，非所乞也。師出不必反，戰不必勝，故重之。」東門襄仲、臧文仲非介也，臧事，書遂耳。如楚乞師。《經》之所書如此。○先言入，後言乞師，如公命然。臧孫見子玉，而道之伐齊、宋，事出臧孫，《經》書所以惡之，引夷狄以亂中夏。以其指遂。不臣也。如楚乞師惡事，不目臧孫而斥遂者，以其不臣。二逆女亦同。

秋，楚人滅夔，以夔子歸。《穀梁》：夔，微國，故不日。以歸，非能左右之義。杜據以駁大小上下之説，非。楚成得臣、鬬宜申殺不言成、鬬，不氏。帥師滅夔，以夔子歸。夔，梁州國。以歸猶愈乎執。滅同姓不名，責夷狄略者。

冬，楚人伐宋，圍緡。邑不言「圍」，言者，刺道用師。宋以其善于晉侯也，叛楚即晉。冬，楚令尹子玉、司馬子西帥師將尊師少①稱人。不言帥師，略之。伐宋，圍緡。齊已取緡，不繫齊，不許齊有緡，從楚志。牟婁不繫杞久也，故再言伐宋圍緡，明爲一事。

公以楚師伐齊，取穀。穀，侵地也。如濟西田，皆内地，齊新取者。伐國不言取邑，從公，故言之。○子玉取穀，戍之。晉救齊，楚子乃令子玉去宋。凡師，能左右之曰「以」。賈、潁曰：稱「以」，皆小以大、下以上，非其宜也。二《傳》：以者，不以也。

---

① 少：原作「尊」，據文意改。

《傳》以左右爲言，爲説其事。以楚、以吴爲小以大，以王子朝爲下以上。先儒據本例而言，杜乃以歸、以伐駁之，誤。

公至自伐齊。取穀猶致伐，患之起自此始也。

二十有七年，春，杞子來朝。杞稱子、伯，託號，非爵。

杞桓公來朝，用夷禮。説詳二十三年。公卑杞。杞不共也。方來朝，下即有入杞文。因杞來朝簡薄，不從上等。

夏，六月，庚寅，齊侯昭卒。詳《世家》。

秋，八月，乙未，葬齊孝公。

夏，齊孝公卒。有齊怨，齊、魯有怨，君卒必不赴，魯亦不弔贈可知。不廢喪紀，《春秋》書卒、葬，不必魯不廢。禮也。《春秋》譏伐喪，人死怨釋，故齊襄卒後，《經》不復以報仇立説。魯、齊有怨，喪葬則當盡禮，故《經》特筆示例。爲國際公法。

乙巳，公子遂帥師入杞。

秋，入杞，責無禮也。桓世入杞不日不名，此日與名，惡之。

冬，楚人、陳侯、蔡侯、鄭伯、許男圍宋。本楚子，人楚即人諸侯。凡陳、鄭不葬，蔡、許不卒，列會諸侯而圍宋，故夷之。見楚之强，所以明晉文攘楚之功。

楚子及諸侯圍宋。從夷以圍中國。齊伯方衰，諸侯遂夷，所以深惡也。

十有二月，甲戌，公會諸侯，《經》男爲五命以上侯，封百里國。屬長以下，七十里國爲之。故伯、子、男國，三命之國不見《經》，故統稱諸侯。盟于宋。諸侯者，圍宋之諸侯也。不言公會圍，辟圍宋，故以盟言之。

二十有八年，春，晉侯侵曹。

晉侯伐衛。此伐從楚之國以救宋也。《穀梁》：「再稱晉侯，忌也。」

晉侯將伐曹，假道于衛，衛人弗許。還，自河南①濟，侵曹伐衛。《公羊》：再言晉侯，非兩之也。不言遂，未侵曹也。

公子買戍衛，不卒戍，刺之。《集解》：「内殺大夫皆曰刺。」○戍衛，從楚；不卒戍，畏晉。刺之以解于晉，非買之罪也。

公子買戍衛。楚人救衛，不克。《傳》因楚救不勝，乃刺買。《經》以刺買書在前者，辟以無罪殺買，爲内諱也。公懼于晉，殺子叢以説焉。託于違命戍衛，故殺之。謂楚人曰：「不卒戍也。」爲楚言則以不卒戍而殺之。殺大夫以求解，直書其事而失自見。

三月，丙午，晉侯入曹，執曹伯，畀宋人。《傳》例，凡君不道于民，諸侯討而執之，則曰某人執某侯，不然則否。《穀梁》：「入，内弗受也，日入，惡也。」

晉侯執曹伯，《經》例以人執君爲伯討。若以侯執伯，是諸侯自相執，無罪之辭，不得爲伯討矣。分曹、衛之田託于閒田。以畀宋人。《公羊》：畀，與也，言與宋人，使聽之也。

---

① 河南：原作「南河」，據《左傳》改。

夏，四月，己巳，晉侯、齊師、宋師、秦師及楚人戰于城濮，楚師敗績。

四月，戊辰，晉侯、宋公、齊國歸父、崔夭、秦小子慭次于城濮。己巳，楚師敗績。《公羊》：「大戰也，何爲使微者？子玉得臣也。稱人，貶。大夫不敵君也。」與《傳》同。

楚殺其大夫得臣。殺大夫稱國，臣無罪也。楚無稱人之例，夷狄略之。《春秋》以楚爲方伯，初見大夫不氏，宜申以後氏者，漸進也。入中國已久，進爲大夷，故得有氏大夫。秦、吴終《春秋》無之者，小夷也。

衛侯出奔楚。不名者，猶未失國也。

衛侯聞楚師敗，懼，出奔楚，遂適陳。使元咺奉叔武以受盟。諸侯爲臣所逐，以自奔爲辭，諱不可言也。

五月，癸丑，公會晉侯、齊侯、宋公、蔡侯、鄭伯、衛子、莒子，盟于踐土。叔武攝位，非王命所加，從未成君例，故曰子。○按定四年，《傳》與《經》不同，《傳》爲載書次序，《經》乃孔子所修。

甲午，至于衡雍，作王宫于踐土。五月，丙午，晉侯及鄭伯盟于衡雍。《曲禮》：二伯同姓稱伯父。晉初稱叔父，後乃稱伯父。晉初爲小侯，《傳》以爲甸侯，故雖託禮于伯，而儀制不如齊桓。自此以後，晉常在齊先，尊卑相敵，則以同姓爲先。

陳侯如會。《公羊》：「如會，後會也。」《穀梁》：「于會受命也。」

公朝于王所。《傳》曰：王合諸侯，則伯帥侯牧以見于王。伯謂二伯。按，王所猶言行在，此言王所，下言京師，明王所即京師，同實異名。

六月，衛侯鄭自楚復歸于衛。諸侯不言自某歸，此言者，大夫之辭。鄭之名，失國也。

六月，晉人復衛侯。《經》爲自歸之辭，不許專封。

衛元咺出奔晉。

元咺出奔晉。此何以無貶辭？美惡不嫌也。

陳侯款卒。與鄭同。不葬者，齊之盟從楚，故蔡事楚尤篤。不卒、不日，不正也，爲主殺禦寇。

秋，杞伯姬來。婦人既嫁不踰竟，踰竟非正。

公子遂如齊。言如齊，見晉雖伯，魯事齊益謹。録遂，弒君之先見者。

冬，公會晉侯、齊侯、宋公、蔡侯、鄭伯、陳子、莒子、邾人、秦人于温。秦叙莒、邾下者，分南北，以秦屬南爲夷狄。○《穀梁》「年同爵同」，是諸侯之叙有以年爲叙者。晉自伯以後，終《春秋》皆在齊上，尊同則以異姓爲後。

會于温，討不服也。晉爲伯，魯在山東。六卒正且往，則山西、河南近地小國與盟會者必多，《經》惟以十九國爲主，餘皆不書，此隱見例也。

天王狩于河陽。言狩，非狩，爲天王諱。

是會也，晉侯召王，以諸侯見，且使王狩。《史記》亦詳此事。仲尼曰：「以臣召君，不可以訓。」《經》凡不可爲訓者皆別異之，爲撥亂反正，故雖爲亂，而文則可爲後法。故書曰：「天王狩于河陽。」《公羊》：「狩不書，不與再致天子也。」言非其地也，河陽不在方岳下，故曰「非其地」。且明德也。《大學》明德爲司空、司勳封建五服事。晉爲北，如大禹之司空，故曰明德。

壬申，公朝于王所。《穀梁》：「朝于廟，禮也；于外，非禮也。獨公朝與？諸侯盡朝也。日者，以其再致天子，故謹而日之。」

晉人執衛侯，歸之于京師。歸之于京師，緩辭，斷在京師也。東都稱京師。河陽亦稱京師，謂天子行在之地，所以存西京也。

執衛侯，歸之于京師，置諸深室。

衛元咺自晉復歸于衛。

元咺歸于衛，立公子瑕。《經》言「復歸」，諸侯辭也。以大夫而曰①復歸，咺之不臣可知。

諸侯遂圍許。許從楚，上會已得陳、蔡、鄭，惟許不序，故此圍之。此争伯群叙之例。

丁丑，諸侯圍許。會温之諸侯也。可以言遂救許，亦可以言遂圍許，中無間事。言「王狩」、「朝王」、「執衛侯」皆在此會，譏其一年三用師也。

曹伯襄復歸于曹。《傳》例，復其位曰復歸。○其言歸曹，明天子釋之，不使晉專其事。

復曹伯。《穀梁》：「天子免之。因與之會，其曰復，通王命也。」

遂會諸侯圍許。《穀梁》：「遂，繼事也。」天子使曹伯服罪于晉，以其②圍言者，爲晉文諱也。

二十有九年，春，介葛盧來。《傳》：「郳犂來③來朝，名，未王命也。」《穀梁》：介葛盧，微國之君，未爵者。據

---

① 曰：原作「日」，據文意改。

② 以其：據文意，似當作「其以」。

③ 郳犂來：原作「郳黎來」，據《左傳》改。

此，附庸名例方二十里。不言朝者，《公羊》「不能乎朝也」。

介葛盧來朝，舍于昌衍之上。公在會，公不在，據下言致。饋之芻米，魯人饋之，非公命。禮也。雖公不在，仁者居守，凡賓客往來，不可以公不在遂缺主禮。書夷狄來朝，譏亟也。

公至自圍許。致者，見善惡得失，非必飲至乃書。

夏，六月，會王人、晉人、宋人、齊人、陳人、蔡人、秦人，盟于翟泉。齊在宋下，宋亦公也。

公會王子虎、王。晉狐偃、宋公孫固、齊國歸父、三國大夫。陳轅濤塗、秦小子憖，二方伯。盟于翟泉。尋踐土之盟，且謀伐鄭也。卿方伯以上專稱卿，《經》書大夫。不書，例，有大夫皆稱人，不名氏。罪之也。如小國稱人。在禮，卿不會公侯，有公在，而諸侯大夫皆貶稱人，以内爲侯，外卿不可會侯也。會伯、子、男可也。襄十六年，叔老會鄭伯、晉荀偃、衛甯殖、宋人伐許，此外君會大夫正辭例。内大夫可會外公侯，爲内外例。〇次國卿當天子大夫，侯則與天子卿相比，伯、子、男以下比天子元士。王子虎，天子卿，尊與次國君同，大夫不可會之，故貶稱人。

秋，大雨雹。

爲災也。

冬，介葛盧來。魯三見附庸，郳、蕭、介是。

以未見公，故復來朝。禮之，加燕好。介葛盧聞牛鳴，曰：「是生三犧，皆用之矣，其音云。」問之而信。《列子》引其事，以爲偏長，黄帝則鳥獸語徧①能知之。《列》、《莊》多經傳師説，非異端也。

三十年春，王正月。

夏，狄侵齊。

春，晉人侵鄭，以觀其可攻與否。狄聞晉之有鄭虞也，夏，狄侵齊。狄不能遠侵齊，我侵之，不可言，託之狄。僖再侵、文三侵，其義同。我恃晉侵齊，故僖如、致皆月，文無如齊文。

秋，衛殺其大夫元咺，及公子瑕。及，累也。以咺主之，明瑕意不當也。○稱國以殺，殺有罪。出奔與殺同爲討罪，不必實殺。

衛侯鄭歸于衛。《公羊》：歸惡乎元咺也。咺事君，君出則己入，君入則己出，以爲不臣也。

晉人、秦人圍鄭。晉侯、秦伯也，因私忿用兵，故貶。

九月，甲午，晉侯、秦伯圍鄭。大國言「圍」，秦非大國，從晉言之也。

介人侵蕭。介、蕭皆魯附庸。《春秋》非十九國不專書，自屬長以下，七十里、五十里國不見而獨叙小邾，與此同義。

冬，天王使宰周公來聘。使爲大夫之事，以三公而使聘，非禮。繫「宰」，著其尊也。

王使周公閲來聘。西京有周、召，東周亦稱周、召，《春秋》存西京也。王臣食采一仍其舊，見秦不得有雍州。

---

① 徧：原作「偏」，據文意改。

公子遂如京師，遂如晉。此内如晉之始。至晉當過周，若言如晉，嫌從京師過而不朝聘，是叛上也。《春秋》謹始，因其過周加以「如」文，未如而言「如」，爲尊親諱。

東門襄仲將聘于周，遂初聘于晉。來朝之國不見大夫聘，我亦朝晉，録大夫之聘者，自我録之也。《春秋》見者不復見，亟言大夫如晉，備始末也。

三十有一年，春，取濟西田。言取田，如曹舊有功，以閒田禄之，今有罪，歸于閒田。故不繫曹，避其侵地。取歸皆言田，田可言也。

取濟西田，《魯語》：「晉文解曹地以分諸侯。」分曹地也。禮，諸侯削地者歸之閒田。此如削曹地以歸于魯，故不諱取。有天子存，諸侯有考績，故外取稱歸，田亦不諱也。

公子遂如晉。

襄仲如晉，拜曹田也。見遂之專國。

夏，四月，四卜郊，不從，乃免牲，猶三望。祭天有二，禘大郊小。魯雖有盛禮，猶降于天子，不敢用大禘，但用祈穀之郊。《公羊》：周牲用騂，魯牲用白，所以避天子也。《春秋》有郊無大禘。

夏，四月，四卜郊，禘有三，一大祀上帝，一特祭，一祫祭。禮曰不王不禘，《左》、《國》皆曰禘、郊。禘大于郊，禘，事上帝也。《經》禘皆爲時祭，《魯語》：「嘗禘烝享之所致，君胙有數矣。」《公羊》：三年一祫，五年一禘。三禘實異名同。

不從，乃免牲，非禮也。《曲禮》：「卜筮不過三。」《公羊》：「三卜，禮也；四卜，非禮也。免牲，禮也；免牛，非禮也。傷者曰牛。」猶三望，亦非禮也。《穀梁》「猶者，可以已之辭」，即《論語》「獲罪于天無所禱」之義。

然不郊可以不望，既郊，則不譏三望。不獲罪于天，奥、竈未嘗不可祀。禮，不卜常祀，《公羊》：「禘嘗不卜。」而卜其牲日。牛未牲曰牛。卜日牲已具乃卜日。曰牲，《穀梁》：「全曰牲，傷曰牛。」牲成而卜郊，魯郊非常祀，故至四卜。上君也。怠慢①也。責在四，不在卜。夏四月非時猶卜，是怠惰也。望，賈、服皆曰：「三望，分野之星，國中山川。」郊之細也，不郊，亦無望可也。

秋，七月。

冬，杞伯姬來求婦。來求婦，兄弟辭。稱「婦」，譏娶母黨。

狄圍衛。狄不言「圍」，晉也。天子已許其歸，怒圍之。逆天子，故不可言晉。

冬，狄圍衛。閔入衛之狄爲晉，此一事，二事相起。

十有二月，衛遷于帝丘。衛初在朝歌，《經》義遷兗伯。

衛遷于帝丘。帝丘②即顓頊之墟，在北。《經》爲王伯，言帝，通之皇帝大同，與《周禮》疆域相起。

三十有二年，春，王正月。

夏，四月，己丑，鄭伯捷卒。凡圍宋、陳、蔡、鄭之君皆不書葬，狄之。〇《春秋》非十九國不記卒葬。楚、吴、莒不葬，夷狄也；小邾常叙盟會，不卒葬，附庸也。

---

① 怠慢：原作「怠惰」，據《左傳》改。

② 丘：原無，據《左傳》補。

衛人侵狄。

夏，狄有亂，衛人侵狄。中國不言侵伐狄，《春秋》惟此言「侵狄」，蓋晉也。《經》詳侵伐，惡戰也。侵伐皆録，惟十九國不盡録，其餘不勝録，故削之。

秋，衛人及狄盟。

狄請平焉。秋，衛人及狄盟。盟宜地，不地者，上「侵狄」，知在狄地。

冬，十有二月，己卯，晉侯重耳卒。

晉文公卒。

三十有三年，春，王二月，秦人入滑。肇禍惡其始，故貶稱人。

秦師滅滑而還。

齊侯使國歸父來聘。歸父亦屬字例。

夏，四月，辛巳，晉人及姜戎敗秦師于殽。二《傳》無「師」字。秦在王畿，從梁州，故狄之。○此晉、戎並見，故善則目晉，惡多主戎狄。

敗秦師于殽。及姜戎者先軫，亦微也。或曰：襄公親之，稱人，爲貶在殯用師，危不得葬。

癸巳，葬晉文公。舊説以日爲「危不得葬」，今改：大國例日，貶而後不日。

狄侵齊。

因晉喪也。狄侵不書，我侵也。

公伐邾，取訾婁。取訾婁何以繫伐？不繫則不見爲邑，並無以見爲邾婁。

以報升陘之役。

秋，公子遂帥師伐邾。

邾人不設備。

秋，襄仲復伐邾。譏亟也。○公伐邾八，大夫伐邾七、伐莒一。

晉人敗狄于箕。不言戰，内諸夏而外夷狄。

狄伐晉，及箕。八月，戊子，《傳》有日月，《經》無。杜以僖、文以前《經》多脱佚者誤。晉侯敗狄于箕，晉三言敗狄。郤缺獲白狄子。《春秋》内州雜處之夷狄以地繫之。九州外與南四州夷亦不見《經》，必開闢南服，乃成九州，如今開化成赤道以南乃成大九州。

冬，十月，公如齊。

公如齊，朝，且弔有狄師也。見晉雖霸，而事齊不衰，伯由桓文，託其世于齊晉也。

十有二月，公至自齊。往致皆月，危之。公致後即薨，故月之。

乙巳，公薨于小寢。據《論語》云云移此。

反，如致傳。薨于小寢，即安也。《穀梁》：「小寢非正。」葬僖公，緩作主，非禮也。詳文篇。凡君薨，卒哭而祔，祔而作主，特祀于主，特謂《王制》之「犆」，謂分祭，不祫祭也。日享月祀皆各于其主，主必在廟可以言廟，不言者，辟下太廟。烝、嘗、禘于廟。廟，太廟。《王制》：「凡烝嘗，天子諸侯皆祫祭。」祫祭必于太廟，四時祭名言「夏禘」不言「春礿」者，諸侯春礿皆犆，惟禘一犆一祫，故不言「礿」。言禘，指一祫之禘，不謂犆禘也。○襄十六年春葬晉平公，改服修官，烝于曲沃。説者以爲當時實以喪祭。案，《傳》言喪中不祭者多矣，此烝于曲沃，謂時事告即位耳，非常時祭之比。其年冬穆叔請伐齊，晉人以未禘祀爲辭，與未烝者同。喪中不祭、不娶，當同《禮》與二《傳》。

隕霜不殺草。李、梅實。未可殺而殺，舉重也；可殺而不殺，舉輕也。

晉人、陳人、鄭人伐許。陳、鄭從伐許，起晉襄繼伯。

晉、陳、鄭伐許，皆大夫也，不言者，存王政于諸侯，文以後則政在大夫，故《論語》隱、桓、莊、閔、僖爲「政在諸侯」之五世。討其貳于楚也。因其篤從楚。

春秋左氏古經説義疏卷六

文公

文公文公惡，《春秋》惡之，曰「文無天」。

元年，春，王正月，公即位。繼正即位，正也。殯已即位矣，再言即位，緣終始之義，一年不二君，故踰年乃言之。

二月，癸亥，日有食之。食晦日不言晦，《公羊》言朔不言晦，如日食例。

天王使叔服來會葬。

王使内史天子大夫以采氏，不用實字。此爲内史，乃六大天官。叔服來會葬。《穀梁》以王子虎、叔服爲一人，一説爲二人，與本《傳》同。《人表》有内史叔服，是班氏亦用本《傳》説。○《周官》内史治内王伯，外史治外皇帝。

閏三月，非禮也①。歸餘于終。閏在十二月之後，《周官》所謂「終月，王居門中」，即《玉藻》「闔左扉，王立于門中」，非在門中居一月，十二月必遷居十二室。

夏，四月，丁巳，葬我君僖公。諸侯踰年稱爵不稱子。當以踰年爲斷，杜氏以葬爲斷，非也。

① 也：原無，據《左傳》補。

夏，四月，丁巳，葬僖公，天子會葬賜謚，故諸侯葬而後舉謚。舉此一見以明之。緩。杜以爲并閏七月乃葬。此《傳》從僖末年移補。

天王使毛伯來錫公命。

王使毛伯衛來錫公命。繼立童子，君乃來錫命，公壯當不來錫。書錫桓公命，明追錫之禮；錫文公命，明無來錫，當往受之。按，即世子繼立還珪之禮。

晉侯伐衛。晉屢伐鄭，衛只一伐，衛以後事晉專也。定以後三侵衛，大夫主政也。

晉襄公既祥，王事在祥外。使告于諸侯而伐衛，及南陽。據此伐有諸侯之師，不言者，隱見例。先且居曰：「效尤，禍也。請君朝王，臣從師。」晉侯朝王于温。外如不書。先且居、胥臣伐衛。大夫伐而目晉侯者，以起前大夫受命目君，歸其權于諸侯。五月，辛酉，朔，《傳》有月、日、朔，《經》無之。晉師圍戚。六月，戊戌，取之。獲孫昭子。不言圍獲者，爲晉諱，且爲衛諱也。

叔孫得臣如京師。京師非王城，其以「如」言之何？師可言如。諸侯曰師，天子曰京師。

叔孫得臣如周拜。天子來錫命，文不自朝而使人，宜諱之，不諱者，在喪也。

衛人伐晉。卿不書者，貶之也。

衛人使告于陳，陳共公曰：「更伐之，指晉非再伐鄭。我辭之。」衛報伐示强，而陳爲請和。衛孔達帥師伐晉，孔達，衛執政者。下有殺孔達以説于晉事。君子以爲古。古者，越國而謀。《曲禮》：「越國而問，必告之以其制。」言此以譏之。

秋，公孫敖會晉侯于戚。大夫專會諸侯之始。

晉侯疆戚田，晉伐衛取戚，敖帥師會伐。故公孫敖會之。不言伐衛，内衛也。不叙諸侯，爲晉諱也。

冬，十月，丁未，楚世子商臣弑其君頵。詳《世家》。

商臣以宫甲圍成王，王請食熊蹯而死，弗聽。丁未，王縊。謚之曰「靈」，不瞑；曰「成」，乃瞑。商臣之惡極矣，楚子亦失道矣，桓公之盟曰：「無易樹子，無以妾爲妻。」楚卒皆日，大夷也，與吴月相起，故有正無變。

公孫敖如齊。

穆伯如齊，始聘焉，禮也。文公初立而聘。凡君即位，此例内外同。卿出并聘，内如穆伯，外如吴季子是也。謂已葬之後，未葬不行此禮，毛伯求金稱使，《傳》曰「王未葬」，是使卿當在葬以後。踐修舊好，要結外援，結援大國。好事鄰國，敵體之禮，如今外交國際法。忠信卑讓之道也。忠，德之正也；信，德之固也；卑讓，德之基也。《公羊》何《注》以爲三年之喪，使卿出聘與《傳》同。

二年，春，王二月，甲子，晉侯及秦師戰于彭衙，秦師敗績。晉主秦客，晉大秦小，以晉及秦，正也。

秦孟明視帥師伐晉，以報殽之役。二月，晉侯禦之。甲子，及秦師戰于彭衙，秦師敗績。此言日言敗，以下不言者，甚之也，以晉、秦之戰爲已亟矣。○秦、晉自殽以後十二交兵，秦不紀事，惟見入都、來聘、滅庸、會蜀弟、出奔五事。

丁丑，作僖公主。《異義》曰：「主者，神象也。孝子既葬，心無所依，所以虞而立主以事之。惟天子、諸侯有主，大夫無主，尊卑之差也。卿大夫無主者，依神以几筵，故少牢之祭但有尸無主。三王之代，小祥以前主用桑者，始死尚質，故不相變。既練易之，遂藏于廟以爲主祭。」

書，不時也。此栗主也，或讀僖《傳》爲緩作主，非禮也。據當在前年十一月，後時三月，故曰「不時」。

三月，乙巳，及晉處父盟。何以不言公？諱與大夫盟也。

晉人以公不朝來討，公立不朝晉。公如晉。夏，四月，己巳，晉人使陽處父盟公以恥之。晉侯不自盟公，使大夫以辱公。晉大夫不稱，于齊大而晉小。二伯一也，齊大而晉小；八方伯一也，内大而外小；内方伯一也，陳、衛大而鄭小，楚大而吴小；卒正一也，曹、莒、邾大而滕、薛小；王後一也，宋大而杞小。于同之中又有異焉。書曰凡言「書曰」，皆有加損，非常義。「及晉處父盟」，不氏。以厭之也。去氏者，貶，使如微者。大國大夫尊，故嫌。貶則如小國大夫，不嫌矣。適晉不書，盟公不見，又當先書公如晉。諱之也。因恥辱不書，諱國惡，禮也。《春秋》爲親者諱恥，二《傳》同。

夏，六月，公孫敖會宋公、陳侯、鄭伯、晉士縠，盟于垂隴。伯者大夫始專會盟，至襄三年而諸侯失政。〇不日者，以臣會君，不以信許之，疾始之義也。

公未至。在晉。六月，穆伯會諸侯，及晉司空士縠盟于垂隴，扈不叙不名，此叙名者，垂隴遠，扈近。晉討衛故也。以上臨下乃曰討。書士縠，卿不會公侯，士縠當書人。堪其事也。清之盟不實其言，卿不書，士縠堪守此盟，故特書之。臣在君下，亦其次也。陳侯爲衛請成于晉，執孔達以説。不書執者，略之。達，行人。

自十有二月不雨，至于秋七月。據僖篇，春正月不雨，夏四月不雨。秋七月雨，文歷時乃言不雨，無志乎民者也。

八月，丁卯，大事于太廟，躋僖公。董子說：「躋僖公，逆祀，小惡也。」本《傳》爲大惡。

逆祀也。《公羊》：「逆祀，先禰而後祖也。」《穀梁》：「逆祀，則是無昭穆也。」

冬，晉人、宋人、陳人、鄭人伐秦。皆大夫也，不稱名氏者，貶。

晉先且居、宋公子成、陳轅選、鄭公子歸生伐秦，取汪及彭衙而還，以報彭衙之役。秦伐晉取彭衙。卿不書，據尊晉侯。卿不書。爲穆公故，尊秦也，穆公能用孟明，故尊之。謂之崇德。《公羊》引《秦誓》以爲尊秦穆者，誤。

公子遂如齊納幣。

襄仲如齊納幣，禮也。禮謂納幣使人之爲得禮，不關喪娶事。凡君即位，《傳》言即位娶元妃爲君必行之禮，不必謂在喪中娶也。好舅甥，修昏姻，娶元妃，即位後娶者謂元妃，大子妻不立爲后與夫人，故紂與微子同母，兄微子先生，不爲太子。以奉粢盛，真周禮喪中祭例娶元妃，《春秋》喪中不娶不祭，故譏喪中娶與祭也。孝也。禮，祭必夫婦親之，君率卿，夫人率世婦舂米，奉宗廟粢盛事。孝，禮之始也。譏喪娶之說，二《傳》已明，《傳》故略也。

三年，春，王正月，叔孫得臣會晉人、宋人、陳人、衛人、鄭人伐沈。沈潰。伯國大夫會諸侯大夫伐國始此。沈，豫州國。後滅于楚。

莊叔會諸侯之師伐沈，以其服于楚也。近楚，故事楚。沈潰。潰不日，滅乃日。凡民逃其上曰潰，不曰入沈而曰沈潰，以自潰爲文。在上曰逃，逃當爲叛。《公羊》：「國曰潰，邑曰叛。」賈、潁以爲舉國而潰，一邑曰叛。在下曰潰，鄆潰是也；在上曰叛，諸大夫叛是也。

夏，五月，王子虎卒。外諸侯大夫不卒，天子大夫尊乃卒。王臣多矣，獨卒此，兼以明王子猛之爲嫌。○王臣尊同諸侯，例得卒，而卒僅三人，各有細例。二《傳》後師説以本不得卒，因事乃卒，非矣。此與記災小國大夫舊説皆誤。

夏，四月，乙亥，王臣卒以月爲例，故《經》無日。王叔文公卒。稱王叔，是先王之子，于時王爲從父。來赴，弔如同盟，如同盟，謂内臣待以外諸侯，非謂未同盟會待之如同盟。魯有赴弔之事，《傳》因《經》文赴説之，如季札來、韓宣子來，不因覲樂、覲《春秋》乃書。禮也。禮讀如例，謂《經》例。國際法。○《穀梁》以爲叔服，或又以爲嘗執重以守，或説同《傳》。《公羊》「新使乎我」，亦不必指叔服，如以尹氏卒爲魯主，亦不見《經》，當以《傳》説爲正。

秦人伐晉。方伯不言伐二伯，秦夷狄，故六伐四言「人」，貶也。不言秦伯者，皆從稱「人」見矣。○秦居雍州，王畿也。畿内封九十三國，不見外諸侯，東遷後，《經》王臣仍氏舊采。《春秋》存西京，秦爲留守，天子反蹕，仍食王臣，故不見小國。

秦伯伐晉，濟河焚舟，志在必勝。取王官及郊。不書，略之。晉人不出。遂自茅津濟，封殽尸而還。封殽尸，爲發喪哭之。遂霸西戎，用孟明也。言霸西戎，不許爲伯之辭。

秋，楚人圍江。言圍者，滅之漸。江者，荆州國。楚六卒正①，江、黄、申、弦、隨、麇。

楚師圍江。晉先僕伐楚以救江。伐楚救江皆不書，辟下陽處父之師。見處父，故不見先僕。大國乃

---

① 正：原無，據文意補。

言圍，楚强，有大國辭。

雨螽于宋。

秋，雨螽于宋，隊而死也。《公羊》「死而隊」，與《傳》文異義同。

冬，公如晉。公如晉，朝二伯也。晉初伯，如虢公之貳于楚。

十有二月，己巳，公及晉侯盟。

晉人懼其無禮于公也，爲處父盟故。請改盟。君親自盟。公如晉，及晉侯盟。此與盟于長樗同，彼盟在外，此在國，因前處父盟，故再爲此盟。

晉陽處父帥師伐楚以救江。《公》、《穀》無「以」字。方書公與晉侯盟，即言陽處父，以此見上不言氏爲厭之。

冬，晉以江故，告于周。既告于周，則諸侯皆告矣。王叔桓公、晉陽處父伐楚以救江，王叔不書，諱也。晉以大夫主兵，故爲之諱，且無功也。門于方城，遇息公子朱而還。伐江聞晉師起而解，故晉亦還。

四年，春，公至自晉。此公如繫事而後盟，與來聘盟同，故以如晉致。

夏，逆婦姜于齊。不稱氏，譏血族爲昏。婦者，有姑之辭，譏娶母黨。魯六世娶齊女，所謂「自桓以下娶于齊」。

逆婦姜于齊，不言逆者，微不足道。卿不行，非禮也。據此是四世娶齊。君子是以知出姜之不允于魯也，曰：貴聘公子遂納幣。而賤逆之，卿不行，大夫往。君小君。而卑之，《公羊》以爲大夫女，既立爲夫人，又以大夫女卑之。立而廢之，棄信而壞其主，內主。在國必亂，在家必亡。不允宜哉！《詩》曰：「畏天之威，于時保之。」敬主之謂也。

狄侵齊。狄，晉也。避二伯相伐，故託之狄。

秋，楚人滅江。遠國也。《春秋》亡國五十二：虞、虢、邢、鄟、温、滑、戴、許、梁、巴、隗、麇、徐、沈、胡、申、項、弦、譚、遂、宿、郭、萊、巢、州來、厲、舒、六、江、黄、蓼、舒鳩、鄀、紀、成、極、蕭、州、穀、鄧、郜、盛、鄣、偪陽、陳、蔡、潞氏、陸渾戎、甲氏、留吁，備書以示戒。

楚人滅江，江爲齊桓同盟。秦伯爲之降服，出次，不舉，過數。言秦穆以譏齊桓。大夫諫，公曰：「同盟滅，雖不能救，敢不矜乎？吾自懼也。」同盟不以見《經》爲據。杜于諸侯卒名不名以見《經》爲據，非也。君子曰：《春秋》之義。「《詩》曰：『惟彼二國，二伯，指晉。其政不獲。上無二伯。惟此四國，四岳方伯。爰究爰度。』保護。其秦穆之謂矣①！」《詩》本不謂秦穆，借以見意。

晉侯伐秦。

秋，晉侯伐秦，圍邧新城，秦哀江滅，而晉不救江而伐秦，惡之。以報王官之役。《傳》在楚人滅江以前者，跳書也，非因告在後。

衛侯使甯俞來聘。記衛使聘，明衛爲方伯也。

衛甯武子來聘。衛言聘二，一爲公孫剽，一爲甯俞。其後甯殖逐衍，甯喜弑剽，皆此先見。

① 矣：原作「乎」，據《左傳》改。

冬，十有一月，壬寅，夫人風氏薨。《公羊》說妾子立得稱夫人。上堂稱妾，屈于適；下堂稱夫人，尊于國。云子不得爵命父妾①，得爵命其母，以妾在奉，授于尊者，有所因緣也。

成風薨。此當言風氏卒，以僖用致夫人，故《經》書如夫人之儀。

五年，春，王正月，王使榮叔歸賵，且含②。《穀梁》：王不稱「天」，無天而行。以待人妻之禮待妾，不若于天，故去「天」也。

王使榮叔來賵且含。《傳》言「且」，别一事，例由《經》「且」字出。

三月，辛亥，葬我小君成風。成風爲僖公母。

王使召伯來會葬。賈子「畿内稱王」説非，當據《穀梁》補之。

召昭公來會葬，會葬之禮于鄙上。譏其遲，已葬而後至也。禮也。會葬妾母，非禮；會葬使人爲禮。

夏，公孫敖如晉。記大夫如晉，見文不事齊，四年侵齊，與齊相仇。

秦人入鄀。鄀，梁州國，梁有若水，因名。起秦之滅鄀也。○《世本》：「若水國名鄀，昌意後降居。」

初，鄀叛楚即秦，言叛，即叛新附而歸舊屬。又貳于楚。夏，秦人入鄀。國介秦、楚之間，與巴、庸同。

---

① 妾：原脱，據《五經異義》卷下補。

② 歸賵且含：原作「歸含且賵」，據《左傳》文公五年乙改。

秋，楚人滅六。六者，徐州國。滅六，譏其不事大以致滅亡。

六人叛楚，即東夷。東夷，徐州國。秋，楚成大心、仲歸帥師滅六。言六不言蓼，略之。一州只見七卒正，餘不見。

冬，十月，甲申，許男業卒。

六年，春，葬許僖公。

夏，季孫行父如陳。如陳又如晉，兼使也。兼使不言遂，致公命也。

臧文仲以陳衛之睦也，欲求好于陳。夏，季文子聘于陳，且娶焉。《史記》：季友母陳女，季子奔陳。今又娶于陳。

秦伯任好卒，《史記·年表》用《左氏》説，以爲因用三良，故不書其卒。○秦，夷狄，不卒，自此至終四記卒、兩見名、兩不名。以子車氏之三子奄息、仲行、鍼虎爲殉。以爲賦則非作，而子車奄息、仲行、鍼虎全與《詩》文字同；藉《詩》之名氏言之，非秦之殉者真名氏。皆秦之良也，國人哀之，爲之賦《黄鳥》。言賦，則非作。君子曰：「秦穆之不爲盟主也，宜哉！」此《左氏》不以秦爲二伯之證。

秋，季孫行父如晉。

季文子將聘于晉，使求遭喪之禮以行。謂使人卒于道致命之禮，非謂晉君喪。其人曰：「將焉用之？」文子曰：「備豫不虞，或據此以疑與豫凶事之證。按，《説苑》引《穀梁傳》説「庚戌，天王崩」引天子七月而葬，七日而殯，至士庶二月而葬，二日而殯皆何以然？曰：禮不豫凶事，死而得治凶服，衣衰飾，修棺椁，穿窆宅兆，然後哀文成；知非謂未死而弔。古之善教也。」

八月，乙亥，晉侯驩卒。

晉襄公卒。大夫專政自文世始。《論語》：「天下無道，則禮樂征伐自諸侯出①。自諸侯出，蓋五世希不失矣。」隱、桓、莊、閔、僖爲五世，諸侯失而大夫得。又云：「自大夫出，四世希不失矣。」文、宣、成、襄爲四世；大夫失而陪臣得，「三世希不失矣」，爲昭、定、哀。下章「禄之去公室五世矣」，如自諸侯出。「政逮于大夫四世矣」，上五、四互易。四又誤爲十也。

冬，十月，公子遂如晉。葬晉襄公。月在如上，同月也。大國例日月者，譏二月不及禮也。

襄仲如晉，葬晉襄公。如晉會葬，事二伯之禮。取卒之月加于如上，見以葬如也。

晉殺其大夫陽處父。此射姑殺，歸罪于君者，兩下相殺不志夫《春秋》。

九月，賈季使續鞫居殺陽處父。當云射姑殺。書曰孔子書之。「晉殺其大夫」，稱國以殺，不以兩下相殺之辭言之。侵官也。《公羊》：稱國以殺，罪累上，君漏言也，譏處父剛愎取禍。言侵官，明其無死罪也。

晉狐射姑出奔狄。

十一月，丙寅，晉殺續簡伯，賈季奔狄。言狄言奔者，真狄也。

---

① 出：原脱，據《論語・衛靈公》補。

閏月，不告月，猶朝于廟。《春秋》閏月皆在十二月之後。閏月中氣不皆在歲末，孔子改制乃歸之歲末，《周禮》所謂「終月」，《傳》所謂「歸餘于終」是也。不告朔，二《傳》言不當視朔爲異禮，非也。禮，閏月視朔，降于常月，《玉藻》「闔左扉，王立門中」，不出門到明堂，此禮降于常月者。二《傳》言「不告」即謂禮降于常。傳言告者，譏其棄時。三《傳》同，無異禮也。非禮也。告乃朝廟，不告則朝可以已。猶者，可以已之辭。

七年，春，公伐邾。爲須句事伐之。

間晉難也。晉有喪君立君事，故魯乘間用兵。背盟違信，譏之也。

三月，甲戌，取須句。僖取不日，此日，惡之也。《傳》以須句爲國。

取須句，置文公子焉①，非禮也。與僖二十二年《傳》相起。曰：「春，伐邾，取須句，反其君，非禮也。」彼已立，故曰「君」，此公子未立，故曰「置」。

遂城郚。郚，齊邑。言城者，取之齊也。不言伐齊者，方深怨于邾，又啟釁于齊，所以致下伐，故不言伐取，亦不言伐齊也。

夏，四月，宋公王臣卒。宋三世不葬，三世無大夫也。葬爲臣子事，賊不討不葬，是無臣子也。

宋成公卒，于是公子成莊公子。爲右師，公孫友爲左師，目夷子，桓族。樂御爲司馬，戴族。

① 焉：原脱，據《左傳》補。

鱗矔爲司徒，桓族。公子蕩桓公子。爲司城，華御事戴族。爲司寇。此成公爲御所攻以後，六卿中無穆襄之族，因爲亂，盡討之。昭當爲成字。公將去群公子，此追叙成公見弒之故。群公子謂穆、襄近代公子。穆、襄之族成公弟御爲襄族。率國人以攻公，殺公孫固、公孫鄭杜以固、鄭爲莊公孫。于公宮。六卿和公室，樂豫舍司馬以讓公子卬。此事在後，爲下殺大夫、司馬不名發。《傳》卬爲昭公弟，故豫讓之。昭公即位此言即位，則以前所攻殺非昭公明矣。而葬。葬成公也，不書，削之。

宋人殺其大夫。宋殺大夫不名，與曹相比，尊卑俱不名。方伯之大夫乃名。

書曰「宋人殺其大夫」，君不言弒而書卒，大夫不言弒及，又不書名。不稱名，衆也，衆者，據一人立説，謂穆襄之族殺之，非君殺之。《穀梁》以無君之辭，是不稱名起其弒也。且言非其罪也。書人以殺，是討賊辭，今殺者不名，是無君辭。討者書人，爲衆辭。二者皆衆，則「人」不爲討罪矣。

戊子，晉人及秦人戰于令狐。

戊子，敗秦師于令狐。晉人潛師夜起，秦未陳而書戰者，《經》不以陳、未陳爲例。晉大秦小，不以直敗爲文，晉無信也。不言敗，略之也。

晉先蔑奔秦。

己丑，先蔑奔秦，士會從之。二《傳》以晉人即先蔑，以師奔秦，《左氏》以先蔑逆雍，早出在秦，戰晉人乃趙盾。本《傳》爲長。

狄侵我西鄙。狄者，齊。齊乃言鄙，不言齊，爲内諱，以此狄齊起餘之狄。魯文世，齊四伐我，狄亦四侵齊，相起見意。

狄侵我西鄙，狄從齊爲惡，故以狄目之。公使告于晉。趙宣子使因賈季問酆舒，且讓之。狄本屬于晉，從齊伐魯，故讓之。

秋，八月，公會諸侯、晉大夫盟于扈。孫氏説，此君幼大夫會諸侯正例。齊侯、宋公、衛侯、陳侯、鄭伯、許男、曹伯會晉趙盾，盟于扈，晉侯立故也。公後至，公至在後，得與其事，故書公。公不與則不書，盟黑壤是。故不書所會。《公羊》：「諸侯何以不序？大夫何以不名？公失序也。公失序奈何？諸侯不可使與公盟，眣晉大夫使與公盟也。」凡會諸侯不書所會，後也。十五年《傳》：與而不書，後也。二「凡」同，專説本條，不可推于他條。凡諸侯已會，公後至，則不序諸侯而總目之。全《經》只一書，二「凡」專釋此一《經》。後至不書其國，不書所會國，但目諸侯。辟不敏也。襄二十六年澶淵之會，《傳》「向戌不書，後也」，此外例。

冬，徐伐莒。徐，州舉也，不記事，爲莒記之也。徐伐莒。莒人來請盟。不書，略之。

公孫敖如莒涖盟。穆伯如莒涖盟，且爲仲逆。不書，略之。

八年，春，王正月。《傳》有晉侯使解揚歸匡戚之田于衛事。

夏，四月。《傳》有秦人伐晉取武城事。

秋，八月，戊申，天王崩。

秋，襄王崩。《本紀》：三十二年，襄王崩，子頃王壬臣立。

冬，十月，壬午，公子遂會晉趙盾，盟于衡雍。

晉人以扈之盟來討。讓其後至，謀再盟。冬，襄仲會晉趙孟，盟于衡雍，實不止二國，目二國，餘略之。報扈之盟也。內大夫盟皆專盟，此有諸侯。大夫不言，略之。

乙酉，公子遂會雒戎，盟于暴。伊雒戎，以地繫之，見非西方戎，乃豫州夷。《春秋》不言要荒，九州夷狄以地繫，所以別于外夷。此遂事，不言遂，尊公子也。盟夷狄不日，則不見爲遂事。

遂會伊雒之戎。伊雒戎，國之也。未純于中國，故不純與國辭。書曰「公子遂」，珍之也。四日之間再有盟會，一事再見不氏，再出公子以臨夷狄，故曰「珍之」。

公孫敖如京師，不至而復。丙戌，奔莒。《公羊》作「不至復」，內辭，不可使往也。言如京師，遂公意也。不言出，遂在外也。」

穆伯如周弔喪，不至者，從魯遂奔莒，言不至，所以遂公意也。以幣奔莒，從己氏焉。受命私從己氏，故先言如莒。惡之，故日，重其事以討之。

宋人殺其大夫司馬。稱「人」，兩下相殺辭。《帝謨》：皋陶與禹爲司馬、司空，《大學》之好惡。《經》不舉官，見

螽。

二官明二伯。

宋襄夫人，襄王之姊也，于昭爲祖母。昭公不禮焉。夫人因戴氏之族以殺襄公之孫孔

叔、公孫鍾離孔叔疑爲鍾離字。及大司馬公子卬，皆昭公之黨也。司馬《經》以大夫稱鍾離，司馬稱卬，不以大夫包二人。握節以死，司馬主兵。節，符節。故書以官。宋獨稱公，其臣亦尊，故舉官。他國無此例。

宋司城來奔。以司空配司馬爲二伯，如四時之春秋、六家之陰陽，《詩》之《周》《召》，《書》之羲和。

司城司城即司空。《傳》宋以武公廢司空。來奔，十六年《傳》：司城蕩卒，公孫壽辭司城，請使意諸爲之。蕩桓族，公子蕩。意諸公孫壽，意諸子，乃以王父字爲氏。《經》前書蕩伯姬，從後言之。效節與握節同。于府人而出。還節有禮。公以其官逆之，《傳》卿違從大夫，此不降禮，魯以司城逆之。皆衍文。復之。十一年公子遂如宋，請復之。亦書以官，與卬同。皆貴之也。司馬、司城二卿書官而不名，以宋用王禮，舉以見三公制。

九年，春，毛伯來求金。天子當喪，冢宰攝政，故三年不稱天王使。

毛伯衛來求金，非禮也。王者無求，求金甚矣。《公羊》：「文王之法無求而求，故譏之。」不書王命，言未王使。未葬也。據下葬襄王言，謂其葬時甚近，非已葬則可。《公羊》：「未稱王，何以知其即位？以諸侯踰年即位，亦知天子踰年即位。天子三年然後稱王，亦知諸侯于其封内三年稱子。」

夫人姜氏如齊。公不奔王喪而奔妻父母之喪，以文公之行爲已慎矣。如不書，致不言公，諱也。○書此明夫人奔喪禮。

二月，叔孫得臣如京師。記大夫如，見使人非禮。○葬同月。日在下，繫本事也。

辛丑，葬襄王。《異義》：「《公羊》説：天王喪，赴者至，諸侯既哭，雖有父母之喪，越紼而行事，葬畢乃反。」本《傳》

說：「王喪，赴①者至，諸侯既哭問故，遂服斬衰，使上卿弔，會葬，以爲得禮。」如此條是。一説：諸侯同姓，雖千里外猶奔喪，與《公羊》同。○天王尊，葬以時爲正例，不與大國同。天子以不葬爲例。

二月，莊叔如周，天子崩，公當親奔喪會葬，此譏失禮。葬襄王。《白虎通》：「王者崩②，諸侯悉奔喪，臣子悲哀慟怛，莫不欲覩君父棺椁，盡悲哀者。又爲天子守藩，不可頓空，故分爲三部，有始死先奔者，有得中來③盡其哀者，有得會喪奉送君④者。七月之間，諸侯有在京師親供臣子之事者，有號泣悲哀⑤奔走道路者，有居其國哭痛思慕竭盡所供以助喪事者。是四海之内咸悲，臣下若喪考妣之義。葬有會者，親疏遠近盡至⑥，親親之義。童子諸侯不朝而來奔喪，明臣子于君父非有老少也。」《穀梁》：「天子記崩不記葬」，必其時也，諸侯記葬不必有時。諸侯有天子喪當奔，不得必其時葬也。

晉人殺其大夫先都。稱「人」，討有罪。

春，王正月，己酉，先都⑦使賊殺先克。不書都殺克，兩下相殺不志。乙丑，晉人殺先都、梁

---

① 喪、赴二字原誤倒，據《五經異義》卷下乙。
② 崩：原脱，據《白虎通義·崩薨》補。
③ 來：原作「未」，據《白虎通義·崩薨》改。
④ 君：原脱，據《白虎通義·崩薨》補。
⑤ 哀：原脱，據《白虎通義·崩薨》補。
⑥ 至：原脱，據《白虎通義·崩薨》補。
⑦ 先都：《左傳》無此二字。

益耳。不言梁益耳，非卿。殺都討其殺克，不與士箕累數。同族相殺，其罪尤重。

三月，夫人姜氏至自齊。夫人歸不致，致者，爲公同行也。

晉人殺其大夫士穀及箕鄭父。賈氏：「箕鄭父稱及，非首謀也。」

三月，甲戌，外殺大夫例時，故《傳》有《經》削。晉人殺箕鄭父、士穀、蒯得。蒯得不書，非卿。士穀尊也，與都同罪，分書，都罪尤重。

楚人伐鄭。

范山言于楚子曰：「晉君少，不在諸侯，北方可圖也。」北方四州，如《書》辛、壬、癸、甲。楚子師于狼淵以伐鄭，囚公子堅、公子尨及樂耳。鄭及楚平。楚處南，欲求一匡。

公子遂會晉人、宋人、衛人、許人救鄭。救，善也，不言者，楚稱「人」已明。

會晉趙盾、宋華耦、衛孔達、許大夫救鄭，不及楚師。救至，楚已退，鄭不得救之實。卿不書，四國皆書人。緩也，救遲，貶之。以懲不恪。大夫受命君言，不宿于家，況救人如水火之難。觀望遲延，故貶之，以儆以惰。

夏，狄侵齊。上狄齊，此狄内，亦如内與曹同言戎。

秋，八月，曹伯襄卒。曹卒不月，由時而月，循環見例。

九月，癸酉，地震。以比五土山林。以干支配州，酉屬西。

冬，楚子使椒來聘。聘稱荆人，此進稱椒。秦下歸襚稱秦人，十二年聘稱術。秦、吴爲小夷，楚爲大夷。

楚子使椒來聘。《公羊》楚無大夫，始有大夫也，許夷狄者，不一而足。聘必名氏，椒不氏，賈氏以爲陋，是。外方伯三見不氏大夫，吴札明其賢，秦術明穆能用人，椒惡其傲。

秦人來歸僖公成風之襚。僖公成風者，母以子氏。成風葬已久，其來歸襚，始通也。楚已稱名，秦尚稱人，以見大小。

秦人來歸僖公成風之襚，歸者，方伯以上乃言歸。禮也。《公羊》：「兼之，非禮也。」本《傳》以爲禮，就贈弔言之。諸侯相弔賀也，賀，如下賀楚師。《傳》于聘文多言本事。雖不當事，薨已五年，今始歸襚，可見成風之不正，亦以起非實事。苟有禮焉，書也，能以禮來，則亦書之。以無忘舊好。爲國際法。

葬曹共公。時葬，正也。

十年，春，王三月，辛卯，臧孫辰卒。

夏，秦伐晉。

春，晉人伐秦，取少梁。不書，略之。下伐中國乃書。夏，秦伯伐晉，取北徵。《傳》言秦伯，《經》以國舉，惡其撓晉，使楚亂中國。

楚殺其大夫宜申。不氏，漸進也。楚殺不稱人，略之。

五月，殺鬬宜申，不氏，從小國例。至宣、成有大夫矣。及仲歸。不言仲歸，微也。楚稱王，其臣稱王子、稱公，曰「公子」、「大夫」，辭尊居卑，引之于中國也。

自正月不雨，至于秋七月。嘉僖勤雨，責文不勤雨，二事相起。

及蘇子盟于女栗。蘇子，畿内卿也，不可與王盟。不言其人，爲内諱。頃王立故也。天子之卿四見：尹子、單子、劉子、蘇子。天子出，二公從，二公守①，得四卿。

冬，狄侵宋。狄，楚、蔡。

楚子、蔡侯次于厥貉。侯何以在子下？楚夷狄，中國從夷不書，一見以明之。陳侯、鄭伯會楚子于息。楚稱王。《春秋》引進之稱子，棄尊就卑，是楚變夷從夏。冬，遂及蔡侯次于厥貉，將以伐宋。以南圖北，求爲一匡。

十有一年，春，楚子伐麇。《公》作「圈」。楚兼有梁、豫、徐、揚地，故爲大國。厥貉之會，麇子麇，梁州國，秦卒正。逃歸。春，楚子伐麇，非十八國會盟不屢數，《傳》言「麇子逃歸」，此隱見例也。大盟會，天下諸侯皆在，故曰「徧至之辭」。楚會盟侵伐，凡荆徐小國如隨、舒、江、黄諸國莫不相從，《經》獨書十九國，故不見之。

夏，叔仲彭生會晉郤缺于承筐。此大會也。因衛新從楚，以内主之，故不屢數諸侯。成大心敗麇師于防渚。潘崇復伐麇，至于錫穴。叔仲惠伯會晉郤缺于承筐，謀諸侯之從于楚者。蔡、許、陳、鄭、宋皆從楚諸侯，不得而序，故不序。下新城盟，衛、鄭因魯求平，乃序之。

秋，曹伯來朝。《春秋》書者皆有所見，此譏未畢喪而朝。

① 守：原脱，據文意補。

曹文公來朝，記曹來之始終，魯與曹無兵事明文，明曹盡禮。即位而來見也。凡君即位，卿出列聘，君亦當歷朝。此不言「凡」，與凡同者。

公子遂如宋。宋王後，不統方伯，故公不言如，而大夫有聘。

襄仲聘于宋，聘王後之禮。且言司城蕩意諸而復之，八年《傳》云「皆復之」。○《經》例奔大夫不言「歸」。因賀楚師之不害也。《周禮》「諸侯相弔贺」，爲國際法之精進。

狄侵齊。

鄋瞞侵齊，遂伐我。以伐齊遂伐我，知爲長狄。伐我不書，諱也。

冬，十月，甲午，叔孫得臣敗狄于鹹。不言師而言敗，直敗一人之辭。

敗狄于鹹，獲長狄班氏云：「《穀梁傳》曰：『長狄弟兄三人，一之魯，一之齊，一之晉，皆殺之，身橫九畝。斷其首而載之，眉見于軾。』」書此，記異也。僑如。富父終甥摏其喉以戈，殺之，埋其首于子駒之門，以命宣伯。初，宋武公之世，鄋瞞伐宋，司徒皇父帥師禦之。耏班御皇父充石，公子穀甥爲右，司寇牛父駟乘，以敗狄于長丘，獲長狄緣斯。當從《魯世家》作武公之世。緣斯早出，非僑如弟兄。晉之滅潞也，獲僑如之弟焚如。二《傳》未知其之晉者。齊襄公之二年，鄋瞞伐齊，齊王子成父獲其弟榮如，埋其首于周首之北門。《公羊》：「之齊者，王子成父殺之。」衛人獲其季弟簡如。二《傳》兄弟三人，不數簡如，數簡如則有四人。鄋瞞由是遂亡。「身橫九畝」之種族非世界所有，《經》書長狄亦如獲麐，通其意于《大學》，亦如《大學》之言「誠意」，《傳》乃以事實言之。

十有二年，春，王正月，郕伯來奔。來奔不月，月者，起非實。郕伯以待人父之道待其子，與射姑同譏。

郕太子朱儒自安于夫鍾，太子攝政，出居夫鍾，安于其邑，父病不歸侍養。國人弗徇。非其失子道。春，郕伯卒，卒在前，《傳》因奔追言之。郕人立君。服曰：「改立君。」太子以夫鍾與郕邽來奔。服曰郕邽，邑名。一曰郕邽之寶圭。公以諸侯逆之。先君故，太子有繼立例。非禮也，未成君，不當待以君禮。故書曰史當書「郕世子朱儒以夫鍾及郕邽來奔」，孔子修之，不同。「郕伯來奔」。非君而書伯，所以識其非禮。不書地，三叛以地書。尊諸侯也。諸侯出入不言地。《經》以重者爲主，小國大夫來不書，因地乃書。諸侯尊，例得書，遂不言地，嫌爲地乃書之。《公羊》以爲失地君。《傳》云「内已立君」，亦是失地。

杞伯來朝。杞雖王後，爲魯屬，故書「來朝」。叙在卒正末，一宋始，一杞終，同者異之。

杞桓公來朝，始朝公也，且請絶叔姬不書叔姬來歸，避下成五年叔姬來歸。凡有二見者，多諱其一。而無絶昏。再娶内女。成五年書來歸，不書歸于杞，見者不再見。公許之。二《傳》以叔姬爲未嫁，本《傳》以已嫁見出，各言一端。

二月，庚子，子叔姬卒。内女「卒」，皆已許嫁諸侯。

叔姬卒，下再書子叔姬，一時兩子叔姬者，字積于叔，一見已明。不言杞，絶也。謂反室。書叔姬，言非女也。二《傳》以叔姬爲許嫁未嫁而卒。女子許嫁笄而字，稱叔姬，故《傳》以爲已嫁反室。不言來歸，見不復見。

夏，楚人圍巢。巢，徐州國。

楚令尹太孫伯卒，成嘉爲令尹。群舒叛楚。《詩》「荆、舒是懲」，巢亦舒之一種。夏，子孔執舒子平及宗子，遂圍巢。圍巢而巢服，爲下吴子伐楚得巢卒張本。

秋，滕子來朝。滕朝之始。滕與曹内無兵事，以明盡禮。

滕昭公來朝，亦始朝公也。此與秦聘並見，明卒正朝而不聘，方伯聘而不朝。

秦伯使術來聘。不氏，以小國禮待秦也。前歸稱秦人，此稱術，進之也。言使言聘，起秦爲方伯。

秦伯使西乞有氏。術來聘，外四州獨三見皆稱使，不言氏，蔡本在豫州，後遷州來故也。且言將伐晉。爲下張本。

冬，十有二月，戊午，晉人、秦人戰于河曲。《穀梁》：「不言及，晉、秦之戰已亟，故略之。」

秦爲令狐之役故，冬，秦伯伐晉，取羈馬。服云：羈馬，晉邑。晉敗，以戰爲文，不以陳不陳爲例。

季孫行父帥師城諸及鄆。城言帥師，非城也。本魯取莒邑，諱取，故以城言。

城諸及鄆，諸已先見。襄十五年「救台，遂入鄆」。此莒伐魯，圍諸，行父救諸而取鄆也。書，時也。以大及小曰及。帥師者，託爲有難。

十有三年，春，王正月。

夏，五月，壬午，陳侯朔卒。背殯出會，不葬。既不葬其父，今又去葬以責之。

邾子蘧蒢卒。

遂遷于繹。遷不書，凡書皆有所見。五月，邾文公卒。君子曰：「知命。」因遷而卒。不葬，略之。

自正月不雨，至于秋七月。歷三時乃言不雨。與僖比，以見文不憂雨。

太室屋壞①。

太室《公羊》作「世室」。之屋壞。班氏云：「《穀梁》：世室，魯公伯禽廟，周公稱太廟，魯公稱世室。」書，不共也。《公羊》「譏久不修」，《穀梁》「志不敬」，敬與共同。

冬，公如晉。有王喪，如晉而不奔喪，惡之。

公如晉朝。在外曰「來朝」，在内曰「公如」。此内外例。

衛侯會公于沓。此公如衛也。不言如，避朝文。不曰公會衛侯而曰衛侯會公者，明沓衛邑。

請平于晉。衛、晉久不和，故晉侵衛，因公請平。《傳》别無晉、衛兵事。

狄侵衛。狄，晉也。九年救鄭之後，晉、衛不同盟會，承筐不書衛。故衛因公請平于晉。

十有二月，己丑，公會晉侯盟。盟在晉都。凡公如多不言事，此言者，會盟三國，因朝而盟，且起處父伉也。

公還自晉。還，事未畢之辭，明棐爲鄭地。

鄭伯會公于棐。還從鄭，鄭又與公會。大小同絶往來之文。

公還，鄭伯會公于棐，鄭地。亦請平于晉。九年，晉救鄭。厥貉鄭與會，承筐不書，鄭故請平。公

---

① 屋壞：原作「壞屋」，據《左傳》經文乙。

皆成之。明年新城會，公與衛、鄭皆在。

十有四年。

春，頃王崩。周公閱周公，司徒，三公，名閱。與王孫蘇争政，故不赴。王不志崩，與諸侯不同葬。凡崩、薨，不赴，繼嗣有故，以不赴論，不必實不赴。則不書；《經》削之。禍福公法慶弔。不告，亦不書。《經》例之筆削。懲不敬也。《經》例由孔子筆削，若仍舊史，則真斷爛朝報，無足輕重矣。

春，王正月，公至自晉。有天王喪，故月之。

邾人伐我南鄙。邾在南，故言南鄙。以小犯大，惡邾也。

邾文公之卒也，公使弔焉，弔者不必非卿，常事不書也。不敬。邾人來討，伐我南鄙。以使致國難，故用人宜慎。

叔彭生帥師伐邾。此報前伐，齊屢伐不報者，諱也。凡言狄侵者，皆魯師。

夏，五月，乙亥，齊侯潘卒。不葬者，舍弒無臣子辭。○惡其敗先人業，啟夷狄禍。詳《穀梁》注。

子叔姬妃齊昭公，生舍。下執子叔姬。二《傳》以爲新嫁，與《傳》異。叔姬無寵，舍無威。公子商人驟施于國而多聚士，盡其家；貸于公，有司以繼之。夏，五月，昭公卒，舍即位。此不正，日之何？其不正前見矣。

六月，公會宋公、陳侯、衛侯、鄭伯、許男、曹伯、晉趙盾。癸酉，同盟于新城。鄭地。自此盟至昭十三年大盟皆言「同」，晉爲外楚。二伯專言北方諸侯與異盟。下日，同月也。

從于楚者服，衛、鄭新來平，陳、許亦在内。惟蔡不叙者，因下有入蔡師，《傳》以爲新城不與之故也。且謀邾也。邾伐我，故晉將討之。

秋，七月，有星孛入于北斗。《公羊》：孛，慧星也。言入北斗，有中也，記異也。

公至自會。

晉人納捷菑于邾，弗克納。弗，内辭。不克者，可以克；弗克者，不可以克也。義不可納，故以「弗」言之。○漢師以虚字爲説，今據經文傳義補此例。

邾文公元妃齊姜生定公，嫡子，齊女所生。二妃晉姬生捷菑。文公卒，邾人立定公，捷菑奔晉。求晉立之。晉趙盾以諸侯之師《公》以爲郤缺，《穀》以爲郤克。《經》稱晉，各下己意。故三《傳》同源異流，不可歧視。八百乘《公羊》同。納捷菑于邾。邾人辭曰：「齊出貜且長。」宣子曰：「辭順而弗從，不祥。」乃還。稱「人」，貶也。

九月，甲申，公孫敖卒于齊。卒于外，例地國；内乃地地。

穆伯請重賂以求復，賂魯君臣。惠叔以爲請，文伯子。許之。將來，九月，卒于齊。告喪，請葬，弗許。爲下齊人歸喪。

齊公子商人弑其君舍。不葬、不日，未成君也。弑而代者以國氏，何以氏公子？州吁、無知，討賊之辭，以其事未成；商人棄疾事已成，稱公子，明其不當立也。

秋，七月，乙卯，夜，弑時刻甚詳，不書，略之。據此知《經》日不日有義例。齊商人弑舍而讓元。

元曰：「爾求之久矣。我能事爾，爾不可使多蓄憾。將免我乎？爾爲之。」齊人定懿公，踰二月事乃定。使來告難，《經》以嗣立定乃書，託爲緩告。故書以九月。赴遲不能補書本月，故書奉赴告之月。

宋子哀來奔。宋大夫貴同天子卿，故孔父稱字，子哀稱子，與齊高子《傳》以爲「天子之守」義同。

宋高哀爲蕭封人，班氏説蕭爲宋附庸，封人，附庸之别名。以爲卿，《傳》：「祭封人仲足有寵于莊公，使爲卿，宋公賢之，亦以爲卿。」不義宋公而出，遂來奔。以宋公無道，不能居位。書曰「宋子哀來奔」，宋大夫例名氏，不言高哀，而以子加名上。貴之也。與王人子突同。

冬，單伯如齊。監在閒田，如内臣，故見《經》，通從内臣例。

襄仲使告于王，請以王寵求昭姬于齊，魯請不行，故轉求王命。曰：「殺其子，焉用其母？請受而罪之。」冬，單伯如齊，單伯爲監，天子有事多使之，如單伯逆王姬是。此因魯請，天子命單伯就近如齊將命，非直從王朝來者。請子叔姬。

齊人執單伯。言執不繫國，内臣例也。董子：中國避天子言執，若果王臣當諱執，不得目言之。

齊人執子叔姬。二《傳》以單伯道淫，《傳》以爲舍母，各言一端。

齊人執之，又執子叔姬。言觸所忌。

十有五年，春，季孫行父如晉。

爲單伯與子叔姬故也。因晉以求于齊也。

三月，宋司馬華孫來盟。華耦也。稱華孫，明爲華督之華，當絶之。一見司馬，以備三公制。周見宰、司徒也，宋見司馬、司城二伯也。

宋華耦來盟，弑賊當絶其子孫，華督子孫世位，故于其弑不言氏，于此言華孫，明爲督之孫，并見華氏世卿也。其官皆從之。《經》因以官從，故見二公。○《白虎通》：「天子出，一公守，二公從；諸侯出，一卿守，二卿從。」一卿出①，當有二大夫從。書曰以下爲師説。「宋司馬華孫」，貴之也。上舉司馬、司城不名，皆貴之。此舉其官亦貴之，謂官名，不謂其人。公與之宴，辭曰：「君之先臣督得罪于宋殤公，殤公不葬。名在諸侯之策。無氏。臣承其祀，世卿。此爲《經》弑不氏、盟書「華孫」本義，《傳》託耦自言之。其敢辱君？請承命于亞旅。」魯人以爲敏。

夏，曹伯來朝。禮，天子無事，諸侯相朝。今天子有喪而朝，惡之。

曹伯來朝，禮也。諸侯五年再相朝，以修王命，古之制也。三《傳》同言復古之學，譏刺時制，故申明古禮，見《經》託古。《傳》以爲文襄，是取文襄之制以爲法也。

齊人歸公孫敖之喪。

書曰「齊人歸公孫敖之喪」，不言取言歸，以歸爲榮。爲孟氏，大夫喪當使其家自主之，故不言來，不與其接内也。且國故也。大夫爲股肱，故書，否則不書。

① 出：原脱，據文意補。

六月，辛丑，朔，日有食之。鼓，用牲于社。

非禮也。日有食之，天子不舉，伐鼓于社；鼓在用上爲禮。諸侯用幣于社，莊二十五年《傳》：「天災，有幣無牲。」伐鼓于朝。天子伐鼓于社，諸侯伐鼓于朝。以昭事神、訓民、事君，示有等威，古之道也。昭十七年《傳》「禮也」同。

單伯至自齊。大夫執則致。

齊人許單伯請而赦之，使來致命。單伯使人致齊命。書曰「單伯至自齊」，叔孫婼如稱叔孫，致不氏。貴之也。《穀梁》：「大夫執則致，致則名。此不名，天子命大夫也。」

晉郤缺帥師伐蔡。郤缺伐喪不貶，諱也，使若二事，入亦不譏。

戊申，入蔡。《年表》：「晉伐蔡，莊侯薨。」蔡篤從楚。故諸侯入之，不叙諸侯會，不忍言入、不言伐。此言者，使如二事然。蔡侯卒不志，從夷略之，且爲晉諱伐喪也。

新城之盟，蔡人不與，諸侯皆在，惟蔡不至，晉郤缺以上軍、下軍伐蔡，晉出二軍。尚有諸侯師，不言，略之。曰：「弱①，不可以怠。」戊申，入蔡，以城下之盟而還。凡勝國曰「滅之」，獲大城焉曰「入之」。分别入、滅二例。既入而滅之言「滅」，入其國都而不有爲「入」。變例，内諱滅言「入」。夷狄滅中國亦言「入」，下陽取邑亦曰「滅」，則加損變例，與常文不同。

① 「弱」上原有「君」字，據《左傳》删。

秋，齊人侵我西鄙。

季孫行父如晉。一年再如，行父專也。

齊人侵我西鄙，故季文子告于晉。爲下扈盟見。○行父，執政者。文不事齊，以此如晉起下之如齊。

冬，十有一月，諸侯盟于扈。八國之君，曰諸侯，略之。公不在，故不日。

晉侯、宋公、衛侯、蔡侯、陳侯、鄭伯、許男、曹伯盟于扈，尋新城之盟，且謀伐齊也。

齊人賂晉侯，故不克而還。此不序諸侯之故。于是有齊難，上下皆言齊侵，公謀禦敵之事。是以公不會。公不會不書，爲常例，無貶文，與至而不與有別。書曰「諸侯盟于扈」，無能爲也。爲受齊賂，下又侵我。○事與十七年同。凡諸侯會，公不與，謂公至爲諸侯所外，故言「不與」。公不會非其例，無惡可言。不書，諱君惡也。此黑壤公不與盟，□□盟專例，不通于別條，故《傳》云：「晉人止公于會，盟于黃父，公不與盟，以賂免。故黑壤之盟不書，諱之。」與而不書，公與其盟而不書諸侯。後也。此七年《經》「公會諸侯、晉大夫盟于扈」專例。彼《傳》云：「公後至，不書所會。凡會諸侯不書所會，後也。」

十有二月，齊人來歸子叔姬。

齊人來歸子叔姬，王故也。

齊侯侵我西鄙。

謂諸侯不能也。十七年盟後，内臣如齊矣，此扈盟所以書諸侯而不序。○齊伐我亟矣，未報者，託之于狄，故文世不言侵伐。

遂伐曹，入其郛。書「遂伐」，惡齊也。

討其來朝也。曹在我西。遂者，繼事，不得志于我，移兵伐曹。

十有六年，春，季孫行父會齊侯于陽穀，齊侯弗及盟。《穀梁》：弗及，内辭，行父失命，齊得内辭。《傳》言「不肯」而《經》言「弗及」，是許齊之得拒季孫。

春，王正月，及齊平。平前侵伐。公有疾，不能往，故下不視朔以爲疾。使季文子會齊侯于陽穀。陽穀，内邑。請盟，以臣盟君。齊侯不肯，曰：「請俟君閒。」不肯以君下與臣盟。

夏，五月，公四不視朔。視朔常事，不書，不視乃書。史例則君舉必書，一年當十二次，乃削之，可知史與《經》異。

疾也。《公羊》：公有疾，不視朔，自是公無疾不視朔也。有疾猶可言，無疾不可言。舉數不過三，四卜爲失禮，言「四」，譏之。

六月，戊辰，公子遂及齊侯盟于郪丘。

公使襄仲納賂于齊侯，故盟于郪丘。大夫盟例日。見公子遂，起下弑也。

秋，八月，辛未，夫人姜氏薨。文公母。

毁泉臺。見以夫人薨毁也。

有蛇自泉宮出，入于國，如先君之數。秋，八月，辛未，聲姜薨，毁泉臺。劉向説泉臺在囿中，公母常居之，有蛇孽。公母薨，公惡之，乃毁。《經》故譏之。

楚人、秦人、巴人滅庸。巴、庸，梁州國。梁巴、庸、鄀、夔、蜀七卒正皆統于秦，此《經》義也。

楚子《經》稱人，貶。乘馹，會師于臨品，分爲二隊，子越自石溪，子貝自仞以伐庸。秦人、巴人從楚師。群蠻從楚子盟，群蠻不見于《經》者，外州不見夷狄也。遂滅庸。楚、秦合兵滅庸，《春秋》收南服立梁州，所謂用夏變夷，合于中國，則中國之也。

冬，十有一月，宋人弒其君杵臼。

甲寅，宋昭公將田孟諸，未至，夫人王姬使帥甸攻而殺之，蕩意諸死之。不言及者，見不再見。書曰「宋人弒其君杵臼」，此鮑弒也，不言者，一國之人皆從鮑也。君無道也。《傳》例：稱「君」，君無道。據《經》書「人」，則稱君當爲稱人。文公即位，使母弟須爲司城。華耦卒，而使蕩虺爲司馬。二卿。

十有七年，春，晉人、衛人、陳人、鄭人伐宋。詳《晉語》。

晉荀林父、衛孔達、陳公孫甯、鄭石楚伐宋。討曰：「何故弒君？」猶立文公而還。卿不書，稱人，貶。失其所也。《傳》：晉荀林父以諸侯之師伐宋，及晉平宋，文公受盟于晉，取賂而還。

夏，四月，癸亥，葬我小君聲姜。文公母。

有齊難，是以緩。八月乃葬。

齊侯伐我西鄙。窮兵失衆，弒之先見。○服云：再來伐，西鄙書，北鄙不書。

六月，癸未，公及齊侯盟于穀。始與齊通，因伐而盟。出穀者，避城下之盟。

齊侯伐①我北鄙。杜以《經》西爲北字誤。襄仲請盟，六月，盟于穀。

諸侯會于扈。

晉侯蒐于黄父，黄父即黑壤。遂復合諸侯于扈，因有十五年事，言復。平宋也。已取宋賂，謀保全之。公不與會，齊難故也。齊伐西鄙，與十五年事同。書曰「諸侯」，無功也。與十五年《傳》同，因其無功。故不列數之。

秋，公至自穀。致穀，明扈會公不在也。

冬，公子遂如齊。目遂如齊，弒君之先見。

襄仲如齊，拜穀之盟。

十有八年，春，王二月，丁丑，公薨于臺下。

二月，丁丑，公薨。《穀梁》：「臺下，非正也。」

秦伯罃卒。罃，康公也。始卒者，因穆公用三良以殉，故不卒。《春秋》存西京，如王巡狩。秦以梁牧留守，故與鄭伯一守一從，皆外方伯。

夏，五月，戊戌，齊人弒其君商人。商人弒賊，不以討賊辭者，齊已君之。以正治亂，不以亂治亂。

邴歜、閻職謀弒懿公，二人稱人，微者，非卿。弒不名氏而稱人，乃爲君無道。納諸竹中。《公羊》：

① 伐：原作「侵」，據《左傳》改。

「大夫弑君稱名氏，賤者窮諸人。」歸，舍爵而行。賊出奔，則賊爲已討。齊人立公子元。不葬者，商人亦賊，不以君許之；因私怨而殺，不以討賊許之。所以明君臣之義。

六月，癸酉，葬我君文公。《傳》：「齊來會葬，不書，常事也。」

葬文公。太子已立，而遂與得臣以宣公如齊請立。

秋，公子遂、叔孫得臣如齊。列數二卿，同惡相濟也。宣不卒大夫，獨卒二人，宣之徒，宜誅絶者。

襄仲、莊叔如齊，惠公立故，賀其初立。且拜葬也。齊來會葬文公。

冬，十月，子卒。既葬稱子，子者，惡也，惡已爲君，故稱子。不及視者，以弑君爲重也。

文公二妃敬嬴生宣公，敬嬴嬖而私事襄仲。宣公長而屬諸襄仲，襄仲欲立之，叔仲不可，仲見于齊侯而請之。齊侯新立，而欲親魯，許之。冬，十月，《穀梁》：「子卒不日，故也。」仲殺惡《公羊》作「赤」。及視，而立宣公。獨目仲，首惡也。

夫人姜氏歸于齊。書夫人歸，惡宣也。言歸齊，惡齊惠公也。惡爲齊甥，助逆殺之，其惡甚矣。

大歸也。《傳》：「夫人歸甯曰如某，出曰歸于某。」將行，哭而過市，曰：「天乎！仲爲不道，殺適立庶。」《傳》：「毋或如東門氏殺適立庶。」市人皆哭，魯人謂之「哀姜」。

季孫行父如齊。齊君弑而如齊，惡行父也。立庶則專，行父利其弑，故與同盟，後因與歸父争權，乃借事逐之。行父亦遂之徒也。

莒弑其君庶其。劉、賈、許、潁謂：君惡及朝，則稱國以弑；惡及國人，則稱人以弑。按，小國弑君與大國異例。

小國無大夫，稱人，爲大夫弑；稱國，乃爲衆弑。《公羊》：「稱國以弑，衆弑之辭。」與大國同。

莒紀公莒在邾上，邾七記卒，莒四記卒，夷狄略之。此不卒，因弑乃卒，故不月。一年中國三弑君，天下之亂亟矣。生太子僕，又生季佗，愛季佗而黜僕，皆以適庶釀禍。且多行無禮于國。僕因國人以弑紀公，莒與吴無謚，明謚爲《經》制，故以二國起之。以其寶玉來奔。不書，爲内諱。事詳《魯語》。○成十四年書「莒子朱卒」，是僕出奔，朱繼立也。

春秋左氏古經説義疏卷七

宣公

元年，春，王正月，公即位。

公子遂如齊逆女。弑君而言逆女，皆與弑，與翬相同。

尊君命也。大夫于君與夫人名稱有差別。爲稱號小例。

三月，遂以夫人婦姜至自齊。不稱氏，譏喪娶。夫人一體，貶夫人即貶公。

尊夫人也。據逆氏公子，此不氏，君前臣名也。

夏，季孫行父如齊。斥言行父如齊，惡行父也。

季文子如齊，納賂以請會。明賂齊本末。見三家權重，以著世卿禍亂。

晉放其大夫胥甲父于衛。蔡放稱人，此稱國，無罪辭。《經》兩見「放」。

晉人討不用命者，放胥甲父于衛，分封之世，放之鄰國；一統之世，放之外州，如四凶。而立胥克。先辛奔齊。

公會齊侯于平州。平州、陽州皆齊地。言公會齊侯。明公事齊也。

會于平州，以定公位。赤，齊出，宣弒赤而立，故爲此會。

公子遂如齊。

東門襄仲如齊拜成也。已與齊會，往拜成，并許賂田。一年大夫三如齊，罪之也。

六月，齊人取濟西田。《公》《穀》皆以爲賂齊。

齊人取濟西之田。凡外内相取以田爲言，「田」者，諸侯之閒田，諸侯不得以地與人，故託之閒田。爲公立，故以賂齊也。明非齊取，實魯賂之，以著其惡。

秋，邾子來朝。朝惡人，與朝桓同。

楚子、鄭人侵陳。蔡、許不序，獨序鄭，以起下伐鄭。遂侵宋。遂，繼事也。

楚子侵陳，遂侵宋。

晉趙盾帥師救陳。

晉趙盾帥師救陳、宋。宋弒君當討，晉受賂而還，楚討而反救之，《經》不許其救，故獨言救陳。

宋公、陳侯、衛侯、曹伯會晉師于棐林，伐鄭。不言趙盾，目晉師者，君不會大夫之辭，故避盾而目師。以大夫主諸侯，則不可爲訓。

會于棐林，以伐鄭也。楚蒍賈救鄭，不書楚救，不與夷狄救中國也。遇于北林。囚晉解揚，晉人乃還。

冬，晉趙穿帥師侵崇。《公羊》作「柳」，云「天子邑」也，本《傳》以爲秦屬國，東西通畿，蓋梁州國而近于雍者。

晉欲求成于秦，趙穿曰：「我侵崇，秦急崇，必救之，崇近秦。吾以求成焉。」冬，趙穿侵崇，秦弗與成。《經》以秦爲梁牧，東遷後，周京且屬秦。《經》存西京，故《公羊》謂之「天子邑」，實則晉侵秦，非侵王也。

晉人、宋人伐鄭。「人」者，貶。宋有罪不討而與之伐鄭，晉失伯討，故貶之。

晉人伐鄭，以報北林之役。時陳、衛、曹皆從楚，故獨目宋以貶之。

二年，春，王二月，壬子，宋華元帥師及鄭公子歸生帥師，戰于大棘。宋師敗績，獲宋華元。大棘，宋地。以宋及鄭者，大及小、主及客。○鄭非七穆不見公子，此非七穆而亦見者，以起弒也。

春，鄭公子歸生受命于楚伐宋，宋華元、樂呂禦之。二月壬子，戰于大棘，宋師敗績。囚華元，獲樂呂。不書，非卿。

秦師伐晉。

以報崇也，遂圍焦。不書，略之。

夏，晉人、宋人、衛人、陳人侵鄭。稱人，皆大夫也。存其政于諸侯，不列數大夫之專兵也。

晉趙盾救焦，遂自陰地及諸侯之師侵鄭，以報大棘之役。

秋，九月①，乙丑，晉趙盾弒其君夷皋。不葬者，賊未討。

趙穿攻靈公于桃園，宣子未出山而復。太史書曰：「趙盾弒其君。」以示于朝。《經》舍穿而首盾，故託于史書。宣子曰：「不然。」弒賊不再見，趙盾別牘再見，以明非弒，重在討賊，如華元已越境猶反討。不越境句以證其與謀。對曰：「子爲正卿，亡不越竟，反不討賊，非子而誰？」宣子曰：「烏呼！『我之懷矣，自貽伊慼。』此《詩》異文攝引，非逸詩。其我之謂矣。」孔子曰：二《傳》亦引孔子《春秋》說與先師並見。《傳》不引先師，但曰「君子曰」。「董狐，古之良史也，《春秋》之義。書法不隱；趙如首司馬昭。宣子，古之良大夫也，《穀梁》：「于盾見忠臣之至。」爲法受惡。《史記·自序》引董壺說：「爲人臣而不知《春秋》，身被大惡之名而不能辭。」惜也，惜太史之言。《論語》：「惜乎，夫子之說君子也。」越竟乃免。」討賊，則未越亦可；不討賊，即越之與弒。「越竟」句本微文，恐後人據以爲說，如俗所疑。宣子使趙穿逆公子黑臀于周而立之。《傳》言使穿逆新君，與翬遂逆女同。明穿爲弒，後世史凡假手于人皆書主者，或猶以《傳》必合《經》爲說，誤矣。

冬，十月，乙亥，天王崩。在位六年，事不見《經》。

三年，春，王正月，郊牛之口傷，改卜牛。牛死，乃不郊。猶三望。《穀梁》：「乃者，亡乎人之辭。」言公意急欲郊，以牛死不郊，非公意也。

---

① 九月：原作「七月」，據《左傳》宣公二年經文改。

不郊，而望，皆非禮也。以尊天。望，郊之屬也。不郊不必望，即郊則不譏望。有主不能無屬，亦猶有君不能無臣。不郊，亦無望可也。經傳神鬼祭祀皆爲「天學」初階，秦漢以下皆無其德用其事。靈魂學已精，祭乃必能受福，與草昧之多神教迥别。或乃疑爲神權，大誤。

葬匡王。五葬惟此時，危之。

楚子伐陸渾之戎。夷狄相伐不志，志者，地近京師也。

楚子伐陸渾之戎，避觀兵，以伐戎主之。遂至于雒，觀兵于周疆。《春秋》使齊、晉伐楚，不以楚伐伯國，尤不使近王。至此觀兵、問鼎，故諱之。

夏，楚人侵鄭。

楚人侵鄭，鄭即晉故也。争鄭。楚①稱人，貶之。

秋，赤狄侵齊。赤狄與晉接壤，不可言晉伐，故以赤狄目之。存晉伐齊之文者，一見例也。《春秋》不以小侵大、外侵内，若果赤狄伐二伯，則諱不當書。○《傳》于狄侵齊六七見皆無傳者，以非實狄也。

宋師圍曹。小國兵事不書，曹居首一見，其餘皆不書。

報武氏之亂也。事在文十八年。○宋伐、圍小國皆朝于我，以宋與我同主青州，以爲二王後。

冬，十月，丙戌，鄭伯蘭卒。《春秋》卒皆日，貴賤嫌則異辭。

---

① 楚：原作「鄭」，據《左傳》正文改。

鄭穆公卒。穆公有疾，曰：「蘭死，蘭先死。吾其死乎？以爲兆。吾所以生也。」刈蘭而卒。四字當爲注，誤入《傳》文。

葬鄭穆公。

四年，春，王正月，公及齊侯平莒及郯，莒人不肯。齊二伯、魯方伯、莒卒正、郯連帥，同時見四等之尊卑，此明上下相制五長之法也。

公伐莒，取向。莒、邾、杞有兵事，曹、滕、薛不言。曹爲同姓，滕、薛爲下等，莒、邾則爲上等異姓。向，内邑，其繫之莒者，前爲莒取可知。

非禮也。此如今公法所謂裁判干涉。言「平」，爲有侵伐之事，必有兵事乃爲違反，今但云不肯，非實有罪。

秦伯稻卒。秦伯卒有名不葬，葬則不名。

夏，六月，乙酉，鄭公子歸生弑其君夷。歸生不弑而首之者，志重也，與趙盾同。

夏，弑靈公，宋首禍。書曰「鄭公子歸生弑其君夷」，不以宋主之，權在歸生也，亦書其重者，其徒從同，所以明討賊之義。權不足也。君子曰：「仁而不武，無能達也。」凡弑君稱君，君字當作「人」，如宋人弑。君無道也；弑君有稱人稱臣之別，無不稱君者。下宋人弑其君，《傳》曰：「君無道也。」正與此凡同。故知「君」爲字誤。稱臣，不稱人而目歸生，臣之罪也。」稱臣名氏則爲弑賊，不再見。

赤狄侵齊。齊不與晉盟會，故再侵齊。文明舉晉，蠻野目夷。萊貉戎曼無役不從，經變文目夷狄，以軍中實有外夷。

秋，公如齊。

公至自齊。

冬，楚子伐鄭。

楚子伐鄭，鄭有弑君罪，中國不能討而討之，譏中國矣。鄭未服也。

五年，春，公如齊。如齊，所以譏恃外。

高固使齊侯止公，請叔姬焉。

夏，公至自齊。

公至自齊，書過也。公五如齊，惟此踰時始返。

秋，九月，齊高固來逆子叔姬。天子嫁女，諸侯使同姓大國主之；諸侯嫁女于大夫，亦當使同姓大夫主之。

齊高固來逆女，自爲也。以大夫接内。故書曰「逆叔姬」，卿自逆也。不言逆女，不與以夫婦辭。

叔孫得臣卒。凡弑賊不再見，大夫卒者，皆其黨也。

冬，齊高固及子叔姬來。譏其使而以私事行。

冬，來，反馬也。先儒以爲反馬不躬至，歸甯無並行，非也，夫婦同往婦家亦爲常事。尊卑不相爲禮，嫁女于大夫，亦當使大夫主之。

楚人伐鄭。前稱楚子，此稱人，貶也。

楚子伐鄭。陳及楚平。陳師不序，不以中國伐中國也。

六年，春，晉趙盾、衛孫免侵陳。弒賊不復見，盾復見，非親弒也。

晉、衛侵陳，陳即楚故也。

夏，四月。南方炎帝所司三月。

秋，八月，螽。

冬，十月。本年《經》記事只九字。以《經》爲魯史，不應設官年中只書九字之理。

七年，春，衛侯使孫良夫來盟。良夫者，免之子。在喪而使，非禮。

衛孫桓子來盟，始通，且謀會晉也。孫氏爲正卿，甯氏爲次卿。《經》見孫、甯，起逐君之禍。

夏，公會齊侯伐萊。萊，青州國。淮夷言夷，此不言夷，《春秋》進之也。

公會齊侯伐萊，言會不言及。不與謀也。爲齊所使，從而伐萊。凡師出，與謀主兵。曰及，汲汲。不與謀伯國討罪，我聽其命。曰會。會，外爲主，

秋，公至自伐萊。離不言會，故不致會。

大旱。

冬，公會晉侯、宋公、衛侯、鄭伯、曹伯于黑壤。此晉君初立出會諸侯。陳、蔡從楚，故不序。

冬，盟于黑壤，王叔桓公臨之，以謀不睦。晉侯之立也，公不朝焉，又不使大夫聘。晉人止公于會，盟于黃父。公不與盟，以賂免。故黑壤之盟不書，諱之也。《傳》言諱，爲内外例，不盡主事實。

八年，春，公至自會。公初會晉，因衛之請也，後又專事齊，兼貳于楚。

夏，六月，公子遂如齊，至黄乃復。《公羊》：「有疾也。」按，大夫以君爲重，雖死于使，不廢君命，安得因小有疾而遂自反乎！

辛巳，有事于太廟。凡太廟祭皆祫也。《王制》：「夏曰禘」，又「禘，一祫一犆」，此夏祭，禘于太廟。祫，禘也，未毁廟之主合祭于太廟。《經》書有①事者，則毁廟之主亦祫于太廟，此兩年一行之典禮也。仲遂卒于垂。《穀梁》：其曰仲，疏之也。是不卒者，因聞喪事乃卒之。

壬午，猶繹，萬入，去籥②。此與昭十五年叔弓卒去樂卒事相起。

有事于太廟，襄仲卒而繹，非禮也。《檀弓》：「仲尼曰：卿卒繹，非禮。」

戊子，夫人嬴氏薨。

晉師、白狄伐秦。白者，赤之别種，冀州國。北州詳夷，南則略之。

夏，白狄及晉平。姜戎言及，此不言及，狄晉也，以晉與狄列數。狄伐秦不見；見者，從晉録之也。

楚人滅舒蓼。蓼，舒之别種。滅夷狄不日。

楚爲衆舒叛，故伐舒蓼，《春秋》舒有三種，舒庸、舒鳩及此。滅之。楚滅國凡十四見。言人，貶之。

---

① 有：原作「太」，據《左傳》改。

② 籥：原作「樂」，據《左傳》改。

秋，七月，甲子，日有食之，既。此食二日，既，盡也。

冬，十月，己丑，葬我小君敬嬴。雨，不克葬。庚寅，日中而克葬。不克者，可以克，譏其不備雨具也。《王制》：「葬不爲雨止。」二《傳》同。

葬敬嬴，雨，不克葬，禮也。大雨不葬本爲禮，若雨小，託于雨，慢怠，爲非禮。後師以爲卿大夫以下乃不爲雨止，誤。蓋冬非大雨時，何至不克葬？以譏不備雨具爲是。禮，卜葬先遠日，己丑爲近，庚寅遲一日爲遠。辟不懷也。吉事欲其早，先近日；喪欲其遲，先遠日。速葬于死者恩義不篤。

城平陽。

書，時也。

楚師伐陳。言「師」愈乎「人」。討陳與晉平，不叙從國，略之。

陳及晉平，楚師伐陳，取成而還。《年表》：楚伐陳，陳從楚①。故明年晉復伐陳。

九年，春，王正月，公如齊。公如不月，月者譏，有母喪也。

公至自齊。

夏，仲孫蔑如京師。出使皆行人，不言者，内不言行人也。

春，王使來徵聘。夏，孟獻子聘于周，宣五如齊，孟孫一如京師。直書而惡見。王以爲有禮，

① 楚：原作「晉」，據文意改。

厚賄之。

齊侯伐萊。萊。青州夷狄，進之有國辭。○今赤道南諸州必用夏變夷，以備大九州，乃成大統之制。

秋，取根牟。内滅言取，諱大惡。

言易也。《傳》言蒐紅自根牟至衛，即此也。

八月，滕子卒。不名，用狄道，與薛初卒同。

滕昭公卒。自隱七年百一十七年至此乃「卒」者，宣以後乃正卒，昭以下乃名。小國，世系不詳。

九月，晉侯、宋公、衛侯、鄭伯、曹伯會于扈。陳因楚伐從楚，故晉争陳。不序公，公從楚。

晉荀林父帥師伐陳。諸侯會不出大夫，伐使大夫，仍然存其政于諸侯已。

辛酉，晉侯黑臀卒于扈。不葬。不討穿，失德也。

會于扈，討不睦也。陳侯不會，因陳從楚，故謀伐之。晉荀林父以諸侯之師伐陳。晉侯有疾，故使大夫。晉侯卒于扈，乃還。

冬，十月，癸酉，衛侯鄭卒。不葬。失國出奔，又殺叔武。

宋人圍滕。

宋人圍滕，《傳》宋有屬國，《經》尊之爲客，故滕雖魯屬，實則爲宋所屬。因其喪也。人者，貶伐喪也。

楚子伐鄭。此公與陳、蔡、許皆在，不序，諱也。

晉郤缺帥師救鄭。不言使者，晉侯不能行其意。凡大夫帥師皆有所起，此爲殺三郤見。

楚子爲厲之役故伐鄭。晉郤缺救鄭。鄭伯敗楚師于柳棼。

陳殺其大夫洩冶。《穀梁》：「稱國以殺大夫，殺無罪也」。洩冶諫而身死，人雖直忠而事亂國，失明哲之道。

陳靈公與孔寧、儀行父通于夏姬。洩冶諫之，公曰：「吾能改矣。」公告二子，二子請殺之，公弗禁，遂殺洩冶。劉子云：「三諫不用則去，不去則身亡，仁人不爲也。」

十年，春，公如齊。宣五如齊，成不如齊，二事相起。

公至自齊。

齊人歸我濟西田。言田者，託之閒田也。

公如齊，齊侯以我服故，歸濟西之田。《王制》：「諸侯有功，取閒田以禄之。」言「歸我」，是魯有功；言「齊人」，是閒田之取與託之齊、晉二伯，諸侯不許專地、專封也。

夏，四月，丙辰，日有食之。

己巳，齊侯元卒。

齊惠公卒。

齊崔氏出奔衛。言崔氏，二《傳》以爲譏世卿，《傳》兼言典禮。

崔杼有寵于惠公，實杼一人。高、國畏其偪也，公卒而逐之，奔衛。書曰「崔氏」，不名。非其罪也，稱臣，臣之罪，此稱氏。且告以族，不以名。舉族爲以下不見。凡諸侯之大夫違，告于諸侯曰：「某氏舉其族。之守臣某，別有名。失守宗廟，敢告。」《經》書「奔」。所有玉帛之使者則告，邾以上乃詳大夫。不然則否。小國無大夫則不詳。

公如齊。此奔喪也，言如，諱之也。

公如齊奔喪。天王喪不奔、不賻；而奔齊喪，悖也。

五月，公至自齊。

癸巳，陳夏徵舒弑其君平國。不以當國言。別立君，起下楚討。

陳靈公與孔寧、儀行父飲酒于夏氏，公謂行父曰：「徵舒似女。」對曰：「亦似君。」徵舒病之。公出，自其厩射而殺之。二子奔楚。

六月，宋師伐滕。稱師起前以伐喪，貶。

滕人恃晉而不事宋，六月，宋師伐滕。再伐滕，故月以惡之。

公孫歸父如齊。方伯事大國，公奔喪，大夫會葬。○如今海外諸國慶弔之禮。

葬齊惠公。不及時而不日，慢葬也。○以下八十年不言公如齊，故時以明失伯。

晉人、宋人、衛人、曹人伐鄭。人者，大夫。宣世猶不名。

鄭及楚平。諸侯之師伐鄭，取成而還。《年表》：晉與宋伐鄭，自三年至此八年鄭從晉，至此從楚，故晉伐之。不序公，從楚也。

秋，天王使王季子來聘。王聘止此。

劉康公來報聘。康公即四卿之劉子。

公孫歸父帥師伐邾，取繹。

師伐邾取繹。歸父，遂子也，其父弒君，其子以帥師見，惡宣也。

季孫行父如齊。

季文子初聘于齊。劉子云：「宣公亂成于口，幸有文子，得免于禍。」

冬，公孫歸父如齊。

子家如齊，伐邾故也。

齊侯使國佐來聘。齊在喪不稱子，大國稱子，嫌與衛、陳相同。

國武子來報聘。報聘即平邾事。

饑。《穀梁》：「二穀不熟曰饑。」

楚子伐鄭。

楚子伐鄭。晉士會救鄭，逐楚師于潁北。諸侯之師戍鄭。不書晉戍，略之。

十有一年，春，王正月。

夏，楚子、陳侯、鄭伯盟于辰陵。此盟君，下討夏氏。

楚盟于辰陵，陳、鄭服也。不月，外盟也。

公孫歸父會齊人伐莒。莒不服，告齊伐之。此二伯、方伯、卒正三等之制。

秋，晉侯會狄于欑函。欑函，狄地。中國雜會夷狄不書，書者，起下滅狄。

會于欑函，衆狄服也。晉大國，會夷狄不嫌。《春秋》以晉治狄，言「會」，是狄受命。

冬，十月，楚人殺陳夏徵舒。以後夏氏再見者，此已討，下非其子孫，故不當坐誅。

楚子稱「人」，不與外討。爲陳夏氏亂故，伐陳。謂陳人「無動，將討于少西氏」。遂入陳，殺夏徵舒，入在先，殺在後，《經》互其文。討猶可言，入則甚矣。轘諸栗門。《春秋》有鄰國伐討之義，不似泰西以爲國事犯不與常罪等。因縣陳。滅爲縣，陳侯在晉。亡于晉。

丁亥，楚子入陳。納公孫寧、儀行父于陳。入者，謂得而弗居。曰入，惡入者，不使夷狄憂中國。

故書曰「楚子入陳。《春秋》以中國治夷，不以夷治中國。陳有外辭猶存，不如蔡不存。納公孫寧、儀行父于陳」，納者，内弗受，惡楚納惡人也。書，有禮也。已縣而復納二卿，從楚詞。言能改過，非許其入納。

十有二年，春，葬陳靈公。楚討而書葬者，所以存陳。

楚子圍鄭。大國言圍，楚屢言圍，强也。此本入，不言，諱也。

厲之役，鄭伯逃歸，仿《經》立文。自是楚未得志焉。鄭既受盟于辰陵，又徼事于晉。十二年春，楚子圍鄭。旬有七日，楚子退師。鄭人修城，進復圍之。三月，克之。入自皇門，至于逵路，楚亦二伯，故公如齊、晉，亦如楚。此言圍，不許以伯，乃見抑楚。鄭伯肉袒牽羊以逆。退三十里，而許之平。潘尪入盟，子良出質。

夏，六月，乙卯，晉荀林父帥師及楚子戰于邲，晉師敗績。《公羊》：大夫不敵君，敵者，不與晉而與楚子，爲禮也。因楚莊有賢行，已由夷狄進中國，而中國蠻野，乃爲新夷狄。中外反對，不是常例已。

晉師救鄭。楚師軍于邲，晉之餘師不能軍，宵濟，亦終夜有聲。丙辰，楚重至于邲。遂次于衡雍。

秋，七月。

冬，十有二月，戊寅，楚子滅蕭。蕭，蕭叔之國。日者，近于我，爲中國附庸國，故謹之。

楚子伐蕭，宋華椒以蔡人救蕭。蕭人囚熊相宜僚及公子丙，王曰：「勿殺，吾退。」蕭人殺之。王怒，遂圍蕭，蕭潰。

晉人、宋人、衛人、曹人同盟于清丘。《穀梁》：桓同爲尊周，晉同爲外楚；桓爲一匡，晉爲中分。此北方諸侯皆至，特南服諸侯未能相見。

晉原穀、宋華椒、衛孔達、曹人同盟于清丘。此大敗而後盟。稱人，貶也。

宋師伐陳。前盟陳不在，伐陳爲晉討。

衛人救陳。孔達背盟救陳。人者，貶也。

宋爲盟故，伐陳，衛人救之。稱人者，不當救而救，不如伐稱「師」之得正。

十有三年，春，齊師伐莒。《公》作「伐衛」。

莒恃晉而不事齊故也。

夏，楚子伐宋。楚得陳、鄭，又争宋。

以其救蕭也。君子曰：「清丘之盟，惟宋可以免焉。」

秋，螽。《公》作「蝝」。

冬，晉殺其大夫先縠。縠，先軫子。本討有罪，何爲稱國以殺？狄晉也，惡其誅族也。

赤狄伐晉，及清，先縠召之也。《晉世家》：「縠敗，恐誅，乃奔翟，與翟謀伐晉。晉覺，乃族縠。」冬，晉人討邲之敗與清之師，歸罪于先縠而殺之，盡滅其族。先氏見先都、先蔑、先縠，以後不見。

十有四年，春，衛殺其大夫孔達。自殺而以國殺爲文者，衛以殺説也，故稱國以累上言之。

清丘之盟，晉以衛之救陳也，討焉。使人弗去，曰：「罪無所歸，將加而師。」孔達曰：「苟利社稷，請以我説。罪我之由。我則爲政，而亢大國之討，將以誰任？我則死之。」十四年春，孔達縊而死。衛人以説于晉而免，遂告于諸侯曰：「寡君有不令之臣達，構我敝邑于大國，既伏其罪矣，敢告。」衛人以爲成勞，復室其子，使復其位。

夏，五月，壬申，曹伯壽卒。曹卒不日。由日而月，循環之例。

晉侯伐鄭。討其從楚。

爲邲故也。邲戰後，鄭伯、許男如楚。不言戰圍，蒐焉而還。告于諸侯，蒐焉而還。

秋，九月，楚子圍宋。圍月，重之。伐時圍月，内諸夏外夷狄也。

楚子圍宋。《楚世家》：「莊王二十年，圍宋，以殺楚使。」

葬曹文公。小國時葬，正也。

冬，公孫歸父會齊侯于穀。歸父不疏之，宣之大夫也。言「會」，明公得齊也。

十有五年，春，公孫歸父會楚子于宋。方會齊又會楚，公貳楚也。不言公如楚，諱也。

孟獻子言于公曰：「臣聞小國之免于大國也，聘而獻物，于是有庭實旅百；朝而獻功，于是有容貌、采章、嘉淑，而有加貨。謀其不免也。誅而薦賄，則無及也。今楚在宋，君其圖之。」公説。十五年春，公孫歸父會楚子于宋。二會相比，見楚强、晉失伯。

夏，五月，宋人及楚人平。月者，謹其久也。

宋及楚平，華元爲質。盟曰：「我無爾詐，爾無我虞。」《春秋》盟辭即如今條約。

六月，癸卯，晉師滅赤狄潞氏，以潞子嬰兒歸。二伯不言滅國，言滅，譏之。晉所滅國見一赤狄以示例。

晉荀林父敗赤狄于曲梁。辛亥，滅潞。《經》不言敗，舉其重者。

秦人伐晉。

秋，七月，秦桓公伐晉，次于輔氏。

王札子殺召伯、毛伯。不言及，皆大夫也。

王孫蘇與召氏、毛氏争政，使王子捷殺召戴公及毛伯衛。

秋，蝝。蝝，蝗子。《詩》「螽斯羽」，又蝝爲魚矣。以蝝比八伯，爲皇之子。《經》書蝝十一，合螽爲十二。

仲孫蔑會齊高固于無婁。事齊，故重高固。

初税畝。春秋有立制之事，故以「初税畝」譏之。

初税畝，非禮也。周實無公田助法。《春秋》擇善而從，如龍子云「莫善于助」，經義制作取助。今乃初改，故譏之。

冬，蝝生。

蝝生，饑，幸之也。冬非蝝生之時，因秋螺見其子，蝝冬時又生，生而旋死。故但著其生以異之。

饑。

十有六年，春，王正月，晉人滅赤狄甲氏及留吁。甲氏、留吁者，赤狄也。中國滅夷狄不志，志者，進從卑國例。

晉士會帥師滅赤狄甲氏及留吁。二伯不言「滅」，此再言「滅」，以爲夷狄，乃一見之。月者，始略後詳，進之也。

夏，成周宣榭火。成周，成王所建。樂器見焚，明不用周公所制樂，而當用韶也。

成周宣榭火，《經》存西京，目成周宣榭，以西京原有宣榭，特以此屬之。人火之也。凡火，人火曰火，天火曰災。説詳《五行志》。

秋，郯伯姬來歸。言來歸，明絶于夫家，與在室之禮同。詳《白虎通義》。

郯伯姬來歸，來歸不諱，明七出之義，不以出爲嫌。俗説夫婦之道乃苦。出也。伯姬，長女爲夫人者，嫁不書。書來歸，明婦人有出之道。

冬，大有年。有年不書，惟桓、宣書者，謂天富淫人也。

十有七年，春，王正月，庚子，許男錫我卒。

丁未，蔡侯申卒。宣世不序蔡，此序。一見不見者，爲從楚諱之。

夏，葬許昭公。許葬皆時，小國正例。

葬蔡文公。不日，貶之從小國例。不言當時不當時，亦略之。

六月，癸卯，日有食之。

己未，公會晉侯、衛侯、曹伯、邾子，同盟于斷道。五年再言「同」，存晉伯也。北方魯、衛、陳、鄭皆從楚，不足言同，故著同以存之。

會于斷道，討貳也。陳、鄭從楚，魯、衛爲齊所侮，求晉報之。以此起鞌之戰。

秋，公至自會。

冬，十有一月，壬午，公弟叔肸卒。叔肸與季札、子臧、公子鱄皆《春秋》所許，《穀梁》説甚詳。

公弟叔肸卒，《穀梁》：「公弟叔肸，賢之也。」公母弟也。

十有八年，春，晉侯、衛世子臧伐齊。二伯相伐，諱之，此書一見以明。從者多矣，獨序衛，不以諸侯伐二伯也。○世子，《周禮》所謂「孤」。中無小國，直序齊者，下與齊世子光同例。

晉侯、衛太子臧伐齊，衛篤從中國者。至于陽穀。

公伐杞。滕、薛無侵伐，略之也。內三用兵于杞，以下不見，明杞王後，黜乃殿卒正，故異之。

夏，四月。《傳》有公使如楚①乞師，欲以伐齊事。

---

① 楚：原作「齊」，據《左傳》改。

秋，七月，邾人戕鄫子于鄫。不日，鄫不卒者，月以謹之。

邾人戕鄫子于鄫。戕如後世淩遲法。凡自虐其君曰弒，下殺上。自外曰戕。戕爲一見例。《穀梁》以爲殘殺之異者，如烹、醢①、族、作牲、代築，皆蠻野殺人之法。

甲戌，楚子旅卒。楚卒皆日，大夷也。

楚莊王卒。始卒楚子。

公孫歸父如晉。宣世惟此一如晉。

公孫歸父以襄仲之立公也，有寵，欲去三桓，以張公室。與公謀而聘于晉，《經》言如，《傳》言聘。欲以晉人去之。劉子云：「三桓執政，公使如晉謀去之。」

冬，十月，壬戌，公薨于路寢。

歸父還自晉。至笙，遂奔齊。致之挈由上致之也。

公薨，季文子言于朝曰：「使我殺適立庶以失大援者，仲也夫！」遂逐東門氏。子家還，及笙，壇帷，復命于介。既復命，袒，括髮，即位哭，三踊而出，遂奔齊。書曰「歸父歸父不疏者，嬰齊繼嗣，故獨貴嬰齊，并起奔歸非其罪。還自晉」，善之也。還爲善辭。

---

① 醢：原作「醯」，誤。醢爲古代酷刑之一。

春秋左氏古經説義疏卷八

成公

元年，春，王正月，公即位。先君未葬而稱公者，踰年即得稱公。

二月，辛酉，葬我君宣公。杜以稱公以葬爲斷，非是。

無冰。此月最寒。寒不甚則于時終記無冰，寒甚則于二月紀無冰。

三月，作丘甲。《公羊》：「譏始丘甲。」

爲齊難故，作丘甲。作丘甲，畏齊也。季孫有報齊之志。

夏，臧孫許及晉侯盟于赤棘。盟背齊而事晉。

聞齊將出楚師，將以楚師伐我。夏，盟于赤棘。晉常盟大夫于此，則赤棘爲晉都近地，如鎖澤爲宋西門外地名。

秋，王師敗績于茅戎。《春秋》書法如此。《國語》：「王師敗績于姜戎。」茅戎，晉也；不可言晉，故託之茅戎。

王人來告敗。春敗秋告，知已踰限，故從赴書之，此遲書例。

冬，十月。《傳》有臧宣叔令修賦、繕完、具守備事。

二年，春，齊侯伐我北鄙。即《周禮》都鄙。《國語》：「參其國而伍其鄙。」今泰西屬地即古所謂鄙。

圍龍三日，取龍。遂南侵，及巢丘。不言取，諱也。宣事齊、成事晉，故齊、晉爭魯。

夏，四月，丙戌，衛孫良夫帥師及齊師戰于新築，衛師敗績。及者，以大及小。衛小齊大，惡齊好戰，故以小及之。

衛侯使孫良夫、石稷、甯相、向禽將侵齊，《經》內見四大夫，故《傳》衛亦見四大夫。衛次國，二軍將佐共四人，與內同。內二卿、二大夫，有一卿、一大夫未見。與齊師遇，衛師敗績。新築人仲叔于奚救孫桓子，桓子是以免。既，衛人賞之以邑，辭，請曲縣、繁纓以朝，許之。仲尼聞之曰：「惜也，不如多與之邑。惟器與名不可以假人，君之所司也。名以出信，信以守器，器以藏禮，禮以行義，義以生利，利以平民，政之大節也。若以假人，與人政也。政亡，則國家從之，弗可止也已。」

六月，癸酉，季孫行父、臧孫許、叔孫僑如、公孫嬰齊帥師會晉郤①克、衛孫良夫、曹公子首，及齊侯戰于鞌，齊師敗績。嬰齊，叔肸子也。譏作三軍，爲列數四卿一大夫、三卿一大夫。不言及，略之也。

癸酉，師陳于鞌，此世晉四勝强國，勝齊、伐秦、敗狄、敗楚。齊師敗績。

秋，七月，齊侯使國佐如師。大夫在師曰「師」。言師，以魯爲主也。

---

① 郤：原作「缺」，據《左傳》改。

己酉，及國佐①盟于袁婁。《穀梁》：「鞌去國五百里，袁婁去國五十里。」知《穀梁》記事有詳于《傳》者。

齊侯使賓媚人賂以紀甗、玉磬與地，「不可，則聽客之所爲。」如今戰敗遣使議和。秋，七月，晉師及齊國佐盟于袁婁。國佐不辱君命，不失國體，講和而退。使齊人歸我汶陽之田。公會晉師于上鄍，賜三師先路、三命之服，司馬、司空、輿師、候正、亞旅皆受一命之服。

八月，壬午，宋公鮑卒。此不正，日之何也？不正前見矣。

宋文公卒。

庚寅，衛侯速卒。

九月，衛穆公卒。晉三子自役弔焉，交際國法。哭于大門之外。同姓衛爲次國。據送女禮，大國于小國當使士弔，大夫送葬。今三卿因在役，乃同往弔之。衛人逆之，婦人哭于門内。送亦如之，遂常以葬。《傳》家據禮而言。

取汶陽田。言田，避重就輕，使如齊有罪削其閒田。

使齊人歸我汶陽之田。此魯侵地，言田，諱失邑也。方伯閒田，二伯得進退之，齊取之，晉命還之，齊失伯也。

冬，楚師、鄭師侵衛。此嬰齊之師。不稱公子，貶其伐喪。

---

① 「國佐」前原有「齊」字，據《左傳》删。

宣公求好于楚，莊王卒，宣公薨，不克作好。此釋宣、成所以不書「公如楚」之意，《經》以如楚爲齊失伯。公即位，受盟于晉，元年赤棘盟。會晉伐齊。鞌戰。衛人不行使于楚，而亦受盟于晉，從于伐齊，故楚令尹子重爲陽橋之役以救齊。伐魯、衛以救齊。王卒盡行，彭名御戎，楚爲中軍。蔡景公爲左，蔡爲左軍。許靈公爲右。許爲右軍，所謂失位。二君弱，皆强冠之。蔡、許篤從楚，中國會盟十不一序，于楚師師亦多諱之。《傳》言左右，著蔡、許如楚私屬，所以恥之。冬，楚師侵衛。十有一月，公會楚公子嬰齊于蜀。此蜀爲魯地，所謂「于是乎有蜀之役」，盟則爲梁州之蜀。丙申不必在十一月，因匱盟，連書二事以殺恥，如會盟同地者然。

遂侵我師于蜀。伐魯無秦師，下盟有秦大夫，必非一地。楚侵及陽橋，孟孫請往賂之，公衡爲質以請盟，楚人許平。丙申，公及楚人、秦人、宋人、陳人、衛人、鄭人、齊人、曹人、邾人、薛人、鄫人盟于蜀，會盟同月不再地，再地，起非一蜀也。梁州蜀遠，不能十一月丙申遂盟于蜀，避匱盟，故連書之。

十一月，公及楚公子嬰齊、蔡侯、許男、秦秦自殽後不與中國序，此列會盟者，因其在蜀。右大夫説、不氏者，秦無名卿。宋華元、陳公孫寧、衛孫良夫、鄭公子去疾四國皆卿。及齊國之大夫故序鄭下。盟于蜀。卿不書，宋、陳、衛、鄭卿不書，秦、齊非卿，曹、薛、鄫小國無卿。匱盟也，一見例。于是乎①畏晉而竊與楚盟。因楚師深入，晉不能救，合諸侯與之盟。如鄭與楚，不得爲匱盟。蔡侯、許男不書，不書二國君。乘楚車也，乘楚車，爲左右，不見本國之位，故言楚人以包之。謂之失位。嬰齊，楚卿，大夫不敵君，以諸侯爲卿之副，恥莫大焉。失位，謂君位等于微賤。君子曰：經說。「位其不可不慎也乎！許、蔡之君，一失其位，不得列于諸侯，況其下乎？」許、蔡不書，筆削例也。公既在盟，故《傳》不以赴告爲言。二國不書，亦求名不得。

三年春，王正月，公會晉侯、宋公、衛侯、曹伯伐鄭。賈、服云：宋、衛先君未葬，稱爵，譏之。按，諸侯踰年不稱子，以踰年爲斷，不以葬不葬爲斷。

諸侯伐鄭，方盟楚，何以即從晉伐鄭？盟不在十一月。次于伯牛，討邲之役也。在宣十二年。

辛亥，葬衛穆公。因背殯遠會夷狄，日以危之。

二月，公至自伐鄭。月爲竊盟危之。

甲子，新宮災，三日哭。《檀弓》：「焚其先人之室則三日哭。」故新宮焚亦三日哭。

乙亥，葬宋文公。七月乃葬，因其厚葬，故緩書之。

始厚葬，用蜃炭，益車馬；始用殉，重器備；椁有四阿，棺有翰、檜。《宋世家》：「始厚葬，君子譏華元不臣。」

---

① 乎：原無，據《左傳》補。

夏，公如晉。

拜汶陽之田。《世家》：「僖取濟西田，使公子遂拜賜。」成公親拜賜。

鄭公子去疾帥師伐許。

許恃楚而不事鄭，鄭子良伐許。

公至自晉。

秋，叔孫僑如帥師圍棘。棘，汶陽之邑。魯失于齊，不可言，故以取田言之，避棘也。

叔孫僑如圍棘，取汶陽之田。汶陽與濟西、河陽同以水方向爲名，不指一地，即大之也。如舉邑名，是大名中之一邑，温即河陽，濟即汶陽。棘不服，不服者，晉不欲魯取之。故圍之。《公羊》：「其言圍之何？不聽也。」與《傳》同。

大雩。

晉郤克、衛孫良夫伐廧咎如。廧咎如①，赤狄之餘。

討赤狄之餘焉。赤狄終此。廧咎如潰，《傳》終《經》未言事，《傳》文通例。上失民也。《傳》「民逃其上曰潰」，逃當爲叛字誤，言下潰叛則上失民可知。《公羊》「在國曰潰，在邑曰叛」，亦此意。《經》不言潰者，中國乃言潰。

① 如：原脱，據《左傳》補。

冬，十有一月，晉侯使荀庚來聘。庚下卿。

且尋盟。《公羊》：聘而言盟者，尋舊盟，不專爲盟來，故先書聘。

衛侯使孫良夫來聘。良夫，上卿。

且尋盟。

丙午，及荀庚盟。《穀梁》：其日公也。來聘而求盟，不言及，以國與之。不言其人，亦以國與之。不言求，兩欲之也。

丁未，及孫良夫盟。

公問諸臧宣叔曰：《經》制託之公問。「中行伯之于晉也，其位在三；以卿言爲下卿。三謂卿有上中下三等。孫子之于衛也，位爲上卿，甯爲次。將誰先？」尊卑相嫌，故不能決。對曰：所引與《王制》全同。「次國次國；上下之中等。如百里爲大國，則七十里爲小國，其中九十里爲次國；七十里爲大國，則五十里爲小國，六十里爲次國。大得小之倍，居其間者爲次國，舊以封建百里爲大國，七十里爲次國；九錫爲大國，七錫方伯爲次國，大不止得小之倍。之上卿當大國之中，其上卿食二百一十六人，與大國中卿同。○凡加一倍爲大國，如方七十里爲小國，則方百里爲大國；方五十里爲小國，則方七十里爲大國。以七命言，九命爲大國，八命爲次國。以五命言，七命爲大國，六命爲次國。大小就封地加倍減半而言，與《傳》中國分五等，百里爲大國，錫命九錫，二伯爲大國。中當其下，中卿食百四十四人，與大國下卿同，次國中卿當大國下卿，下當其上大夫；次國下卿當大國上大夫。小國之上卿當大國之下卿，食百四十四人。中當其上大夫，食一百零八人。下食七十二人。當其下大夫。上下如是，上下謂降等之國，凡雙數爲次國，九命爲大，則七命爲小；七命爲大，則五命爲小，由此推至一命皆同。百里爲大，則方七十里爲小；七十里爲大，則五十里爲小。上下二等相推，五等國皆可見。古之制也。《經》説詳《三等國食禄表》。衛在晉，不得爲次國，晉初爲方伯，故稱叔父，禮待降于齊桓。晉爲盟主，自鞌①戰以後爲晉、楚分伯。其將先之。」丙午，盟晉。丁未，盟衛。衛在晉下，終《春秋》皆如此。禮也。爲後世立國際法之準則。

鄭伐許。目鄭，狄之也。《春秋》循名核實，近于夷則夷之。

冬，十一月，鄭公孫申帥師疆許田，許人敗諸展陂。一年再伐許，故狄之。與昭十二年晉伐鮮虞同意。

四年，春，宋公使華元來聘。此爲聘禮，下言聘爲昏事。

宋華元來聘，通嗣君也。宋爲客，何以使來聘？其臣得相聘，惟君無往來之文。○此爲國際法。

三月，壬申，鄭伯堅卒。

杞伯來朝。

歸叔姬故也。將出叔姬，因朝言其故。

夏，四月，甲寅，臧孫許卒。非卿也，待以卿禮。因賢，故日之。

---

① 鞌：原作「案」，據文意改。

公如晉。

公如晉，晉侯見公，不敬。季文子曰：「晉侯必不免。」

葬鄭襄公。不及時而不日，慢葬也。時者，略之。

秋，公至自晉。

公至自晉，欲求成于楚而叛晉，季文子曰：「不可。晉雖無道，未可叛也。國大臣睦，而邇邇，敬重。于我，諸侯聽焉，未可以貳。《史佚之志》有之曰：『非我族類，其心必異。』此中外例。楚雖大，非吾族也，晉、楚分主諸侯，齊、魯、衛、鄭中國，爲晉屬。秦、吳、陳夷狄，爲楚屬。楚雖爲伯，僅主夷狄，不可以中國事之。其肯字我乎？」公乃止。至襄乃有公如楚。

冬，城鄆。文城鄆者，取于莒也；此城鄆，備莒難也。莒取不書，爲内諱。且楚既入，可以不言莒取。二《傳》以楚入鄆爲伐我。《傳》以爲入莒邑。

鄭伯伐許。鄭在喪不稱子，貴賤相嫌也。

取鉏任、泠敦之田。不言取田，略之。

五年，春，王正月，杞叔姬來歸。叔姬，娣也，伯姬死，娣立爲夫人。

仲孫蔑如宋。内臣如宋，此爲始見，明君不朝，臣得通聘，故四言「如」，亦四言「來聘」。

孟獻子如宋，報華元也。此國際法。

夏，叔孫僑如會晉荀首于穀。大夫會不書，書者，會大國也。

晉荀首如齊逆女，穀，魯邑。首以君命至魯，不至國，又無別事，知爲君逆。故宣伯餫諸穀。魯盡地主之儀，書之以見其禮。不書逆女者，凡諸侯之女行，惟王后書。

梁山崩。梁山，晉地，不繫晉者，名山大川不以封。齊、晉尊同，齊記災，在陝以東，晉不記災，在陝以西。○《公羊》：「壅河三日不流。」《穀梁》：「帥群臣哭之，祠焉，乃流。」

梁山崩，不以梁山繫一國，爲天下記異也。晉侯以傳召伯宗，伯宗辟重，曰：「辟傳。」重人曰：「待我，不如捷之速。」問其所，曰：「絳人也。」問絳事焉，曰：「梁山崩。將召伯宗謀之。」問：「將若之何？」曰：「山有朽壤而崩，可若何？國主山川，故山崩川竭，君爲之不舉、降服、乘縵、徹樂、出次、祝幣，史辭以禮焉。其如此而已。雖伯宗，若之何？」伯宗請見之，不可，遂以告，而從之。

秋，大水。水災非一日之事，故不日。

冬，十有一月，己酉，天王崩。

十有二月，己丑，公會晉侯、齊侯、宋公、衛侯、鄭伯、曹伯、邾子、杞伯，同盟于蟲牢。蟲牢，鄭地。陳、蔡、許不序。據《傳》，宋不在，《經》「宋公」字衍。

同盟于蟲牢，鄭服也。晉、楚爭鄭，至此書同，鄭乃定從晉。諸侯謀復會，謂謀會蟲牢，晉徵宋會，非方盟又謀更會也。宋公使向爲人辭以子靈之難。宋因不會，《傳》詳其事，以起下晉人討之。子靈之難者，新從楚歸，殺之，當有以說于晉。

六年，春，王正月，公至自會。不奔天子喪而返，故月以危之，況蟲牢尤近京師，失臣道已甚。

二月，辛巳，立武宮。工作不日，日者重之。○當時廟制未定，《經》乃定爲五廟。

季文子以鞌之功立武宮，十八年，晉悼朝于武宮，昭十七年，中行子獻俘于文宮，當時諸侯廟親盡特立亦常事。非禮也。《公羊》：「立者不宜立。立武宮，非禮。」按，以立爲非禮，此虛字例，與二《傳》同，故補之。聽于人以救其難，不可以立武宮，《公羊》以爲武公之宮，《傳》以爲有武德而立宮以表之。立武由己，非由人也。此與立煬宮同，季孫欲因武宮以表武功，非別立宮以武名之也。

取鄟。鄟，國也。《穀梁》以爲邾邑，一師之説耳。《傳》本有滅國言取之例。

言易也。諱滅言取。

衛孫良夫帥師侵宋。

晉伯宗、夏陽説、衛孫良夫、甯相、鄭人、伊洛之戎、陸渾、蠻氏凡侵伐會盟，戎狄多在師。《經》不書，略之。侵宋，以其辭會也。討蟲牢之盟。諸國侵宋獨見衛者，以見起不見。

夏，六月，邾子來朝。記邾與内和也，成世無兵事。朝時、月者，有天王喪而相朝，非禮。

公孫嬰齊如晉。不如京師而如晉，惡之也。内見一大夫，見叔氏則臧氏出也。

子叔聲伯十六年稱子叔嬰齊。其子叔老襄①十四年稱子叔齊子，其孫叔弓，昭二年稱子叔子，是四代同稱子叔，以叔爲氏。衛公子黑臀、公孫剽亦父子同稱子叔，與魯子叔相同。

如晉，命伐宋。如晉受伐宋命。

壬申，鄭伯費卒。有楚師，故不葬。鄭初與楚伐人喪，今楚亦伐其喪，故不葬以見之。

鄭悼公卒。詳《世家》。

秋，仲孫蔑、叔孫僑如帥師②侵宋。

孟獻子、叔孫宣伯侵宋，晉命也。叔孫亞卿，序在仲孫下者，蔑賢也。叔爲副，仲爲主，無晉師，故不言會。

楚公子嬰齊帥師伐鄭。此伐喪不貶者，前從楚伐，必如是而稱乎前事也。

楚子重伐鄭，鄭從晉故也。蟲牢鄭服，請盟于晉。

冬，季孫行父如晉。內見三卿一大夫，季、仲、嬰齊皆賢，惟僑如惡。

季文子如晉，賀遷也，諸侯相弔慶，小事大之禮。

晉欒書帥師救鄭。《公羊》舊作「侵鄭」，今據二《傳》改之。

---

① 襄：原作「哀」，誤。案：《左傳》襄公十四年記：「子叔齊子爲季武子介以會，自是晉人輕魯幣，而益敬其使。」作襄是。

② 帥師：原脱，據《左傳》補。

晉欒書救鄭，中軍。與楚師遇于繞角。楚師還，楚畏晉，解圍而去。晉師遂侵蔡。不書，略之。

七年，春，王正月，鼷鼠食郊牛角，改卜牛；鼷鼠又食其角，乃免牛。董子：鼷鼠食郊牛角，蓋養牲不謹。

吴伐郯。初見兵事，從狄辭。兵已近我，故録之，又爲下晉伐郯見。○吴，揚州牧。荆、徐、梁皆爲州舉，揚獨否，吴又晚見，隔于徐也。

郯成。郯、莒屬連帥。此來伐我，不可言，故託之郯。季文子曰：「中國不振旅，中國，齊，言不能保郯。蠻夷入伐吴遠伐郯，言入者，近我也。而莫之或恤，無弔者也夫！齊近不救，晉遠，後乃討其罪。成世所以不言公如齊。《詩》①曰：『不弔昊天，亂靡有定。』其此之謂乎！有上不弔，其誰不受亂？吾亡無日矣！」《經》吴伐郯，《傳》亦以郯言之，特記文子語以見。君子曰：「知懼如是，斯不亡矣。」

夏，五月，曹伯來朝。

曹宣公來朝。

不郊，猶三望。此尊天，如《論語》「獲罪于天無所禱」。○祆教不祀外神，仿此。

---

① 詩：原作「討」，誤。引《詩》出自《小雅·節南山》。

秋，楚公子嬰齊帥師伐鄭。

楚子重伐鄭，師于氾。

公會晉侯、齊侯、宋公、衛侯、曹伯、莒子、邾子、杞伯救鄭。方伐即救，明勤于諸侯也。

諸侯救鄭。鄭共仲、侯羽軍楚師，囚鄖公鍾儀，獻諸晉。鄭囚楚臣以獻，明與楚絶。

八月，戊辰，同盟于馬陵。晉同盟例爲外楚，此有吴在而同，與齊一匡同，所謂通于上國。

尋蟲牢之盟，且莒服故也。莒當爲吴。莒小，不足計，下《傳》馬陵之會，吴入州來。

公至自會。

吴入州來。州來，徐州國，後蔡遷于州來，故爲徐伯。入者，滅之漸。昭十三年，吴滅州來。

巫臣請使于吴，晉侯許之。吴子壽夢説之。乃通吴于晉，以兩之一卒適吴，王引之説：「兩之」二字因下而衍。一卒，百人也。舍偏兩之一焉。王引之説：偏，五十人，兩偏爲卒。巫臣以兩偏適吴而舍其一，是于偏舍兩之一也。與其射御，教吴乘車，教之戰陳，當時吴猶未習射御未知攻戰，足見草昧。教之叛楚。寘其子狐庸焉，使爲行人于吴。吴始伐楚，伐當爲叛。伐巢、昭二十四年，吴滅巢。伐徐，昭三十年，吴滅徐。二國舊屬楚，《襄傳》作取駕、克棘、入州來。按，此至六年三見楚伐吴，不言吴伐楚，略之。三國皆爲吴滅，其始伐故不詳也。子重奔命。馬陵之會，吴入州來，此奔命之始，以入州來歸馬陵會，是諸侯與吴通也。子重自鄭奔命。以伐鄭師救之。子重、子反于是乎一歲七奔命。總計奔命多者一歲至七次，餘未詳。蠻夷南蠻、東夷。不得戎狄，楚不及西北。屬于楚者，外州不見蠻夷，所見皆以中國辭言之，如巢、許、州來是也。《傳》云蠻夷，就實言之。吴盡取之，詳襄二十六年《傳》。是以始大，吴乃大，糾合諸侯，以伯自居。通吴于上國。此盟吴亦與，故曰吴服。十五年會鍾離，《傳》曰「始通吴」，襄二十九年，季札來聘。○楚之敗亡由于巫臣通吴，詳此以爲謀國之鑒。

冬，大雩。冬雩，不時。

衛孫林父出奔晉。言林父出奔，著世卿之禍。

衛定公惡孫林父。冬，孫林父出奔晉。以戚叛也。爲歸後又叛，故此避言奔而已。

八年，春，晉侯使韓穿來言汶陽之田，歸之于齊。棘也，不言者，諸侯不得專封，故目田。

晉侯使韓穿來言汶陽之田，歸之于齊。《公羊》：「晉侯反其所侵地。」《王制》：「諸侯有功，取于閒田以禄之。」主晉者，二伯奉命黜陟，得行慶削閒田之制。季文子餞之，私焉，曰：「大國制義，以爲盟主，是以諸侯懷德畏討，無有貳心。謂汶陽之田，敝邑之舊也，而用師于齊，使歸諸敝邑；今有二命，曰歸諸齊。信以行義，義以成命，小國所望而懷也，信不可知，義無所立，四方諸侯，其誰不解體？《詩》曰：『女也不爽，士貳其行。士也罔極，二三其德。』七年之中，一與一奪，二三孰甚焉？士之二三，猶喪妃耦，而况霸主？霸主將德是以，而二三之，其何以長有諸侯乎！《詩》曰：『猶之未遠，是用大簡。』行父懼晉之不遠猶而失諸侯也，是以敢私言之。」

晉欒書帥師侵蔡。鄭已得，故侵蔡。蔡十年不見《經》。

晉欒書侵蔡，遂侵楚，如召陵故事。獲申驪。楚師之還也，追叙六年事。晉侵沈，沈從楚。獲沈子揖初，不書，爲二伯諱。據《傳》，獲申驪在本年，以下乃繞角事。《襄傳》彙言之，歸咎于繞角。從知、莊子。范、文子。韓獻子。也。書欒書主兵，嘉其用善謀。

公孫嬰齊如莒。内臣如莒惟此一見。

聲伯如莒，逆也。逆婦。○莒不見朝文，故魯亦不見聘，故知此爲逆。外大夫來魯逆，見《經》皆譏，此不譏者，受質于君，有事得請命也。

宋公使華元來聘。

宋華元來聘，元專政。來聘，已定。聘共姬也。來問名也，不言問，成不成未可知。

夏，宋公使公孫壽來納幣。昏禮不稱主人，此稱宋公者，使人辭命須避主人，而史册當以君命爲準，皆當稱君。紀，小國，乃不稱使。《公羊》後師誤説不稱使，杜注亦非。

禮也。納幣使人，禮也；親納幣，非禮也。○壽，蕩意諸之父。宋不見公孫，言公孫，賢之也，壽父子皆賢。壽爲伯姬之子。

晉殺其大夫趙同、趙括。

六月，晉討趙同、趙括。不言朔，朔早卒。不言嬰，嬰奔齊。莊姬怨原屏，故譖之。據《經》《傳》，非四趙同殺。

秋，七月，天子使召伯來錫公命。王者三代舊稱；天王、天子皆《經》之新名。○天有五天、九天之分。以一天言則皇配天，帝稱天子，王稱公子，伯稱公孫。《詩》「王于出征，以佐天子①」，是天子尊于王。《春秋》王亦稱天子者，此用蒼天之説爲東天之子，實則王也。

召桓公來賜公命。《春秋》三記錫命，一即位受命，一葬後追錫，此有功加封，明黜陟之禮。

冬，十月，癸卯，杞叔姬卒。

杞叔姬卒。據子叔姬卒不言杞。來歸自杞，子叔姬卒，《傳》曰「絶葬于魯」，此歸葬于杞，知爲未絶之辭。故書。

晉侯使士燮來聘。

晉士燮來聘，言伐郯也，言聘，内辭也。郯近魯，伐郯先言聘，舉其美辭，如魯伐秦先如京師。以其事吴故。晉結吴以罷楚，不欲其亂中國。郯既從吴，恐開諸侯之先，故伐之。

叔孫僑如會晉士燮、齊人、邾人伐郯。

季孫懼，使宣伯帥師會伐郯。二伯不伐小國，晉惟見伐郯、許，然不爲郯、許，實爲吴、楚。

衛人來媵。本國以娣姪從，則媵者三，姬、良人之等。

衛人來媵共姬，禮也。于未嫁前來媵，與夫人有同嫁者，此《春秋》以爲不再娶之新制。凡諸侯嫁女，同姓媵之，異姓則否。同姓來媵，諸侯之禮也。至于天子，一娶十二女，則得媵異姓。宋王後，得用天子

① 天子：原作「夫子」，誤。引《詩》出自《小雅·六月》。

禮，故《經》見三媵，同辭無異文。

九年，春，王正月，杞伯來逆叔姬之喪以歸。

杞桓公來逆叔姬之喪，請之也。《公羊》：「内辭也，脅而歸之也。」杞叔姬卒，爲杞故也；未絶，故繫杞，恐其來逆喪也。逆叔姬，生不反，死不必歸葬。爲我也。我請之，故勉而相從。

公會晉侯、齊侯、宋公、衛侯、鄭伯、曹伯、莒子、杞伯，同盟于蒲。

爲歸汶陽之田故，諸侯貳于晉。終八年季文子之言。晉人懼，會于蒲，以尋馬陵之盟。盟在七年。蒲，衛邑。是行也，將始會吴，明馬陵，有通使。吴人不至。十五年乃會鍾離。

公至自會。

二月，伯姬歸于宋。

夏，季孫行父如宋致女。致者，不致也。婦人在家制于父，嫁制于夫。如宋致女，是以我盡之，不正，故不與外稱。服云「成婚」。

季文子如宋致女。致之于廟，如用致夫人。宋公不親迎，三月，伯姬不行廟見禮，公使季孫勸其行。主書者，明伯姬賢，交譏魯、宋。

晉人來媵。晉于姬姓爲伯，大國也。

晉人來媵，禮也。《公羊》：備娣姪，媵亦三。女已嫁猶媵者，明有待年之禮。○《春秋》書此，防再娶禍。

秋，七月，丙子，齊侯無野卒。詳《齊世家》。

晉人執鄭伯。稱人而執，非伯討也。

鄭伯如晉。晉人討其貳于楚也，謂鄭私與楚盟于鄧。執諸銅鞮。言不歸之京師也。

晉欒書帥師伐鄭。鄭從楚。

欒書伐鄭，主書舉重。鄭人使伯蠲行成，晉人殺之，非禮也。與楚殺陳行人于徵師同。兵交，使在其間可也。《傳》言「行人」，非其罪也，此爲稱行人不稱行人大例。楚子重侵陳以救鄭。實不止楚師，《傳》舉楚，緣《經》立説也。

冬，十有一月，葬齊頃公。佚獲，故月之。

楚公子嬰齊帥師伐莒。庚申，莒潰。楚稱王子，此曰公子，地物從中國，如繙譯。

楚子重自陳伐莒，陳距莒遠，救鄭後遠來伐莒，與晉爭東方諸侯也。圍渠丘。渠丘城惡，衆潰，圍潰不書，伐國不言圍邑，下言莒潰，則邑可知。奔莒。戊申，楚入渠丘。莒人囚楚公子平，楚人曰：「勿殺，吾歸而俘。」莒人殺之。楚師圍莒，莒城亦惡。庚申，莒潰。三年《傳》：「潰，上失民也。」

楚人入鄆。

楚遂入鄆，莒無備故也。時鄆爲莒所取，故乘勢入之。

秦人、白狄伐晉。不言及，秦亦狄也。晉同白狄伐秦，今秦復從白狄伐晉，戎狄無信，不可親也。

秦人、白狄伐晉。諸侯師多有夷狄，此一見例。諸侯貳故也。諸侯貳，故楚深入伐莒，秦亦出而撓之，秦、楚同謀也。

鄭人圍許。許初爲鄭屬，《春秋》凡言伐、圍，多以尊治卑，如陳人圍頓是也。

鄭人圍許，示晉①不急君也。君見執，出師伐人，不欲使晉挾君以要之。是則公孫申謀之，曰：「我出師以圍許，爲將改立君者，而紓晉使，晉必歸君。」以社稷爲重而改立君，與宋子魚計同，而終于見殺，以其事之非常也。

城中城。

書，時也。《穀梁》：「城中城，非外民也。」畏楚，故城内城以自固，城中城，有棄外城之志。

十年，春，衛侯之弟黑背帥師侵鄭。稱弟者，盡其親言之。兵權雖至親不可假也，言帥師，見簒國之禍。

衛子叔黑背子叔，黑背字，公孫剽之父。剽稱子叔，以父字氏之，公子肸字子叔，其子嬰齊亦以子叔爲氏。《傳》稱叔、季多爲母弟。辭所謂舉貴，肸與黑背皆同母弟。杜以子叔爲剽字，誤。侵鄭，晉命也。晉命衛侵之。方伯帥師一州，伯、子、男皆在。

夏，四月，五卜郊，不從，乃不郊。卜筮不過三，五卜非禮。按從十二月卜起，至此共五卜，以十二月下辛卜正月上辛，旬之外也。

五月，公會晉侯、齊侯、宋公、衛侯、曹伯伐鄭。

---

① 晉：原脱，據《左傳》補。

晉侯有疾。五月，晉立太子州蒲以①爲君，而會諸侯伐鄭。晉侯不稱子，不許其子代政也，如衛叔，君在會稱子。此後世内禪之事。

齊人來媵。三媵九女，合本國得十二女，天子禮也。齊異姓不譏者，王後也。已嫁來媵，明待年也。

丙午，晉侯獳卒。會葬，大夫之事，公在晉送葬，諱之，故不書葬。

秋，七月，公如晉。不奔天王喪而奔大國喪，失禮。

公如晉。晉人止公，使送葬。公奔喪，而晉人并使公會葬。于是糴茷未反。糴茷，晉大夫，時使楚未反。冬，葬晉景公。當在十一月。公送葬，以小事大之禮。諸侯莫在，諸侯莫在，謂《經》不書耳，實則在者多。此内外例也。魯人辱之，故不書，諱之也。此《經》削例，託之内諱。公在，故不言赴告。

冬，十月。《公羊》無此三字。《中庸》正義云「成十年不書冬十月」，賈、服以爲不視朔登臺，是。本《經》「冬十月」三字亦當衍。

十有一年，春，王三月，公至自晉。正月不言公在晉者，中國不存公也。致月者，因葬事久留于晉也。

晉人以公爲貳于楚，因楚入鄆，魯懼，與楚成。故止公。初留送葬，此葬後又止公也。公請受盟，即下盟。而後使歸。晉葬在冬，葬後又留三月乃歸。

晉侯使郤犨來聘。己丑，及郤犨盟。

---

① 以：原脱，據《左傳》補。

郤犨來聘，且涖盟。公在晉請盟，故郤犨來涖盟。

夏，季孫行父如晉。成世大夫三如晉。

季文子如晉報聘，且涖盟也。盟不書，省文。

秋，叔孫僑如如齊。公不如齊，見齊之貶。

宣伯聘于齊，以修前好。成世大夫惟此一如齊，故以修好言。

冬，十月。《傳》有宋華元合晉、楚之成事。

十有二年，春，周公出奔晉。天王、王子不言出，王臣奔得言出。不言宰者，出喪則罷。

王使以周公之難來告，去年夏奔，今春乃告，此《傳》遲書例。《傳》于周、晉有不書、遲書例。襄十年王叔奔晉，不告，不書。此去年奔，今年乃書是也。晉初不記事，《傳》以爲不告，晉文入不書、懷公殺不書是也。僖四年申生殺，五年《傳》乃云「以申生之難來告」，丕鄭事同，是緩書也。僖五年緩書王喪，《傳》云「難故也，是以緩」。晉侯之卒，遲一年乃書。後儒不知此例，以爲晉用夏正，然則周亦用夏正耶？書曰「周公出奔晉」，當云周公奔晉，不言出。凡自周無出，王與王子。周公自出故也。天子不言出，內臣有封地，自其私土而出，乃言出，尊不及封外也。

夏，公會晉侯、衛侯于瑣澤。不序楚、鄭、許，外之。

宋華元克合晉、楚之成。向戌亦合晉、楚之成。先會後盟，此但書會者，盟不信也。夏，五月，晉士燮會楚子罷、許偃。偃，大夫，不氏者，小國也。癸亥，盟于宋西門之外，不地，宋不書盟，略之。曰：

「凡晉、楚無相加戎，據盟辭，是晉、楚二伯自相盟。好惡同之，同恤菑危，備救凶患。若有害楚，則晉伐之；在晉，楚亦如之。交贄往來，道路無壅，彼此聘問，不得禁之。謀其不協，不協而盟。而討不庭。不用命者伐之。有渝此盟，明神殛之，鬼神乃天學，非草昧神權可比。俾隊其師，無克胙國。」如今條約公法，所以保和平。鄭伯如晉聽成，聽大國政令，而無與盟辭。會于瑣澤，成故也。晉、楚盟成後十五年，楚伐鄭敗盟，故《經》不與其盟。

秋，晉人敗狄于交剛。《穀梁》：「中國與夷狄不言戰，皆曰敗之。」凡夷狄相敗不日，中國敗夷狄亦不日，此中外異辭例。

狄人間宋之盟即瑣澤。以侵晉，晉與狄鄰。而不設備。《經》不以勝狄爲難，故不言戰。《傳》皆以不設備言之，緣《經》立說。秋，晉人敗狄于交剛。此晉獨敗之。成世四夷皆服于晉。

冬，十月。

晉郤至如楚聘，且涖盟。冬，楚公子罷如晉聘，且涖盟。十二月，晉侯及楚公子罷盟于赤棘。外聘盟不書。

十有三年，春，晉侯使郤錡來乞師。成世四乞師，爲伐秦來乞師，起下非爲朝往也。

晉侯使郤錡來乞師，內外同言乞師，重辭也。將事不敬。爲下殺張本。

三月，公如京師。公如不月，月者非如。時將從晉伐秦，道由京師，不可過京師而不朝，故以如京師言之。史本無其文，《經》筆之，以見不敢過京師。此筆例也。

公如京師。宣伯欲賜，請先使。王以行人之禮禮焉。孟獻子從，王以爲介，而重賄①之。

夏，五月，公自京師，遂會晉侯、齊侯、宋公、衛侯、鄭伯、曹伯、邾人、滕人伐秦。遂，繼事也。使如至京師受命伐秦，故言遂，以歸權于天子。

公及諸侯朝王，外不書，公爲主。遂從劉康公、成肅公言二卿以見奉天子命。會晉侯伐秦。

曹伯廬卒于師。卒于師會。皆魯屬國，以魯主之，故不地。

曹宣公卒于師。《穀梁》：「閔之也。公、大夫在師曰師，在會曰會。」内不在，則地地。

秋，七月，公至自伐秦。志在伐秦，故不以京師致。往致皆月，見不朝也。

冬，葬曹宣公。葬時，正。

葬曹宣公。既葬，子臧將亡，國人皆將從之。謂大夫也。成公乃懼，告罪，且請焉。乃反，而致其邑。劉向説此事全用《傳》文，是《左氏春秋》西漢人皆習之。

十有四年，春，王正月，莒子朱卒。

夏，衛孫林父自晉歸于衛。《傳》：「諸侯納之曰歸。」爲大夫例。杜以爲納諸侯，誤。

秋，叔孫僑如如齊逆女。譏三世娶母黨。

---

① 賄：原作「賂」，據《左傳》改。

宣伯如齊逆女。稱族，大夫如往皆書族，因下不書，故以爲疑。尊君命也。以臣對君，本當不氏，如由上致，則不氏是也。凡「如」書氏，爲以公子臨敵國之辭。「如」不氏，嫌以卑使，則君命不尊，故尊君命則必氏。此爲小例。

鄭公子喜帥師伐許。

八月，鄭子罕伐許，敗焉。子罕，喜字。敗不書，略之。戊戌，鄭伯復伐許。庚子，入其郛，君重臣輕，臣伐猶可言，君再伐，惡甚，故諱之。許人平以叔申之封。外平不書。

九月，僑如以夫人婦姜氏至自齊。言婦姜三，明三世娶齊，血屬相婚也。○《白虎通·嫁娶》：「外屬小功以上，亦不得娶。」

舍族，據公子遂書名爲珍之，凡舍族皆爲卑，卑皆有所尊。尊夫人也，不稱氏，對夫人言。凡一事再見，先氏後名，爲全經大例。此以稱族舍族爲説，則爲君與夫人男女差異之小例。夫人敵君而氏族不同，故稱族爲舉親。舍族猶君前臣名。故君子先師。曰：「《春秋》之稱，稱名號之專例，如子字氏名人盜之類。微而顯，《中庸》「莫顯乎微」。所謂由隱以之顯。其文甚微，其義甚著，相比可見。志而晦，《中庸》「費而隱」。費當爲見，所謂推見至隱。《公羊》「主人習其讀，而不知己之有罪」，分則孤文單證，合乃見，所謂微而顯也。然立義雖章，非深考不能有得，所謂晦也。故此例自董子以後乃明。婉而成章，婉與盡對。成章即①辨也。董子：「文約而事明。」此二句

① 即：原作「既」，據文意改。

就文字詳略言。盡而不污，盡謂説之詳盡，污者蕪穢之稱。《昭傳》作「婉而辨」，不言「盡而不①污」。此言比事之效，二句對，相反相成。懲惡而勸善，《昭傳》作「上之人能使昭明，則善人勸、淫人懼焉」。此説進退褒貶之例。非聖人，至聖，孰能修之？」《春秋説》：「孔子作《春秋》一萬八千字，九月而成，以授游、夏。游、夏不能②贊一詞。」《説苑》：「孔子：夏道不亡，商道不作；商德不亡，周德不作；周德不亡，《春秋》不作。《春秋》作，然後君子知周之亡。」《孟子》曰：「孔子作《春秋》而亂臣賊子懼。」魯史舊文本不如此，孔子修之乃能美善，故以爲非聖人不能也。

冬，十月，庚寅，衛侯臧卒。

衛侯有疾，使孔成子、甯惠子立敬姒之子衎以爲太子。冬，十月，衛定公卒。

秦伯卒。楚例日，吴例時，秦例月，三等之序也。秦何以禮卑于楚、吴？秦有葬，楚、吴無葬。滕、薛、杞不名，卒正下等也。秦何以三名三不名？不葬者有名，葬者無名，不嫌爲小國也。〇不名者，狄之。秦在王畿，本非夷狄，故以葬起之。《春秋》狄之，本非狄，故得葬也。

十有五年，春，王二月，葬衛定公。月，正也。四月葬，近禮。

三月，乙巳，仲嬰齊卒。《穀梁》：「此公孫也，其曰仲何？子由父疏之也。」歸父奔後，魯立嬰齊，後遂稱仲，疏之也。《春秋》弑賊不復見，既逐歸父，又立嬰齊，是失討也。同時有兩公孫嬰齊，後人以《經》言仲爲別嬰齊，非也。此爲公孫嬰齊，再以仲氏，明遂之子孫當絕者。

---

① 不：原無，據文意補。

② 能：原無，據《史記·孔子世家》補。

癸丑，公會晉侯、衛侯、鄭伯、曹伯、宋世子成、齊國佐、邾人同盟于戚。宋世子在曹下者，即《周禮》「大國之孤執皮帛，繼子男之後」也。諸侯適子即孤，在卿上，故稱「孤卿」。鄭《注》謂三孤，又誤以爲大國孤一人。

會于戚，討曹成公也。成公負芻殺太子自立，故討之。

晉侯執曹伯，歸于京師。負芻有罪。不以伯討許晉者，弒君之賊，既討之乃又歸之。是晉以他事執之，故不許晉以伯討，所以全晉爲伯也。

執而歸諸京師，執言歸于京師□□京師□而二伯□也。書曰「晉侯執曹伯」，當□晉人□□。不及其民也。以侯執伯，如自以私忿執，非伯討也。凡君不道于其民，君指方伯、卒正，不道者，其罪不至誅絶。諸侯討而執之，諸侯指方伯，故二《傳》以稱人爲伯討。則曰「某人執某侯」，人，衆討稱人爲公義，□執諸侯以稱人爲伯討，以衆治寡也。執大夫則以稱爵以執爲伯討，以尊臨卑也。不然則否。不然則稱君，本《傳》是也。據此補大夫凡云：凡大夫有罪，諸侯討而執之，則稱「某人」，或曰「某侯執某」，不然則否。

公至自會。

夏，六月，宋公固卒。

宋共公卒。《穀梁》：月卒日葬，非葬者也。以其葬共姬，不可不葬共公。

楚子伐鄭。伐鄭，争鄭也。楚從國陳、蔡、許，不序，諱也。

楚子侵鄭，《經》言伐，從重也。及暴隧。遂侵衛，不書，略之。及首止。

秋，八月，庚辰，葬宋共公。方賢伯姬，若不葬共公，則伯姬不能正，所謂女而不婦也。

葬宋共公。二月葬，不及時。

宋華元出奔晉。

于是華元爲右師，魚石爲左師，左、右即師、保，位在三卿上，執政。蕩澤爲司馬，華喜爲司徒，公孫師爲司城，三卿如王三公。向爲人爲大司寇，鱗朱爲少司寇，二官司馬所統，古書多舉以配三公爲四配，合四時義。向帶爲太宰，魚府爲少宰。此通佐天官，制國用之總。宰二職在三卿外，故言太、少與三卿別。蕩澤弱公室，弱公室。故去族。殺公子肥。華元曰：「我爲右師，君臣之訓，師所司也。師爲教太子官，太子幼乃設，宋常設此官。君臣不正，教官之責。今公室卑，而不能正，吾罪大矣！不能治官，敢賴寵乎？」乃出奔晉。

宋華元自晉歸于宋。

二華，元、喜。戴族也；戴公後。司城，司城師。莊族也。莊公孫。六官者，二魚、二向、蕩、鱗，共六人。皆桓族也。魚石將止華元，魚府曰：「右師反，必討，是無桓氏也。」蕩、魚同祖宋桓公子公孫。公子嘉稱孔父，公孫督稱督，終《春秋》惟一見專地，皆有別義，故《傳》于宋卿皆詳其族，于諸國自爲一例。《經》中有字而不氏者，有稱孫者，有單名者，又爲諸國所無。魚石曰：「右師苟獲反，雖許之討，必不敢。且多大功，國人與之，不反，懼桓氏之無祀于宋也。右師討，猶有戌在，桓雖亡，必偏。」魚石自止華元于河上。請討，許之，乃反。

宋殺其大夫山。山者，澤字也。宋爲王後，大夫如天子卿，故稱字以明其尊。

使華喜、公孫師帥國人攻蕩氏，討殺太子罪，不言蕩，爲賢者之後諱。曹會諱叛言氏，此不諱殺，諱氏。殺子山。稱子山，如子哀然。書曰「宋殺其大夫山」，謂字而不氏，當言蕩山。孔氏不氏者，氏公子則必稱名。〇稱國殺，無罪詞。山有罪而討，不稱人，從去族例，則不復以稱人不稱人爲褒貶。齊、晉大夫無不氏者，惟高子稱子，陽處父一去氏。宋卿則督不氏，耦稱孫，山又不氏，高哀不氏，皆從世族起例，故《傳》于宋卿皆言世族。言背其族也。族謂蕩氏，爲蕩伯姬子孫，世爲婚姻，《公羊》所謂「三世内娶」，因蕩氏故不氏之。以壽、意諸皆賢，惟山爲蕩氏罪人，使非蕩氏，則亦不爲之諱。陳招舉親以惡之，此去族以惡之，事同文異。

宋魚石出奔楚。出奔不適仇國，適仇國，其罪愈著。

冬，十有一月，叔孫僑如會晉士燮、齊高無咎、宋華元、衛孫林父、鄭公子鰌、邾人，會吴于鍾離。《公羊》：「殊會，外吴也。」《穀梁》：「會又會，外之。」晉、楚中分，凡晉主會，同盟皆北方諸侯，吴不附楚而從中國，故殊會之。上會「爲内其國而外諸夏」，下會爲「内諸夏而外夷狄」。

會吴于鍾離，始通吴也。殊會例惟吴有之。

許遷于葉。遷國不書，書者，爲以許備中外卒正。

許靈公畏偪于鄭，請遷于楚。鄭屢侵許，故請遷。辛丑，楚公子申遷許于葉。許三遷終在豫州，後屬荆、徐。

十有六年，春，王正月，雨木冰。不可以日計，故月。

夏，四月，辛未，滕子卒。滕、薛、杞，卒正下等，初見不名。滕三卒不名，薛、杞一卒不名。滕以同姓居首，故三記卒。哀六年後三國皆名。

滕文公卒。不名，不卒也。日者，漸進也。隱七年時卒，宣九年月卒，此日者，以三而周，以後四卒皆日。

鄭公子喜帥師侵宋。鄭爲楚侵宋。

鄭子罕伐宋，宋將鉏、樂懼敗①諸汋陂。《傳》互有勝負。

六月，丙寅，朔，日有食之。

晉侯使欒黶來乞師。爲楚事來乞師。公不與戰，故見執。

衛侯伐鄭，至于鳴雁，爲晉故也。不書，略之。郤犨如衛，遂如齊，不書二國，隱顯例。皆乞師焉。欒黶來乞師，孟獻子曰：「有勝矣。」言此行必勝。

甲午，晦，晉侯及楚子、鄭伯戰于鄢陵。楚子、鄭師敗績。此晦日以丙寅數之，得二十九日小餘，五月晦日也。戰言晦，與泓戰言朔同。在朔言朔，在晦言晦，漢師以爲災異，誤。詳僖十六年。

甲午，晦，《公羊》二晦皆以爲異。《穀梁》一晦一異，《左氏》全爲晦日。楚晨壓晉軍而陳。及戰，射共王，中目。故敗績。稱楚子，不稱師。

楚殺其大夫公子側。言大夫又氏公子，楚進二伯也。楚稱王子，其言公子者，物從中國也。目楚殺，譏專殺大夫。

楚師還，及瑕，在道殺。《年表》謂殺子反歸。子重使謂子反曰：「初隕師徒者，而亦聞之

---

① 敗：原作「改」，據《左傳》改。

矣。謂子玉自殺，盍圖之！」二卿相惡，偪其自殺。對曰：「雖微先大夫有之，大夫命側，側敢不義？側亡君師，敢忘其死！」王使止之，弗及而卒。楚殺有罪無罪，皆稱人。

秋，公會晉侯、齊侯、衛侯、宋華元、邾人于沙隨，不見公。《穀梁》：不見者，可以見也。○公見外于會，如今聯邦，不入公法者不享利益。

會于沙隨，謀伐鄭也。楚敗，鄭猶不服，故謀伐之。宣伯使告郤犨曰：「魯侯待于壞隤，以待勝者。」謂公雖幼，用季孟言，于壞隤觀望，不與戰事。郤犨將新軍，以主東諸侯，東方諸侯。取貨①于宣伯，而訴公于晉侯。晉侯②不見公。不者，非常之辭。言不見，與可以見對文。弗爲合義，不爲不合，此虛字例。漢師已有此説，故補之。

公至自會。

公會尹子、晉侯、齊國佐、邾人伐鄭。戰勝而伐。獨叙三國，諸侯皆在。

公會尹武公託于王命。及諸侯伐鄭。將行，姜又命公如初，從僑如言逐季孟。公又申守而行。諸侯之師次于鄭西，我師次于督揚，不敢過鄭。戊午，鄭子罕宵軍之，宋、齊、衛皆失軍。此會有五等：尹子，王臣、内伯；晉，外伯；公，方伯；國佐，五錫卿；邾人，小國大夫。合爲九錫、八錫、七錫、

① 貨：原作「賀」，據《左傳》改。

② 侯：原脱，據《左傳》補。

五錫、一錫。

曹伯歸自京師。曹爲弒賊，晉不討，縱而歸之，失伯道。言歸，如非弒賊然，所以諱晉而絶曹。

曹人復請①于晉，晉侯謂子臧：「反，吾歸而君。」子臧反，曹伯歸。《穀梁》：「歸，善辭，自某歸次之。」子臧盡致其邑與卿而不出。《公羊》：子臧爲公子喜時。

九月，晉人執季孫行父，舍之于苕丘。因僑如譖。

晉人執季文子于苕丘。公還，待于鄆。

冬，十月，乙亥，叔孫僑如出奔齊。杜以非公命不書爲説，實則大夫出奔例書，不以有命無命爲斷。

乃許魯平，赦季孫。冬，十月，出叔孫僑如而盟之。《襄傳》「盟叔孫僑如」云云。僑如奔齊。謀誅季孫，計不行，故出奔。

十有二月，乙丑，季孫行父及晉郤犨盟于扈。公已歸鄆，獨盟季孫。

十二月，季孫及郤犨盟于扈。扈，晉都近邑。盟不叛晉，所謂許魯平。

公至自會。前致公實同諸侯伐鄭未歸，因臣代執，故急致公，以見免難。

乙酉，刺公子偃。《穀梁》：「先刺後名，殺無罪也。」

歸，刺公子偃。取《周禮》三刺之法。召叔孫豹于齊而立之。豹奔齊生二子乃歸。此《傳》終言之。

---

① 復請：原作「請復」，據《左傳》乙。

十有七年，春，衛北宮括帥師侵鄭。《傳》言救晉，《經》諱之，不以小救大。再言衛侵鄭，内衛而惡鄭也。

鄭子駟侵晉虛、滑。鄭侵晉有楚師，不言者，不以楚伐晉。衛北宮括救晉，侵鄭，至于高氏。方伯惟蔡從楚最篤，惟衛事晉最專，故内衛惡鄭。

夏，公會尹子、單子、晉侯、齊侯、宋公、衛侯、曹伯、邾人伐鄭。尹、單爲畿内諸侯，先書者，尊王命也。

五月，鄭太子髡頑、侯獳爲質于楚，楚公子成、公子寅戍鄭。此如晉悼戍鄭。《經》書晉戍不書楚戍者，惡夷狄得志。○如今保護國。公會尹武公、單襄公王卿稱謚稱公，内諸侯如外諸侯。及諸侯伐鄭，自戲童至于曲洧。

六月，乙酉，同盟于柯陵。《穀梁》：「謀復伐鄭也。」

尋戚之盟也。盟在十五年。

秋，公至自會。《穀梁》：不曰至①自伐鄭者，公不周乎②伐鄭之辭也。

楚子重救鄭，師于首止。諸侯還。

齊高無咎出奔莒。刖鮑牽不書，書無咎出奔，罪靈公也。

---

① 至：原作「致」，據《穀梁傳》改。

② 乎：原作「夫」，據《穀梁傳》改。

國子相靈公以會，高、鮑處守。一卿守，二卿從。及還，將至，公將至。閉門而索客。索慶克。孟子訴之曰：「高、鮑①將不納君，而立公子角。國子知之。」并誣國子。秋，七月，壬辰，刖鮑牽而逐高無咎。無咎奔莒。高弱以盧叛。齊人來②召鮑國而立之。召于魯。

九月，辛③丑，用郊。郊者祀天，魯稱《頌》，祖周公，與宋同爲王後，故得郊。用辛者，以避周郊。皇帝與王同郊天，天有大小，分合不同，故《春秋》無大禘。

晉侯使荀罃來乞師。此世四書，彙叙以見其亟。

冬，公會單子、晉侯、宋公、衛侯、曹伯、齊人、邾人伐鄭。國佐前伐鄭書，此書人，爲殺叛貶也。

十有一月，公至自伐鄭。賈用蒙上例，非也。月者，危公也。

諸侯伐鄭。皆上盟之人也。十月，庚午，圍鄭。不言圍鄭，爲晉諱。楚公子申救鄭，不書，不與楚救也，師于汝上。楚次于此，不與諸侯戰。十一月，諸侯還。因楚救而還。《經》言公至，《傳》言諸侯還，因諸侯則公至可知。此顯見例。

壬申，公孫嬰齊卒于貍脤④。大夫卒不地，地者，在外也。此叔肸子以地。地者，未踰境也。○壬申在十月，

① 高鮑：原作「國高」，據《左傳》改。
② 來：原脱，據《左傳》補。
③ 辛：原作「卒」，據《左傳》改。
④ 脤：原作「脹」，據《左傳》改。

卒在公致之先，致公而後卒大夫，君臣之義。舊説皆同。

十有二月，丁巳，朔，日有食之。

邾子貜且卒。卑國不葬。邾以上正例不日，襄以後乃日。

邾文公卒，公使弔焉，不敬。小國弔禮不如大國，故不日。此就本《傳》日例推以立説，故不同二《傳》。

晉殺其大夫郤錡、郤犨、郤至。尊卑敵，故不言及。稱國以殺，殺無罪也。厲公無道，用胥臣爲亂，同時殺三卿，所以起下弑禍。

壬午，據前朔推之，爲十二月念五日。胥童、夷羊五帥甲八百攻郤氏，皆尸諸朝。公使胥童爲卿。代郤氏。公游于匠麗氏，欒書、中行偃遂執公焉。臣執君不書，《續經》：「齊人執其君壬于舒州」，是史本書執君，孔子乃諱不言。

楚人滅舒庸。中國諱滅，而楚斥言滅，外之也。舒庸，徐州卒正之數，不以夷狄言之者，已進爲中國也。

舒庸人以楚師之敗也，鄢陵之戰。道吴人圍巢，伐駕，圍釐、虺，楚敗，不能報吴。遂恃吴而不設備。楚公子橐師襲舒庸，滅之。國不設備。故楚滅之。

十有八年，春，晉殺其大夫胥童。有罪。不稱人以殺，不與書、偃之辭。

閏月，歸餘于終，此閏在十二月之後。乙卯，晦，去壬午三十四日，正合小餘，乃歲盡日。欒書、中行偃殺胥童。晉以除日殺，則魯書目在今年春。民不與郤氏，胥童道君爲亂，故皆書。

八月，郳子來朝①。

郳宣公來朝，有喪而朝，故月之。即位而來見也。大國卿出聘，小國君自朝。凡例不言，據此補之。

築鹿囿。言築囿，明囿制也。《白虎通》：天子百里，大國四十里，次國三十里②，小國二十里。在東方者，明物所以生也。

築鹿囿，潁氏曰：「邑曰築，都曰城。」築囿非其比。書，不時也。秋時不應修土功，故曰不時。

己丑，公薨于路寢。此時襄公三歲。

公薨于路寢，言道也。言道與下書順相比。

冬，楚人、鄭人侵宋。君也。稱人，貶之。

楚子重救彭城，伐宋。不言救者，救善辭，所救不善，故不與之。七月，宋老佐、華喜圍彭城，老佐卒焉。冬，十一月，楚子重救彭城，伐宋，宋華元如晉告急。韓獻子爲政，曰：「欲求得人，必先勤之，成霸安疆，自宋始矣！」晉侯師于台谷以救宋。遇楚師于靡角之谷，楚師還。

晉侯使士魴來乞師。成世晉四乞師，以外不言，此《春秋》類叙之例。

---

① 以上六字原脱，據《左傳》補。

② 三十里：原作「二十里」，據陳立《白虎通疏證》所録莊述祖補闕文改。

晉士魴來乞師。救宋。季文子問師數于臧武仲，出軍多少之數。對曰：「伐鄭之役，十七年。知伯實來，下軍之佐也。今彘季亦佐下軍，如伐鄭可也。軍數如伐鄭。事大國，無失班爵大國來人，因其班爵而致其事。而加敬焉，禮也。」從之。

十有二月，仲孫蔑會晉侯、宋公、衛侯、邾子、齊崔杼，同盟于虚朾。同盟，同謀圍彭城也。○事詳《晉語》。

孟獻子會于虚朾，謀救宋也。楚、鄭伐宋以救彭城故。宋人辭諸侯，不敢煩其君。而請師以圍彭城。請大夫帥師圍彭城，楚師必自解去。孟獻子請于諸侯，而先歸會葬。晉在喪，聘盟不譏，非子也。厲公無道，悼公謀復伯，《春秋》不純以子道責之。厲公雖無道，弑者宜討，不書葬者，嚴討賊之義，所以責悼公也。獻子歸不書者，大夫不致。喪事急，故囗喪先歸。

丁未，葬我君成公。

葬我君成公，書，順也。薨于正寢，五月而葬，皆合禮。

春秋左氏古經説義疏卷九

襄公

元年，春，王正月，公即位。

仲孫蔑會晉欒黶、宋華元、衛甯殖、曹人、莒人、邾人、滕人、薛人圍宋彭城。宋事也。以晉主之者，二伯通主天下。不叙陳、蔡、鄭、許者，從楚；不叙齊者，《傳》「齊人不會彭城，晉人以爲討」。

春，己亥，圍宋彭城。非宋地，楚已取。追書也。于是爲宋討魚石，故稱宋，彭城繫宋，不與魚石專封。且不登叛人也。言且者别師説，登謂書以國辭，不繫宋則當魚石，繫宋則魚石不見。《傳》與《穀梁》同。謂之宋志。謂《春秋》之書如宋人之志而與之。彭城降晉。據《世家》，降後晉以歸于宋。

夏，晉韓厥帥師伐鄭。帥宋、衛、滕、薛之師，獨叙韓厥者，主兵也。

五月，晉韓厥、荀偃帥諸侯之師伐鄭。欒黶圍宋，韓厥伐鄭，兩之也。入其郛，敗其徒兵于洧上。

仲孫蔑會齊崔杼、曹人、邾人、杞人，次于鄫。大夫會也。曹、莒、邾、杞稱人者，小國無大夫。

于是東諸侯之師次于鄫，以待晉師。齊、魯、曹、邾、杞皆山東國，鄫亦在山東。晉師自鄭韓厥之師。以鄫之師侵楚焦、夷及陳。晉召東諸侯，不使伐鄭，次于鄫國，勝鄭之後方使伐楚、伐陳。不書者，略之。杜以爲孟獻子先歸，非也。晉侯、衛侯次于戚，以爲之援。不書，亦略之。

秋，楚公子壬夫帥師侵宋。

楚子辛壬夫字。救鄭，侵宋吕、留。侵宋，救魚石。此有陳、蔡、許，不敘，諱之也。不言吕、留者，伐國不言圍邑。鄭子然侵宋，取犬丘。諸侯師已退，鄭報晉怨，故取犬丘。不書，略之。

九月，辛酉，天王崩。魯不奔王喪，而諸侯自相朝聘，不待貶絶而罪惡見。

邾子來朝。

九月，邾子來朝，禮也。襄初即位，邾來朝，此小事大之禮。有天王喪而朝，《傳》以爲禮，就本事言之，以王喪言則非禮。

冬，衛侯使公孫剽來聘。言公孫剽，起非正，以見孫甯逐君立不正。再言聘，起剽專國弑君。蔡不言聘、不言如，明外之也。

晉侯使荀罃來聘。朝與聘比見，明諸侯尊卑。二伯、方伯聘，魯屬者朝。

衛子叔、剽字。晉知武子來聘，禮也。就本事言之耳，以爲王赴未至，非。凡諸侯即位，小國朝之，屬國皆來朝。初立可朝，惟有天子喪則不可。大國聘焉，二伯、王後與七方伯乃聘。以繼好結信，謀事補闕，禮之大者也。此記二聘，衛與晉比；又記二來盟，晉在衛先，以明晉大于衛。

二年，春，王正月，葬簡王。大國葬例月，天王葬反例時，本不葬者，葬之已爲變。諸侯葬例日，以見其尊也。

鄭師伐宋。元年取犬丘，此從楚命再伐，尤惡，書「師」貶之。

鄭師侵宋，楚令也。《經》言伐，重之，以彭城故。

夏，五月，庚寅，夫人姜氏薨。成公夫人，襄嫡母，服三年也。

齊姜薨。成夫人。初，穆姜使擇美檟，以自爲櫬與頌琴，季文子取以葬。君子曰：「非禮也。禮無所逆。婦，養姑者也，虧姑以成婦，逆莫大焉。」以姑檟葬婦。

六月，庚辰，鄭伯睔卒。

鄭成公疾，子駟請息肩于晉。公曰：「楚君以鄭故，親集矢于其目，非異人任，寡人也。若背之，是棄力與言，其誰暱我？免寡人，惟二三子。」秋，七月，庚辰，鄭伯睔卒。不葬者，前伐衛喪使人，不時葬；衛因喪來伐，故亦不葬之。

晉師、宋師、衛甯殖侵鄭。報前伐也。以晉主之者，尊統諸侯也。

晉師侵鄭，諸大夫欲從晉，子駟曰：「官命未改。」晉、宋言師，衛特目甯殖，爲報前事也。

秋，七月，仲孫蔑會晉荀罃、宋華元、衛孫林父、曹人、邾人于戚。時陳、蔡、許、鄭皆從楚，齊崔杼、滕、薛、杞、小邾不會。

會于戚，謀鄭故也。子駟從成公命，從楚子，親集矢于目。不願從晉。孟獻子曰：「請城虎牢以逼鄭。」虎牢，鄭邑，諸侯城，以兵戍之。知武子曰：「善。鄫子會，吾子聞崔子之言，元年會鄫，崔子有不服之言。今不來矣。不會，故《經》不書「齊」。滕、薛、小邾之不至，不書三國。皆齊故也。三國畏齊不來。時不來者不止三國，《傳》緣《經》立説耳。寡君之憂不惟鄭。齊大國，言并憂之。罃將復于寡君，而請于齊。請齊以觀其志。得請而告，吾子之功也；若不得請，事將在齊。將先伐齊。吾子之請，諸侯之福也，豈惟寡君賴之！」會例時，此月者，譏内有喪而貳事。已葬則不月也。

己丑，葬我小君齊姜。

　　齊侯使諸姜、宗婦夫人非父母喪，不越竟而弔。來送葬。禮，夫人喪，諸侯亦當會葬。不書，常事也。内葬共姬已見其例。《傳》有夫人弔喪、會葬之文，故《經》從略。

叔孫豹如宋。

　　穆叔聘于宋，通嗣君也。所聘不祇宋，舉一以見例。

冬，仲孫蔑會晉荀罃、齊崔杼、宋華元、衛孫林父、曹人、邾人、滕人、薛人、小邾人于戚，遂城虎牢。小邾初列會盟。襄詳録小國，故十六見。

　　復會于戚，齊崔武子及滕、薛、小邾之大夫小邾稱人，亦可謂爲大夫，故《續經》言小邾射。皆會①，知武子之言故也。言將討齊，齊故來會。遂城虎牢。鄭人乃成。

楚殺其大夫公子申。因失虎牢，討其失師。

　　楚公子申爲右司馬，多受小國之賂，以逼子重、子辛，楚人殺之。稱「大夫公子」，楚有大夫

① 皆會：原脱，據《左傳》補。

也。故書曰楚殺無異例，而《傳》屢以書曰爲言，當如《公羊》口繫之法，不以稱人不稱人爲異。「楚殺其大夫公子申」。中國稱國以殺爲君有過，楚殺大夫皆稱國，當就《傳》文考其罪之輕重。據《傳》則申有罪矣。

三年，春，楚公子嬰齊帥師伐吴。吴楚爭强始此。

楚子重伐吴，爲簡之師。克鳩兹，至于衡山。

公如晉。公五如晉，不如齊。

公如晉，始朝也。《傳》例，諸侯即位，卿出并聘，而不言公朝大國，省文也。敵國以卿聘，大國則公朝之。一例云小國朝之，大國聘焉。觀外之于内，即知内之于外。此爲即位來朝，故《傳》曰始朝。

夏，四月，壬戌，公及晉侯盟于長樗。晉地。晉侯在外，公以朝禮見，又盟于長樗。朝盟以地，與内聘盟地同。

盟于長樗，公如不繫事，此言盟，朝而後盟也。孟獻子相。

公至自晉。得見晉侯，又在晉地，可以至晉。

六月，公會單子、晉侯、宋公、衛侯、鄭伯、莒子、邾子、齊世子光。己未，同盟于雞澤。日在會下。會盟同月，不于夏月嫌異月。

晉爲鄭服故，且欲修吴好，將合諸侯。六月，公會單頃公及諸侯。己未，同盟于雞澤。會下月者，同月。敘鄭者，得鄭。言同，無南方國。晉在宋公上，天子之三公也。單子，天子大夫也。在三公上①者，齊、晉非受命之伯，不純以內臣待之。實事與託禮不同。晉侯使荀會逆吴子于淮上，吴子不至。

陳侯使袁僑如會。陳自宣十二年以後十年盟蜀一見，自盟蜀至此二十年乃見，蔽于楚也。楚子辛爲令尹，侵欲于小國，爲下殺壬夫張本。陳成公使袁僑如會求成。《公羊》：如會，後會也。已會而後如，是後期之詞。晉侯使和組父告于諸侯。

戊寅，叔孫豹及諸侯之大夫及陳袁僑盟。《穀梁》②言大夫盟不繫諸侯，大夫專也。君在而大夫盟，本爲袁僑之事，後遂爲常。《穀梁》③：不繫諸侯，大夫之權愈重。秋，叔孫豹及諸侯之大夫及陳袁僑盟，諸侯在而大夫自爲盟始此。《傳》二言及，即《穀梁》所謂「及」、「以及」也。陳請服也。據陳侯不在。不異袁僑，譏不明；異之，歸惡諸侯，功罪不相蒙。杜云殊袁僑，用《穀梁》說。

秋，公至自會。惡事不致，致者，不使及後盟。

冬，晉荀罃帥師伐許。許篤從楚，陳前已服，故特爭之。

---

① 上：原無，據文意補。

② 穀梁：原作「溴梁」，誤。

③ 穀梁：原作「溴梁」，誤。

許靈公事楚，不會于雞澤。此隱見例。許篤從楚，中國會盟多不在，言此以發其例。有不在十九國者，《傳》亦間以立説，以不叙之國有一見例。冬，晉知武子帥師伐許。許小國，伐之以致楚，且爲鄭也。

四年，春，王三月，己酉，陳侯午卒。不言楚伐者，楚聞有喪而止。《傳》與《世家》合。

夏，叔孫豹如晉。

穆叔如晉，報知武子之聘也。去年公如晉，冬又同盟，今大夫如晉以報知武子爲言，是彼此相聘。

秋，七月，戊子，夫人姒氏薨。襄公母，成公妾，姒，杞姓。言夫人小君，與成風同。《穀梁》云：「夫人卒葬之，我可不以夫人卒葬之乎？」知非夫人者。文、宣、成夫人皆齊女。

定姒薨，不殯于廟。不殯于廟而書葬，僖八年《傳》例「凡夫人不殯于廟」，據此立説。

葬陳成公。及時而葬。時者，不許楚有不伐喪之美。

八月，辛亥，葬我小君定姒。《公羊》：「母以子貴。」孔《疏》：「嫡母死，妾母乃得備禮。」九年之中三有夫人喪，二姜皆有逆文見。姒非夫人，定謚也，以夫人禮則謚。

冬，公如晉。妾母有服，公以夫人之喪葬之，而行朝禮，非也。不月者，妾母禮降，不同夫人。

公如晉聽政。公如多有所爲，《經》不言，恒詳于《傳》。晉侯享公，公請屬鄫，屬鄫謂以鄫從魯附庸，不直隸于魯。如宋以滕、薛、郳爲役故事。晉侯不許。孟獻子曰：「以寡君之密邇于仇讎，而願固事君，無失官命。不廢晉命。鄫無賦于司馬，魯司馬出兵，鄫素無賦役。爲執事朝夕之命敝邑，敝邑①褊小，闕而爲罪，寡君是以願借助焉。」借助鄫以應晉命。晉侯許之。許屬鄫，爲下見鄫世子。

陳人圍頓。頓爲州卒正，故圍之。頓滅于陳，此其先見。

楚人使頓間陳而侵伐②之，頓侵伐陳不見者，爲中國諱。且見不再見，圍頓，則伐陳事可知。故陳人圍頓。以陳圍頓，明頓爲陳屬。

五年，春，公至自晉。正月不書公在晉者，中國不存公，中外異例。

夏，鄭伯使公子發來聘。不言大夫如鄭，以如晉道由鄭，略之。

鄭子國來聘，子國，發字。通嗣君也。鄭僖公立已三年，至此始來聘，故曰通嗣君。言使聘，明亦大國。鄭來聘爲一見例。

叔孫豹、鄫世子巫如晉。襄世內臣如晉八，事晉專也。

穆叔覿鄫太子巫于晉，鄫世子不言「及」與衛孫林父不言「及」，事比以見義。以成屬鄫。魯欲屬鄫，故以鄫太子見晉君以成其事。書曰「叔孫豹、鄫世子巫如晉」，言比諸魯大夫也。如介賓之禮。小國之卿比次國大夫，太子爲孤，等與卿，以我統之，故比大夫，故不言「及」。

---

① 敝邑：原脱，據《左傳》補。

② 伐：原脱，據《左傳》補。

仲孫蔑、衛孫林父會吴于善道。此與上鄫巫，杜皆以「及」爲例。用二《傳》説。不「及」林父，内衛也，衛篤中國，不從夷狄，故内之。與上條同不言「及」，其義異也。

吴子使壽越如晉，外相如不書。辭不會于雞澤之故，三年會雞澤，吴不至。且請聽諸侯之好。更會。晉人將爲之合諸侯，使魯、衛先會吴，且告會期，不會于戚是。故孟獻子、孫文子會吴于善道。

秋，大雩。

旱也。雩而獲雨，故書雩不書旱。用二《傳》説。

楚殺其大夫公子壬夫。

楚人討陳叛故，曰：「由令尹子辛實侵欲焉。」陳成公因子辛侵欲小國，故改事晉。乃殺之。書曰「楚殺其大夫公子壬夫」，此有罪，當讀爲國殺。貪也。歸獄壬夫。君子謂楚共王于是不刑。陳叛楚由共王不信。且壬夫不善，何不早退？叛數年乃追論其事，不自責而淫刑以逞，尤失君道。

公會晉侯、宋公、陳侯、衛侯、鄭伯、曹伯、莒子、邾子、滕子、薛伯、齊世子光、吴人、鄫人于戚。杜用《穀梁》殊會之例。此不殊會吴者，戍陳善事，吴信中國，故進之。鄫不叙在吴下①，稱人，以吴從中國例，因同姓先進之。

---

① 鄫不叙在吴下：詳文意，似「不」字爲衍文。

九月，丙午，盟于戚。日月《傳》有，《經》無。會吴，吴子也，稱人者，以其僭王，貶之，如中國之人而已。且命戍陳也。冬戍陳。穆叔以屬鄫爲不利，使鄫大夫例人。聽命于會。屬如今保護國，屬則不見今盟，自立則同諸侯。○不常叙而叙者，爲一見例，且爲下滅見也。

公至自會。會夷狄不致，致者并吴。《穀梁》：「中國有善事則并焉，無善事則異之。」吴從中國攘楚，故進。

冬，戍陳。實同戍，不言諸侯，使如内戍者，上叙諸侯，此但主魯。

楚子囊爲令尹，范宣子曰：「我喪陳矣！楚人討貳殺壬夫。而立子囊，必改行畏罪，不再同壬夫。而疾討陳。得陳以自見。陳近于楚，民朝夕急，能無往乎？有陳，非吾事也。無之而後可。」冬，諸侯戍陳。

楚公子貞帥師伐陳。

公會晉侯、宋公、衛侯、鄭伯、曹伯、齊世子光救陳。《周官》：大國之孤執皮幣，繼子男之後。故光初見在曹下。

子囊伐陳。十一月，甲午，會于城棣以救之。不書城棣會，救則會可略之。

十有二月，公至自救陳。月者，危也。晉强復伯，救陳無危言。月著其善，與葵丘日同。

辛未，季孫行父卒。

季文子卒。大夫入斂，公在位。言斂公在位，與大小斂也。不與小斂不書日，由此推出。宰庀家器爲葬備，無衣帛之妾，無食粟之馬，無藏金玉，無重器備。君子是以知季文子之忠于公室也：相三君矣，而無私積，可不謂忠乎？

六年，春，王三月，壬午，杞伯姑容卒。小國至襄乃詳盟會，正記卒葬。○杞僖二十二年卒，無名，後六卒皆名。薛莊三十一年卒，無名，昭三十一年後四卒皆名。滕隱七、宣九二卒無名，成十六年後五卒皆名。三國名不名，以成十六年爲斷，以上名，以下不名。此三世異辭例。

杞桓公卒，始赴以名，初不名，至此正卒乃名。同盟同盟如今自主國。故也。以同盟禮待之，故名。○杞三同盟。《傳》以同盟爲言者，謂同盟之儀注耳，非謂《經》書同盟也。滕、薛、杞初卒皆不名，下等；曹、莒、邾無不名，上等。外惟秦宿有不名者。

夏，宋華弱來奔。

宋華弱與樂轡少相狎，長相優，又相謗也。子蕩怒，以弓梏華弱于朝，平公見之，曰：「司武①而梏于朝，難以勝矣。」遂逐之。夏，宋華弱來奔。尊嚴之地，狎謗相梏，慢君辱身，書其奔而罪惡自見。

秋，葬杞桓公。杞卒名，書葬之始。日卒、時葬，起爲王後。雖叙小國末，而禮有加焉。

滕子來朝。文十二、襄二，合此爲三。

秋，滕成公來朝，始朝公也。文後五十年乃一書，故曰始。

莒人滅鄫。中國不言滅，此言滅，莒，夷狄也。二《傳》以不日、非滅爲立異姓。

① 司武：原作「司馬」，據《左傳》改。

莒人滅鄫，鄫爲中國滅，不日，惡内也。魯爲方伯。莒、鄫皆所屬。方請屬鄫而不能救其亡，故不日。稱人，貶也。鄫恃賂也。恃賂謂屬魯。魯貪其賦，鄫恃之不自備，故爲莒滅，魯不能救。

冬，叔孫豹如邾。此一見例。方伯聘卒正，如二伯聘方伯。書者，明聘得下行。

穆叔如邾，聘，且修平。爲四年狐駘戰。凡臣如來朝之國，皆所以報朝，邾、滕、莒、牟是。莒不言朝，見夷狄，非不朝也。

季孫宿如晉。禮，父喪，三年不呼其門。季孫未期，何以出使？當時實不去官丁憂，《春秋》新制乃去官，所以弭世卿禍、隆孝子思也。

晉人以鄫故來討，曰：「何故亡鄫？」討魯不救。季武子如晉見，初爲政，見于晉。且聽命。因晉來討，復封之，而屬于莒。

十有①二月，齊侯滅萊。二伯滅國，《春秋》諱之。晉三滅皆狄，齊一，書滅爲萊夷。月者，卑國。不言萊子出奔，國滅君死。此滅同姓，不名者，一見不再見。

十一月，齊侯滅萊。萊夷也，《尚書》「萊夷作牧」。不言夷，《春秋》進之也。萊恃謀也。有恃皆亡國之道。

七年，春，郯子來朝。郯二朝，此與昭十七。始朝公也。郯朝明連帥之禮。言郯。不必始朝，特《經》初書朝。

---

① 有：原脱，據《左傳》補。

夏，四月，三卜郊，不從，乃免牲。《穀梁》：「全曰牲。」已變不郊，故卜免牲。郊，祭天也。《王制》：「天子祭天地。」魯方伯，不得祭天，周公有大勳，成王賜以天子禮樂，乃得郊。周郊常以正月上丁，魯郊必卜用辛者，下天子也。

夏，四月，三卜郊，不從，乃免牲。《穀梁》：四月，不時。三卜，禮也，四月何以不郊？志在于郊，猶後卜之，至于不從，乃免。言「乃」者，譏其得已不已，免非其心。孟獻子曰：「吾乃今而後知有卜筮。卜筮本天學，有鬼神之靈。○專言人事者不知天道，必改進數萬年乃能如此。夫郊祀后稷，以祈農事也，稷主農事。是故啟蟄而郊，春和可耕。桓三年「凡啟蟄而郊」據此立説。郊而後耕。今既耕而卜郊，神示亦名后稷，《山經》神示名與人同。宜其不從也。」據《傳》郊爲農祀，與《孝經》「郊祀后稷以配天」不同。

小邾子來朝。

小邾穆公來朝，《經》不書葬，而知爲穆公者，別據《譜牒》，以此知附庸亦有謚。在國内稱人。亦始朝公也。公立初來朝。襄世詳録小國，故記小邾詳，又起附庸亦朝。

城費。與下墮相起。凡城之志皆譏。夏而城邑，不時甚矣。

南遺爲費宰。季氏不能自治其私邑，則使人治之，季氏食其租。叔仲昭伯爲隧正，隧正當是量人，司修城郭者。欲善季氏而求媚于南遺。謂遺①：「請城費，城堅，故南蒯昭十二年據之以叛。吾多與而役。」城私邑以善季氏，多與役以媚南遺。故季氏城費。非爲城壞修舊，特以爲逢迎賄盜之具。

① 謂遺：原脱，據《左傳》補。

秋，季孫宿如衛。未期出使，亦譏之。內臣如衛惟此一見。

季武子如衛。報子叔之聘，在元年。且辭緩報，非貳也。七年乃有聘文，故師爲此說。

八月，螽。記蟲災，爲城費失時。此明《月令》順時之教，詳見《月令》。

冬，十月，衛侯使孫林父來聘。壬戌，及孫林父盟。記魯衛交，而孫氏之禍見。

衛孫文子來聘，且拜武子之言，上季孫如衛。而尋孫桓子之盟。來聘而盟，聘爲君命，盟爲遂事。盟在成三年，于二十年之盟言尋，就《經》之盟言之。

楚公子貞帥師圍陳。

楚子囊圍陳。《陳世家》：「哀公三年，楚圍陳①，復釋之。」終范宣子「子囊急討陳」言。

十有二月，公會晉侯、宋公、陳侯、衛侯、曹伯、莒子、邾子于鄬。

會于鄬以救之。不言救，遷延不進以致陳侯逃歸。

鄭伯髡頑如會，未見諸侯。丙戌，卒于鄵。鄭伯之弑，二《傳》以爲其臣欲從楚，故弑公；《傳》以公不禮，故見弑。似不同。不知公不失權②于大臣，則從晉之謀自定，子駟不假楚勢亦不敢弑，不相背也。

鄭僖公之爲太子也，于成之十六年與子罕適晉，不禮焉；又與子豐適楚，亦不禮焉。

---

① 陳原脱，據《史記·陳世家》補。

② 權：原作「懽」，據文意改。

及其元年朝于晉，子豐欲愬諸晉而廢之，子罕止之。及將會于鄬，子駟相，又不禮焉。侍者諫，不聽；又諫，殺之。及鄵，子駟使賊夜①弒僖公，二《傳》同。或乃因《經》無文，妄謂棄《傳》從《經》，然則隱、桓皆非弒。而以瘧疾赴于諸侯。晉、齊弒君，史臣能書。舉臣子赴辭而不首賊名，是同謀。本弒也，《經》不書者，皆有避諱。《傳》于弒而不書弒，屢發以疾赴文，彼既疾赴，而疑以傳疑，不敢直書弒。簡公生五年，奉而立之。

陳侯逃歸。譏晉棄陳②，伯之不振。

陳人患楚。慶虎、慶寅謂楚人曰：「吾使公子黄往而執之。」黄與慶氏有隙。楚人從之。不書，略之。二慶使告陳侯于會曰：「楚人執公子黄矣！君若不來，群臣不忍社稷宗廟，懼有二圖③。」陳侯逃歸。已盟而去不書，書者，陳侯雖盟，心不專而逃之。鄭伯未會，心向中國，言如會，以陳、鄭相起，皆以存中國也。

八年，春，王正月，公如晉。方會又朝，惡之，故月。

公如晉，朝，且聽朝聘之數。公八年而三朝晉，書之，譏其亟。

---

① 夜：原脱，據《左傳》補。

② 陳：原作「鄭」，據文意改。

③ 圖：原作「國」，據《左傳》改。

夏，葬鄭僖公。方伯葬例月，《春秋》凡不書弒而書葬者皆時。昭八年陳哀、十年齊悼皆時，不書弒者四，惟楚麇不書葬。

鄭人侵蔡，獲公子爕。蔡不見者十年。鄭侵蔡，晉使之。簡公立，從父志，專心事晉，鄭旅釋之歸國，後見殺，事見二十年。蔡以後十二年乃見。此因鄭録之。

庚寅，鄭子國、子耳侵蔡，獲蔡司馬公子爕①。

季孫宿會晉侯、鄭伯、齊人、宋人、衛人、邾人于邢丘。大夫會也。《春秋》公不會大夫，會則目大夫，不出公。會有諸侯而出大夫，明大夫專。不言公如晉，君行卿從，《傳》曰「義者行」。陳、蔡不叙，從楚。齊以下稱人，大夫也。

五月，甲辰，會于邢丘，以命朝聘之數，文、襄之制，晉悼有損益。使諸侯之大夫聽命②。公在，大夫會，本晉謙讓，故不及君。季孫宿、齊高厚、宋向戌、衛甯殖、邾大夫會之。不止五國，《經》以五國見例。鄭伯獻捷于會，討蔡獻捷。故親聽命。獨書鄭伯，餘皆大夫。大夫不書，據伐許有鄭伯，下晉、衛大夫皆名。尊晉侯也。禮，大夫可以會伯、子、男，不可會公侯。凡會盟，諸侯不雜叙，叙則大夫不名氏。十六年伐許，爲諸侯鄭伯，故晉、衛大夫皆氏，以鄭伯非公侯。此大夫不書，爲晉侯尊，不爲鄭伯，若鄭伯，則當如伐許是。

公至自晉。

---

① 公子爕：原脱，據《左傳》補。

② 命：原脱，據《左傳》補。

莒人伐我東鄙。魯與滕、薛、杞無侵伐，惟莒、邾、曹有兵事。魯好奪近邑，故遠者無兵事，起不争也。

莒人伐我東鄙，以疆鄫①田。鄫爲莒滅，魯侵之，故伐我以正其疆。莒在東，故言東鄙，言鄙三國：齊、邾、莒是。

秋，九月，大雩。

大雩，旱也。

冬，楚公子貞帥師伐鄭。邢丘鄭在，此争鄭，陳、蔡從楚伐。

楚子囊伐鄭，討其侵蔡也。鄭因楚伐而服。不言楚、鄭盟，諱之。不言陳、蔡，亦諱之。晉前得陳、鄭，鄬會陳侯逃歸，此伐鄭，又失二國。

晉侯使士匄來聘，此明公事晉不事齊。

晉范宣子來聘，且拜公之辱。春，公如晉。

九年，春，宋災。

宋災。宋王後，爲《春秋》最尊國，故數記災。

夏，季孫宿如晉。襄世記朝聘事詳。

季武子如晉，報宣子之聘也。報士匄聘不必三年，伯者求諸侯禮數繁。

① 鄫：原脱，據《左傳》補。

五月，辛酉，夫人姜氏薨。成公夫人。文、宣、成夫人皆齊女，《公羊》以爲三世内娶。

穆姜薨于東宮。東宮，太子宮。言東知有西，故《傳》以西宮爲公宮。穆姜淫行父，黜之東宮，幽以死。

秋，八月，癸未，葬我小君穆姜。九年三志夫人薨葬，以起定姒爲妾母。

冬，公會晉侯、宋公、衛侯、曹伯、莒子、邾子、滕子、薛伯、杞伯、小邾子、齊世子光伐鄭。不序陳鄬逃歸從楚。鄭以楚伐從楚，晉又争之。

十月，諸侯伐鄭。庚午，季武子、齊崔杼、宋皇鄖從荀罃、士匄門于鄟門①，三國爲一隊，從晉二卿，八卿共爲四軍。上卿皆大國。衛北宫括、曹人、邾人從荀偃、韓起次卿，故有二小國。此爲二大軍。門于師之梁，滕人、薛人《經》《傳》皆不書名氏，史則皆有名氏。從欒黶、士魴門于北門，皆小國，爲下卿小軍。杞人、郳人《經》言小邾，《傳》言郳人。史本書郳，《春秋》乃以小邾言之。從趙武、魏絳斬行栗。敘諸侯師，以《經》爲次。伐鄭不止八國，緣《經》立説。甲戌，師于氾，令于諸侯曰：「修器備，盛餱糧，歸老幼，居疾于虎牢，肆眚圍鄭。」鄭人恐，乃行成。據此見帥諸侯侵伐事。

十有二月，己亥，同盟于戲。鄭地。此悼初伐，據《傳》在十二月，二當爲一。

十一月，己亥，同盟于戲，鄭服也。

楚子伐鄭。伐鄭而鄭服，陳、蔡、許皆從。鄭前同盟服晉，今又服楚。

---

① 門：原脱，據《左傳》襄公九年補。

楚子伐鄭，子駟將及楚平，子孔、子蟜曰：「與大國盟，口血未乾而背之，可乎？」子駟、子展曰：「吾盟固云惟彊①是從，今楚師至，晉不我救，則楚彊②矣。盟誓之言，豈敢背之！且要盟無質，神弗臨也，所臨惟信。信者，言之瑞也，善之主也，是故臨之。明神不蠲要盟，背之可也。」乃及楚平。據《傳》，十二月晉有伐楚事，不書，略之。公子罷戎入盟，同盟于中分。楚莊夫人卒，王未能定鄭而歸。晉侯歸，謀所以息民。魏絳請施舍、輸積聚以貸。自公以下，苟有積者，盡出之。國無滯積，亦無困人；公無禁利，亦無貪民；祈以幣更，賓以特牲；器用不作，車服從給。行之期年，國乃有節，三駕而楚不能與争。

十年，春，公會晉侯、宋公、衛侯、曹伯、莒子、邾子、滕子、薛伯、杞伯、小邾子、齊世子光，會吴于柤。

會于柤，據會又會。魯六卒正皆叙，詳也。陳、蔡、鄭、許不叙，從楚。吴在柤召諸侯同伐楚，諸侯因往會之，故滅偪陽。會吴子壽夢也。吴子不稱子、舉國者，狄之也。會者，外爲主。吴在柤，諸侯往會，故再言會。三月，癸丑，《傳》詳日月，《經》無，略之。齊高厚相太子光以先會諸侯于鍾離。

夏，五月，甲午，遂滅偪陽。偪陽，徐州國。日者，中國也。言遂者，本爲會吴，生意滅國，惡之。

①　彊：原作「疆」，據《左傳》改。

②　彊：原作「疆」，據《左傳》改。

夏，四月，戊午，會于柤。吴歸，再會諸侯。初爲會吴，此爲伐偪陽。晉荀偃、士匄請伐偪陽而封宋向戌。見非諸侯親滅，又非受君之命，私自滅人以市惠，大惡也。丙寅，圍之。五月，庚寅，荀偃、士匄帥卒攻偪陽，親受矢石。甲午，滅之。此大夫滅例，當别出大夫。書曰「遂滅偪陽」，書「遂」，繼事之辭，爲諸侯自滅也。言自會也。諸侯在柤不能自主，致大夫滅國以市惠。言「遂」以收征伐之權，于諸侯亦譏之也。

公至自會。

楚公子貞、鄭公孫輒帥師伐宋。《傳》有圍宋、衛侯救宋事，不書，略之。

六月，楚子囊、鄭子耳伐宋，獨叙鄭，見不服晉。師于訾毋。庚午，圍宋，門于桐門。不書圍，爲宋諱。衛侯救宋，師于襄牛。鄭皇耳帥師侵衛，衛人追之。孫蒯獲皇耳于犬丘。不書，略之。

晉師伐秦。

晉荀罃伐秦。報其侵也。

秋，莒人伐我東鄙。

莒人間諸侯之有事也，與楚争鄭。故伐我東鄙。服云：從晉不能①服鄭，旋復爲楚、鄭所伐，故恥而諱之。秋，七月，楚子囊、鄭子耳伐我西鄙。還，圍蕭，八月，丙寅，克之。

① 以上六字原誤竄於下正文「克之」後，據《左傳注疏》卷三十一移。

公會晉侯、宋公、衛侯、曹伯、莒子、邾子、齊世子光、滕子、薛伯、杞伯、小邾子伐鄭。此三駕之一。○周之宗盟，尊同者，同姓序前，異姓居後，故齊、晉尊同，晉常在齊先；曹、莒、邾等同，曹同姓在莒、邾先；滕、薛、杞等同，滕同姓在薛、杞先。異姓二例，光叙邾下，六卒正有大小。

諸侯伐鄭，中國皆在。齊崔杼使太子光崔杼，光傅。先至于師，故長于滕。光前五叙皆在小邾下，惟此叙滕上，以其先至。○《經》以齊世子叙別小國等差。初見在小邾下，從大夫列；繼在滕上，明卒正三大三小，以滕爲斷；下叙曹下，明曹尊于莒、邾。蓋世子誓于天子則下其君一等，與伯、子、男同列，今于伯、子中又分等級。至于先叙小邾後，則未誓之禮。己酉，師于牛首。不進，以觀鄭。

冬，盜殺鄭公子騑、公子發、公子輒。

于是子駟當國，騑當國執政，魯季孫以司徒爲正卿，然則駟蓋以大司徒執政。子國爲司馬，公子發。子耳爲司空，公孫輒。子孔爲司徒。當爲司寇。冬，十月，戊辰，尉止、司臣①、侯晉、堵女父、子師僕帥賊以入，晨攻執政于西宮之朝。西宮，公宮也。殺子駟、子國、子耳，三卿同殺，國無人焉。劫鄭伯以如北宮。宮有四方名。子孔知之，《世家》以爲子孔使殺之。故不死。書曰「盜」，次國同時殺三卿，則殺爲微者可知，故言盜。言無大夫焉。《公羊》：大夫相殺賊者，窮諸盜。

戍鄭虎牢。

① 臣：原作「城」，據《左傳》改。

諸侯之師城虎牢而戍之。城而戍之，已非鄭有。書曰加損例。「戍鄭虎牢」，繫鄭。非鄭地也，諸侯城，亦非鄭有。彭城曰非宋地是。言將歸焉。伯主北方，得命諸侯戍鄭，不分疆域。鄭及晉平。據戍陳不繫邑。虎牢，鄭險要，前城以禦楚者，因伐鄭戍之以待楚。戍陳，兵在陳；戍鄭，兵在虎牢，得虎牢以明前城之功。

楚公子貞帥師救鄭。言救鄭，美惡不嫌同辭。

楚子囊救鄭。

公至自伐鄭。

丁未，諸侯之師還，侵鄭北鄙而歸。楚人亦還。

王叔奔晉。不書，不告也。史據赴而書，《經》則筆削由孔子，文有損益。王叔奔晉事，史因告書，《傳》故以不赴爲説。單靖公爲卿士，單稱子，所謂卿士，謂卿也。以相王室。

十有一年，春，王正月，作三軍。《魯語》：季武子爲三軍。襄、昭皆如楚。○《傳》曰：成國不過半天子之軍，《王制》次國二軍，魯方伯，得七錫，專殺，尊于百里國遠矣。《傳》以晉爲三軍，則魯只二軍，與二《傳》同以三軍譏者，就三等錫之國託三等國命之。不然，見《經》皆百里國，一律視之，而諸侯三等之制不明，故借三等錫國以見三等命制。

季武子將作三軍，《膏肓》云：季武子將作三軍，何休以爲左氏説云尊公室，休以爲與舍中軍義同，於義左氏爲短。箴云：《左氏傳》「作三軍」，三分公室，各有其一。謂三家始專兵革，卑公室。據左氏説尊公室，失左氏意遠矣。告叔孫穆子曰：「請爲三軍，各征其軍。」穆叔曰：「政將及子，子必不能。」季氏爲家卿，不能與二家平分，故後有舍中軍、四分公室事。武子固請之。正月，作三軍，《傳》曰：「晉侯舍新軍，禮也。」

《穀梁》：「天子六軍，諸侯大國三軍，次國二軍，小國一軍。」三分公室而各有其一。以公家所入三分而各主其一。三子各毀其乘。不用舊制。

夏，四月，四卜郊，不從，乃不郊。非時强卜，譏也。三月三卜，不從則已。至四月猶卜，非。凡四五卜、九月郊皆張①。

鄭公孫舍之帥師侵宋。前從伐楚，此伐宋，所以致晉師。

夏，子展侵宋。子展之謀。

公會晉侯、宋公、衛侯、曹伯、齊世子光、莒子、邾子、滕子、薛伯、杞伯、小邾子伐鄭。服云：光數從諸侯征伐會盟，叙曹下莒上，誓于天子，以所叙遞進見卒正尊卑。陳、蔡、許不叙，從楚。○此三駕之二。

四月，諸侯伐鄭。己亥，齊太子光、宋向戌先至于鄭，門于東門。其莫，晉荀罃至于西郊，東侵舊許，許爲鄭所取，故名舊許。衛孫林父侵其北鄙。六月，諸侯會于北林，師于向。右還，次于瑣，圍鄭。觀兵于南門，西濟于濟隧。録此見伐國之例。

秋，七月，己未，同盟于亳城北。同者，并外陳、蔡。

鄭人懼，乃行成。秋，七月，同盟于亳。載書曰：「凡我同盟，或間兹命，司慎、司盟、天神。名山、名川、地示。群神、群祀、先王、先公、人略。七姓十二國之祖，明神殛之。盟神之

①「張」下當有脱文。

事，必在靈魂學發達、天人交通乃能實行。中國無其德用其事，資格實有不及。或以爲蠻野神權，誤之甚。俾失其民，隊命亡氏，踣其國家。」日下月者，不同月。《傳》七姓十二國之祖就見《經》十二國言，此緣《經》立說，當時實不止此。

公至自伐鄭。

楚子、鄭伯伐宋。鄭從楚不嫌者，以鄭將從晉也。

楚子囊乞旅于秦。師旅一也。《經》乞皆言師。秦右大夫詹《經》秦術不氏，《傳》亦不氏。帥師從楚子，秦、楚師不言秦，略之。將以伐鄭。不言楚、秦伐鄭，未成也。鄭伯逆之。丙子，伐宋。《傳》言秦不東征，此伐宋，從楚言之。蜀役，《傳》言伐無秦，與此異。

公會晉侯、宋公、衛侯、曹伯、齊世子光、莒子、邾子、滕子、薛伯、杞伯、小邾子伐鄭，會于蕭魚。蕭魚，鄭地。鄭與會，不言盟信辭。《春秋》惡盟。○服曰：九合，謂一會戚，二城棣、救陳，三鄬①，四邢丘，五戲，六柤，七戍虎牢，八于亳，九蕭魚。此三駕之事。

九月，諸侯悉師以復伐鄭。諸侯之師觀兵于鄭東門，鄭人使王子伯駢行成。甲戌，晉趙武入盟鄭伯。至鄭與鄭伯盟。冬，十月，丁亥，鄭子展出盟晉侯。在師中盟。不書，喜得鄭服，不待于盟。十二月，戊寅，會于蕭魚。《傳》有日月，《經》削之，會不用日月。庚辰，赦鄭囚，皆禮而歸之。

---

① 鄬：原作「鄢」，據《左傳》本年「九合諸侯」《正義》引服虔改。

《傳》言晉悼賢，所以勝楚。

公至自會。《穀梁》：伐而後會，不以伐鄭致，得鄭之辭。○晉侯自此不出，下皆大夫會。

楚人執鄭行人良霄。

書曰「行人」，言使人也。鄭從晉，楚怒執其行人，所謂公罪。

冬，秦人伐晉。

秦庶長鮑、庶長武帥師伐晉秦大夫如小國言「人」，略之。以救鄭。己丑，秦、晉戰于櫟。晉師敗績，易秦故也。晉、秦之戰多不盡數，略之。

十有二年，春，王二月，莒人伐我東鄙，圍台。

莒人伐我東鄙，圍台。小國不言圍，此從我録之。伐我二十見，通不月；此月者，莒，魯屬，四年中三來伐我①，深入圍台，失尊傷重故。

季孫宿帥師救台，遂入鄆。受命救台如私行者，惡專兵。鄆，内邑，莒伐我所取也。

季武子救台，遂入鄆，取其鐘以爲公盤。

夏，晉侯使士魴來聘。晉如天子三公，稱使見聘，則天子亦可下聘矣。齊、晉大夫尊比于天子之卿。○晉如公，則大夫如天子卿，爲百乘之家。

---

① 伐我：原脱「伐」字，據文意補。

晉士魴來聘，天子大夫不名，晉大夫名者，蓋受命之伯，以事受之也。不名者氏采，名者以氏氏。氏采者見不一姓，以氏氏者，譏世卿。不名則不見世。且拜師。前年伐鄭師。

秋，九月，吴子乘卒。吴、楚君不書葬。《穀梁》：「夷狄不葬。」《公羊》：「辟其號也。」本《傳》無説，當據二《傳》補之，不能謂我無往故不書葬。

吴子壽夢卒。

冬，楚公子貞帥師侵宋。《傳》有秦師，不言，略之。楚方伯也，伯、子、男之從者多，不言，亦略之。失鄭又争宋，陳、蔡、許從者不言，不以中國從夷狄伐中國。

楚子囊、秦庶長無地無地，《經》例不氏。伐宋，秦不東征，伐宋，從楚也。師于揚梁，以報晉之取鄭也①。以此起下伐秦。

公如晉。

公如晉，朝，且拜士魴之辱，公報卿聘，禮也。「如」兼二事。

十有三年，春，公至自晉。中國不存公。公正月不在國，如在楚，則書公在楚。

孟獻子書勞于廟，公在楚，《傳》釋不朝正于廟，此因正月不在，故于至書勞于廟。禮也。因書至乃言勞廟之事，不爲勞廟乃書之。《經》例如此，《傳》采聞見，故無不書勞告廟不言至之文。

① 也：原脱，據《左傳》補。

夏，取邿。《傳》以爲國，與《穀》同。近魯小國，《經》以備連帥數。《公》作「詩」，以爲邾邑，謂屬于邾者。

邿亂，分爲三。自分。師救邿，遂取之。因救取之，如鄭伯伐取戴。凡書「取」，言易也。《傳》例：凡克國，不用師徒曰取。○此專説滅國例。滅不言滅，言取，是易辭；至于取邑，無論難易皆曰取。用大師焉曰滅；用大師與易對文，言其難。弗地曰入。取、滅、入皆滅辭，就中分三例，易者言取，難者言滅，滅而不有曰入。内諱滅，謂之取，又内外例之變文。

秋，九月，庚辰，楚子審卒。

楚共王卒。楚本方伯，不稱侯者，夷狄雖大曰子。楚卒皆日，大夷。

冬，城防。

城防，防，臧氏邑，冬城，得時。書常事不書，書非時者已見。事，時也。因請緩乃書，明使民以時義。于是將早城，本欲早城，不待農畢，故魯城有不在冬時者，皆譏其早。臧武仲請俟畢農事，禮也。因此乃書，否則不書。

十有四年，春，王正月，季孫宿、叔老會晉士匄、齊人、宋人、衛人、鄭公孫蠆、曹人、莒人、邾人、滕人、薛人、杞人、小邾人，會吴于向。一卿一大夫，見賓介。齊、宋、衛稱人，惰也。

吴告敗于晉。同盟國吉凶禍福必告。會于向，向，魯邑。爲吴謀楚故也。外之者，吴本夷也。用夏變夷，故進之。范宣子數吴之不德也，以退吴人。退，《集解》以爲不伐楚。是時吴强，故再會吴。執莒公子務婁，以其通楚使也。務婁不書，莒無大夫也。會不月，謹會夷狄，故月。

二月，乙未，朔，日有食之。

夏，四月，叔孫豹會晉荀偃、齊人、宋人、衛北宮括、鄭公孫蠆、曹人、莒人、邾人、滕人、薛人、杞人、小邾人伐秦。齊、宋稱人，貶。〇晉、秦兵爭止此。

諸侯之大夫從晉侯伐秦，以報櫟之役也。齊崔杼、宋華閲、仲江會伐秦。不書，二卿稱人，無名氏。惰也。魯叔孫豹、衛北宮括、鄭公孫蠆因從其事，故書。齊光先至，《經》退，書之後至，足見其惰。向之會亦如之。向會亦以後至不書。衛北宮不書于向，書于伐秦，向，衛亦書人，同齊、宋。攝也。向會括不親，使人攝之，故從惰，亦不書。至于伐秦，則因鄭蟜言而勸諸侯大夫，大夫專指齊、宋二國。

己未，衛侯出奔齊。

四月，己未，子展奔齊。公如鄄，使子行于孫子，孫子又殺之。公出奔齊。諸侯出奔以自奔爲文者，諱言逐，不使臣加乎君。弑以臣加君，奔不加者，尊君之道，不如弑爲大惡。衛人立公孫剽，孫林父、甯殖相之，以聽命于諸侯。

莒人侵我東鄙。

秋，楚公子貞帥師伐吴。録吴、楚本末。

楚子爲庸浦之役在前年。故，子囊師于棠以伐吴，吴不出而還。子囊殿，以吴爲不能而弗儆。吴人自皋舟之隘要而擊之，楚人不能相救，吴人敗之，獲公子宜穀。《春秋》惟中國記大夫獲，外四州惟記蔡，餘皆不書。

王使劉定公賜齊侯命，命方伯七錫，禮，七命作牧。此如書錫文公命，生而錫之。定公劉夏，卿也，非賤，杜誤。曰：「昔伯舅太公伯舅，二伯。右我先王，股肱周室，師保萬民，世胙太師，以表東海。王室之不壞，繄伯舅齊桓。是賴。今余命女環，茲率舅氏之典，稱名稱舅氏，不稱伯舅，貶也。楚爲伯，陳、齊爲方伯。纂乃祖考，無忝乃舊。敬之哉！無廢朕命！」以下公如楚，齊失伯。

冬，季孫宿會晉士匄、宋華閱、衛孫林父、鄭公孫蠆、曹人、邾人于戚。會戚以定衛，不詳卒正，略之。

會于戚，謀定衛也。范宣子假羽毛于齊而弗歸，齊人始貳。以一羽毛失大國，范氏罪大。言此，見下齊伐我之故。

十有五年，春，宋公使向戌來聘。

二月，己亥，及向戌盟于劉。內聘盟不地，「劉」字因下文誤衍，後師誤補「于」字。

宋向戌來聘，言來聘，在國聘盟不地，聘于晉盟地，此內外異例。且尋盟。一說公如晉，及晉侯盟于長樗，朝後盟地長樗。此聘後盟地劉，蓋聘後盟于劉。

劉夏逆王后于齊。《集解》：天子無外，所命則成，故不言逆女。杜本二《傳》立說。○天子卿在盟稱子，今稱夏，與卷同。卷以卒名，夏以王后臨之故名。夏非士，與石尚異，夏即劉卷之父。

官師劉夏官也。從單靖公單爲介，不書介，故不見。逆王后于齊。《穀梁》：「過我，故志之。」○祭公不名言來者，從內志之。此不由內志，故名。卿當爲公，字誤。不行，非禮也。《傳》以祭公逆王后爲禮，是天子但迎于郊，禮得使公逆之。諸侯以卿不行爲非禮，天子以公爲尊，諸侯以卿爲尊。

夏，齊侯伐我北鄙，圍成。因上晉假毛不還，齊貳于晉，故來伐圍。

齊侯圍成，貳于晉故也。齊欲自立，故伐我以示威。

公救成，至遇。

季孫宿、叔孫豹帥師城成郛。

于是乎城成郛。既言公救，何以復出二卿？專也。齊師已退，又言帥師，以師爲役。

秋，八月，丁巳，日有食之。

邾人伐我南鄙。此内與邾兵事。

秋，邾人伐我南鄙。使告于晉，不書，略之。晉將爲會以討邾、莒。晉侯有疾，乃止。

冬，晉悼公卒，遂不克會。

冬，十有一月，癸亥，晉侯周卒。

鄭公孫夏如晉奔喪，子蟜送葬。小國于大國當卿弔、君會葬，有事則大夫弔、卿會葬，隆殺皆可。○此爲國際法。

十有六年，春，王正月，葬晉悼公。

葬晉悼公。大國日葬，正也，月者，禮不如齊。二月葬，譏不及禮。

三月，公會晉侯、宋公、衛侯、鄭伯、曹伯、莒子、邾子、薛伯、杞伯、小邾子于湨梁①。

戊寅，大夫盟。賈、服謂不曰諸侯之大夫，惡其專而失權也。《穀梁》：湨梁之會，諸侯失政。諸侯會而大夫盟，政在大夫。諸侯在而不曰諸侯之大夫，大夫不臣也。

會于湨梁，命歸侵田，諸侯侵取之田，各歸其主。《孟子》：「如有王者興。則魯在所損益。」晉侯與諸侯宴于温，諸侯在温，故大夫盟。使諸大夫舞，曰：「歌詩必類。」齊高厚之詩不類，齊將貳于晉故。荀偃怒，且曰：「諸侯有異志矣。」使諸大夫盟高厚，此荀偃命，非晉侯意。高厚逃歸。會無齊。於是叔孫豹、晉荀偃、宋向戌、衛甯殖、鄭公孫蠆、小邾之大夫盟，曰：盟辭不止一句。「同討不庭。」以討命諸侯，故以下同圍齊，爲尋此盟。

晉人執莒子、邾子以歸。

以我故，執邾宣公、莒犁比公，二國數侵伐我。且曰：「通齊、楚之使。」楚與晉爲仇，齊新貳于晉，齊、楚之使往來經二國地，故以爲罪。

齊侯伐我北鄙。齊不從晉，起下圍齊。

夏，公至自會。公未歸而國見伐，致者危之。

五月，甲子，地震。子屬北。

① 湨梁：據阮元《十三經校勘記》，當作「湨梁」。下同。

叔老會鄭伯、晉荀偃、衛甯殖、宋人伐許。宋稱人序末，微者。伐許從楚，後十年不見。

許男請遷于晉，欲叛楚①。諸侯遂遷許。許大夫不可。如蔡大夫不欲遷吴，蓋安于楚。晉人歸諸侯。鄭子蟜聞將伐許，遂相鄭伯以從諸侯之師。鄭、許仇深，故鄭伯親到。穆叔從公。齊子叔老字。帥師會晉荀偃。書曰「會鄭伯」，不言公，加損例。爲夷伯爲天子大夫之稱，與諸侯卿平等，故曰夷。故也。内大夫無論尊卑得會外諸侯，通例也，外大夫則否。邢丘尊晉侯，故不名；此稱鄭伯，故大夫名。即卿可會伯、子、男之説。夏，六月，次于棫林。庚寅，伐許，次于函氏。

秋，齊侯伐我北鄙，圍郕。

齊侯圍郕。

冬，叔孫豹如晉。有賦詩請師事。

穆叔如晉聘，合三年聘，常禮。且言齊故。起下圍齊。

十有七年，春，王二月，庚午，邾子牼卒。此卒于國，不書歸，略之。邾至此以日見，故下皆日，昭元、定三皆日，合此三見。以上不葬，後乃葬。

宋人伐陳。

春，宋莊朝伐陳，撓楚也。獲司徒卬，陳卿獲不書，略之。卑宋也。不設備而敗。

---

① 楚：原作「晉」，據《左傳》杜注改。

夏，衛石買帥師伐曹。曹從晉，衛以私怨伐之。

衛石買、孫蒯伐曹，取重丘。不言孫蒯，舉重。曹人愬于晉。爲下執買見。

秋，齊侯伐我北鄙，圍桃。伐不言圍。圍，取也。

高厚帥師伐我北鄙，圍防。二《傳》「高」上有「齊」字，爲别一條，此連上爲一條。

高厚圍臧紇于防。臧氏邑，與城防相起。齊人獲臧堅。不書，非卿。

九月，大雩。

宋華臣出奔陳。此奔陳，上伐陳。宋、陳有怨。○《傳》十一月出奔，書在秋者，先書之例。

十一月，甲午，大夫奔不日，故《經》不書。國人逐瘈狗。瘈狗入于華臣氏，國人從之。《五行志》以爲犬禍。華臣懼，遂奔陳。因瘈狗而奔，非討罪矣。宋公早欲逐之，因左師言而止，此申其君命，故先書之。

冬，邾人伐我南鄙。襄世三伐。

爲齊故也。前因伐我見執。邾子方死，今又伐我，齊爲之主故。

十有八年，春，白狄來。杜用《公羊》説。狄言白，詳也。善事言白，惡事狄之而已。○白狄遠在晉、秦間，曾從晉伐秦，齊、邾伐我，我請于晉，晉使之先來助我戰守。

白狄始來。來不言其君臣，略之。

夏，晉人執衛行人石買。

晉人執衛行人石買于長子，不地者，執不言地，惟行父一言苕丘。執孫蒯于純留。不書，非卿。爲曹故也。稱行人者，孫蒯主也，石買爲累。

秋，齊師伐我北鄙。許氏曰：「四年中六伐鄙而四圍邑，又莒、邾助虐，以致幾亡其國。」

冬，十月，公會晉侯、宋公、衛侯、鄭伯、曹伯、莒子、邾子、滕子、薛伯、杞伯、小邾子，同圍齊。

會于魯濟，魯濟見《經》，濟在魯境者。尋湨梁之言，同伐齊。湨梁盟曰「同討不庭」，故言同伐。○二伯不和協以抗夷狄，私自爭戰，《春秋》謹而月之。莒、邾疾我矣，伐齊莫敢不至者，畏晉也。

曹伯負芻卒于師。諸侯踰境卒地國，當言卒于齊，言師者，明師主之。曹爲魯屬，魯爲喪主，故《穀梁》曰「閔之」。

楚公子午帥師伐鄭。

許穆公卒，不言卒于師，安之如內。

楚師伐鄭。子孔召之。《傳》責莒、邾通齊、楚之使，故晉伐齊，而楚伐鄭以救之。

十有九年，春，王正月，諸侯盟于祝柯。

諸侯還自沂上，盟于督揚，即祝柯。曰：「大毋侵小。」盟辭不止一句。「大毋侵小」謂齊伐我。不日，惡盟。

晉人執邾子。

執邾悼公，以其伐我故。稱人以執，有惡之辭，因上伐再執。

公至自伐齊。不以圍齊致者，齊强，數侵我，藉大國以救，但言伐而已。

取邾田，自漷水。

遂次于泗上，疆我田。晉主之。取邾田，自漷水，下言取漷西田，則此取漷東田，以漷水爲界耳。

歸之于我。所謂歸侵田也。邑不言取，田可言者，託之閒田。以邑不可出入，田則可也。

季孫宿如晉。

季武子如晉拜師。謝伐齊。

葬曹成公。

夏，衛孫林父帥師伐齊。《年表》有晉。據《傳》，衛逐君，而晉助之以討其奔國，非伯討，故不出晉以爲諱。

晉欒魴帥師從衛孫文子伐齊。此欒魴師，何爲以孫林父主之？衛侯衎在齊，爲衛事故。

秋，七月，辛卯，齊侯環卒。

夏，五月，壬辰，晦，《傳》例以事在晦言晦，此不言者，非常辭。《春秋》晦、朔二見以示例，以外晦、朔通不言。齊靈公卒，莊公即位。

晉士匄帥師侵齊。至穀，聞齊侯卒，乃還。

晉士匄侵齊，至穀，聞喪而還，禮也。《公羊》：「還爲善辭。」《傳》：「師還，君子是以善魯莊公。」歸父還自晉，《傳》以爲善之，《穀梁》以爲事未畢，此《傳》以還爲禮。同以虚字爲例，二《傳》詳多，本《傳》甚略，故先師多補之。

八月，丙辰，仲孫蔑卒。蔑，孟獻子也。百乘之家者，方伯卿，食閒田百里。

齊殺其大夫高厚。《齊世家》：「崔杼殺高厚，晉聞齊亂，伐齊，至高唐。」《傳》無其事，《經》亦不書，略之。

齊崔杼殺高厚于灑藍，以大夫殺大夫，非公命，故不從稱人例。而兼其室。書曰「齊殺其大夫」，稱國以殺，不從兩下相殺辭。從君于昏也。莊公失君道。高厚，賢大夫，《傳》以從君于昏言者，杼探莊公意，以傳牙討之，牙已殺，杼欲專齊。

鄭殺其大夫公子嘉。

子展、子西帥國人伐之，按，此非君命，乃兩下仇殺，惡其專而伐之。殺子孔而分其室。書曰加損例。「鄭殺其大夫」，本非君殺，故從稱人例。專也，葵丘盟曰「無專殺大夫」，凡言殺大夫，譏專。

冬，葬齊靈公。方伯葬例月。齊從二伯貶，宜月；時者，特貶，略之以見意。

城西郛。據城中城，知西郛城西郛。

懼齊也。不修政而城郛以備敵，所謂凡城之志皆譏。

叔孫豹會晉士匄于柯。盟柯，爲晉、齊平。

齊及晉平，盟于大隧，故穆叔會范宣子于柯。以會柯間于二城之中，見城之可以已也。

城武城。

穆叔歸，曰：「齊猶未也，不可以不懼。」乃城武城。同時二城，不累數者，先後不一月。西郛內，武城外；一在先，一因穆叔歸乃城。

二十年，春，王正月，辛亥，仲孫速會莒人盟于向。

及莒平。齊已平晉，故及莒平。孟莊子會莒人，盟于向，向，内邑。莒人，大夫也。督揚之盟故也。祝柯盟「大無侵小」，亦所以譏内。

夏，六月，庚申，公會晉侯、齊侯、宋公、衛侯、鄭伯、曹伯、莒子、邾子、滕子、薛伯、杞伯、小邾子盟于澶淵。澶淵，宋地。陳、蔡、許不至，從楚也。

盟于澶淵，此皆中國，不言同盟者，因齊來服，以上之同圍見之。齊成故也。莊公立，與晉盟，東方諸侯于以少安。

秋，公至自會。

仲孫速帥師伐邾。君同盟而大夫伐，報十七年伐，惡之也。以下與我和矣。○六卒正惟莒、邾數言侵伐，夷狄也。

邾人驟至，不一次。以諸侯之事弗能報也。齊來侵伐我，故不能報之。秋，孟莊子伐邾以報之。祝柯會，晉執邾子，又取田，報亦足矣，今又伐，譏之。且方盟又伐，亦譏之。

蔡殺其大夫公子燮。記燮之殺，以見中外盛衰之故。燮有從中國心，而不能自克。○蔡者中國，以夷狄待之者，以其從楚，後遷州來。南國方伯皆不氏，大夫言使，蔡不言使，不早見大夫，不嫌也。吳、楚、秦三國不言使，則不見其爲方伯。蔡言使，則大夫必氏。不見爲外方伯，不見以起之也。

蔡公子燮欲以蔡之晉，《傳》「從先君利蔡」，此善事，舍夷狄從中國。不得爲非。蔡人殺之。蔡人者，從楚之奸黨。爲蔡間諜，恐失權，故殺燮。書曰「蔡殺其大夫公子燮」，言不與民同欲也。此稱國以殺之通例，不但爲本事發。稱國是私意，故云「不與民同欲」。民，衆辭，弑君亦以不道于民而稱人。杜不明此例，乃以爲罪燮。

蔡公子履出奔楚。蔡有十二年不見《經》。奔楚者，陳、蔡之君欲從晉，其臣不欲而奔楚。

公子履，其母弟也。兄弟罪不相因，兄疑弟，爲朋黨之言。故出奔楚。能奔楚，其不同謀可知。蔡人亦惡其偪，誣以同謀，故討之。

陳侯之弟黄出奔楚。舉親，貴之也，稱名爲通例，大夫無不名者。《傳》意明責二慶，不罪黄，賈、杜説誤。

陳慶虎、慶寅畏公子黄之偪，恐奪己政。愬諸楚曰：「與蔡司馬同謀。」司馬，燮也。言黄與燮同謀，將以陳從晉。陳、蔡久同事楚，故以爲言。楚人以爲討。楚信其愬，討黄之罪。公子黄出奔楚。爲楚討而復奔楚，欲自明也，故下自楚歸于陳。初，蔡文侯欲事晉，曰：「先君與于踐土之盟，晉不可棄，且兄弟于外。也。」畏楚，不能行而卒。見宣十七年。楚人使蔡無常，《集解》：「徵發無度。」公子燮欲求從先君順文侯志。以利蔡，可紓民困。不能而死。書曰「蔡殺其大夫公子燮」，言不與民同欲也；衛人立晉。《傳》以稱人爲衆辭。燮欲從晉，承先志、順民情，乃爲楚奸黨所害，是蔡侯信讒，非燮罪，故稱國不稱人。「陳侯之弟黄出奔楚」，言非其罪也。稱弟，罪陳侯及二慶。公子黄將出奔，呼于國曰：「慶氏無道，求專陳國，暴蔑其君，而去其親。故書以盡其親。五年不滅，是無天也。」爲下殺二慶傳。

叔老如齊。襄不事齊，内臣如齊一見。

齊子初聘于齊，禮也。既通使聘，則二國和平，書此以見例。繼好息民，故曰禮。

冬，十月，丙辰，朔，日有食之。

季孫宿如宋。内臣四如宋：成五、襄二、昭二十五，與此而四。

報向戌之聘也。在十五年。

二十有一年。《公羊》于《經》文書「十有一月，孔子生」。《穀梁》無「十有一月」四字。

春，王正月，公如晉。如晉不月，爲下受叛人月之。公不在，而大夫專受叛人，如爲危，故月之。

拜師及取邾田也。謝十八年事。

邾庶其以漆、閭丘來奔。二《傳》：來奔者不言叛，賈氏以不言叛爲不能專，杜用二《傳》説駁之。

邾庶其以漆、閭丘來奔。庶其非卿也，邾大夫在盟會稱人。庶其，卿也，非卿謂不如方伯之卿。杜以爲邾大夫，非。《春秋》必方伯卿乃見《經》、書名氏。以地來，雖賤必書，賈云：「《春秋》三命以上乃書。」潁云：「再命稱人。」諸儒以邾、莒無命卿。○五十里國一卿命于天子，卒正皆百里大國，何以無大夫？託禮也。《春秋》以五十里之制託之卒正。重地也。邾快來奔，不以地亦書，蓋卒正大夫盟會例不書，從内録則得書之。此云重地，謂以地書之，非以地不書。

夏，公至自晉。晉，《穀梁》作「會」，當是字誤。

秋，晉欒盈出奔楚。《年表》：「欒逞奔齊。」《索隱》：「逞音盈，晉大夫。」

欒盈出奔楚。此討欒書弑君罪，爲追討也。○奔楚者，晉、楚敵也。《傳》欒盈于二十二年秋乃自楚奔齊，史以奔齊言者，就其終言之。

九月，庚戌，朔，日有食之。

冬，十月，庚辰，朔，日有食之。重言日食，明司曆過也。《傳》曰：「再失閏矣。」明九月日食①當爲十月也。○舊説比月不言日食，此記雲餌之變有如日食。不知此就全球十二土而言，于申爲九月，于酉爲十月，申方見日食，酉方亦見日食。地雖異位，朔則從同。此《尚書》「卿士惟月」之義。

曹伯來朝。曹四來朝，此其終也，所以明卒正事方伯之禮。

曹武公來朝，始見也。立三年初來朝。

公會晉侯、齊侯、宋公、衛侯、鄭伯、莒子、邾子于商任。

會于商任，錮欒氏也。錮之，不使諸侯受其叛人。

二十有二年，春，王正月，公至自會。晉有二心而會公，故月以危之。

夏，四月。

秋，七月，辛酉，叔老卒。

欒盈自楚適齊。外相如不書「入」，亦不言自楚者，爲二伯諱。

---

① 食：原脱，據《左傳》補。

冬，公會晉侯、齊侯、宋公、衛侯、鄭伯、曹伯、莒子、邾子、薛伯、杞伯、小邾子于沙隨。再會皆有齊，乃伐晉助欒氏，所以惡齊侯。

會于沙隨，復錮欒氏也。欒盈猶在齊，晏子曰：「禍將作矣！齊將伐晉，納欒盈。不可以不懼。」

公至自會。

楚殺其大夫公子追舒。楚殺大夫多有書日，此無之。

楚觀起有寵于令尹子南，追舒字。未益①禄而有馬數十乘。王討焉，遂殺子南于朝，轘觀起于四竟。寵觀起，小過也，不能禁而殺之，可謂失刑。《傳》曰「薳子辭八人而後王安之」，有諷意焉。此當爲稱國以殺例。

二十有三年，春，王二月，癸酉，朔，日有食之。

三月，己巳，杞伯匄②卒。

春，杞孝公卒。杞卒一日二月，與小國不同，明王後也。

夏，邾畀我來奔。賈云：畀我，庶其黨，同爲竊邑叛君之罪。邾會盟無大夫，從我録之，雖不以地亦書。《春秋》

---

① 益：原作「盡」，據《左傳》改。

② 匄：原脱，據本年經文補。

曹、莒、邾有大夫，序在前；滕、薛、杞無大夫，序在後。三有三無，此卒正大小之分。據此，「不以地亦書」是，「三叛以地而書」之言誤。

葬杞孝公。日卒、時葬，正也。

陳殺其大夫慶虎及慶寅。陳挾楚以討之，失君道，且不使夷狄治中國。以累上之辭言者，謂稱國以殺，討非其道，二慶有罪。同姓或言「及」或不言「及」，不言「及」，尊卑同也；言「及」者，由尊及卑，如三郤皆然。

陳侯如楚。外如不書。公子黄愬二慶于楚，前奔楚者，爲申理計。楚人召之。使慶樂往，二慶畏罪，使人代往。殺之。不書，賤也。慶氏以陳叛。夏，屈建從陳侯圍陳。不書，爲中國諱。遂殺慶虎、慶寅。

陳侯之弟黄自楚歸于陳。

楚人納公子黄。

晉欒盈復入于晉，入于曲沃。此與屈完盟于師、盟于召陵同。《經》「入于晉」、「入于曲沃」駢書，後録者分爲二。

四月，欒盈帥曲沃之甲，因魏獻子，以晝入絳。入于晉者，爲君辭，大夫而言入于晉，惡其爲亂，罪與當國同。再言曲沃，著其實，志在入晉而僅入于曲沃。不言自齊者，爲二伯諱。

秋，齊侯伐衛，遂伐晉。

齊侯伐衛，報衛十九年之伐，且謀納獻公。自衛將遂伐晉，崔杼諫，弗聽。齊侯取朝歌，封少水，以報平陰之役，乃還。晉大衛小，以小遂大者，志在伐晉，假伐衛以爲名。以晉爲盟主，而間難伐之，惡齊侯也。

八月，叔孫豹帥師救晉，次于雍榆。按，救不言次，言次，則失救之道。《傳》以爲禮，對諸侯救先言次後言救之例言之。諸侯自專，大夫承君命，必先言救而後言次，以責其遷延。禮者，謂《經》書先後之禮，不謂次之得禮①。劉氏疑爲非禮，不得《傳》意。

叔孫豹帥師救晉，次于雍榆，禮也②。

己卯，仲孫速卒。大夫日卒，正也。

孟孫卒。

冬，十月，乙亥，臧紇出奔邾。正謂得正，如正與夷卒。君臣以義合，不合則去。《春秋》凡殺、奔同例，殺、奔者日，不正者不日。

季孫怒，命攻臧氏。乙亥，紇斬鹿門之關以出，奔邾。武仲爲季氏立，不正，可謂阿諛。然季氏信孟氏讒攻之，則非其罪。武仲賢大夫，奔非其罪，故曰。《論語》「求爲後魯」之説，固不恕辭矣。

晉人殺欒盈。

晉人克欒盈于曲沃，盡殺欒氏之族黨。欒魴出奔宋。魴奔不書，略之。書曰「晉人殺欒盈」，不言大夫，言自外也。與鄭良霄同，皆自外至本國爲亂。其出已與本國絶，故不繫大夫，奔楚則如楚人。

① 禮：原無，據文意補。

② 禮也：原脱，據《左傳》補。

《公羊》：「曷爲不言殺其大夫？」與《傳》義同。

齊侯襲莒。《傳》例從《晉語》「趙盾伐宋」之言而出，謂伐有鐘鼓，侵與襲無鐘鼓，襲比侵爲尤輕。襲以計取，如齊侯、鄭伯如紀。紀言如，莒言襲者，紀計未成，莒計已行。言襲，惡齊詐矣。

齊侯還自晉，齊侯還不爲善辭者，《傳》多便文，不可以《經》例立説。不入，遂襲莒，襲者，以詐用師。門于且于，傷股而退。

二十有四年，春，叔孫豹如晉。晉平欒氏之亂，因往賀①之，且告伐齊也。

穆叔如晉，范宣子逆之。《傳》有「三不朽」之言，因《經》而記，非爲是言而書。

仲孫羯帥師侵齊。此在喪而專兵，譏之。

孟孝伯侵齊，晉故也。穆叔前救，次而不進，此故伐齊以釋晉疑。羯在喪帥師者，周世卿不以喪釋事，見君使之臣服之皆非也。

夏，楚子伐吴。中國不言伐，吴、楚四言伐，吴、楚大夷也。書此爲入楚之先見，此吴、楚交兵本末。

楚子爲舟師以伐吴，不爲軍政，無功而還。楚侵虐中國，雖桓、文之伯，不過小抑之耳。吴後起，乃能勝之，幾至滅②亡。録吴、楚交兵事，所以爲强暴者戒，而吴亦自亡矣。

秋，七月，甲子，朔，日有食之，既。

---

① 賀：原作「賢」，據文意改。

② 滅：原作「減」，據文意改。

齊崔杼帥①師伐莒。其君襲莒，已與莒平，崔杼因送楚使，見利乘便，又伐人邑，宜其不終。

齊侯聞將有晉師，使陳無宇從薳啟彊如楚辭，楚請會期，聞晉將伐之，故辭其會。且乞師。崔杼帥師送之，遂伐莒，侵介根。

大水。《經》非大水不書，小水時有，下饑即爲水所害。

八月，癸巳②，朔，日有食之。

公會晉侯、宋公、衛侯、鄭伯、曹伯、莒子、邾子、滕子、薛伯、杞伯、小邾子于夷儀。衛邑。衛侯，剽也。

會于夷儀，將以伐齊。不言伐齊，事未行，且避二伯自相伐，夷狄得而間之。水，不克。晉新有欒氏難，又知齊、楚交通，畏不敢發，以水爲解。

冬，楚子、蔡侯、陳侯、許男伐鄭。此伐鄭，故下鄭入陳也。蔡、陳、許多不叙，一叙以明之。

楚子伐鄭以救齊，不書救，不與夷狄救中國。門于東門，次于棘澤。諸侯還救鄭，楚子自棘澤還。

公至自會。

---

① 帥：原作「師」，據本年經文改。

② 癸巳：原作「癸亥」，據《左傳》改。

陳鍼宜咎出奔楚。既討二慶，何以復書宜咎之出奔？以此見黨禍之難除也。

陳人復討慶氏之黨，鍼宜咎出奔楚。慶氏之黨何以出奔楚？見所討非罪，亦如二慶之惡黄而誣以罪名。

叔孫豹如京師。襄至此五如晉，出會者十有三，不如京師，惟大夫一如。

齊人城郟。穆叔如周聘，且賀城。王嘉其有禮也，賜之大路。生不行，葬乃用之。

大饑。《經》言「大有年」、「大饑」各一，皆非常之事。大有年著天道反常，大饑著人事之不能虞變。大水、饑、穀不成，其災甚也。

二十有五年，春，齊崔杼帥師伐我北鄙。

以報孝伯之師也。方言伐，即言弑，明專兵弑之先見。

夏，五月，乙亥，齊崔杼弑其君光。此明齊世卿之禍。

乙亥，公踰牆，又射之，中股，反隊，遂弑之。崔杼立景公而相之。辛巳，公與大夫及莒子盟，太史書曰：「崔杼弑其君。」本國史不能舉君名，但書弑君，其名皆魯史及《春秋》所加，言弑《傳》有名者誤衍。崔子殺之。其弟嗣書，而死者二人。其弟又書，乃舍之。南史氏聞太史盡死，聞四人皆死。執簡以往。聞既書矣，乃還。因事以見良史。如使一國盡從賊辭，不以弑書，弑赴，是國無臣子矣。

公會晉侯、宋公、衛侯、鄭伯、曹伯、莒子、邾子、滕子、薛伯、杞伯、小邾子于夷儀。不言伐，未成也。前譏其畏楚，此罪其貪賂。

晉侯①濟自泮，會于夷儀，伐齊，前會夷儀謀伐未成，今復會之。以報朝歌之役。齊人以莊公説，杼弑莊公以説于晉。使隰鉏請成。慶封如師，男女以班，賂晉侯以宗器、樂器，自六正、五吏、三十帥、三軍之大夫、百官之正長、師旅及處守者皆有賂。晉侯許之。晉與齊朝歌之役，私怨也；崔杼弑君，公罪也。盟主之所以當討，重于私怨，今乃貪其重賂，以莊爲説，勤諸侯而以貪終之，其罪甚矣。

六月，壬子，鄭公孫舍之帥師入陳。陳從楚，鄭爲晉討之。日者，陳方伯，重之。不言子産，舉重也。

子美入，數俘而出。祝祓社，祓社，祓除不祥。諸侯祝如天子太祝，爲六大，不爲三公所統，故次三公前。司徒致民，司徒掌户口册籍。司徒、司馬、司空爲三公，次六太后，與《曲禮》同。司馬致節，司馬掌兵節、兵符。司空致地，司空掌土，使自親其舊迹。古者天子三公、九卿、二十七大夫、八十一元士，天子之制。諸侯不論大小皆三卿、九大夫、二十七上士、八十一中士。三公與三卿名同，方百里者十之，方伯與五十里之小國名亦相同。取其畫一，制度易明。至于臨事之變，不拘成格，乃改易名目，或增損人數，均無不可，然大綱固不能易也。乃還。服以祝與司徒等皆是陳人，各致其所主于子産，孔疏駁之，是。

秋，八月，己巳，諸侯同盟于重丘。齊地。

七月，己巳，同盟于重丘，會本爲伐，不伐而盟。齊成故也。以地重丘，知晉侯受賂而盟。《經》重書

---

① 侯：原作「人」，據《左傳》改。

之，以二伯會同，天下所喜。

公至自會。

衛侯入于夷儀。晉愍衛侯失國，與之一邑。書「入」者，自外入之辭，非國逆之例。

晉侯使魏舒、宛没逆①衛侯，將使衛與之夷儀。詳《衛世家》。衛獻公從晉侯與齊命入，而林父亦入于戚。入于夷儀。按，國逆而立之曰入，謂執政者私逆而立之，非衆人所欲立。如尹氏立王子朝，先儒誤爲事實，非《經》例，以爲内納之爲入，非也。衛獻公自夷儀使與甯喜言，既入夷儀，因殤公在外②，後又思得國③，欲喜納之。甯喜許之。

楚屈建帥師滅舒鳩。舒鳩，鳩之别種，徐州國。楚滅之，與吴争。

舒鳩人卒叛，自取滅亡。楚令尹子木伐之。及離城，吴人救之。吴師大敗，遂圍舒鳩，舒鳩潰。八月，楚滅舒鳩。

冬，鄭公孫夏帥師伐陳。一年再伐陳。

十月，子展相鄭伯如晉，拜陳之功。子西復伐陳，陳及鄭平。此藉伐以求平。

---

① 逆：原作「送」，據《左傳》改。

② 外：原無，據文意補。

③ 「國」下原衍一「外」字，據文意删。

十有二月，吴子遏伐楚，門于巢，卒。取卒之月加于門上，見以巢卒。

吴子諸樊伐楚，以報舟師之役。門于巢，巢牛臣射之，卒。伐楚，迫巢門，射傷以薨。不日卒①者，其後乃卒。

二十有六年，春，王二月，辛卯，衛甯喜弑其君剽。

伯國死，孫氏夜哭，國人②召甯子。甯子復攻孫氏，克之。辛卯，殺《傳》殺③當言弑。曰殺者，以子叔非剽。子叔時殤公在留父，黑背④與太子角居國，故克孫氏後全殺之。《傳》不及殺君者，實未弑。成十年《傳》稱黑背爲子叔，襄《傳》又再稱剽爲子叔，故杜以爲剽。今據《世家》以爲黑背，蓋父子同稱子叔，與魯叔肸、公孫嬰齊同字子叔相同。及太子角。不及君，而殺君之父與子。書曰「甯喜弑其君剽⑤」，《傳》不言殺君，而《年表》、《世家》皆云晉殺。言罪之在甯氏也。晉意止納獻公于夷儀，喜因貪其私利，許納獻公，因以殺殤。是殤之死由于喜，故重罪以科之。

衛孫林父入于戚以叛。甯喜弑君，林父曷爲入戚以叛？喜納衛衎也。

---

① 卒：原作「滅」，據文意改。
② 國人：原脱，據《左傳》補。
③ 殺：原作「弑」，據文意改。
④ 背：原作「臂」，據《左傳》補。
⑤ 剽：原脱，據《左傳》補。

孫林父以戚如晉。此奔晉而曰「入于戚以叛者」，事晉也，故曰入。書曰「入于戚以叛」，據實當言林父出奔晉。罪孫氏也。戚，衛邑。受于天子，乃據以獻于外國，其罪當誅。故直目其叛，與欒盈、士鞅同科。

甲午，衛侯衎復歸于衛。

甲午，《穀梁》：「日歸，見知弒也。」據踰四日，衎使剽弒而後入。日歸，見衎主之。不言者，不以衎君剽，衎正而剽不正。衛侯入。書曰「復歸」，復歸者，安順辭，與入相反。國納之也。國納謂喜納之，時權在喜，殺子叔、太子，納獻公。是爲易辭，與祭仲納突書「歸」同。

夏，晉侯使荀吴來聘。謀伐衛。

晉人爲孫氏故，召諸侯，將以討衛也。獻爲孫氏請于晉而後得入，既入，專用喜而攻孫氏。孫爲晉所納，獻公與喜伐之，故晉以爲討。夏，中行穆子來聘，召公也。召公會于澶淵。

公會晉人、鄭良霄、宋人、曹人于澶淵。《傳》有討衛取田以與孫氏事，不言，略之。

六月，公會晉趙武、宋向戌、鄭良霄、曹人于澶淵，晉、宋皆卿，宋叙鄭上者，常叙之次。以討衛，討攻伐孫氏之罪。疆戚田。疆者，還衛所侵東鄙。取衛西鄙懿氏六十以與孫氏。戚在衛西，故衛侵東鄙。晉歸侵地，外復割衛西鄙邑以益封戚東鄙。○不書，爲二伯諱。趙武不書，尊公也。公會大國大夫爲相嫌，故貶趙武以尊公。爲有晉侯在，外卿不可會侯，故通稱人。《傳》以爲尊晉侯，此外例也。爲公在，卿不可會侯，故亦不書而云尊公。向戌不書，後也。宋亦大國，不以爲尊公者，宋爲王後，不統方伯。鄭先宋，宋當在鄭先。不失所也。先儒以爲，諸侯有過貶之稱人。良霄先至，叙晉下；宋後至，故不易叙。

秋，宋公殺其世子痤。

公囚太子，太子曰：「惟佐也能免我。」召而使請，曰：「日中不來，吾知死矣。」過期，乃縊而死。以讒殺世子，惡宋公。

晉人執衛甯喜。不稱行人，罪喜也，詳上傳。

八月，壬午，許男甯卒于楚。諸侯卒于外不日，日者，許卒皆日以見例。

許靈公如楚，請伐鄭，曰：「師不興，孤不歸矣。」八月，卒于楚。許，外卒正，不卒，一卒以明其餘之不卒。《春秋》爵三等小國稱伯、子、男，許從下等外卒正，一許稱男，明內外等許者皆男。以許見例，故卒皆日，葬皆時。卒必葬者，正許以見其餘之變也。

冬，楚子、蔡侯、陳侯伐鄭。

楚子曰：「不伐鄭，何以求諸侯！」許男卒于楚，不伐則失諸侯心。冬，十月，楚子伐鄭。爲許伐也。許如楚請師，卒于楚，故楚伐鄭。蔡叙陳上者，楚、蔡同爲夷狄也。

葬許靈公。許卒皆葬，特時以爲外卒正例。

而後葬許靈公。卒于楚，楚送之歸，還師時，楚子親告其柩而葬之，故以爲葬。

二十有七年，春，齊侯使慶封來聘。靈、莊相繼，世有兵禍，景公立始通，故書「聘」①，齊與我和。襄世一見

---

① 聘：原作「葬」，據文意改。

齊來聘。

齊慶封來聘。書慶封以見崔、慶之亂。

夏，叔孫豹會晉趙武、楚屈建、蔡公孫歸生、衛石惡、陳孔奐、鄭良霄、薛人、曹人于宋。此晉、楚分伯，同主諸侯之盟。晉主魯、衛、鄭、齊，楚主陳、蔡、秦、吳。秦、吳不見《經》，書蔡、陳即外諸侯，且在衛、鄭之先。

爲會于宋。地期于宋。五月，甲辰，晉趙武至于宋。主先至。丙午，鄭良霄至。六月，丁未，朔，宋人享趙文子，叔向爲介，司馬置折俎，禮也。仲尼使舉是禮，以爲多文辭。此指享禮而言。宋享晉、鄭，三國之事。戊申，叔孫豹、齊慶封、齊不叙者，不交相見。陳須無、衛石惡至。今海外國際有以先後爲次序者。甲寅，晉荀盈從趙武至。丙辰，邾悼公至。邾不叙，君也。壬戌，楚公子黑肱先至，成言于晉。丁卯，宋向戌如陳，從子木成言于楚。戊辰，滕成公至。滕不叙，君也。子木謂向戌：請晉、楚之從，與國。交相見也。不分内外。庚午，向戌復于趙孟。趙孟曰：「晉、楚、齊、秦匹也，《論語》四飯。晉之不能于齊北分晉、齊。猶楚之不能于秦也。南分楚、秦。楚君若能使秦君南統西。辱于敝邑，寡君敢不固請于齊？」以北統東，分伯之故。壬申，左師復言于子木。子木使驛謁諸王，王曰：「釋齊、秦，他國請相見也。」定、哀後書齊、楚、吳同此例。秋，七月，戊寅，左師至。是夜也，趙孟及子皙盟，以齊言。庚辰，子木至自陳，陳孔奐、蔡公孫歸生至。曹、許之大夫皆至。二《傳》不言到之早遲，本《傳》以早遲到爲例，由此而出先至者序、後至不序。

衛殺其大夫甯喜。

夏，免餘復攻甯氏，殺甯喜及右宰穀，尸諸朝。

衛侯之弟鱄出奔晉。

子鮮曰：「逐我者出，孫氏以戚叛，由獻公與甯喜約攻之，故歸過獻公。復入謀發于孫氏，以爲逐者，從其始言之。納我者死，聽人言而討之。賞罰無章，何以沮勸？君失其信，而國無刑，不亦難乎！且鱄實使之。」遂出奔晉。公使①止之，不可；及河，又使止之。止使者而盟于河。託于木門，不鄉衛國而坐。

秋，七月，辛巳，豹及諸侯之大夫盟于宋。盟在西門外，故地國。

辛巳，將盟于宋西門之外。故地國。季武子使謂叔孫以公命曰：「視邾、滕。」謂魯禮視邾、滕，降一等。既而齊人請邾，爲齊欲屬邾，故邾子至。宋人請滕，宋欲屬滕，故滕子至。皆不與盟。附庸不通于上國，此當時事實，與《經》例不同。叔孫曰：「邾、滕，人之私也；屬國不見盟會。我，列國也，何故視之？二國未屬，然爲列國；既屬，則地以堪之。宋、衛，吾匹也。」魯舊序在宋下衛上。乃盟。列國得與盟。故不書其族，不言叔孫。言違命也。舊説以不書族爲貶違命，以《經》例言之，非也。君命視邾、滕，舊本與盟會，有大夫，此會因齊、宋請爲屬國，乃不與盟。公命視邾、滕，謂未請之先列國之邾、滕。非此會私屬

① 使：原脱，據《左傳》補。

不盟之邾、滕也。《傳》例，小國大夫不氏，豹之事似于違公命之明文，而實同公命之深意。此不言氏，正以信公命，張叔孫順命之美，非貶之也。晉、楚爭先。晉人曰：「晉固爲諸侯盟主，未有先晉者也。」齊亦叙下。楚人曰：「子言晉、楚匹也，二伯中分。若晉常先，是楚弱也。中外例。且晉、楚狎主諸侯之盟也與狎主齊盟同。久矣，豈專在晉！」乃先楚人。書先晉，變異其次。晉有信也。《春秋》加損事實，不使夷狄先中國，此中外例。

冬，十有二月，乙亥，朔，日有食之。

十一月，乙亥，朔，日有食之。辰在申，司曆過也，再失閏矣。兩比月日食，明失閏。

二十有八年，春，無冰。

春，無冰。

夏，衛石惡出奔晉。晉曾執甯喜，故惡得罪而奔。

衛人討甯氏之黨，故石惡出奔晉。衛人立其從子圃，以守石氏之祀，禮也。

邾子來朝。記邾來朝，明與内成也。襄世邾初與魯和來朝，後有兵事，至此乃和。而襄世二朝、二來伐，皆詳和戰本末。

邾悼公來朝，時事也。謂五年一朝之禮。

秋，八月，大雩。

旱也。

仲孫羯如晉。

孟孝伯如晉，告將爲宋之盟，故如楚也。

冬，齊慶封來奔。

慶封遂來奔。出奔，爲齊所討也。後奔吴不言，言齊來奔，惡内受亂臣也。既而齊人來讓，奔吴。

吴句餘予之朱方。

癸巳，天王崩。未來赴，亦未書，禮也。《傳》例，凡崩、薨不告不書。

十有一月，公如楚。晉、楚分伯，中外諸侯交相見，故言公如楚。自宣以後貶齊，升楚爲二伯，故公不朝齊，朝楚。○二伯與五霸何以不同？二伯，《經》義也，制度也，官名也，《經》、《傳》明文，《春秋》大綱；五霸者，《白虎》所載數，夏、殷合周，共數豕、彭，説見《國語》，爲成《傳》五霸之師説。若楚莊、吴闔閭、越句踐，本《傳》皆以爲霸；傳記推衍，此爲得實。若宋襄、秦穆，《公羊》説，諸説皆不能定一。自此説盛，《經》、《傳》載記之「二伯」，後人皆改爲「五霸」，未改者，惟《穀梁》、《王制》、《曲禮》而已。《穀梁》「交質子不及二伯」，《荀子》所引，易「二伯」爲「五霸」。《孟子》云「其事則齊桓、晉文」，又「齊桓、晉文之事」，足見《孟子》全書之「五霸」字舊作「二伯」，其作「五霸」者，後人據後説誤易也。

爲宋之盟故，公及宋公、陳侯、鄭伯、許男如楚。宋以下不見者，外相如不書。朝晉者言沈、胡、白狄，此獨六國，就見《經》言之。○如，朝也，以子而言如，不嫌也。月者，爲楚危之，下致皆月。

十有二月，甲寅，天王崩。崩、卒連書，以明貶楚。

王人來告喪，問崩日，以甲寅告，故書之，以徵過也。

乙未，楚子昭卒。以甲寅計之，無乙未。乙未，閏月也，在十二月後，後世乃間之，與《春秋》異。

公如楚，及漢，楚康王卒。

二十有九年，春，王正月，公在楚。杜以此爲一見例。

公在楚，正月書公在，存公也。在晉不書，在楚書者，中國不存公。月者，危之。釋不朝正于廟也。釋爲解，解不朝正，爲惰而棄禮。史于公不在正月必書，以釋不朝正之過，史法如此。《春秋》乃有書不書，爲中外異例。

夏，四月，葬楚康王。《釋例》以爲有避諱，不書者，此《公羊》「避其號」之説。又以内會葬則書，否則不書。按，楚事公曾會葬，則卿會葬事必多，而不一書，當爲諱，豈如史有使乃書。公及陳侯、鄭伯、許男送葬，至于西門之外，諸侯之大夫皆至于墓。《傳》云「晉侯卒，諸侯莫在」，此緣《經》立説。以諸侯莫在，惟大夫送葬，此異《經》起例。陳、鄭、許三君及諸侯大夫皆不書，外相如不書故也。凡書魯在，則諸侯之在者多，不言，略之。此隱見例也。

夏，五月，公至自楚。前後經八月之久乃致。

公還，及方城，季武子取卞。五月，公至自楚。

庚午，衛侯衎卒。

葬靈王。鄭上卿有事，子展使印段往。以小事大，卿往會葬。

閽弑吳子餘祭。《索隱》：「襄二十九年，『閽殺吳子餘祭』合在季札聘魯前，倒錯于此。」按《世家》有誤，當從《年表》。

吳人伐越，獲俘焉，以爲閽，使守舟。吳子餘祭觀舟，閽以刀弑之。

仲孫羯會晉荀盈、齊高止、宋華定、衛世叔儀、鄭公孫段、曹人、莒人、滕人、薛人、小邾人城杞。

晉平公，杞出也，故治杞。緣陵不言城杞，此言者，一事不再見也。慶父再奔，初言如，後言奔，許、陳城再城，一言入，一言滅，亦一事不再見。　六月，知悼子合諸侯之大夫以城杞。

晉侯使士鞅來聘。

范獻子來聘，拜城杞也。公享之，展莊叔執幣。射者三耦。公臣不足，取于家臣。

杞子來盟。杞稱子者，伯、子、男一也。

杞文公來盟。書曰「子」，以上書伯。賤之也。杞，夏後，即東夷。子、伯並見爲小國通例，以字言之，且尊于伯。《傳》以爲賤者，爲夷狄之稱。杞本王後，由公而稱伯，又以即東夷之故，改而稱子，故曰「賤之」。

吴子使札來聘。《世家》誤脱「閽殺餘祭，卒，弟夷昧立」，與《年表》已云殺餘祭不合。

吴公子札來聘。外相如不書，惟内乃書，然由内可以推外。凡諸侯新立來聘者，皆列聘。不言宋、陳、秦、楚、蔡者，不聘也。

秋，九月，葬衛獻公。月葬，正也。九月可以葬。

齊高止出奔北燕。二燕南小北大，又召公後，宜以北爲主，南燕加南。今主南外北者，南燕近魯，故魯史内南外北，孔子從而不改，示有懲也。

秋，九月，齊公孫蠆、公孫竈放其大夫高止于北燕。據例當云「齊放其大夫于北燕」，如晉胥甲。

乙未，出。書曰「出奔」，罪高止也。放者，上下以禮，無罪之辭。今不言放而曰出奔，是見逐，非待罪之辭，高止好以事自爲功，攘人善以自成。且專，見惡于上下。故難及之。

冬，仲孫羯如晉。

孟孝伯如晉，報范叔也。范獻子、士鞅之聘。

三十年，春，王正月，楚子使薳罷來聘。聘不月，此獨月者，進楚。楚大夷，有名氏、大夫言聘。一稱人、一不氏、一名氏，漸進也。殺與帥師稱氏久矣，聘，善事也，有氏者，純與之之辭。

楚子使薳罷來聘，初見氏。通嗣君也。郟敖即位二年，初來聘。○楚始稱人，繼不氏，秦以稱人見、稱名氏，吴以不氏見，此楚大而秦、吴小也。

夏，四月，蔡世子般弑其君固。

蔡景侯爲太子般娶于楚，通焉。太子弑景侯。

五月，甲午，宋災。宋伯姬卒。二《傳》伯姬上無「宋」字。

宋大災。宋伯姬卒，待姆也。君子謂宋共姬女而不婦，女待人，謂不專行。○二《傳》説惟宜于女子。婦義事也。婦女皆有傅姆，二《傳》專言待姆許伯姬，以明女子不專行之義。《傳》以伯姬時年已老，不比女子，又死爲重事，權其輕重，不必待姆。既有左右①生死之交，不必姆至乃可避難。變而合正，乃爲行權。《孟

---

① 右：原作「友」，據文意改。

子》：「男女授受不親，禮也；嫂溺手援，權也。」三《傳》各主一說，經、權相濟之道也。

天王殺其弟佞夫。天子諸侯絶旁期，兄弟不得以屬通。雖親爲母弟，正辭稱王子，惟舉其親乃言弟。

五月，癸巳，殺佞夫。書曰「天王殺其弟佞夫」，書弟，與瑕起。罪在王也。佞夫與瑕同爲王子，而一書弟，一書王子。儋括欲立佞夫，佞夫不與謀。首惡之括不討，而誅無罪之幼弟，故盡其親以惡之。

王子瑕奔晉。儋括首搆大難。瑕、廖同奔，則瑕亦首惡。殺佞夫而縱瑕，使雖五大夫之罪，而王不能辭其責。比書其事，惡王也。

初，王儋季卒，其子括將見王，而歎。及靈王崩，景王初立二年。儋括欲立王子佞夫，《傳》稱王子，明稱弟爲惡殺。佞夫弗知。足見無罪。戊子，儋括圍蔿，逐成愆。成愆奔平時。五月，癸巳，殺佞夫。括、瑕、廖奔晉。三人奔晉，書瑕者，舉重也。括爲首不書，爲以王子見例。○括、瑕、廖本三人，杜以爲一人。誤。

秋，七月，叔弓如宋，葬宋共姬。月葬者，不踰其夫。

葬共姬也。《傳》例，夫人喪，士弔、士會葬。文襄朝，士弔、大夫會葬。叔弓以上卿行，過厚，非禮。舊說誤，當補。

鄭良霄出奔許，自許入于鄭。不言以叛者，大國大夫乃言叛。

庚子，子皙以駟氏之甲伐而焚之，伯有奔雍梁。醒而後知之，遂奔許。癸丑，晨，自墓門之瀆入，因馬師頡介于襄庫，以伐舊北門。

鄭人殺良霄。

書曰「鄭人殺良霄」，不稱大夫，言自外入也。已非鄭大夫，外之，故不言大夫。

冬，十月，葬蔡景公。月葬，正也。六月，過也。○《穀梁》：不卒而葬，「卒而葬之，不忍使父失民于子」。若不言葬，嫌國人盡從般，無恩于景公，則是失民，故葬。賊已討，不使從般弑。

晉人、齊人、宋人、衛人、鄭人、曹人、莒人、邾人、滕人、薛人、杞人、小邾人會于澶淵，宋災故。《公》《穀》傳。石經「故」字下後人妄增①「也」字。

爲宋災故，諸侯之大夫會，以謀歸宋財。冬，十月，叔孫豹會晉趙武、齊公孫蠆、宋向戌、衛北宫佗、鄭罕虎及小邾之大夫會于澶淵。既而無歸于宋，故不書其人。不書名氏，貶也。君子曰：「信其不可不慎乎！澶淵之會，卿不書，不信也。」口惠實不至。書曰「某人某人會于澶淵，宋災故」，尤之也。尤之，故貶稱人。不書魯大夫，據叔孫豹在會。諱之也。外書人貶之，内不言會、及，是不在之辭，爲無歸諱之。

三十有一年，春，王正月。

夏，六月，辛巳，公薨于楚宫。目楚宫，惡其用夷變夏。

公作楚宫。不書，見者不再見。穆叔曰：「《大誓》云：『民之所欲，天必從之。』君欲楚也如今居室衣服用外國。夫，故作其宫。若不復適楚，意二如楚。必死是宫也。」故書薨于此，非正也。

① 增：原作「曾」，據文意改。

六月，辛巳，公薨于楚宫。禮，群宫稱宫。不嫌與宗廟同者，上繫楚也。西宫就昭穆之位言之，此宫名楚，實非廟也。立胡女敬歸之子子野①，次于季氏。

秋，九月，癸巳，子野卒。

癸巳卒，毁也。立敬歸之娣齊歸之子公子裯。未葬稱子某。世子卒，在君世不見，君卒然後見，有即尊之漸。不葬者，無廟無謚，附于祖以享。穆叔不欲，曰：「太子死，有母弟則立之，立嫡以長不以賢，立子以貴不以長。此同《公羊》，正道不易之説。無則立長，無母弟則變常，以年爲斷。同是衆子，其母尊卑同，無貴賤，則以年斷，所謂兄弟天倫也，此亦變中之正。以貴以長，足盡立子之法，下乃推其變，充類至盡。年鈞長幼異則以年決，若雙生同月同日，則以長幼決，微有不能以長幼分别者。擇賢，二子尊同年同，如雙生之子，其長幼有説，不能以年決，已窮其變。義鈞則卜，貴、長之外，同生者以賢爲斷。若性情相同，貴、長、賢三者已窮，人不能定，決之于天。此推極之言，若楚子埋玉。《檀弓》：「卜立事，非正法也。」古之道也。立子法備于此矣。非適嗣，謂母弟也。既無母弟，同是妾子，則當立長。何必娣之子？古者一國嫁女，二國媵之，本國自備娣姪，媵者亦然。正者如本國娣姪，卑者四女又下一等。敬歸，本國之娣。言外媵有子可立，不必定用夫人本國娣子。且是人也，居喪而不哀，在慼而有嘉容，是謂不度。不賢。不度之人，鮮不爲患，若果立之，必爲季氏憂。」武子不聽，卒立之。比及葬，三易衰，衰衽如故衰。

① 子野：「子」字原脱，據《左傳》補。

己亥，仲孫羯卒。

孟孝伯卒。

冬，十月，滕子來會葬。

滕成公來會葬，喪言奔，葬言會者，葬事緩。會葬月，非禮也。卒正于方伯親奔喪，使大夫會葬。君不奔喪而會葬，故月之。惰而多涕。子服惠伯曰：「滕君將死矣！怠于其位，而哀已甚，兆于死所矣，能無從乎？」

癸酉，葬我君襄公。未葬，故上卒稱子某，與般同。

葬襄公。承上十月滕子會葬之辭。

十有一月，莒人弑其君密州。

莒犂比公生去疾及展輿，去疾長。既立展輿，又廢之。犂比公虐，密州也，莒君無謚，以地氏。國人患之。罪及國。十一月，展輿因國人以攻莒子，弑之，以子弑父不言展輿，乃目人。乃立。去疾奔齊，齊出也。不言奔，下以自齊入見。展輿，吴出也。下以出奔吴乃見。書曰本以子弑父，乃不書子。「莒人弑其君買朱鉏」，國有大夫，稱人爲衆詞，與小國不同。言罪之在也。稱人在大國爲衆詞，小國爲大夫正稱。「在」下當有「展輿」字，言罪之在展輿也。大國以稱人爲衆辭，君無道，此稱人，爲罪在臣者；據小國言之，小國之人，即大國書名氏之臣。

春秋左氏古經説義疏卷十

昭公十三年同盟止。

元年，春，王正月，公即位。

叔孫豹會晉趙武、楚公子圍、齊國弱、宋向戌、衛齊惡、陳公子招、蔡公孫歸生、鄭罕虎、許人、曹人于虢。

遂會于虢，尋宋之盟也。《魯語》：虢會諸侯之大夫。尋盟，南北交相見也。楚令尹圍請用牲，讀舊書，加于牲上而已。三月，甲辰，盟。楚在晉下者，兩伯辭也。齊在楚下者，避晉伯也。叙陳、蔡、許，三國從楚者也。

三月，取鄆。詳《傳》、《魯語》。

季武子伐莒，取鄆。賈云：楚以伐莒來討，故諱伐，不諱取。不言主名，諱之也。《説文》：魯有鄆地。

夏，秦伯之弟鍼出奔晉。秦以後不記事。奔晉者，仕諸晉也。

癸卯，鍼適晉。《公羊》：「秦無大夫，此何以書？仕諸晉也。」按，吴只一見札，秦見術與札相比，此又見鍼，故《公羊》據以爲説。書曰凡仕于他國者皆不書。「秦伯之弟《穀梁》：「諸侯之尊，兄弟不得以其屬通。」故母弟正稱不言弟，如陳侯弟招在會稱公子招是也。鍼出奔晉」，自請仕于晉，乃以出奔書之。罪秦伯也。不言奔不見其惡，故變仕言奔，更盡其親以惡之。

六月，丁巳，邾子華卒。襄以後卒正例日。

晉荀吳帥師敗狄于太鹵。鹵，《公羊》同，《穀梁》作「原」。言敗不言戰，内中國而外夷狄。太原，冀州之狄邑，中國有狄名，不嫌也。《春秋》詳治内四州，故見夷狄。

晉中行穆子敗無終及群狄此以地太原知爲無終及群狄。于太原。未陳而薄之，狄不敢與晉敵，故爲未陳之辭。大敗之。《經》不言戰，故《傳》以未陳解之，不以夷狄敵中國。晉三敗狄，書法皆同。《傳》一言示例，可包二事。

秋，莒去疾自齊入于莒。賈云：諸歸國稱所自之國，所自之國有力也。

莒展輿立，而奪群公子秩。公子召去疾于齊。去疾，公子也，不稱公子，當國之辭。齊納之，故稱自齊。不言納，略之。《傳》例，納不言入；言入者，内弗受，所以惡去疾也。秋，齊公子鉏納去疾。去疾齊出，故齊助之。十四年書莒子去疾卒。

莒展輿出奔吳。不稱莒子，討賊之辭。二《傳》無「輿」字，當國也，《釋文》同。

展輿奔吳。展輿吳出，故奔吳。弒君而立，曷爲或稱君或不稱君？稱君，立已久，討者皆其臣；不稱君者，方踰年，以爲討者非其臣。既久臣之，則不得云討賊也。

叔弓帥師疆鄆田。春已取邑，此言疆田者，明盡取其田也。

因莒亂也。疆①不言帥師。言帥師者，《公羊》「畏莒也」。畏莒有變，即乘其變以取之。言疆，諱再取也。

葬邾悼公。至此乃葬，進也。以下皆日卒、時葬。

冬，十有一月，己酉，楚子麇卒。麇，二《傳》作「卷」。《傳》：慶封曰：「無或如楚共王之庶子圍，弒其君兄之子麇而代之，以盟于諸侯。」

楚公子比出奔晉。奔晉，明有内難。下歸弒靈王，明弒麇者，靈王也。

十一月，己酉，公子圍至，入問王疾，先有疾。縊而弒之。因病重，弒之。右尹子干出奔晉，即公子比。宫廄尹子晳出奔鄭。不書者，以後比入主弒，故特書比。殺太宰伯州犁于郟。葬王于郟，謂之郟敖。不使成君。使赴于鄭。以疾赴而掩其弒。楚麇本先有疾，弒事曖昧，不能直加以弒，如鄭髡頑、陳溺、齊陽生是也。

二年，春，晉侯使韓起來聘，書起來聘，明公之所以出。公朝晉而不得入，其臣反得入者，明起亦魯之三家，同黨相扶，昭公孫居之禍，皆起爲之俑也。

晉侯使韓宣子來聘，爲公初立。且告爲政，而來見，上卿不爲行人，此因新爲政，故來魯。禮也。二事皆爲禮。觀書于太史氏，《傳》：太史有以《周易》見陳侯者。《周禮》：外史掌三皇五帝之書。見《易象》

---

① 疆：原作「彊」，據《左傳》改。

《易》本名。《周官》三易乃占法有三，非有三經。與魯《春秋》。言《易》①與《春秋》，兼有四教之《詩》、《書》、《禮》、《樂》，合爲六經。曰：「周周游六虚，《易》詳天，《春秋》詳地，四教屬四方。禮經典皆屬。文周殷質之説不見于經，傳記託之君子野人。盡在魯矣，魯如《魯頌》所謂東周天統。賈云季札觀樂，云傳家據已定録之。此大義派，與二《傳》微言派異。吾乃今知周公之德《論語》之泰伯即周公，常主德。與周之所以王讀作皇。也。」《六經》皆出孔子。《傳》以爲在孔子前者，託之三代。使盡言其真事，不惟經説無所附麗，且使人據事實以疑之。劉知幾據《竹書》尚有疑經之説，不知左氏不以空言解經，與微言派不同。

夏，叔弓如晉。成以後不事齊，故事晉。

叔弓聘于晉，報宣子也。報施爲交際法。

秋，鄭殺其大夫公孫黑。《穀梁》：「稱國以殺大夫，殺無罪也。」鄭三殺大夫皆不稱人，此有罪也。不稱人者，略之。

鄭公孫黑將作亂。人臣無將之「將」。七月，壬寅，縊。尸諸周氏之衢，加木焉。

冬，公如晉，至河乃復。大夫前後皆得入，惟公不得入，明韓起之助逆也。○昭世公七如晉，六不得入，一言次、一言有疾，以起凡言「乃復」者皆有疾也。有疾，言至河者，不必至河也。爲公殺恥，故諱言有疾。

季孫宿如晉。公如晉不得入，季孫得入，惡季孫也。昭世季孫三如晉，叔孫四如晉，以公比較，公六至不得入，臣七至皆得入，臣强而君弱也。

---

① 易：原脱，據文意補。

晉少姜卒。公如晉，及河，晉侯使士文伯來辭，爲喪謝公。曰：「非伉儷也，夫人，公亦得會葬。請君無辱。」《經》義，晉爲二伯，魯當使卿弔、君會葬。夫人降一等，當使大夫弔。少姜係妾，再降一等，當使士弔。公于晉有加禮，親來弔喪，故晉謝之。公還，季孫宿遂致服焉。

三年，春，王正月，丁未，滕子原卒。原，二《傳》作「泉」。滕自此以後，二十八年、哀四年、十一年皆日卒。以前不名，至此正卒乃名之。

同盟，至此乃待以同盟之禮。故書名。初不名，至此乃名，禮待有加。同盟如今之同入公法，不同盟不名。

夏，叔弓如滕。葬襄公，滕來會，故報之。以宿爲正例，以外專爲滕、薛、杞三國發傳。

五月，葬滕成公。

叔弓如滕，葬滕成公，叔弓非卿，書者，明不及禮。滕本下我一等，當以大夫弔、卿會葬。一說滕乃卒正下等，叔弓上大夫，尚得爲禮。子服椒爲介。椒，中大夫，不書者，舉重也。及郊。滕郊。遇懿伯之忌，敬子不入。《經》不以月加「如」上，爲起此事。惠伯曰：「公事有公利，無私忌。《曲禮》：「私諱不出門。」椒請先入。」乃先受館，敬子從之。《傳》借以明禮節。

秋，小邾子來朝。

小邾穆公來朝。小邾四朝：僖七、襄七、昭三與十七，莊五郳一來朝是也。言朝，能朝也。附庸與夷狄不同，如介葛盧乃言來，不言朝。

八月，大雩。

旱也。旱，雩而得雨。雩例時，月者，記災也。

冬，大雨雹。此非時，蓋以異書也。

北燕伯欵出奔齊。言北燕，別于南燕。《穀梁》以爲從史文也。

燕大夫比以殺公之外嬖，公懼，奔齊。《燕世家》：簡公多寵姬，公欲去諸大夫而立寵姬宋①，大夫共誅姬宋②，公懼，奔齊。書曰凡言出奔，皆由内逐之，《經》以自奔爲文者，罪之也。「北燕伯欵出奔齊」，罪之也。名者，失地也。大夫專權以逐其君，簡公女寵致禍，亦失君道，故書出奔而以名見。

四年，春，王正月，大雨雹。二《傳》作「雪」。

大雨雹。《經》書此與長狄、獲麐，皆以見天學。季武子問于申豐曰：「雹可禦乎？」對曰：「聖人《經》之皇帝。在上，無雹。雖有，不爲災。」天學已通，雪威甚著。

夏，楚子、蔡侯、陳侯、鄭伯、許男、徐子、滕子、頓子、胡子、沈子、小邾子、宋世子佐、淮夷會于申。申，國名，楚滅爲邑。夷狄主會，故先叙蔡，并見徐、頓、胡、沈與淮夷。不叙魯、衛、曹、邾，皆辭，以故不叙。齊、晉二伯不叙者，避夷狄之主會也。靈王即位，求伯于晉，故爲此會。

① 立寵姬宋：原作「用之家」，據《史記・燕世家》改。

② 宋：原無，據《史記・燕世家》補。

六月，丙午，楚子合諸侯于申。靈王即位，始合諸侯。王使問禮于左師大國。與子產。小國。左師曰：「小國習之，大國用之，敢不薦聞？」宋王後，比二伯，爲大國，故獻公合諸侯之禮。楚主盟，宋從之，謙，不敢以大國自居，故云然。獻公伯。合諸侯之禮六。楚爲伯則用公禮，公合諸侯，即子服景伯所謂「伯合諸侯」也。子產曰：「小國共職，敢不薦守？」獻伯、子、男會公之禮六。鄭稱伯，爲大國之末。《春秋》小國稱伯、子、男，爲一等，《公羊》與《傳》説相同，故鄭獻伯、子、男之禮。君子謂合左師善守先代，王後稱公。子產善相小國。楚人執徐子。不可以子執子，故稱人。

徐子，徐子以州舉，見爲徐州卒正也。吴出也，以爲貳焉，無罪，稱人以執，非伯討。故執諸申。非大國不言執，楚言者，楚强也。執宋公不言楚執者，爲中國諱；執徐子言楚執者，以夷執夷，無可諱也。秋，七月，楚子、蔡侯、陳侯、許男、頓子、胡子、沈子、淮夷伐吴。執齊慶封，殺之。《釋例》：慶封得罪于齊，奔吴，以朱方與之，爲吴大夫。今殺書齊，如夏徵舒之氏陳，楚人以齊罪之，所謂懷惡而討。朱方，《公羊》作防，不言防，不與專封也。

楚子以諸侯伐吴。會申諸侯。宋太子、鄭伯先歸，故不叙。宋華費遂、卿有名氏。鄭大夫大夫不名氏。從。使屈申圍朱方。八月，甲申，克之。執齊慶封，而盡滅其族。將戮慶封，負之斧鉞，以徇于諸侯，使言曰：「無或如齊慶封，弑其君、弱其孤，以盟其大夫。」慶封曰：

「無或如楚共王之庶子圍，弑其君兄之子麇而代之，以盟①諸侯。」因病重弑之，故不書弑。王使速殺之。《穀梁》云：「軍人粲然皆笑。」

遂滅賴。二《傳》「賴」作「厲」，楚屬也，故齊伐之。今楚以伐吳之師滅之，賴服于吳可知，楚在師中亦可知。

遂以諸侯滅賴。從吳，滅之。不日者，夷狄之小國。遂，繼事也。賴爲徐州國，言遂者，惡楚也。

九月，取鄫。

取鄫，據鄫爲中國，當言滅、言入，不當言取，邑乃言取。言易也。取邿，《傳》「凡書取，言易也」，與取鄟《傳》同。莒亂，展輿入立。著丘公立，而不撫鄫，言撫鄫，是鄫尚爲國也。襄六年莒滅鄫，魯、晉來討，因復封之而屬于莒，著丘公苟遇之。鄫叛而來，不言莒大夫以鄫來奔者，鄫自主之。因其來歸，魯遂取之，如穀伯、郜子。故曰取。未用大師，又非弗地，故不言滅、入。又《春秋》滅國不重見。凡克邑，不用師徒曰取。邑當爲字誤。杜以邑解，非也。《傳》「言易也」，與鄟、邿《傳》同，鄟、邿爲國，則鄫自非邑，一也；《經》、《傳》取邑無論用師徒不用師徒皆曰取，二也；此「不用師徒」與襄十三年《傳》「用大師曰滅」爲對文，知皆爲國辭，三也；國遷亡後則舉地，如衛之夷儀是也，今復舉國，知非邑，四也；莒人滅鄫，晉人來討，《傳》雖不言其終，然非復封之，則七年鄫會晉何以不討莒子？五也。

冬，十有二月，乙卯②，叔孫豹卒。文以後三家卒詳書，以見世卿之禍。

---

① 「盟」下原衍「于」，據《左傳》删。

② 卯：原脱，據《左傳》補。

十二月，癸丑，叔孫不食；乙卯，卒。牛立昭子《集解》：「昭子，豹之庶子叔孫婼也。」而相之。公使杜洩葬叔孫。杜洩將以路葬，且盡卿禮。路，王所賜。南遺《集解》：「南遺，季氏家臣。」謂季孫曰：「叔孫未乘路，葬焉用之？」不欲叔孫用重禮。且冢卿無路，季孫爲冢卿，天子未賜，不用路。介卿以葬，不亦左乎？」季孫曰：「然。」使杜洩舍路。不可，曰：「夫子受命于朝而聘于王，王思舊勳而賜之路，天子所賜。復命而致之君，辭于君。君不敢逆王命，而復賜之，使三官書之。三官：司徒、司馬、司空，如天子之三公。天子稱三公，其副稱三官，諸侯直稱三官。書之，書于册書。吾子爲司徒，司徒爲冢卿，三官之首。實書名；有季氏名。夫子爲司馬，自爲司馬，不能書。與工正書服；工正爲司馬之副，代之書。孟孫爲司空，以書勳。今死而弗以，是棄君命也。書在公府而弗以，是廢三官也。若命服，生弗敢服，死又不以，將焉用之？」乃使以葬。

五年，春，王正月，舍中軍。《傳》晉舍新軍曰「成國不過半天子之軍」。與《公》、《穀》相同。

舍中軍，就事實言之，舍中軍爲惡事；就《經》義言之，則舍中軍爲合古。《王制》：「大國三軍，次國二軍，小國一軍。」魯爲次國，當用二軍。晉二軍，公將一軍，太子將一軍；齊三軍，公將一軍，國、高各將一軍。繻葛，天子亦三軍者，偶不從六軍之制。天子六、大國三、次國二、小國一。卑公室也。《膏肓》云：季武子將作三軍，左氏説爲尊公室，以魯爲次國，例有二軍，新作三軍，故謂之「尊公室」，與此「卑公室」相對成文。其實作三軍則三家三分之，舍中軍亦三家三分之，《傳》綜始終言之。三家强而公室愈卑矣。毁中軍于施氏，成諸臧氏。議發于施，成于臧，知季氏有意爲之。初，作中軍，以齊制言，公當統一軍，季、叔各統一軍。三分公室，公室，公所有者，三家分奪之。而各有其一。初，公一軍，季孫一軍。此次分公室，三家各一軍，不入公。季氏盡徵之①，叔孫氏臣其子弟，叔孫在季、孟之間，取三之二。《集解》：「以父兄歸公。」孟氏取其半焉。取季氏之半，以半歸公。及其舍之也，四分公室，以公屬之三分爲四分。季氏擇二，以十數計之，三分之得十之三，四分有二則得五矣。二子各一。叔、孟平分，無强弱。皆盡徵之，而貢于公。自徵而貢，權柄在下，公更無民。

楚殺其大夫屈申。

楚子以屈申爲貳于吴，乃殺之。此殺無罪，不以稱人不稱人爲例，楚殺皆稱國，略之也。

公如晉。董子：「昭公以事楚之故，楚强晉弱，公故得入。」

自郊勞至于贈賄，《傳》語以見國際當時實無《禮經》。無失禮。昭公惟此得入，無河上之難，晉大夫專也。

夏，莒牟夷以牟婁及防、兹來奔。牟婁，君邑；防、兹，臣邑。《公羊》：言「及」何？不以私邑累公邑也。

牟夷非卿而書，卿謂州牧之卿，天下爵禄歸統天子。《春秋》三錫以上乃書于《經》，凡屬長以下，七十里、五十里伯、子、男之國君與小侯之卿通不見《經》。次國卿適當天子大夫，故稱諸侯卿爲大夫。小國卿位當次國大夫、天子下士，故同不見《經》，非謂小國無卿也。尊地也。三十一年《傳》：「賤而書名，重地故也。」《傳》就事立説，不爲通例，故邾快不以地亦書。

---

① 季氏盡徵之：原脱，據《左傳》補。

秋，七月，公至自晉。賈云：「還至不月；月者，因莒之愬晉，欲止公，有危道也。」

莒人愬于晉，莒以牟夷之故，愬魯于晉。魯受地不諱者，公不在也。公不在而納叛人，大夫專也。晉侯欲止公，范獻子請歸之，間而以師討焉，乃歸公。

戊辰，叔弓帥師敗莒師于蚡泉。蚡，《公》作「濆」，《穀》作「賁」。

莒人來討，不設備。戊辰，叔弓敗諸蚡泉，莒未陳也。《傳》例：「凡師，敵未陳曰敗某師。」内敗外不言戰，直敗之如未陳者然，所以尊内也。

秦伯卒。秦五記卒，四不名。《公羊》：「秦，夷也。」一説從天子大夫之例，故不名。

秦后子復歸于秦，景公卒故也。

冬，楚子、蔡侯、陳侯、許男、頓子、沈子、徐人、越人伐吴。此彙序從楚之國。中國同盟，蔡、陳、許三國常不見，頓、沈、徐、越皆不序者，爲楚主會詳序之。徐爲州名，越屬揚州，明荆、徐、揚三州國皆從楚，惟秦不序。徐、越皆君，人越，不可不人徐也。

十月，楚子以諸侯即稱爵五國。及東夷謂徐、越。伐吴，言伐吴，著楚之强也。以報棘、櫟、麻之役。言伐吴，著楚强。沈、頓爲中國，故①稱子，徐、越爲夷狄，故稱人。是行也，吴早設備，楚無功而還。

① 故：原作「國」，據文意改。

六年，春，王正月，杞伯益姑卒。

杞文公卒，弔小國，例當以士弔。如同盟，禮也。杞七記卒，一不名。名者，以同盟之禮待之，其實杞同盟久矣。同盟稱名，惟小國如此。

葬秦景公。秦書葬始此。夷狄不葬，葬者非真夷。○卒、葬皆不日、月。略之。

大夫如秦，葬景公，《經》不書使，故《傳》以内大夫言之。秦爲方伯、同盟國，曾歸襚、來聘，凡秦喪，魯皆弔會，因《經》不書，《傳》遂闕之。此因書葬言大夫如之爲禮，非因有大夫使乃書葬。禮也。三十年《傳》：「先王之制，諸侯之喪，士弔、大夫送葬。」三年《傳》：「文襄之霸，君薨，大夫弔，卿共葬事；夫人，士弔、大夫送葬。」就《經》言爲先王，就事實言爲文、襄，非異制也。今以三年《傳》爲敵國禮，三十年《傳》爲大國加于小國禮。秦爲外方伯，魯以小國禮待之，故二《傳》外方伯禮待多同卒正。

夏，季孫宿如晉。

拜莒田也。晉侯享之，有加籩。公在晉。三家受莒叛邑，此過在臣。莒人愬于晉，晉欲止公，是以臣罪遷于君。季孫如晉，晉侯享之，有加籩，《傳》直以拜莒田爲説。蓋是時晉、魯皆大夫專政，賄賂結納，故無是非。

葬杞文公。

宋華合比出奔衛。言大夫出奔者，上下交譏之也。

遂逐華合比，合比奔衛。合比欲爲太子殺寺人柳，柳故計去之。此殺太子之先見也。

秋，九月，大雩。

旱也。

楚薳罷帥師伐吴。薳罷以後不見。

令尹子蕩帥師伐吴，師于豫章，而次于乾谿。吴人敗其師于房鍾。此楚師敗也。不言敗者，吴、楚皆夷狄，略之。

冬，叔弓如楚。

叔弓如楚，聘，公將如楚，叔弓先之。言如楚者，楚分伯，齊失伯，故如楚則不如齊。襄、昭如楚，是楚代①齊爲伯也。且弔敗也。爲房鍾之敗。

齊侯伐北燕。納北燕伯也。

齊侯遂伐北燕，將納簡公。本納簡公而《經》言「伐」者，是年不克納，十二年高偃乃帥師納之。晏子曰：「不入。燕有君矣，已更立君。民不貳。燕無隙可乘。吾君賄，下《傳》受燕賂而返。左右諂諛，作大事不以信，未嘗可也。」

七年，春，王正月，暨齊平。《穀梁》：「暨猶暨暨也，不得已也，以外及内曰暨。」

暨齊平，齊、鄭言「及」。齊求之也。賈曰：魯與齊平。季氏廉説：「暨齊平」與「及齊平」、「及鄭平」同，而下文叔孫洫盟與叔還洫盟之事相類。「齊求之也」四字正解齊、魯之平。癸巳以下，方終齊、燕之事。

三月，公如楚。《年表》、《世家》遲一年，字誤也。

---

① 代：原作「伐」，據文意改。

公如楚，如，朝也。公如京師與齊。晉、楚分伯，公二如楚，不得正禮，故皆月之。鄭伯勞于師之梁。不言如鄭者，「如」爲朝文，公雖至鄭，不言如也。孟僖子爲介，不能相儀；及楚，不能答郊勞。爲下使懿子學禮張本。

叔孫婼如齊涖盟。《穀梁》：「内前定之盟爲涖，外前定之盟爲來。」○正月係齊使人來，故《傳》以爲齊求我。《傳》據《經》爲説。

夏，四月，甲辰。朔，日有食之。

晉侯問于士文伯曰：「誰將當日食？」對曰：「魯、衛惡之，衛大，魯小。」言日食災衛大于魯。《集解》：「八月，衛侯惡卒；十一月，季孫宿卒。」又曰：「不善政之謂也。國無政，不用善，則自取謫于日月之災。《集解》：「謫，譴也。」故政不可不慎也。」

秋，八月，戊辰，衛侯惡卒。《穀梁》：衛侯惡與衛、齊惡君臣同名，《春秋》譏之。

衛襄公卒。

九月，公至自楚。致、如皆月，危也，外楚也。如禮惟施于京師、齊、晉，今魯亦爲楚所統，故月以危之。

公至自楚。公二如楚皆月，不許夷狄之伯，譏内，亦譏晉也。孟僖子病不能相禮，乃講學之。事詳《孔子世家》。

冬，十有一月，癸未，季孫宿卒。

季武子卒。

十有二月，癸亥，葬衛襄公。方伯月葬，日者，危之。

衛襄公夫人姜氏無子，嬖人婤姶生孟縶。《經》書「衛侯之兄縶」，母兄也。晉韓宣子爲政聘于諸侯之歲，昭二年。婤姶生子，名之曰元。元，靈公，與縶同母。孟縶之足不良，《公羊》：「輒何以不立？有疾也。何疾爾？惡疾也。」《穀梁》曰：「有天疾者不得入乎宗廟。輒者何也？曰兩足不能相過。」能行①。孔成子以《周易》筮之，曰：「弱足者居。班氏說「世子有惡疾廢者何？以其不可承先祖也」。侯主社稷，臨祭祀，奉民人，事鬼神，從會朝，又焉得居？各以所利。」《集解》：「孟跛利居，元吉利建。」孔成子立靈公。十二月，癸亥，葬衛襄公。因縶、元繼嗣議立不明，死後乃定，故日以危之。

八年，春，陳侯之弟招殺陳世子偃師。公子正辭不言弟，言弟者，盡其親以惡之，此惡招殺世子，又弒哀公也。

陳哀公元妃嫡夫人。鄭姬生悼太子偃師，悼，謚也。二妃生公子留，招所立。下妃生公子勝。二妃嬖，留有寵，屬諸司徒招與公子過。然則偃師之殺，陳侯爲之。哀公有廢疾。三月，甲申，公子招②、公子過殺悼太子偃師，而立公子留。舊作生悼太子師，少姬生偃，今據《經》文改。《經》稱弟者，盡其親以惡之，不言過者，舉重也。

① 能行：原作「弱行」，據《左傳》改。

② 公子招：原脱，據《左傳》補。

夏，四月，辛丑，陳侯溺卒。

哀公縊。《陳世家》：招發兵圍哀公，哀公故縊。此弑也，爲楚藉是滅陳，不言弑，不與楚滅之辭也。

叔弓如晉。

賀虒祁也。鄭伯如晉不書者，外相如不書。

楚人執陳行人干徵師，殺之。楚託討招以滅陳，此亦弑事見討。稱行人，行人無罪，稱行人爲累國之辭。

干徵師赴于楚，告君卒于疾。且告有立君。立留。公子勝愬之于楚。愬招、過弑君、殺太子、立留之狀。楚人執而殺之。《穀梁》：「稱人以執大夫，執有罪也。」「有」當爲「無」，以諸侯討大夫有罪當稱子。

陳公子留出奔鄭。留未踰年稱公子，志不當也。謂不當，首其惡于招。奔鄭，畏楚討也。

公子留奔鄭，書曰書法謂稱弟、稱行人而發。「陳侯之弟招殺陳世子偃師」，罪在招也；以大夫殺世子，其罪甚明。稱弟不稱公子，盡其親以惡之，所以著招之罪也。「楚人執陳行人干徵師，殺之」，據殺或不言行人。罪不在行人也。《穀梁》：「稱行人，怨接于上也。」

秋，蒐于紅。《傳》：「三年而治兵。」三年自簡車徒，與五年大蒐簡一州之國不同。田獵以蒐狩爲正，秋蒐，正也，書一正以見所不正。先儒以不言「大」爲公失權，此事實，非《經》例也。

大蒐于紅。《傳》言大，謂爲蒐之大者，因爲蒐之大乃書之，與《經》之大蒐不同，杜以爲經闕大字，誤。自根牟至于商、衛，革車千乘。方伯本封百里，外閒田方百里者十，得方三百一十六里，出革車千乘。《論語》「千乘之國」，《孟子》「萬乘之國，千乘之家，千乘之國，百乘之家。萬取千焉，千取百焉」。此方伯自蒐之禮。

陳人殺其大夫公子過。稱人者，殺有罪也。

陳公子招歸罪于公子過而殺之。招與過同殺世子，立留。過者，招之徒也。今畏楚討，故殺過以說于楚①。

大雩。

冬，十月，壬午，楚師滅陳。執陳公子招，放之于越，殺陳孔奂。奂，《公》作瑗。

九月，楚公子棄疾帥師奉孫吴圍陳。吴者，偃師子，哀公孫，故曰孫吴。不言以吴者，志不在立吴。不言圍者，滅不言圍也。宋戴惡會之。宋不書，不以中國滅中國也。冬，十一月，壬午，滅陳。招復稱公子，正稱也。澶淵至此八年，楚始滅中國。滅不言，放殺大夫，言放殺，存陳也。招、奂繫陳，亦存陳也。

葬陳哀公。賈、服以葬哀公之文在殺孔奂下，以爲楚葬，不知此陳臣子自葬，不與楚葬之。滅國不葬，此葬者，存陳也。如滅而旋復，故下言會陳。杜以爲嬖人袁克葬之，魯往會，故書葬。以嬖人私葬，魯何以往會？大非情事。因據會葬乃書之例，故有此誤。

九年，春，叔弓會楚子于陳。已滅復見，不從地名録者，存陳，故下又書陳災。

叔弓、宋華亥、鄭游吉、衛趙黶會楚子于陳。服云：宋、鄭、衛大夫不書，叔弓後也，此誤據《傳》例爲說。按，此不必以爲叔弓後諱之不言耳，以夷狄滅中國，又往會，故諱不言三國大夫。

許遷于夷。常遷不書，此書者，以許遷爲徐州卒正。衛二遷，蔡一遷，各有取義。許初在豫州，計共四遷，明其以一

---

① 楚：原作「陳」，據文意改。

許代外州四卒正，故以四遷明之也。

二月，庚申，楚公子棄疾遷許于夷，實城父。取州來、不言者，略之。淮北之田以益之。蔡遷于州來，主徐州，此益以州來、淮北田，則遷在徐州可知。伍舉授許男田。此如楚專封之。先儒有以爲楚人强遷者，《傳》曰楚公子遷許于夷，爲楚强遷無疑。《經》以自遷爲文，不言楚人遷許者，不與楚也。然丹遷城父人于陳，以夷濮西田益之。遷方城外人于許。

夏，四月，陳災。二《傳》作「陳火」，以爲書以存陳。賈、服亦以爲陳已滅而書陳災，愍陳，不與楚，故存陳而書之，陳尚爲國也。

陳災。陳方伯，得記災，已滅書者，存陳，不與夷狄得志于中國。此《春秋》特筆，杜誤以爲大夫弔災乃書，楚既縣陳，魯不能爲陳往。若爲楚書，則二百四十年豈無一水火災？何以不告？我不一往弔，乃獨弔其縣災乎？

秋，仲孫貜如齊。公不如齊猶記大夫之如者，方伯則大夫例如之。

孟僖子如齊，齊、晉、楚皆强，魯事三大國。書「如」，此記其事實。《孟子》以小事大爲交鄰之道。殷聘禮也。《王制》：「諸侯比年小聘，三年大聘，五年一朝。」服云：如齊殷聘，自襄二十年叔老聘齊至今積二十一年，此再書仲孫之聘，以起齊之失伯也。

冬，築郎囿。

書，時也。得上功之時。

十年，春，王正月。

夏，齊欒施來奔。《説文》：「施字子旗。」書奔者，著大夫之亂也。齊，《公》作晉，晉欒氏已絶，爲字之誤。

欒施、高彊來奔。齊、晉皆有欒氏，書奔，見欒、高二氏之亂齊。不書高彊，爲其父子尾諱也。

秋，七月，季孫意如、叔弓、仲孫貜帥師伐莒。已舍中軍，何以三大夫同見？叔弓非卿，季孫之佐也。據《傳》伐莒取鄆，不言者，諱之也。

平子伐莒，取鄆。十三年公如晉，晉謝公，公爲莒人所愬。獻俘，始如謹始。用人于亳社。獻俘，用人，皆當時蠻野氣習，不書者，諱之深也。

戊子，晉侯彪卒。《傳》裨竈望星而知晉侯之死，故《年表》據以爲説。

晉平公卒。昭以下晉伯愈卑，六卿争權，不恤公室。定、哀爲無伯之世，與隱、桓同。〇平公十一見《經》。

九月，叔孫婼如晉，葬晉平公。三月而葬，速。小國于大國卿弔、君會葬，于敵國大夫弔、卿會葬，于小國士弔，大夫會葬。此大國以卿會葬，非禮。〇婼，《公》作「舍」。

叔孫婼、齊國弱、宋華定、衛北宮喜、鄭罕虎、許人、曹人、莒人、邾人、滕人、薛人、杞人、小邾人如晉，葬平公也。十九國惟陳、蔡、楚、秦、吴不至。秦，仇也，吴遠，陳、蔡從楚，此《春秋》隱見例。《傳》見十三國，以外隱而不見者尚多，藉十三國可推其餘。《經》獨見叔弓，不見十二國，藉叔可推婼在晉，不待赴告。《經》惟見一婼，不可以不書諸國爲不告也。

冬十有二月，甲子，宋公成卒。成，《公》作戌。

冬，十二月，宋平公卒。賈、服云：無「冬」字，刺不登臺觀氣。案，《傳》有《經》無，爲傳寫之誤，非筆削之舊。《解詁》以爲取孟子之年，尤爲臆測，今姑闕之。

十有一年，春，王二月，叔弓如宋，葬宋平公。二月，《公》作正月。

葬平公也。

夏，四月，丁巳，楚子虔誘蔡侯般，殺之于申。虔即圍，左氏所謂二名也，弑君即位後改爲虔。因般罪大，乃名虔，不許其討。般、虔同科，故并治之。申，楚地。誘殺言地、言日，皆爲罪重。誘殺戎蠻子不地、不日，夷狄也。

三月，丙申，楚子伏甲而饗蔡侯于申，醉而執之。《公羊》：「楚子虔何以名？以爲誘討也。懷惡而討不義，君子不與也。」夏，四月，丁巳，殺之。《傳》例：「自外曰戕。」鄭君曰：「不加虐仍曰殺。」刑其士七十人。

楚公子棄疾帥師圍蔡。此棄疾專兵，起下弑君之禍也。《年表》云：「使棄疾居之，爲蔡侯。」然《經》不以討賊言者，不許夷狄殺中國之君也。

公子棄疾帥師圍蔡。《傳》：「今又誘殺其君，以圍其國，雖幸而免，必受其咎。」

五月，甲申，夫人歸氏薨。

齊歸薨。《公羊》：齊歸者，昭公之母也。劉子云：「昭公母歸氏薨，昭不戚，又大蒐于比蒲。」

大蒐于比蒲。賈、服：「書大者，言大衆皆在三家。」非也，杜已駁之。按，此爲五年大簡車徒，合二百一十國而習兵。并詳《刑法志》。

非禮也。《傳》：「君有大喪，國不廢蒐，國不恤喪，不忌君也。」謂嫡母薨。禮，喪不貳事，故書此以譏之。

仲孫玃會邾子，盟于祲祥。服注作「詳」，無「祲」字，《公》作「侵羊」。

孟僖子會邾莊公，盟于祲祥，修好，禮也。襄世魯、邾之隙日深，至同盟重丘，齊、晉既睦，襄二十八年邾子來朝，昭元年魯會悼公之葬，故此盟曰修好也。

秋，季孫意如會晉韓起、齊國弱、宋華亥、衛北宮佗、鄭罕虎、曹人、杞人于厥慭。意如，《公》作「隱如」；國弱，《公》作「國酌」。

會于厥慭，《公》作「屈銀」。謀救蔡也。此時楚强，晉不能與争，會而不能救蔡，故不書救。晉人使狐父請蔡于楚，懼與楚戰，虚使人請之。弗許。楚不許而即止。不能與戰，愈見晉伯之衰，故蔡終滅于楚。

九月，己亥，葬我小君齊歸。

葬齊歸，公不慼。晉士之送葬者言士，所以不書。又晉爲大國，下行之禮，于方伯夫人葬當以士會。歸以語史趙。叔向曰：「魯公室其卑乎！君有大喪，國不廢蒐；書大蒐。有三年之喪，《傳》緣《經》立說。而無一日之慼。國不恤喪，不忌君也；君無慼容，不顧親也。國不忌君，君不親親，能無卑乎？殆其失國。」爲後公出奔張本。

冬，十有一月，丁酉，楚師滅蔡。執蔡世子有以歸，用之。劉、賈：「用者，不宜用也。」《公羊》用以爲築防，《傳》以爲岡山，岡、防音近。有已踰年而稱世子者，《公羊》云：「不君靈公，不成其子。」《穀梁》以爲不與楚殺。本《傳》先師無説，以爲自蔡言之，是不成其子；自楚言之，則稱世子不得殺滅之也。○有，《穀》作「友」。

楚子滅蔡，用隱太子于岡山。《蔡世家》：「平侯立，而殺隱太子。」按隱太子由靈王所殺，非平侯所使。

《世家》謂有所殺，故平侯乃立，東國不得立也。申無宇曰：「不祥。五牲不相爲用，况用諸侯乎！王必悔之。」用人以祭，此蠻野之習氣。

十有二年，春，齊高偃帥師納北燕伯于陽。陽，齊地也，後歸于燕，閔二年「齊人遷陽」是也。燕伯不得入，乃納之于陽。不以陽繫燕，臣子不有君父也。此與晉納蒯聵事相比。

齊高偃納北燕伯欵于唐。《公羊》「公子陽生也」，當作「公子陽」句，「生也」。弟子據惠公以納卒，何以不名？如「吴子遏伐楚，門于巢，卒」，先名。《傳》云生也者，謂吴記卒，燕不記卒，不能以記卒之例比之。《禮》曰「諸侯不生名」。因其衆也。賈云「時陽距難」，杜據《傳》「因其衆」以駁之。二《傳》以納爲内弗受，經例也。按此事由高偃所爲，例當言納，不必爲内弗受。以二伯納君，美惡自明，不嫌同辭也。

三月，壬申，鄭伯嘉卒。

鄭簡公卒。

夏，宋公使華定來聘。華定執政，起下五大夫之亂。華氏盛强，故《春秋》譏世卿。

宋華定來聘，通嗣君也。十年元公佐立，此猶在喪中。

齊侯、衛侯、鄭伯如晉，外相如不書，據此可補其例。朝嗣君也。衛、鄭朝晉，《經》例與《傳》同。至于齊，《經》以爲二伯，與晉敵體，晉特以同姓先之，不能相朝。故《傳》有齊朝晉之文，而《經》絶無晉尊于齊之説，此《經》義與事實不同。

公如晉，至河乃復。言公不得入晉，以起出奔之禍。

取郠之役，在十年。莒人愬于晉，《穀梁》：「季孫氏不使遂乎晉也。」晉有平公之喪，未之治也，故辭公。公子憖遂如晉。公如晉不得入，遣憖如晉得入，而《經》不書者，憖謀亂故也。

五月，葬鄭簡公。

六月，葬鄭簡公。日中而葬。《傳》：「毀室，則朝而堋；弗毀，則日中而堋。」是古人用柔日，不定時刻，如日中、日下昃是也。君子謂子産于是乎知禮。禮，無毀人以自成也。

楚殺其大夫成熊。熊，《公》作「然」，《穀》作「虎」，董子：「靈王無道，又以暴殺無罪，楚國大濊。」

書曰楚殺大夫無異例，皆云國殺、稱大夫，然則《傳》言「書曰」對不書者言之。吴、秦皆不書殺，惟楚書之，故只一例，是非從本事而見，不以書法異之。「楚殺其大夫成虎」，書國，殺無罪。因讒①殺臣，無道之甚。懷寵也。成虎知讒不去，坐以待斃，亦失之。

秋，七月。

冬，十月，公子憖出奔齊。憖，《公》作「整」。

公子憖謀季氏。謀去季氏。憖告公，而遂從公如晉。即上公如晉，不書者，公行不書大夫，從重也。南蒯懼不克，恐所謀不成。以費叛如齊。《春秋》外叛書，内叛不書，爲内諱也。子仲還，公先還，憖在後。及衛，聞亂，逃介而先。不與介同而先行。及郊，聞費叛，遂奔齊。從南蒯也。憖奔無後，以下魯無公子公孫，三家專政故也。

---

① 讒：原作「纔」，據文意改。

楚子伐徐。

楚子狩于州來，次于潁尾，徐州境。使蕩侯、潘子、司馬督、囂尹午、陵尹喜帥師圍徐以懼吳。時徐從吳，楚偪吳，故圍徐。以夷狄伐夷狄可言也，故不嫌稱子，與下晉伐不稱侯相起。楚子次于乾谿，以爲之援。

晉伐鮮虞。晉伐同姓，故狄之。

因肥之役也。《春秋》書晉伐多稱侯。以中國伐中國猶可言，惟伐同姓不可言；以夷狄伐夷狄猶可言，惟與夷狄交伐中國不可言，故《經》以狄之也。

十有三年，春，叔弓帥師圍費。上年南蒯以費叛，此帥師討之也。不書叛而書圍，其亂可知。

叔弓圍費，弗克，敗焉。不言敗，爲内諱。後取費不書，略之也。

夏，四月，楚公子比自晉歸于楚，弒其君虔于乾谿。先儒以地爲失所。虔即公子圍也，即位後改爲虔，《傳》所謂「譏二名」也，《公羊》後師乃移以説何忌、曼多也。

五月，癸亥，王縊于芋尹申亥氏。《年表》：以蔡公之命召子干、子晳，及郊而告之情，强與之盟。乃奉蔡公召二子而盟于鄧。〇《公羊》：「弒君言歸何？歸無惡于弒立也。」《穀梁》：「歸一事，弒一事，而遂言之，以比之歸弒，比不弒也。弒君者日，不日，比不弒也。」

楚公子棄疾殺公子比。《公羊》：「比已立，其曰公子何？其意不當也。大夫相殺稱人，此稱名氏以殺何？言將自是爲君也。」

乙卯夜，棄疾使周走而呼曰：「王至矣！」二子皆自殺。《經》言棄疾殺者，以弒君之罪歸之也。

秋，公會劉子、晉侯、齊侯、宋公、衛侯、鄭伯、曹伯、莒子、邾子、滕子、薛伯、杞伯、小邾子于平丘。此會謀討魯，并徵會于吴。以魯取鄆之故，莒人來愬，晉將討之。

晉侯會吴子于良，水道不可，吴子辭，乃還。七月，丙寅，治兵于邾南。遂合諸侯于平丘。自此至定四年共二十三年，晉、楚不交兵。楚有吴禍；晉六卿强，各相争，無志諸侯也。

八月，甲戌，同盟于平丘。

齊服也。同盟始于莊十六年，終于此，隱、桓無伯，定、哀亦無伯。以下晉、楚失伯，故公又如齊，不如楚。及盟，子産争承，曰：「昔天子班貢，輕重以列，列尊貢重，位尊則地大，地大則貢重。周之制也。卑而貢重者，甸服也。天子千里爲王畿甸服，甸服之貢與外州不同，位卑而貢重。鄭在豫州，與東都近，不自以爲甸服，此鄭在冀州，即《春秋》存西京之證。鄭，句。伯男也，即伯子男。「曹，伯甸也」同。而使從公侯之貢，伯男與公侯對文。鄭爲方伯下等，以下推之，則伯子男爲一等，可下齊于男。方伯例稱侯。爲卿，以方伯推之，得如公侯之貢。鄭自以殿方伯，欲下同卒正之貢。懼弗給也，敢以爲請。」晉人許之。

公不與盟。公事楚，故諸侯外之。《穀梁》：「公不與盟者，可以與而不與，譏在公也。」

晉人執季孫意如以歸。

晉人以平子歸。執與以歸并言者，執以致晉討，歸以安季孫也。

公至自會。《公羊》：「大夫執，何以致會？不恥也。曷爲不恥？諸侯遂亂，反陳、蔡，君子不恥不與焉。」

蔡侯廬歸于蔡。詳《楚世家》。○《春秋》誅君之子不立，廬非般之子，言歸者，從夷狄反中國之辭也。

陳侯吴歸于陳。詳《陳世家》。○楚滅陳，復封陳，皆《春秋》所不許。蔡、陳稱名、言歸，所以惡楚也。

楚之滅蔡也，靈王遷許、胡、沈、道、房、申于荆焉。荆謂荆州。道、房，不見《經》國，例不書。楚遷許、胡、沈、申不書，略之也。平王即位，既封陳、蔡，而皆復之，禮也。書陳、蔡而略四國，舉重也。隱太子之子廬歸于蔡，禮也。悼太子之子吴歸于陳，禮也。《穀梁》：「此未嘗有國也，使如失國辭然者，不與楚滅也。」

冬，十月，葬蔡靈公。此三十月葬者，因復國乃葬之。陳早蔡晚，互以相起。此不當葬者，葬之，不與楚滅也。

禮也。靈公早葬矣，至此言葬何？亡國不葬，故于歸後復國乃葬。葬爲臣子事，有臣子而後書葬也。

公如晉，至河乃復。

荀吴謂韓宣子曰：「諸侯相朝，講舊好也。執其卿而朝其君，有不好焉，不如辭之。」乃使士景伯辭公于河。公如晉屢次不入，所以見出奔之由，亦以見晉之失伯也。

吴滅州來。吴書滅，夷狄也。故昭世三書滅，州來、巢、徐，凡三見也。

令尹子旗請伐吴，州來舊爲楚有。王弗許。初得國。不敢用兵。○州來者，徐州之國也。本狄國，何爲與中國同？《春秋》引而進之也。

十有四年，春，意如至自晉。《穀梁》：「大夫執則致，致則名。」杜本此爲説。

意如至自晉，據意如所以得歸，《傳》無其文，而事見《魯語》，是劉氏引《傳》解《經》時不盡采録，故《國語》、積于月也。

《史記》多《傳》所無之事。尊晉罪己也。二《傳》以不氏而名爲再見例，《傳》據本事以爲不氏者，自以爲罪而貶損。自貶即所以尊晉，與二《傳》例小異。尊晉罪己，禮也。自卑尊人，以小事大之禮也。

三月，曹伯滕卒。曹卒月者，由日而月，循環之例也。下十八年、二十七年皆月，定世一書時，蓋欲終于時，故先積于月也。

夏，四月。

秋，葬曹武公。《春秋》卒正邾、滕、薛、杞至襄、昭世卒皆例日，曹獨不日者，曹居卒正首，始見日，故以後不日。滕以下始見不日，以下又日。一進一退，一始一終，比類見義。

八月，莒子去疾卒。莒文、成以後卒者，卒正也。不葬者，夷狄也。葬必舉謚，莒無謚，故不葬，與吴、楚相同。吴、楚不葬，別有義例。

莒著丘公卒，郊公不慼，國人弗順，欲立著丘公之弟庚輿。蒲餘侯惡公子意恢而善于庚輿，郊公惡公子鐸而善于意恢，公子鐸因蒲餘侯而與之謀，曰：「爾殺意恢，我出君而納庚輿。」庚輿立九年出奔于魯。許之。

冬，莒殺其公子意恢。莒無大夫，其稱公子意恢，意恢賢矣。此殺未踰年之君，不氏不見其惡，故盡其親以惡之，亦以貴賤不嫌也。曹、莒皆無大夫，曹殺稱大夫，不名，莒殺稱名氏，不言大夫，互文見義。

十二月，蒲餘侯兹夫殺莒公子意恢，郊公奔齊。不書者，略之。庚輿出奔，齊人納郊公，後爲君。公子鐸逆庚輿于齊，齊隰黨、公子鉏送之。庚輿自齊不書者，亦略之。有賂田。

十有五年，春，王正月，吴子夷末卒。吴，小夷，爲外州方伯，卒皆月。楚亦外州方伯，卒皆日者，大夷也。未同盟而書卒，知名不名。不以同盟爲斷。

二月，癸酉，有事于武宫。籥入，叔弓卒，去樂，卒事。《春秋》祭有大事與有事之分。大事者，合已毁未毁之廟皆合食；有事者，惟未毁之廟合食，已毁之廟則不及焉。

春，將禘于武公。二月，癸酉，禘。《王制》：「春曰禴，夏曰禘，秋曰嘗，冬曰烝。」《春秋》皆周正，二月猶是冬，冬當言烝，不言烝者，避四時祭，故以有事言之。叔弓涖事，籥入而卒，二《傳》：「聞大夫之喪，去樂卒事。」是叔弓自卒于家，以喪聞于君也。《傳》言涖事，是卒于廟中。去樂卒事，禮也。以明吉凶之制。

夏，蔡朝吴出奔鄭。朝，《公》作昭。

蔡人逐朝吴，朝吴出奔鄭。二《傳》不言出者，非蔡臣，不得言出。本《傳》有出字，既仕于蔡，亦得言出也。

六月，丁巳，朔，日有食之。

乙丑，王太子壽卒，不書者，未成君也。據此可見王世子無書卒之例。

秋，晉荀吴帥師伐鮮虞。此伐而取邑，不言取邑者，略之也。所伐之國猶是鮮虞也，惟所伐之人不同，故前狄之，此雖不狄，而狄之之義已明。

晉荀吴帥師伐鮮虞①，圍鼓。鮮虞乃大名，鼓其一種，不言圍鼓者，略之也。克鼓而反，不戮一人，以鼓子鳶鞮歸。不言以鼓子歸，亦略之。

八月，戊寅，王穆后崩。據此可定王后崩不書之例。

冬，公如晉。公惟五年及此得如晉，董子説先晉昭卒，至一年無難。

公如晉，平丘之會故也。平丘公不與盟，故此如晉得入。

十有六年。

春，王正月，公在晉。正月公在楚，書以存公。《公羊》「正月以存公」，是也。晉人止公。送葬。不書，先歸不以送葬之文。諱之也。公在晉不存公。中國不存公，《傳》以爲諱。

春，齊侯伐徐。再伐徐。徐人行成，受賂而還。

二月，丙申，齊師至于②蒲隧，徐人行成。徐子及郯人、莒人會齊侯，盟于蒲隧，賂以甲父之鼎。不書者，略之也。叔孫昭子曰：「諸侯之無伯，伯，二伯。《春秋》初，齊爲大伯，晉、楚分，乃爲二伯。晉、楚至此日衰，齊今受賂，故傷無伯。害哉！齊君之無道也，興師而伐遠方，會之，有成而還，莫之亢也。無伯也夫！」晉時不能遠略，吴、楚方争，齊不强以自伯，故《傳》傷之。

---

① 以上八字原脱，據《左傳》補。

② 于：原脱，據《左傳》補。

楚子誘戎蠻子殺之。賈云：楚子不名以立其子，《公羊》：不名者，夷狄相誘，君子不疾。賈用《公羊》而小變其説。不月、不日、不地，略之。戎蠻，豫州之夷，楚誘殺之，後有晉執以歸事。

楚子聞蠻氏之亂也與蠻子之無質也，使然丹誘戎蠻子嘉，殺之。誘爲惡道，兩見皆繫于楚，一誘蔡侯般，一誘戎蠻子，書之，惡楚也。遂取蠻氏。滅之。既而復立其子焉，故下有晉人執戎蠻子赤歸于楚之事。禮也。討其亂不利其國，故爲禮。

夏，公至自晉。

公至自晉。《年表》公歸在葬昭公之後，《經》先書至，後書卒，避送葬之事，爲内諱也。子服昭伯語季平子曰：「晉之公室，其將遂卑矣。」晉自平公以後伯業愈衰，六卿争權，不恤公室，定、哀所以爲無伯之世也。

秋，八月，己亥，晉侯夷卒。《年表》「公卒，六卿强，公室卑」，與《傳》子服昭伯語同。

晉昭公卒。晉之衰始于平，成于昭，頃以迨于亡。見中國無伯，夷狄益横矣。

九月，大雩①。

旱也。

季孫意如如晉。大夫會葬，月皆在如上，此在如下者，異時也。季孫以九月如晉，十月乃葬，不可以冬時加于秋

① 雩：原作「雪」，據本年經文改。

事。以葬月加于如上者，不異時也。

冬，十月，葬晉昭公。二伯葬例日，不日者，伯衰，公室愈卑矣。○昭公立六年，惟平丘之會一見《經》，前後皆不見。

季平子如晉葬昭公。平子曰：「子服回之言猶信。子服氏有子哉！」謂言晉君弱、六卿强，公室卑也。

十有七年，春，小邾子來朝。附庸亦言朝，夷狄乃不言朝，不書卒、葬，微也。

小邾穆公來朝，小邾亦稱公稱謚，與大國相同，特《經》不書之耳。公與之燕。方伯于附庸亦用燕禮。

夏，六月，甲戌，朔，日有食之。六月于夏爲四月，《經》《傳》每以六月典禮託之。

甲戌，朔，日有食之。祝史請所用幣。祝史以六月爲正陽之月，請用幣，與平子説同。昭子曰：「日有食之，天子不舉，伐鼓于社；諸侯用幣于社，伐鼓于朝，于朝與于社異地。禮也。」太史、昭子據用幣正朔而言，正朔在六月，則當六月行之，昭子①言諸侯用幣之得禮。平子禦之，曰：「止也。惟正月朔，慝未六月，未也，爲長夏。黃帝居中，故《經》五地震，以未居中。《詩》五言首月，四始外，以六月建極，六月與餘月不同。此五帝五行學。作，《五行志》：「五鳳四年四月辛丑，朔，日有食之，在畢十九度。」是爲正月慝未作。左氏以爲重異。日有食之，于是乎有伐鼓用幣，大水則否。禮也。平子據時曆失閏，以此六月本非

① 子：原作「于」，據《左傳》改。

六月，故不用六月禮。二十年二月己丑，日南至，是失閏之證。二十一年《傳》：二至二分日有食之不爲災，同道而食則不爲災，水旱而已。《經》書鼓、用牲皆在六月，當分、至之中，又爲陽月，日食，災最重。其餘則否。」太史曰：「在此月也。太史以周雖建子，《詩》曰「六月淒淒」，臣子當尊王，不可據法改之。日過分春分以過。而未至，由巳至未。三辰有災，于是乎百官降物，君不舉，天子不舉。辟移時，辟，正寢。樂奏鼓，伐鼓于社。祝用幣，用幣。史用辭。用自責之辭。故《夏書》曰：《尚書》二十八篇爲孔子所脩，餘皆未脩之書，百篇《書序》出于劉氏。『辰不集于房，瞽奏鼓，嗇夫馳，庶人走』，此月朔之謂也。六月。當夏四月①，建巳。是謂②孟夏。」《月令》孟夏如周正建丑之月，即爲六月。平子弗從。平子與太史説同，惟爭六月實非六月，故與太史異。昭子退，曰：「夫子將有異志，不君君矣。」不君君謂顯違正朔。禮，六月爲正陽月，雖王朔失閏，不能與天道合，然王朔以爲六月，臣子敢不六月之乎！平子據曆法以違王制，故曰不君君矣。

秋，郯子來朝。郯，青州之連帥。言朝者，明事方伯之禮也。

郯子來朝，公與之宴。因記郯子來朝，左氏乃説問官，非因有問官事《春秋》乃書之也。

八月，晉荀吴帥師滅陸渾之戎。《公》作「賁渾戎」，《穀》無「之」字。

九月，丁卯，晉荀吴帥師涉自棘津，使祭史先用牲于雒。陸渾人弗知，師從之。庚

① 四月：原作「六月」，據《左傳》改。

② 是謂：原作「謂之」，據《左傳》改。

午，遂滅陸渾，《經》不言其君，以夷狄待之，不列于卒正之數也。數之，以其貳于楚也。陸渾子奔楚。不書陸渾子，不有其君之辭。不書奔，以夷奔夷，略之也。

冬，有星孛于大辰。

有星孛于大辰，許慎説：「有，不宜有也。」西及漢。

楚人及吴戰于長岸。《董子》：「小夷避大夷而不言戰。」此言戰，爲楚敗之辭。《春秋》内楚而外吴，敗則直敗之，不言戰，楚敗則言戰而不言敗，楚得内辭也。

吴伐楚。戰于長岸，子魚先死，楚師繼之，大敗吴師。初本吴敗于楚，後楚敗于吴。《經》言戰而不言敗，使楚若中國者然，《穀梁》「進楚子故曰戰」是也。

十有八年春，王三月，曹伯須卒。

曹平公卒。不日者，略之也。

夏，五月，壬午，宋、衛、陳、鄭災。方伯以上例得記災，卒正以下不得記，全爲尊卑儀注，不因赴告而然。故近而曹、莒、邾、滕、薛、杞，大而楚、吴、秦、蔡，豈無災？豈無一告？《春秋》皆削之。凡例得記者皆記，不因特筆而有出入，二《傳》久失此義。齊、宋記災多矣。此記三方伯災，以見外四方伯不記災。南服四州新建，方伯未合中國，尚無明君之可言，故不記災。

戊寅，風甚。壬午，火甚。宋、衛、陳、鄭皆火。《穀梁》：「其志，以同日也；其日，亦以同日也。」○《經》言災，《傳》言火，異文也。衛、陳、鄭記災，方伯也。蔡、秦、吴、楚亦方伯而不記災，夷狄也。梓慎登大庭氏之庫以望之，曰：「宋、衛、陳、鄭也。」數日皆來告火。赴告之例。四國遠近不同，不能同日而到，因其赴遠，數日同到，故能同書于本日。此赴在限内，得補書于本月本日，若數月踰限乃到，則就赴到之日書之。裨竈曰：「不用吾言，鄭又將火。」鄭人請用之，子産不可。子太叔曰：「寶以保民也，若有火，國幾亡。可以救亡，子何愛焉？」子産曰：「天道遠，《曲禮》六太名天官，即專司天神地示者。人道邇，此孔學天人之分，《中庸》「質諸鬼神而無疑」，知天也；「百世以俟聖人而不惑」，知人也。又告子路曰：「未能事人，焉能事鬼？」「未知生，焉知死？」明明云能事人即能事鬼，能知生即知死，然必待世界進化，人民乃有此程度。非所及也，何以知之？指太叔。竈焉知天道？是亦多言矣，豈不或信？」多言倖中。遂不與，亦不復火。鄭之未災也，里析告子産曰：「將有大祥，民震動，國幾亡。吾身泯焉，弗良及也。國遷，其可乎？」子産曰：「雖可，吾不足以定遷矣。」遷以避災。及火，里析死矣，未葬，子産使輿三十人遷其柩。火作，子産辭晉公子公孫于東門，使司寇出新客，行人新到不留者。禁舊客《管子》有留使四國之事，即今公使留駐者。勿出于宫；上下通稱，如使馆。使子寬、子上巡群屏攝，至于太宫；使公孫登徙大龜，使祝史徙主祏于周廟，禮，諸侯不祖天子，鄭移祏周廟僅爲避災。然鄭亦姬姓國也，其太宫中必禮文王及國所自出，與五廟别。告于先君；使府人、庫人各儆其事。商成公儆司宫，出舊宫人，寘諸火所不及；司馬、司寇列居火道，行火所焮。城下之人，伍列登城。明日，使野司寇各保其徵，以上爲救火，《經》説。郊人助祝史除于國北，禳火于玄冥、回禄，未火是星辰，非人鬼。據《山經》爲宗祝巫史之學，故所言神怪皆非世界所有，帝王山水名號多與世界相同，此用緣譯例。故《楚辭》言神游，所見所稱全出《山經》；《左傳》所云后土、社稷、帝鴻氏、太昊、少昊皆爲神示，名雖同而實異，不可以人理說之。祈于四鄘；《鄘風》之鄘，與衛分中外。書焚室而寬其征，與之材。脩建費。三日哭，說詳新宫災。國不市。使行人告于諸侯。宋、衛皆如是。《經》說如此。陳不救火，此孔門相傳火災儀制，不能備見之《經》，故詳於《傳》。孔子因時事加王心，諸賢亦因《經》《傳》而附師說。許不弔災，例不書災，故以弔言。君子是以知陳、許之先亡也。陳不救、許不弔，大非人情，所以先亡。《經》連書四國災，若明示以惟此四國乃記災，餘則不記。

六月，邾人入鄅。鄅，兖州連帥。入者，得而不居也。

鄅人藉稻，邾人襲鄅。鄅人將閉門，邾人羊羅攝其首焉，遂入之，盡俘以歸。歸于邾。鄅子曰：「余無歸矣！」從帑于邾。不言以鄅子歸，略之也。邾莊公反鄅夫人，而舍其女。是鄅未滅，下書魯城郚陽乃爲滅鄅也。

秋，葬曹平公。

葬曹平公。往者不書，微者。見周原伯魯焉。周有原伯魯，此原仲爲監大夫之證。

冬，許遷于白羽。此遷在梁，以代梁州卒正。定四年容城，則揚州矣。成十七年遷葉，《傳》云「許靈公畏偪于鄭，請遷于楚。公子申遷許于葉」。此又從葉遷夷之事，《傳》因此年之遷，引前說爲證。葉爲楚地，故遷于夷，屬徐州。

楚子使王子勝遷許于析，實白羽。《傳》「秦人過析隈」，當屬梁州。許前後四遷，即備四州卒正之辭。

十有九年，春，宋公伐邾。

鄅夫人，宋向戌之女也，邾入鄅所俘。故向寧請師。二月，宋公伐邾，圍蟲。三月，取之，外取邑不書。乃盡歸鄟俘。歸俘，宋與邾平，故下有盟蟲之事。

夏，五月，戊辰，許世子止弑其君買。後世雖原其心，《春秋》不赦其罪，直加以弑，蓋欲爲事親者立其準也。

許悼公瘧。五月戊辰，飲太子止之藥卒。蔡世子弑不日，此日者，止非實弑也。太子奔晉。《穀梁》以爲哀毁卒，《傳》以爲奔晉，見聞異辭，實見其避不即位而已。書曰「弑其君」，許止進藥，君飲卒。世子之誠發于至性，藥不審而進之，與躬弑者情①異實同；自咎避位，此至孝之情，《春秋》如其意以書弑，所以全止之孝。使許止無自咎之言，《經》不虚加以弑，圍以疾赴，猶不探其本而書之。《穀梁》云「于盾見忠臣之至，于止見孝子之至」，舉二人以爲法也。君子曰：「盡心力以事君，侍疾宜自盡心力，藥物不可輕進。舍藥物可也。」一説刺無良醫也。

己卯，地震。

秋，齊高發帥師伐莒。

莒子奔紀鄣。《經》言齊人降鄣，則鄣齊邑矣。今奔鄣者，必是莒先取鄣。《經》不書者，外取邑不書也。使孫書伐之。

冬，葬許悼公。賊不討不葬，葬者，赦止也。《穀梁》：「日卒，時葬，不使止爲弑父也。」本非弑父，《春秋》許之，乃言弑，與盾再見相同。

---

① 情：原誤作「清」，據文意改。

二十年，春，王正月。

夏，曹公孫會自鄸出奔宋。《傳》例：所有玉帛之使則告。按，玉帛使即二《傳》所謂有大夫之國，非謂必來聘有明文乃書「奔」。後人誤讀《傳》例，即解以爲有玉帛之使來告則書，尤謬。大國有大夫、有玉帛使，乃書之常例也；小國無大夫、無玉帛使亦書之，變例也。○鄸，《穀》作「夢」，鄸爲曹邑，會所盜之畔地也。不言畔者，爲賢者之後諱也。

秋，盜殺衛侯之兄縶。補例：「母兄稱兄，據母弟稱弟。」補《集解》云：「縶足不良。」《穀梁》：「輒者何？兩足不能相過也。」○縶，《公》、《穀》作「輒」。

齊氏用戈擊公孟，宗魯以背蔽之，斷肱，以中公孟之肩，皆殺之。琴張聞宗魯死，賈、鄭以琴張爲孔門顓孫師，其説無據。將往弔之，仲尼曰：「齊豹之盜，孔子以盜稱之，故貶而書盜。而孟縶之賊，《集解》言齊豹所以爲盜，孟縶所以見賊，皆由宗魯。女何弔焉？」盜者，齊豹也，何以稱盜？大夫相殺稱人。賤者窮諸盜。衛侯已出，不言者，未踰竟也。

冬，十月，宋華亥、向寧、華定出奔陳。《傳》曰：「今兹宋有亂，國幾亡，三年而後定。」此奔陳，陳、宋仇也，爲下人叛張本。

公殺華、向之質而攻之。君臣交質，《經》不言，諱之深也。戊辰，華、向奔陳，首出奔。華登奔吴。登亦華、向之黨也，不書者，罪有所歸也。向寧欲殺太子，華亥曰：「干君而出，又殺其子，其誰納我？」

十有一月，辛卯，蔡侯盧卒。

二十有一年，春，王三月，葬蔡平公。方伯葬例月。

蔡太子朱失位，位在卑。大夫送葬者歸，見昭子，此可以明送葬禮，亦見所以不書于《經》之故。昭子問蔡故，以告，昭子歎曰：「蔡其亡乎？若不亡，是君也必不終。」見下蔡侯朱出奔楚。

夏，晉侯使士鞅來聘。

晉士鞅來聘。《晉語》：「范獻子聘魯，問具山、敖山。」《傳》無其文。晉頃公立十四年，惟此一見《經》。

宋華亥、向寧、華定自陳入于宋南里以叛。叛，《公》作「畔」。

壬寅，華向入，賈云：「書入，華貙兄弟亂，召而逆之。」樂大心、豐愆、華牼禦諸横。華氏居盧門，以南里叛。《穀梁》：其曰南里，宋之南鄙也。以臣叛君，罪莫大焉。

秋，七月，壬午，朔，日有食之。

公問于梓慎曰：「是何物也？禍福何爲？」對曰：「二至二分，日有食之，不爲災。日月之行也，分，同道也；至，相過也。其他月則爲災，陽不克也，故常爲水。」

八月，乙亥，叔輒卒。輒，《公》作「痤」。

二十有二年春，齊侯伐莒。宋華亥、向寧、華定自宋南里出奔楚。大蒐于昌間。

夏，四月，乙丑，天王崩①。

① 以上八字原脱，據《左傳》補。

單①子立劉蚠。五月。庚辰，見王，遂攻賓起。殺之。盟群王子于單氏。

六月，叔鞅如京師。大夫如不月，取葬之月加于如上，見以葬如也。

葬景王。天子志崩不志葬，葬則諸侯當親會。《傳》曰「吾君也」，親之者也，因使人譏之。不使，則不見叔鞅。鞅者，叔輒子，未畢喪而出使，亦非之。月者，因嗣子亂而危之也。

王室亂。《公羊》：「何言乎王室亂？言不及外也。」

丁巳，葬景王。王子朝因舊官百工百工即百官，故《考工記》非工匠。之喪職秩者，與靈、景之族以作亂。子朝奔京。丙寅，伐之，京人奔山。劉子入于王城。

劉子、單子以王猛居于皇。《傳》例，能左右之，曰「以」。

單子欲告急于晉。秋，七月，戊寅，以王如平時②，遂如圃車，次于皇。王子猛有天倫無父命，王子朝有父命無天倫，二者相妨。不能兩是。猛當立，何爲以當國言之？無父命也。爲子受之父，爲臣受之君，有天倫無父命，《春秋》所不許。其言居，得正也。稱劉子、單子，亦得正也。

秋，劉子、單子以王猛入于王城。《穀梁》：「以者，不以者也。入者，内弗受也。」子朝據成周，猛别據王城，王城者，猶成周也。

冬，十月，丁巳，晉籍談、荀躒帥九州之戎《春秋》戎狄侵伐王臣、侵伐諸侯國多矣，以諸侯之師多有

① 單：原脱，據《左傳》補。
② 時：原作「峙」，據《左傳》改。

戎狄。所謂善事目中國，惡事目夷狄，所書戎狄，非真戎狄也。及焦①、瑕、温、原之師以納王于王城。《傳》以王猛爲王，《經》則目王猛者，猛固較朝爲正，然無父命，故《經》不許之，又早卒。而敬王得立，故《經》以敬王爲主。

冬，十月，王子猛卒。《公羊》：「此未踰年之君也，其稱王子猛卒何？不與當也。不與當父死子繼，兄終弟及之辭。」不日，不稱子而名，皆以大夫待之，與王子虎卒同。

十一月，乙酉，《傳》有日而《經》無，略之，不以日見。王子猛卒，不稱子而名，如大夫例。不成喪也。謂《春秋》不以王喪治之，不關當時禮儀盛衰。己丑，敬王即位。賈曰：「敬王，猛母弟，館于子旅氏。」

十有二月，癸酉，朔，日有食之。

二十有三年，春，王正月，叔孫婼②如晉。大夫如不月③。月者，危其執也。月者皆爲葬事往，不爲葬而月者惟此，蓋危其見執也。因其賢而見執，故閔之也。

癸丑，叔鞅卒。

晉人執我行人叔孫婼④。言行人者，非其罪也。

---

① 焦：原作「郊」，據《左傳》改。
② 婼：原作「舍」，據《左傳》改。
③ 月：原作「日」，據《左傳》杜預注改。
④ 婼：原作「舍」，據《左傳》改。

叔孫婼如晉，晉人執之。書曰「執我行人叔孫婼」，罪在本身則不稱行人，因國事見執則稱行人。言使人也。《傳》：兩國交兵，使在其間，執行人者，非其罪也。罪在季氏，執叔孫行人，過也，故書「行人」以見之。

晉人圍郊。晉人討王子朝，故圍郊。此討亂之師，故不諱。不繫王者，天子無外，圍不能言王郊，惟人可以言王城，《傳》說小異也。

春，王正月，壬寅，朔，二師圍郊。郊者，畿内邑也，言郊，避圍實也。禮，天子六郊六遂，諸侯三郊三遂；天子三百里郊，二百里遂，諸侯三十里郊，二十里遂。郊不言圍，言圍，非郊。此圍之正避其名，爲防亂也。此京師，言郊，避其京師。從東都言之，東、西通畿也。癸卯，郊、鄩潰。丁未，晉師在平陰，王師在澤邑。

夏，六月，蔡侯東國卒于楚。《穀梁》：「東者，東國也。」二十一年奔楚，卒于此年。《公羊》無明文，本《傳》以朱與東國爲二人。《蔡世家》：「靈侯般孫東國攻平侯子而自立。」與《傳》合。此當入《三傳傳疑表》。

秋，七月，莒子庚輿來奔。

莒子庚輿十四年立。虐而好劍，苟鑄劍，必試諸人，此蠻野之習。國人患之。又將叛齊，烏存帥國人以逐之，遂來奔。齊人納郊公。十四年奔齊者，庚輿奔乃得立。

戊辰，吳敗頓、胡、沈、蔡、陳、許之師于雞父。胡子髡、沈子逞滅，獲陳夏齧。父，《穀》作「甫」。逞，《公》作「楹」，《穀》作「盈」。○君生曰獲、死曰滅，大夫生死皆曰獲。

戊辰，晦，戰于雞父。賈云：「泓戰譏宋襄，故書朔；鄢陵戰譏楚子，故書晦；雞父夷之，故不書晦。」按，《春秋》在朔言朔，在晦言晦，賈不知詳略例。三國奔，楚師大奔。書曰「胡子髡、沈子逞滅，服云：胡，歸姓國。此吴伐州來，諸侯從楚來救而戰。蔡、陳尊也，何以在頓、胡、沈之下？以卑者親敗也。六國皆中國，敗于吴不可言，故以小國序蔡、陳之先以釋其敗①。獲陳夏齧」，齧者何？徵舒之曾孫也，《春秋》弒賊世其官者。弒賊之後不舉族，宋有華氏，故華督弒不言華，此何以氏夏？已見討也。《春秋》嚴討賊之義，凡弒賊子孫通不見《經》，華未討，故去氏，徵舒已討，其事明，故不去夏氏也。君臣之辭也。《公羊》：「其言滅、獲何？別君臣也。君死于位曰滅，生得曰獲，大夫生死皆曰獲。」不言戰，楚未陳也。賈云：「不國之，書師，惡其同役不同心。」服云：「不書楚，楚諱敗不告。」按。此史例與《經》例合者，故從常辭。《公羊》「不與夷狄滅中國」，不使中國主之者，中國亦新夷狄也，故不用中外例，而從常辭。

天王居于狄泉。《公羊》：「此未三年稱天王何？著有天子也。」

尹氏立王子朝。《穀梁》：「立者，不宜立者也②。朝之不名何也③？別嫌乎尹氏之朝也。」《集解》：「書尹氏立王子朝，明非周人所欲立。其稱尹氏何？譏世卿也。」立子朝爲世卿之□，《經》于其事譏之。子朝有父命失天倫，故不正之也。

八月，乙未，地震。五地震，以法五極。子、午、卯、酉爲《詩》四始，六月屬未，則象長夏。黄帝居中。

八月，丁酉，南宫極震，因極震知地震。萇弘曰：「東王必大克。」

---

① 「敗」後原衍一「獲」字，據文意删。

② 者也：原脱「者」，據《穀梁傳》補。

③ 何也：原脱，據《穀梁傳》補。

冬，公如晉。至河，有疾，乃復。

公爲叔孫故如晉。請歸之。及河，有疾前後皆不言有疾。而復。《穀梁》：「疾不志，志者，釋不得入乎晉也。」公前後八如晉，六不得入，此言有疾以起皆有疾，而出奔之禍亦兆。

二十有四年，春，王二月，丙戌，仲孫貜卒。賈云：「是歲孟僖子卒，屬其子，使事仲尼，仲尼時年三十五矣。」

婼至自晉。《釋例》：「内大夫行還皆不書至，異于公也，今執而見釋，更以書至見義。」杜本二《傳》「大夫不致，執則致」立説。○《公羊》有叔孫字。

婼至自晉，二《傳》以此爲一事再見，先卒後名。《傳》以不氏爲貶之。尊晉也。《曲禮》言自卑而尊人，自貶必有所尊。此爲尊晉。逆女不氏，爲尊夫人。

夏，五月，乙未，朔，日有食之。

梓慎曰：「將水。」昭子曰：「旱也。日過分而陽猶不克，克必甚，能無旱乎？陽不克莫，將積聚也。」《春秋》日食以六月爲重，故三書用幣以牲，一見九月，兩見六月，餘則否。十七年六月日食又明之，以四月陽盛，當二分之中，既同道，又陽盛陰微，日食故爲大災。據《經》重陽月，《傳》有明文，則分至不爲災之説，實古義也。二《傳》偶闕。

秋，八月，大雩。

旱也。

丁酉，杞伯郁釐卒。郁，《公》作「鬱」。

冬，吴滅巢。

楚子爲舟師，以略吴疆。吴人踵楚①，而邊人不備，遂滅巢。巢，徐州國，楚屬也。前射殺吴子，故此滅之。及鍾離而還。不書鍾離，舉重也。

葬杞平公。

二十有五年，春，叔孫婼如宋。

叔孫婼聘于宋。季公若之姊爲小邾夫人，生宋元夫人，生子，以妻季平子。昭子如宋聘，且逆之。公若從，謂曹氏勿與，魯將逐之。

夏，叔詣會晉趙鞅、宋樂大心、衛北宫喜、鄭游吉、曹人、邾人、滕人、薛人、小邾人于黄父。曹以下稱人者，曹、莒、邾無大夫。無大夫有三例：楚、秦、吴新方伯無大夫，《經》見大夫不氏，此卒正②上等例；滕、薛、杞全無大夫，此卒正下等例。○詣，二《傳》作「倪」。大心，《公》作「世心」。

會于黄父，謀王室也。言謀王室，見諸侯尊周，著之也。

有鸜鵒來巢。《考工記・序》：鸜鵒不踰濟，地勢使然。《列子》亦同。

書所無也。《穀梁》：「一有一亡曰有。來者，來中國也。」《公羊》：「宜穴又巢也。」言來巢，中外一家，以一

① 楚：原作「吴」，據《左傳》改。

② 「卒正」下原衍一「正」字，據文意删。

隅言爲異，以大地言則爲常。○鸜，《公》作「鸛」。即今動物學。

秋，七月，上辛，大雩。季辛，又雩。

書再雩，《穀梁》：「季，有中之辭。又，有繼之辭也。」按，上辛在朔，季辛在念，相去二十日。旱甚也。《公羊》：「又雩者，非雩也，聚衆以逐季氏。」以爲旱甚者，託詞也。

九月，己亥，公孫于齊，次于陽州。凡君奔皆臣下逐之，以自奔爲文，不使臣加乎君也。日者，大事。三家專政，卒致逐君。陽州，齊地。爲大夫所止，不得見齊君，故以次言之。書此見大夫之專政矣。○己亥，《穀》作「乙亥」。陽，《公》作「楊」。

齊侯將唁公于平陰，公先至于野井。《集解》：「齊侯來唁公，公不敢遠勞，故逆之，往至野井。」

齊侯唁公于野井。野井，齊地。與沓、棐同，故不言來。

書曰「公孫于齊，次于陽州，齊侯唁公于野井」，《穀梁》：「弔失國曰唁，唁公不得入乎魯也。」禮也。

冬，十月，戊辰，叔孫婼卒。君在外不卒大夫，卒者，爲謀納公也。

十月，辛酉，昭子齊于其寢，使祝宗祈死。戊辰，卒。《世家》：「齊高張曰：『叔孫昭子求納其君，無病而死。』」

十有一月，己亥，宋公佐卒于曲棘。諸侯卒于封内不地，地者，謀納公也。

宋元公將爲公故如晉。己亥，卒于曲棘。諸侯求納公者衆矣。獨言晉、齊、宋，大國也，言之以爲公榮。其餘不言，隱見例也。

十有二月，齊侯取鄆。鄆，《公》作「運」。

十二月，庚辰，齊侯圍鄆。實圍而取之，不書圍，使如鄆人自服，不成圍，非實事也。

二十有六年，春，王正月，葬宋元公。《集解》：「三月而葬，速。」

葬宋元公，如先君，元公請自下于先君，故月之。禮也。應上《傳》言。

三月，公至自齊，居于鄆。言居者，如以鄆爲國然。天子無外，出言居，諸侯于其封内亦言居。此言居者，鄆在境内也。

言魯地也。鄆者，内邑也；乾侯，外邑也。故公在鄆言居，與乾侯異。公次陽州，其以齊致者，以齊侯見公，可以言齊也。至者，致于國都之文。在外致者，臣子之義，不外公也。

夏，公圍城。非國而曰圍，大公也。言圍不言取，不能取也。

齊師圍成。《集解》：「不書齊師，帥賤衆少，重在公。」

秋，公會齊侯、莒子、邾子、杞伯，盟于鄟陵。鄟。《公》作「專」。

盟于鄟陵，謀納公也。盟納不日者，不能納也，譏在四國也。目公者，公之意不遂也。

公至自會，居于鄆。《穀梁》：「公在外，至自會，道義不外公也。」公不得入，故仍居于鄆。至自會者，内辭也。在外而至會，不外公也。入國乃至，在鄆至者，不外公也。

九月，庚申，楚子居卒。居者，棄疾也。前名棄疾，後名熊居，是二名也。中國不言二名，楚言二名，《傳》曰「名從主人，物從中國」，此中外繙譯例。○《春秋》譏二名，二名非禮也。《異義》：「《公羊》説譏二名謂二字作名，若魏曼多、仲孫何忌。本《傳》説二名謂楚公子棄疾即位後改爲熊居，是二名。」案，文、武賢臣有散宜生、蘇忿生，是《公羊》説不如本《傳》。

楚平王卒，乃立昭王。

冬，十月，天王入于成周。《公羊》：「成周者何？東周也。」言入爲篡辭，言天王入，不嫌也。天王，敬王也。子朝殺猛，晉會諸侯迎敬王，從狄泉入于成周。

癸酉，王入于成周。《春秋》存西京，此曷爲有國辭？東都也，天子巡狩在東都，故有國辭。甲戌，盟于襄宮。晉師使成公般戍周而還。十二月，癸未，王入于莊宮。

尹氏、召伯、毛伯以王子朝奔楚。

王子朝及召氏之族、毛伯得、尹氏固、南宮嚚奉周之典籍以奔楚。詳録周事者，見子朝爲亂之本末也。不言出者，天子子弟從子朝録之，未有國也。有國者乃言出，從其私土出之也。

二十有七年，春，公如齊。

公至自齊，居于鄆。

處于鄆，《經》言居，《傳》言處，以處釋居也。言在外也。《穀梁》：「公在外也。」在外存公，故言居。天子諸侯在外不敢外之，言居而已，天王出居于鄭，公居于鄆是也。所爲未踰竟，若踰竟則言「次」，次于乾侯是也。

夏，四月，吴弑其君僚。稱國以弑者，狄之也。

光伏甲于堀室而享王。鱄諸置劍于魚中以進，抽劍刺王，鈹交于胸，遂弑王。不言闔廬弑者，吴無大夫，不從稱人之例。時吴未進，且係惡事，故不稱人，狄之也。

楚殺其大夫郤宛。

令尹炮之，盡滅郤氏之族黨。楚殺大夫不論有罪無罪皆不稱人。宛，楚賢大夫，聽讒殺之，楚禍起矣。

秋，晉士鞅、宋樂祁犂、衛北宮喜、曹人、邾人、滕人會于扈。齊主鄟陵，晉主扈，有中分之義。彼譏齊，此譏晉；彼四國，此六國，互文見例。

會于扈，令戍周，亂已五年，今乃戍之。且謀納公也。因范獻子取貨于季孫，以致前後皆不克納，大夫之專也。

冬，十月，曹伯午卒。《曹世家》：「悼公朝宋，因之，遂卒于宋。」不日，在外也。不言于宋，爲曹諱也。

邾快來奔。邾無命卿，在盟會稱人，言快，從内録之也。《春秋》名分最嚴，例有一定，凡不書大夫國，無論何事通不見《經》，如滕、薛、杞、小邾通不見，可見者乃見，舊説皆誤。卒正邾以上見大夫，以下三國無大夫，卒正大小之分在是也。

公如齊。

冬，公如齊。公兩入齊，一盟鄟陵，齊不克納而復求晉。晉亦不克納，三國之大夫專也。齊侯請饗之。

公至自齊，居于鄆。公在外二年四致，因會齊侯不能納，再計求晉，故下言如晉。

二十有八年，春，王三月，葬曹悼公。

公如晉，次于乾侯。一會再如不克納，乃遠求晉。言次，未如也。未如而曰如，致公意也。

公如晉，將如乾侯。晉地也。言次于乾侯，與至河乃復相起，再見公不得入，季孫爲之也。○《釋例》：「次乾侯非爲用師。」使請逆于晉。晉人使公復于竟，而後逆之。

夏，四月，丙戌，鄭伯寧卒。

六月，葬鄭定公。三月而葬，速。方伯月葬，與滕相比而見。

秋，七月，癸巳，滕子寧卒。

冬，葬滕悼公。日卒時葬，小國正例。以鄭相比，尊卑不同也。

二十有九年，春，公至自乾侯，居于鄆。在外存公，正月當之。公在乾侯，有鄆可居，故不存公，起下鄆潰。

齊侯使高張來唁公。前已唁矣，此復唁者何？非唁公，來謝公也，齊不爲公謀者，因不喜其如晉，又不忍言絶，故託之唁。自是公不求齊矣。言來者，居鄆，從國内辭也。

○不以晉致者，不見晉君也。

公如晉，次于乾侯。再言次。

齊侯使高張來唁公，《穀梁》：「唁公不得入乎魯也。」稱主君。服曰：「大夫稱主，比公于大夫，故稱主君。」子家曰：「齊卑君矣，君祇辱焉。」

公如乾侯。再言如，皆不得入齊。晉之大夫亦專，譏大夫，並譏公也。

夏，四月，庚子，叔詣卒。《穀梁》：「季孫意如曰：『叔倪無病而死。此皆無公也，是天命也，非我罪也。』」

秋，七月。

冬，十月，鄆潰。《公羊》：「邑不言潰，此其言潰何？郛之也。曷爲郛之？君存焉爾。」按，君存句《公羊》數見，此條爲正，餘皆先師推以説之。《傳》于内言居，外諸侯不言居。言居，則鄆從國辭，故曰「潰」。

三十年，春，王正月，公在乾侯。《穀梁》：「中國不存公。存公，故也。」

不先書鄆與乾侯，謂鄆未潰已前而言，正月不存公，至此乃正月存公，以爲常也。非公，公不得于鄆民，故鄆潰。不言自鄆者，非公失鄆也。且徵過也。在鄆猶在內，故書居。正月不存公，《傳》言魯地，言在外是也。今鄆已潰，居乾侯不在封內，故書「在」以存之。不言公自鄆孫于晉者，非公不得鄆之民心。若言公自鄆奔，是顯著公過，故不言自鄆。

夏，六月，庚辰，晉侯去疾卒。

晉頃公卒。頃公以十六年立，惟一見士鞅來聘。荀吳、士鞅、趙鞅四見，權在大夫也。

秋，八月，葬晉頃公。二月而葬，失禮。晉五書葬，一曰四月，故齊葬以日爲正，晉葬以月爲正，如吳、楚卒之相比。

八月，葬。不日，失伯也。鄭游吉弔，且送葬。如歸含且賵。一卿兼二事，非禮。魏獻子使士景伯詰之曰：「悼公之喪，子西弔，子蟜送葬，大國當卿弔、君送葬，二卿弔葬已爲不及禮，但係二人。此專責其一人兼使。今吾子無貳，何故？」一人兼二使。對曰：「諸侯所以歸晉君，禮也。先王之制：諸侯之喪，士弔，大夫送葬；以大國行于小國之禮言晉之于鄭也。惟嘉好、聘享、三軍之事于是乎使卿。晉卿見《經》，皆在此類，弔葬不書卿。晉之喪事，敝邑之閒，此言鄭之于晉，以小事大之制。先君有所助執紼矣。閒則君曾送葬，此于禮爲正。若其不閒，雖士、大夫，謂如大國士弔，大夫送葬之制。有所不獲數矣。大國之惠，亦慶其加，而不討其乏，明厎其情，取備而已。」

冬，十有二月，吴滅徐。徐子章羽①奔楚。徐，州舉也。荆後稱楚，徐不變者，荆爲楚封，蔡爲方伯，徐乃卒正。小國月者，新置九州不以夷狄待之。徐舊附楚，故吴滅之。吴滅人國，亦狄之。章禹，名，失地君也。○禹，《穀》作「羽」。

吴子執鍾吾子，遂伐徐。己卯，滅徐。徐子章禹斷其髮，攜其夫人以逆吴子。吴子唁而送之，使其邇臣從之，遂奔楚。楚沈尹戌帥師救徐，弗及。遂城夷，使徐子處之。

三十有一年，春，王正月，公在乾侯。

言不能外内②也。《傳》：「載書曰：無通内外。」《傳》于失國君皆以内外爲言，所謂「外主」、「内主」。「不能于外」，故在乾侯；不能于内，故失鄆。

季孫意如會晉荀躒于適歷。言會，起受賂，同惡相濟，不待貶絶而罪惡見。○躒，二《傳》作「櫟」。

晉侯將以師納公，言將納者，不能納。晉大夫亦專也。季孫意如會晉荀躒于適歷。言會，見晉、魯大夫皆專，傷無伯也。

夏，四月，丁巳，薛伯穀卒。自莊至此百五十年乃卒，莊世不日、不名，此日而名，正卒也。滕正卒以後皆日，薛自此正卒以後皆時，辟與滕同也。《春秋》于同等中細分大小，所以别嫌明微也。

同盟，故書。用同盟之禮，乃有名。

---

① 章羽：原作「章禹」，據《左傳》改。

② 外内：原作「内外」，據《左傳》乙。

晉侯使荀躒唁公于乾侯。

夏，四月，季孫從知伯如乾侯。荀躒以晉侯之命唁公。方會意如，即來會公，明爲意如謝公也。不言來者，乾侯晉地。與高張事同，高張言來，此不言來者，乾侯在外也。

秋，葬薛獻公。日卒時葬，卒正正例也。

冬，黑肱以濫來奔。服云：邾本附庸三十里國，五分爲六里國，後升爲卒正。○肱，《公》作「弓」。

邾黑肱以濫來奔。《經》無邾，《傳》言邾，所謂口繫也。賤而書名，先儒説莒、邾無命卿，在盟會稱人，今乃以名見。重地故也。快不以地亦書名。卒正大夫從内言之得有名。師以地爲説，謂以地惡事，不比常來。三叛意求不書，而《春秋》著其實，特見以地之罪。君子曰：「名之不可不慎也如是，《春秋》正名之書，故二《傳》皆有正名説。夫有所有名，而不如其已。事有美惡，善欲其著，惡不如掩。二《傳》主惡以外，自善以内，惡名有不如無。以地叛，雖賤，人既賤，事又惡，以不書爲幸。必書地書以著地，其惡詳矣。以名其人，著其惡名。終爲不義，弗可滅已。著其事，詳其名，一字之誅嚴于斧鉞。《孟子》：「雖孝子慈孫，百世不能改也。」是故君子動則思禮，行則思義，不爲利回，不爲義疚。二十年《傳》：「君子不食姦，不受亂，不爲利疚于回，不以回待人，不蓋不義，不犯非禮。」或求名而不得，善事以得爲名，美事未盡不書其名，如齊桓救邢書「齊人」是也。此説大例，不專言齊豹。或欲蓋而名章，三叛惡事，以不名爲幸免，而《春秋》名之。懲不義也。名不名以義爲斷。齊豹爲衛司寇，守嗣大夫，作而不義，齊豹非善事。其書爲盜；盜殺衛縶。邾庶其、莒牟夷、邾黑肱以土地出，求食而已，不求其名，事惡情迫，本不欲名，而《春秋》著之。賤而必書。不名有二等：善事不名，一也；惡事書盜以罪之，二也。但不名猶爲小惡，至于書盜，比僅不名之罪尤深，故齊豹與不名者爲更重。此二物者，名、不名二例。所以懲肆齊豹。而去貪也。三叛人。若艱難其身，以險危大人，此非善事。而有名章徹，有名，謂不書盜。攻難之士將奔走之；勇士輕生。不以盜絶之，則任俠之風長矣。若竊邑叛君以徼大利而無名，以地適敵，因得尊貴之，是徼利。貪冒之民將置力焉。貪夫徇利，無所不至。是以《春秋》書齊豹曰『盜』、不僅不名，更絶以盜。三叛人名①，服云：「三叛不數小邾射，獲麟後爲弟子所記。」以懲不義，數惡無禮，其善志也。故曰：《春秋》之稱《傳》因書盜、書名乃言稱例，謂子、字、名、氏、人、盜、閽之稱，不指全書義例而言。微而顯，微、顯對文，《中庸》「之微」「之顯」，即二《傳》隱著之例。《公羊》云：「其尊卑也微。」謂不顯著之謂也。《春秋》名號散見，其表識其微，合觀之則甚顯著，不惟子字名氏而已。即齊豹、三叛，比屬以觀，其義甚顯。一師補足其說，以爲志而晦，《中庸》所謂「費而隱」也。婉而辨。婉謂其文宛約，辨者，其說詳盡。所書名號，尊卑詳略，單義孤文，可謂婉矣，合觀乃見其辨。言立文雖婉，而其義甚詳，辨即成傳成章也。一師又補其說，以爲「盡而不汙」，盡與婉對文，汙謂暴揚淺露也。上之人能使昭明，謂後之王者能用《春秋》之法，以爲人才進退。善人勸焉，淫人懼焉，《成傳》「懲惡而勸善」，合此皆爲褒貶例說。善者進之，惡者退之，足以勸善懲惡也。是以君子貴之。」此《傳》爲微言例。本《傳》與《成傳》詳略不同，蓋一爲先師，一爲後師，相傳既久，續有推補，故彼此互異。《公羊》昭十二年引孔子，與《孟子》不同；《穀梁》定

① 名：原作「民」，據《左傳》改。

元年引沈子語與《公羊》小異，先師口說相傳，後乃以意著之竹帛。《公羊》言七等，與《孟子》言四等同；《穀梁》言四時田，劉子言歲三田，皆同其說，而文字不能相同。

十有二月，辛亥，朔，日有食之。

日有食之。

三十有二年，春，王正月，公在乾侯。取闞。闞，邾邑也。二十六年三月，公居于鄆，夏，公圍成。此不言公，亦內取也。

言不能外內①，又不能用其人也。謂不能用人，故所有之闞爲季氏奪之。按，從上公圍成推之，則闞當爲公所取。

夏，吳伐越。

始用師于越也，吳、越交兵之始。吳、越相敗不志，此言吳伐越，吳滅之先見也。吳滅于越，故書其事，以爲不忍小忿者戒。

秋，七月。

冬，仲孫何忌會晉韓不信、齊高張、宋仲幾、衛世叔申、鄭國參、曹人、莒人、薛人、杞人、小邾人城成周。《穀梁》：「天子微，諸侯不享覲，天子之在者，惟祭與號。故諸侯之大夫相帥以城之，此變之正也。」〇世叔，《穀》作「大叔」。「莒人」下二《傳》有「邾人」。

---

① 外內：原作「內外」，據《左傳》乙。

天子曰：「天降禍于周，俾我兄弟竝有亂心，《經》書王室亂，有王子朝事。以爲伯父憂。晉爲二伯同姓，故稱伯父。我一二親昵甥舅，不遑啟處，異姓諸侯皆不自安。于今十年，二十二年天王崩，遂亂，至今十年。勤戍五年。二十七年會扈，令戍周。伯父若肆大惠，復二文之業，文侯仇與文公重耳。弛周室之憂，徼文、武之福，以固盟主，宣昭令名，則余一人有大願矣。昔成王合諸侯城成周，以爲東都，以成周爲東都，仍以存西京爲主，東都如行在。崇文德焉。今我欲徼福，假靈于成王，修成周之城，俾戍人無勤，諸侯用寧，蝥賊遠屏，晉之力也。其委諸伯父，二伯稱伯父。使①伯父實重圖之！」冬，十一月，晉魏舒、韓不信如京師，言京師，從正稱。合諸侯之大夫于狄泉，尋盟，且令城成周。韓簡子臨之，以爲成命。

十有二月，己未，公薨于乾侯。

書曰「公薨于乾侯」，據不言宮寢。言失其所也。在外以地致，不曰寢。不地晉而言乾侯者，國之也。

---

① 使：原作「便」，據《左傳》改。

春秋左氏古經説義疏卷十一

定公 無正始。

元年，春，王。《穀梁》：「不言正月，定無正也。定之無正何也？昭公之終非正終也，定之始非正始也。昭無正終，故定無正始。不言即位，喪在外也。」

三月，晉人①執宋仲幾于京師。歸于京師，伯討也。執于京師，惡其執人于尊者之側。稱人，貶也。

乃執仲幾以歸。先執以歸于晉。　三月，歸諸京師。《公羊》：「仲幾之罪何？不衰城也。」據執在正月狄泉會時，先歸晉，後歸京師，三月始釋。仲幾從晉還宋，道由京師，《經》乃以初執爲言，執人于天子側，執、釋不由天子，不可言，故異其文，以尊天子。〇京師者，成周也。不曰成周，城乃言成周，歸則言京師。

夏，六月，癸亥，公之喪至自乾侯。日者，如初喪始死之儀，故亦五日而殯。未殯前以生禮事之，既殯後以鬼道事之，人鬼之分，一決于此。定下亦言公，一年二君也，因定早即位，昭已踰年，故可言，實則一年不二君。

夏，叔孫成子逆公之喪于乾侯。六月，癸亥，公之喪至自乾侯。不言叔孫逆者，未殯前猶稱公，舉上之辭也。

① 人：原作「大」，據《左傳》改。

戊辰，公即位。殯後即位，故日，詳《顧命》。嗣君當于户柩前奉命而立，以明受授。先是公喪在外，定公無所稟承，不與繼立，必于昭殯後即位，乃爲受授之正。

公即位。《傳》于君卒多言即位，事實也，《經》則踰年乃書。

秋，七月，癸巳，葬我君昭公。此不葬者，季氏賊未討。葬者，討賊義已明也。

葬昭公于墓道南。《集解》：「公在外薨，故八月乃葬，從喪至至此日一月而葬。薨在去年，不更用五月之禮。」孔子之爲司寇也，溝而合諸墓。葬之墓道南，孔子乃合之，是不以禮。而《經》書「葬」，可知葬不葬不以成喪不成喪爲斷。所謂不成喪，亦如不書即位，非失道于君父，但能厚葬之，《春秋》即許其葬也。

九月，大雩。

立煬宫。

昭公出故，季平子禱于煬公。作僖公主。日者，作主可以日計。此不日，不能以日計。立武宫日，爲變例。九月，立煬宫。鄭君說：煬公，伯禽子。煬宫之立，季氏主之。喪不貳事，《春秋》譏毀泉臺、大蒐、在喪非禮、立廟，不待貶而罪惡自見。

冬，十月，隕霜殺菽。未可以殺而殺，舉重；可殺而不殺，舉輕。此曰菽，舉重也。月以記，時不爲例者。○詳《韓子》。

二年，春，王正月。

夏，五月，壬辰，雉門及兩觀災。先言雉門而後言兩觀，雉門尊也。何不言雉門災及兩觀災？自兩觀始，此如弑及例而小變之也。

秋，楚人伐吴。

楚囊瓦伐吴。師敗，吴遂取巢。人者，貶也。因其致吴亡楚者，囊瓦也。

冬，十月，新作雉門及兩觀。《公羊》：設兩觀、八佾以舞，皆天子之禮。○災由兩觀起，《經》以雉門及兩觀者，不可特言兩觀，故以雉門及之。内皆曰災，無言火者。

三年，春，王正月，公如晉，至河，乃復。賈云：「刺綏朝見辭，失所不諱，罪已。」以下不言公如齊、晉，失諸侯也。中國弱而二伯衰，故定、哀與隱、桓同辭。○昭五至不入，亦不月，此月，如晉之終，明六卿分政，晉伯不振也。

二月，辛卯，邾子穿卒。定、哀小國不記事，但記卒葬而已。

廢于鑪炭，爛，遂卒。不言炭、爛，事微也。門巢、宋災，乃言所以卒之故。

夏，四月。

秋，葬邾莊公。邾二葬皆時，小國正例。緩葬者，起其以炭、爛而卒也。

冬，仲孫何忌及邾子盟于拔。《傳》例公侯在喪稱子。邾在喪亦稱子，不嫌從同；鄭不稱子，嫌也。○拔，《公》作枝。

盟于郯，言及者，内爲主，有伯之辭。内盟不言及，言及，亦無伯也。修邾好也。莊以下内臣不會盟小國，此何以盟邾？無伯也。與隱世盟蔑事同。○内卿可以盟卒正。已葬而盟，所譏尚輕。

四年，春，王二月，癸巳，陳侯吴卒。此楚所立之君，稱侯者，明在喪稱子也。

三月，公會劉子、晉侯、宋公、蔡侯、衛侯、陳子、鄭伯、許男、曹伯、莒子、邾子、頓子、胡子、滕子、薛伯、杞伯、小邾子、齊國夏于召陵，侵楚。中國盟會不序蔡，此序衛上者，喜其内服。不言伐楚者，實未伐①也。晉卿求賂，因此愈失諸侯。以下晉無從國，終于《春秋》。○不序沈，起下蔡滅之。此諸侯累序十九國，不見者吴、秦而已。齊但召陵序七國，此序十八國，諸侯弱，故列數之。

劉文公合諸侯《傳》：「伯合諸侯，則侯牧帥子男以見于伯。」此二伯之辭。二伯本王官爲之，《傳》所謂「單子爲王官伯」是也。直以合諸侯歸之劉文公者，諸侯無伯，歸其事于王臣。貫平丘皆不詳，詳者，散辭也。于召陵，《春秋》始終侵楚皆在召陵，見楚之强也。謀伐楚也。

夏，四月，庚辰，蔡公孫姓帥師滅沈，以沈子嘉歸，殺之。日者，中國也。名者，失國也。中國滅例日。言「以」者，不宜以也。襄以下會序沈以見例。

沈人不會于召陵，盟會以十九國爲主，以外不序。召陵不序沈本爲隱見例，特《經》見沈、頓、胡，明以小事大之義。召陵祇序頓、胡者，起沈爲蔡所滅也。晉人使蔡伐之。召陵序蔡不序楚。夏，蔡滅沈。沈，徐州國也。日者，中國卒正，與頓、胡同。○有伯世中國不滅國，此滅者，定、哀無伯。且蔡一滅，以見其爲方伯也。

五月，公及諸侯盟于臯鼬。諸侯無伯，且内外皆在，不可言「同」。晉不伯，外諸侯，故以王臣攝之。○此召陵諸侯再地臯鼬，别爲盟者，辟盟劉子也。

及臯鼬，將長蔡于衛。衛侯使祝佗私于萇弘曰：「聞諸道路，不知信否。若聞蔡將先衛，信乎？」萇弘曰：「信。蔡叔，康叔之兄也，先衛，不亦可乎？」子魚曰：「以先王觀

① 伐：原作「伏」，據文意改。

之，則尚德也。」萇弘説，告劉子，與范獻①子謀之，乃長衛侯于盟。會盟之序，本《傳》甚詳，衛先于蔡，與晉先于衛，皆爲後世立國際之準。

杞伯成卒于會。不日，踰竟也。《公》：「大夫在師曰師，在會曰會。」○《杞世家》：悼公成卒，子隱公乞立。七月，隱公弟遂弑隱公而立，是爲釐公。杞弑不言者，杞不專記事②，略之甚，又未踰年君也。《傳》亦失載此事。

六月，葬陳惠公。子背殯而書葬者，陳爲楚滅，復仇也。

許遷于容城。容城，揚州域。楚四遷蔡，明楚兼四州地，所謂大國數圻也。外七州見一卒正，初在豫，以豫包兖冀也。初遷葉，荆州；再遷夷，徐州；三遷白羽，梁州；四遷容城，揚州。以一許當外四州卒正，故但序許而已。

秋，七月，公至自會。以會至者，疑侵楚也。諸侯序愈詳而心愈散，無伯之辭。月者，危之也。

劉卷卒。天子之卿尊與方伯同，故例卒。不常卒者，見不世不卒，卒如宿男爲一見例。因上會新卒，又有功于王室故也。○卷在會稱子者，天子之卿也。《王制》：「天子之卿受地視侯。」劉爲百里國，卷爲食禄之官，卒則當遷，不世也。

葬杞悼公。

楚人圍蔡。平丘後不序楚侵伐鄭者，内鄭也。蔡不在同盟，故楚得治之。

秋，楚爲沈故，圍蔡。此囊瓦之師，稱人者，貶也。楚怒蔡從晉滅沈，故圍之。

晉士鞅、衛孔圉帥師伐鮮虞。鮮虞，兖州國。晉六卿封殖，滅以自强。晉數伐之，不序從國，此序衛，明以後

---

① 獻：原爲墨丁，據《左傳》補。

② 事：原爲墨丁，據文意補。

晉無從國。○晉自昭二十一年至此十三年不見，此至哀十三年，共二十四年乃一見。

葬劉文公。内諸侯不葬，葬爲一見例。○原仲稱字，見爲陳監。此稱公，寰内諸侯有臣子之辭也。

冬，十有一月，庚午，蔡侯以吴子及楚人戰于柏舉，楚師敗績。言「以」者，明吴之憂中國，特稱子進之。楚稱人者，方進吴，故貶楚也。

蔡侯、吴子、唐侯伐楚。不序唐者，例不見《經》。既言以吴子，不可言以唐侯，又不可言蔡、唐同以吴子。

二師①陳于柏舉，吴師大敗之。

楚囊瓦出奔鄭。言出奔，惡囊瓦也。臨難出奔，直書其事而罪惡自見。

子常奔鄭。定、哀鄭與楚無兵事，《傳》亦無往來文。

庚辰，吴入郢。以言子，入言吴，反其狄道也，以班楚宫，亂男女之防。言入不言滅者，楚昭賢，《春秋》存楚，故不以吴滅之。

以班處宫。《越絶書》：「子胥妻昭王母。」故《春秋》狄吴。○郢，二《傳》作楚。王應麟②云：「楚昭出奔猶有君，申包胥求救猶有臣，故不言楚。」

五年，春，王三月，辛亥，朔，日有食之。

① 師：原作「帥」，據《左傳》改。

② 麟：原誤作「鄰」。案：下引文出自王應麟《困學紀聞》卷六。

夏，歸粟于蔡。蔡棄楚從中國，見。昭以前不專記事，從楚①乃見。

歸粟于蔡，以周亟，矜無資。《公羊》：「諸侯歸之。離至不可得而序，故言我也。」

於越入吴。《漢書·貨殖傳》作「于越」。于越者，未能以名通；越者，許其以名通。故惡事稱于越，善事乃稱越。

越越在揚州，爲吴屬國，故遲見《經》，不記卒。據《哀傳》，越後爲伯，《經》但以揚州待之。入吴，《春秋》楚詳于吴，以楚强，吴又遠隔于徐，化之難，故于定、哀乃詳之。梁近西京，徐近魯，故略之，以其易治也。吴在楚也。

六月，丙申，季孫意如卒。意如惡，其卒之何？見君臣之禮也。并起下斯圍鄆，見當時無喪服，故不去官。

季平子行東野，還，未至。丙申，何休：「日與不日爲遠近辭。《穀梁》益師惡而不日，則公子牙及意如何以日？釋曰：牙，莊公弟，不言弟則惡明，故不假去日；意如，定公所不惡，故亦書日。」卒于房。房不地者，大夫卒，不踰竟，故不地。○顧炎武云：房即防。

秋，七月，壬子，叔孫不敢卒。

冬，晉士鞅帥師圍鮮虞。四言伐鮮虞，一言圍。六卿專，故失諸侯，所以見伯之衰也。

晉士鞅圍鮮虞，記晉圍伐，見大國數圻之義。報觀虎之役也。事見前。

六年，春，王正月，癸亥，鄭游速帥師滅許，以許男斯歸。中國不言滅；言滅者，定世無伯。鄭一滅國，爲方伯之辭。許已遷于容城，言滅者，是遷後更歸于舊許，故鄭滅之。○速，《公》作「遬」。

---

① 從楚：據文意，似當爲「棄楚」。

春，鄭滅許，自隱世齊、鄭入許，兵連禍結，至此乃滅，一事之始終也。因楚敗也。許已滅矣，何以下復見許男？不與楚封，故言滅。日者，許中國。名者，失地，絕之也。

二月，公侵鄭。《傳》「不假道于衛」，故月以危之。

公侵鄭，取匡，不言，略之。爲晉討鄭之伐胥靡也。胥靡，匡地，事見下《傳》。○宣以下不言公侵伐者，權在大夫也，此言公侵何？政在陪臣，故歸其事于諸侯，事愈亂，而文愈治也。

公至自侵鄭。《傳》公不在師，而以公致者，歸征伐于諸侯也。侵月而致不月，得文子之諫而不危也。

夏，季孫斯、仲孫何忌如晉。大夫使聘，見賓不見介，舉重也。兼言者，見大夫專政，同受制于家臣也。○《公羊疏》：古本無「何」字，有者誤。《穀梁》及賈注皆無「何」字。

季桓子如晉，言如晉，見世卿不行三年喪，三年喪，君不呼其門，此《春秋》之新制也。獻鄭俘也。中國不獻俘，獻俘非禮。陽虎强使孟懿子報夫人之幣。季孫獻俘，孟孫報幣，本二事，晉人兼享，故并書之。

秋，晉人執宋行人樂祁犁。《傳》：「范獻子惡其主趙氏，又有獻納，故言于晉侯而執之。」晉六卿執政，各分黨羽，無志諸侯。

乃執樂祁。《傳》八年歸之，卒于太行山，晉人止其尸以求成焉。

冬，城中城。再城中城，言非外民也。

季孫斯、仲孫忌帥師圍鄆。圍鄆者，鄆爲齊所取。以師圍之，不得志，故下有歸鄆之事。

七年，春，王正月。

夏，四月。

秋，齊侯、鄭伯盟于鹹，鄭與齊列數，不從晉者，齊强，晉失伯。同盟不只鄭，舉鄭以見其餘也。

齊侯、鄭伯盟于鹹，徵會于衛。鹹，内邑。齊、鄭盟者，齊謀徵衛也。外離盟不書，此書，見定、哀與隱、桓同辭。故文如隱三年石門之盟。

齊人執衛行人北宫結以侵衛。衛欲叛晉，相謀而行。

衛侯欲叛晉，衛篤從晉，因六卿亂政，欲改從齊。諸大夫不可。結不在此數。使北宫結如齊，而私于齊侯曰：「執結以侵我。」執使見伐，欲以説于晉也。齊侯從之。故書「侵」。

齊侯、衛侯盟于沙。因侵而盟，衛叛晉故也。下士鞅①伐衛，討此盟也。○沙，衛地，《公》作「沙澤」。

乃盟于瑣。衛侯盟者，齊得衛也。外離盟莊以下不書，書者，三世異辭也。

大雩。

齊國夏帥師伐我西鄙。昭世齊不伐我，此言伐我者，陽虎之禍也。

齊國夏伐我。虎懼，乃還，不敗。《集解》：「言陪臣强，能自相制，故不敗也。」

九月，大雩。

冬，十月。

---

① 鞅：原誤作「軮」，據八年經文改。

八年，春，王正月，公侵齊。兵事不日者，不可以日計。

公侵齊，此侵以陽虎主之，政不在大夫，故以公主之，恃晉以報西鄙之役也。門于陽州。

公至自侵齊。此不月者，爲下再侵月地。

二月，公侵齊。至昭世如齊，以後無如齊之文，齊之失伯久矣，且連月侵之，見陽虎之專也。

公侵齊，攻廩丘之郛。三月兩侵兩致皆月者，危之也。

三月，公至自侵齊。賈云：「還至不月，爲曹伯卒月。」此日月蒙上之説，誤。《穀梁》以本事卒者乃蒙上。○陪臣執命，三月再侵齊，月以危之也。

曹伯露卒。弒，不書，略之也。

夏，齊國夏帥師伐我西鄙。《傳》言國、高，《經》但書國夏，舉重也。《傳》「有天子之二守國、高在」。國在前爲上卿，高爲中卿，舉此以見尊卑之例。

齊國夏、高張伐我西鄙。莊以下言鄙，此亦言鄙，定之始也。

公會晉師于瓦。瓦，衛地。齊伐我，晉來救，因會于瓦，謀拒齊。諸侯從齊者衆，故獨會公也。

晉士鞅、趙鞅、荀寅救我，見三帥者，大國三軍之辭。公會晉師于瓦。此三帥之師目晉師。不言三帥者，公不會大夫之辭也。

公至自瓦。《傳》例，特相會往來稱地，讓事也。此《公羊》「離不言會」之説也。三國以上乃言會，離會則以地致，不言會也。

秋，七月，戊辰，陳侯柳卒。此卒于吴，不言者，閔之也。《春秋》夷狄楚大吴小，《經》以蔡屬楚、陳屬吴，而陳貴于蔡。可以言蔡卒于楚，不可言陳卒于吴，諱之深也。

晉士鞅帥師侵鄭，遂侵衛。與齊争諸侯，報前伐也。○士，《公》作「趙」。

晉士鞅會成桓公不言成桓公，略之也。侵鄭，圍蟲牢，不言圍，亦略之也。報伊闕也。六年鄭伐周闕外，晉爲周報之。遂侵衛。衛因鄟澤事叛晉，晉請改盟，弗許，故侵之。

葬曹靖公。曹九卒九葬，始卒日，起卒正之長也；以下不日，從正例，以明卒正不日，書日者，進之也。

九月，葬陳懷公。大國葬例月。二月葬，譏不及時。時月相比，尊卑之義也。

季孫斯、仲孫何忌帥師侵衛。受趙鞅命而侵衛。季孫逐君，晉大夫佐之，故聽命抗齊。

九月，師侵衛，《傳》有月，《經》無者，侵不以月爲例。晉故也。列數大夫，見三軍之制，次國二軍。侵衛者，助趙鞅也。

冬，衛侯、鄭伯盟于曲濮。曲濮，衛地。衛、鄭因晉侵，同盟從齊抗趙鞅。時六卿專權，故諸侯叛晉。○外方伯盟不書，此書，爲無伯之時，故方伯相盟也。

從祀先公。服云：「自躋僖公後，昭穆皆逆。」此不言祭祀者，見不再見。不斥言閔、僖者，諱之，以從祀者言之也。

陽虎欲去三桓。冬，十月，順祀先公而祈焉。「順」即解《經》之「從」字，躋僖公，《傳》以爲逆祀，故以順解從字。辛卯，禘于僖公。此非善事，陽虎主之也。特禘僖公，所以明順祀之義。

盜竊寶玉、大弓。《傳》曰：「竊賄爲盜。」陪臣不可稱名氏，又内不稱人，故以盜目之。《傳》説齊豹稱盜與此略同。

陽氏敗，陽虎説甲如公宮，虎專季氏，季氏專魯故也。取寶玉、大弓非其所有而取，故《經》目竊。以出。陽虎入于讙、陽關以叛。内叛不書，外叛書，此内外例也。家臣不書，尤略之。

九年，春，王正月。

夏，四月，戊申，鄭伯蠆卒。是時六卿强，侵奪鄭，鄭遂弱。卒皆日，方伯也。○蠆，《公》作「囆」。

得寶玉、大弓。

夏，陽虎歸歸者，以寶弓還我之辭。寶玉、大弓。《傳》曰：「分魯公以夏后氏之璜、封父之繁弱。」鄭君謂「繁弱，封父之國爲之」。書曰本虎歸之，《經》不以歸書，此《春秋》之意。「得」，據獲麟言獲。器用也。器用與麟有異，不能自舉，故曰得。凡獲此指器物而言。器用曰「得」，弓玉器用曰得。得用焉曰「獲」。「用焉」當爲「牛馬」之誤字，謂獲生物曰獲，如獲麟是也。凡獲人別爲例，如大夫生死皆曰獲，君生曰獲，死曰滅，與此不同。○《釋例》有「得獲」門。《傳》「得儁曰克」，當爲「得獲」。凡生物曰獲，言我當以力制之之辭。器用不能自立，故言得，得較獲爲易辭。

六月，葬鄭獻公。三月葬，速。

秋，齊侯、衛侯次于五氏。以齊伐晉，大事也，從國必多，不言者，不忍以中國伐中國也。上言齊、鄭，此言齊、衛者，亦隱見例，言衛而所包者廣矣。

齊侯伐晉夷儀。《集解》：「不書伐者，諱伐盟主。」按，《傳》諱皆爲魯，無外諱之例。諱伐盟主，本《傳》無文，本二《傳》説。

秦伯卒。秦以上四記卒皆時者，狄之也。

冬，葬秦哀公。秦五記卒，以一名起其四之皆不名。昭以後三書葬者，葬則不名也。○《春秋》外州于秦最略，以近王畿，爲召公所統。《牧誓》言庸、蜀諸國，被化最早，易于治，故略之。以秦移治，與以蔡移治相同，均因其易治也。至于楚、吴，最强最遠，特即本州立牧；而稱王稱子，皆因其風俗難變，故治之不易也。

十年，春，王三月，及齊平。昭言暨齊平，下言叔孫莅盟；此言「及」，下乃言公會，故以暨爲齊求之。

及齊平。言平者，齊與我成也。據「暨」爲齊求，則「及」者我欲之也。公初事晉，此以後絶晉事齊，故言平以起之。

夏，公會齊侯于夾谷。詳《齊世家》。夾，《公》、《穀》作頰。

公會齊侯于祝其，實夾谷。《傳》以三百乘從齊，齊爲伯，魯賦三百乘。按，下《傳》魯賦于晉八百乘，此言三百乘，當是賦額八百乘，每出以三百乘爲數。

公至自夾谷。不至會者，離不言會也。

晉趙鞅帥師圍衛。

晉趙鞅圍衛，晉侯自召陵至黄池二十四年不見《經》，失政也。大夫則見士鞅、趙鞅、荀寅、士射、魏曼五人。報夷儀也。

齊人來歸鄆、讙、龜陰田。田，閒田也。繫之于鄆、讙、龜陰，不使齊取邑也。言來歸者，如魯新有功，二伯奉王命以禄之也。

齊人來歸鄆、讙、龜陰之田。我有禮而齊歸田。郲盡禮于我，三桓侵伐不遺餘力，所以惡之也。

叔孫州仇、仲孫何忌帥師圍郈。《公》「郈」作「費」，下同。當以《傳》作「郈」爲正。

侯犯以郈叛。史本言叛，《經》不言，故《傳》據以爲説。而《續經》有成叛文，可知不言叛，爲《經》諱之也。

武叔懿子圍郈，弗克。《傳》例，得獲曰克。《經》「弗克納」、「弗克葬」下皆有實事，此但云「弗克」，如克殷之義。

秋，叔孫州仇、仲孫何忌帥師圍郈。

秋，二子及齊師復圍郈，不言齊師者，内不能討叛，借助于齊，諱之也。弗克。《傳》文。

宋樂大心出奔曹。言奔曹，起曹之所以亡也。

乃逐桐門右師。《傳》在去年。子明譖之，宋公不察，致下有五大夫之亂。

宋公子地出奔陳。入蕭以叛，近馬禍也。

母弟辰辰，宋公之母弟也。曰：「子爲君禮，不過出竟，君必止子。」勸其出奔以盡臣禮，公以母弟之故，必將復之。公子地稱公子，與辰不同母。出奔陳，公弗止。因魋之譖。辰爲之請，弗聽。

冬，齊侯、衛侯、鄭游速會于安甫。三國會，齊得諸侯也。惟齊與楚記從國，晉、吴皆不記，中國之晉亦如夷狄之吴也。○安，《公》作窜。

叔孫州仇如齊。公不如齊、晉，無伯之辭，但記大夫如，所以定、哀之文同于隱、桓也。

武叔聘于齊。如齊爲致郈事。

宋公之弟辰暨仲佗、石彄出奔陳。

冬，母弟辰暨仲佗、石彄出奔陳。暨者，不得已也。辰以迂兄之故出奔，意在于反，誼屬天倫，故託爲不得已之辭，所以惡宋公也。奔陳以地，先在陳也。〇五大夫出奔，詳宋亂也。大國三卿，言五大夫者，大夫尊也。

《公》、《穀》「暨」下有「宋」字。

十有一年，春，宋公之弟辰及仲佗、石彄、公子地自陳入于蕭以叛。《傳》例：諸侯納之曰歸，爲大夫例，大夫歸言自某歸，故曰諸侯納之。大夫入皆云自某入，則入亦諸侯納之也。

春，宋公母弟辰暨《傳》作暨，《經》作及，以及見意。及者，我欲之之辭。宋公固失道，辰挾四大夫入爲亂則非，故言「及」以誅其意，不得再託于不得已之辭。仲佗、石彄、公子地不以地先佗、彄者，別異于地，以明二人功過，如地先則與辰一矣。入于蕭奔言辰，入目四大夫，詳録其亂也。以叛。言「入」、言「叛」，皆惡辭也。何以不去弟？不去弟，所以惡宋公也。何爲以弟及兄？不以辰親叛，如辰自歸蕭，而地不與謀，自入蕭以叛者然。所以申辰之情，重地之惡，而甚宋公之罪也。

夏，四月。

秋，宋樂大心自曹入于蕭。《集解》：「入蕭從叛人，叛可知，故不書叛。」詳録其事，著宋禍也。

樂大心從之，不以地及辰，以地親叛，亦如辰歸蕭而地從之以叛者然。大爲宋患，寵向魋故也。言此惡宋公也。

冬，及鄭平。六年侵鄭，齊爲鄭求和，故爲此平。〇及鄭平者，來盟于我也。不言來盟者，初本有盟也。

及鄭平，始叛《集解》：「魯自僖以來世服于晉，至今而叛，故曰始。」晉也。晉全失諸侯矣。前與齊盟，已從齊，再與鄭平，其義乃決。不言其人，以國與之之辭。不言鄭大夫來盟，從下文可知。

叔還如鄭蒞盟。此魯大夫至鄭報來平也，齊已得魯、衛、鄭。不言聘者，初相成也。

十有二年，春，薛伯定卒。薛已從正卒辭矣，此何以不日？下于滕也。定十二、哀十皆不日。

夏，葬薛襄公。時卒、時葬，薛定例也。

叔孫州仇帥師墮郈。《穀梁》：「墮猶取也。」據邑當言取，以其爲私邑，故言墮以別之。

仲由爲季氏宰，將墮三都，于是叔孫氏墮郈。三都：郈、費、成也。郈，叔孫；費，季孫；成，仲孫。墮郈衹目叔孫，易辭也。

衛公孟彄帥師伐曹。此言專兵，下言出奔，明禍本也。

夏，衛公孟彄伐曹，克郊。不言者，略之也。

季孫斯、仲孫何忌帥師墮費。墮費目二卿，難辭也。《春秋》書魯城亟矣。《穀梁》：「凡城之志，皆譏。」以有墮之時，求其墮而恐不能也。

季氏將墮費，此季氏墮費，何以并言仲孫？以下圍成目公，故此見仲孫。二都已墮，成不克者，仲孫之罪，故于此見仲孫以罪之。季孫猶墮，所不可者，仲孫耳。公山不狃、叔孫輒帥費人以襲魯。費人北，國人追之，敗諸姑蔑。即隱元年公與邾儀父所盟之地。二子奔齊，遂墮費。已墮二都，費難于郈矣。

秋，大雩。

冬，十月，癸亥，公會齊侯，盟于黄。黄，齊地，公如齊與盟。不言如齊，略之也。

十有一月，丙寅，朔，日有食之。

公至自黄。不至會者，離不言會也。

十有二月，公圍成。上二墮皆目卿，不言公、言墮不言圍，此因不能克，故目公。以爲仲孫不肯墮成，言公圍，大之也。

公至自圍成。

冬，十二月，公圍成，弗克。未踰竟，何以致？危之也。成倚齊自固，不能克，公室不復振，故危之。

十有三年，春，齊侯、衛侯次于垂葭。

齊侯、衛侯次于垂葭，實郥氏。次垂葭，伐晉也。不言伐晉者，傷無伯也。齊既爲伯，則晉爲方伯。齊主中國，魯、衛、鄭、晉屬之；楚主夷狄，陳、蔡、吴、秦屬之。齊、楚有從國，晉、吴無從國，奪其伯辭以歸于齊、楚，故黄池之會晉、吴無從國。

夏，築蛇淵囿。《春秋》三言築臺，三言築囿。言臺、囿，古制也。再築者，譏不以禮也。

大蒐于比蒲。此五年之禮也，爲明年大蒐，不得不書其本。以夏而蒐，非時，此夏田也。與昭十一年同意。恐一譏不顯，故再言之。

衛公孟彄帥師伐曹。伐曹，《傳》不詳。衛惟襄十七年一伐曹，近無兵事，亦不至爲宋伐曹。疑二「曹」字爲「晉」字之誤，因伐衛故報之。

秋，晉趙鞅入于晉陽以叛。

七月，范氏、中行氏伐趙氏之宫，趙鞅奔晉陽。晉人圍之。據地自守曰叛。叛，惡辭也。

冬，晉荀寅、士吉射入于朝歌以叛。奔朝歌，以地叛也。言叛者，誅絶之罪也。罪惡已見，不再言之。凡叛而以奔書者，皆賢之，如曹公孫會、宋公弟辰是也。不然，但以叛終之，不叙後事也。

丁未，荀寅、士吉射奔朝歌。朝歌者，衛邑也。鞅何爲入之？晉邑也。《韓非子》「晉滅邢」，則衛亦晉滅之。不言滅者，以晉爲伯，故《經》諱之。○莊世書狄伐邢，狄者，晉也。何以知之？以朝歌爲晉邑起之。以楚丘知戎爲衛，則地朝歌，可知狄爲晉，與貿戎戎晉相同。

十二月，辛未，趙鞅入于絳，盟于公宫。同時有兩叛，一歸于公，一負固不服，《春秋》緣情定罪，可以招徠反側也。

晉趙鞅歸于晉。服云：趙鞅入于晉陽以叛，諸侯策書「晉趙鞅以叛」，後改名志父，《春秋》仍書趙鞅。

薛弑其君比。小國以國弑，衆弑之辭，君無道也。薛無大夫，故以國言之，此與大國稱人同例，與晉稱國不同。

十有四年，春，衛公叔戍來奔。戍何以出？富而驕也。

衛趙陽出奔宋。衛，二《傳》作晉，當從本《傳》。

衛侯逐公叔戍與其黨，戍是主，趙陽乃賓。故趙陽奔宋，戍來奔。二《傳》無説。衛趙氏只一見，晉有趙氏，因誤爲晉。

二月，辛巳，楚公子結、陳公孫佗人帥師滅頓。陳不滅國，頓爲陳卒正①，楚因帥②陳以滅頓。以頓子牂歸。不言歸于何國者，明楚主之。日者，頓中國也。

頓子牂欲事晉，背楚而絶陳好。間于晉、楚兩大國之間，陳又其方伯也。二月，楚滅頓。晉、吴

①　正：原作「王」，據文意改。

②　帥：原作「師」，據文意改。

不叙從國，陳猶叙楚下，以楚爲伯。陳屬從楚，頓欲從晉叛楚，故楚、陳滅之。

夏，衛北宫結來奔。録衛臣之奔，詳治大夫也。

夏，衛北宫結來奔，公叔戍之故也。定世有彙序例，晉之叛者見三人，宋之叛者見五人，衛之奔者見四人。一國三卿，晉、宋猶可見大夫，衛爲次國，同時見四人，則存者亦僅矣。天下無伯，其亂至此。

五月，于越敗吴于檇李。詳《吴世家》。

吴伐越，越子勾踐禦之，陳于檇李。以卒之月加于敗上，見以敗卒也。○檇，《公》作醉。

吴子光卒。

闔廬傷將指，取其一屨。還，卒于陘，將指當是足指。去檇李七里。門于巢，以吴子名在「門」上，此伐越卒，何以不名在「伐」上？言門于巢，輕敵也；以戰敗而傷，如宋公、楚子，故不以卒名加于敗上也。

公會齊侯、衛侯于牽。牽，《公》作「堅」。

晉人圍朝歌。不書者，書以叛，後不再志。公會齊侯、衛侯于脾、上梁之間，前言始叛晉，至此乃伐晉。齊伯，魯、衛、晉、鄭爲屬，此會無鄭也。謀救①范、中行氏。謀所以救之。不言救，惡其助亂臣也。

公至自會。

秋，齊侯、宋公會于洮。洮，内地。齊、宋會，齊得宋也。

---

① 救：原作「求」，據《左傳》改。

齊侯、宋公會于洮，范氏故也。會于洮，則内與謀可知。不言内者，惡事不詳之也。

天王使石尚來歸脤。二《傳》：脤，俎實生肉。石尚，士也。天子三公、九卿、二十七大夫、八十一元士。天子出，一公守，二公從，二公見宰周公、祭公是也；二公出，二卿守，四卿從，四卿見尹子、蘇子、劉子、單子是也；四卿出，四大夫守，八大夫從，八大夫見召伯、毛伯、榮叔、凡伯、南季、武氏、仍叔、家父是也。八大夫當有十六元士，一見石尚，卑者從略也。通佐上卿七人，下卿二十一人，上士六十三人，下士百九十人，今見宰咺、宰渠伯糾、内史叔服三人。王子見王子虎、王札子、王弟壬夫三人。監見祭伯、祭仲、祭叔、單伯、女叔、原仲、夷伯七人，而王臣之制全矣。

衛世子蒯聵出奔宋。以世子而出奔，罪蒯聵也。

衛侯爲夫人南子召宋朝。太子乃朝夫人，夫人見其色，啼而走。太子奔宋。盡逐其黨。入而求立，多不言奔，言奔，見蒯絶于父也。臣于君猶有待放之義，子而去父，其罪大矣。明著其奔，以見無再入之道。

衛公孟彄出奔鄭。上已見三大夫奔，并此爲四：公叔戍、趙陽、北宫結、公孟彄，所謂「靈公無道」也。

故公孟彄出奔鄭，凡言奔，見大夫不能保其宗廟，故譏之。自鄭奔齊。公孟初奔鄭，奔齊不書。而哀十年自齊歸衛，直言齊者。言自齊，則可知復奔也，非如鄭詹之比。

宋公之弟辰自蕭來奔。叛者五大夫，奔獨言辰者，赦辰也。四大夫不見，但言以叛者則不見，再見者皆誅絶之罪。叛而再以奔見，亦緩追逸賊之説。○叛以後出奔，與曹公孫會同。不言大夫，略之也。

大蒐于比蒲。《刑法志》：方伯五年一大簡車徒。比年再簡，非禮。冬非蒐之正也，冬有蒐，書者，爲下會公。

邾子來會公。此因蒐事來會，非朝也。大蒐者，凡一州之國皆至。晉治兵邾南，甲車四千乘，亦此禮。一州會者多矣，何以但叙邾？内事恒目邾。此言會，下言朝，明非朝也。蕭叔來朝，公雖在外，然以朝事至，故以朝書之。

城莒父及霄。莒父、霄，二邑也。書莒父者，言取于莒也。及者，以大及小也。○此年無「冬」字，當是脱佚。

十有五年，春，王正月，邾子來朝。上言會，此言朝，以朝事來也。方會又朝，事魯至矣。夏又來奔喪，不失事大之禮。而三桓貪地，自哀元以後侵伐不已，蓋傷之也。

邾隱公來朝。朝不月，此何以月？見正月之朝也。子貢曰：「今正月相朝，而皆不度。」據子貢獨標正月，上方會，此又朝，然則正月之朝如今之年禮，諸侯近者每年當一至。書此爲見年禮，且爲子貢觀禮記也。

鼷鼠食郊牛，牛死。改卜牛。《公羊》：「不言所食，漫也。」漫者，偏食其身，災，不敬也。不舉牛死爲重，復舉食者，内災甚矣。録内不言火是也。

二月，辛丑，楚子滅胡。胡，中國也。二伯相爭，夷狄數滅中國，閔之也。以胡子豹歸。定世三滅國皆言以歸，譏亟也。

吴之入楚也，胡子盡俘楚邑之近胡者。胡在徐州，與楚邑相連者。楚滅國自廣也。楚既定，胡子豹又不事楚，此又再誤。曰：「存亡有命，事楚何爲？多取費焉。」二月，楚滅胡。胡有取亡之道，小不事大，宜其亡也。

夏，五月，辛亥，郊。《公羊》：「曷爲以夏五月郊？三卜之運也。」不言用者，可以郊也。日者，明郊當用辛也。

壬申，公薨于高寢。高寢非正，始封君之寢也。

夏，五月，壬申，公薨。

鄭罕達帥師伐宋。此宋、鄭搆兵之始。至哀十三年，六見兵事。宋四伐鄭，一取鄭師，鄭亦一取宋師。兵端開天，鄭以下四見侵伐，鄭之報亦過矣。

鄭罕達敗宋師于老丘。據下晉敗鄭師，則鄭從齊可知。時陳、蔡從楚，惟宋從晉，魯、衛、鄭從齊。

齊侯、衛侯次于渠蒢。齊、衛上二次皆伐晉，《傳》以此爲謀救范氏。本爲危事，故遲留不進，辟伐晉也。何以獨敘衛？言衛而魯、鄭、陳可知，不忍以二伯伐二伯，故不列數。○渠蒢，《公》作「蘧蒢」。

齊侯、衛侯次于蘧挐。凡言次，有畏不進也。上二次皆伐晉，此次有從國，若救宋，則齊、宋皆大國，又加以衛，何得言次？且下宋四伐鄭，則宋非小弱也。**謀救宋也。**救宋非大事，不如伐楚，不必言謀。且宋本强于鄭，二國救之，無待言次。言謀救宋者，託辭如此，非實救宋也。

邾子來奔喪。曾子：「吉行五十里，奔喪百里。」《荀子》、班固説皆同。鄭云：「雖非父母喪，其禮如父母喪，見星而行，見星而止。」

秋，七月，壬申，姒氏卒。妾母于夫世不見，于子世乃見。此于夫世見者，定已殯、哀已立，父殯則從卒例，不復厭母也。此但稱卒，不稱夫人，明子得申其私恩于母，書葬、立廟，然不能稱夫人。成風稱夫人者，其子私稱之，《經》所不許，此爲正禮。○姒，《穀》作「弋」。

姒氏卒。不稱夫人，此與襄四年「姒氏薨」相起。同爲妾母，姓同謚同、卒葬時月亦同，惟一稱薨，一稱卒，一稱夫人小君，一不稱夫人小君。○未爲夫人，故不稱夫人，如襄母定姒因已立爲夫人，故稱夫人；此哀在喪立爲夫人，故不稱也。**不赴，**妾母不赴，惠公仲子是也。赴先君之母，尊貴之，異于己母也。成風赴者，因已立爲夫人，非夫人即不赴。**且不祔也。**赴、祔皆夫人之禮，今爲妾母，與稱夫人禮三者皆不得行，《傳》據禮言之。舊説誤以爲不赴、不祔因不稱夫人，禮，夫人祔于姑，妾祔于妾祖，姑是妾母，亦得行祔禮。惟祔于妾祖，因其禮卑殺，非祔之正，故不言祔也。〇《經》例非夫人不稱夫人，以正名分，不拘當日典禮。縱僭用夫人禮，《春秋》亦不稱夫人。此妾母禮，非謂赴祔即稱夫人。以禮節定名稱，此爲正例，後師乃推以説「孟子卒」、「君氏卒」、「用致夫人」。孟子本夫人，言卒不葬，因同姓略之，當日實用夫人禮，非不祔故不稱夫人。稱與否豈因偶合禮節而改耶？至于君氏「用致夫人」，爲本《傳》異義。

八月，庚辰，朔，日有食之。

九月，滕子來會葬。《周禮》無諸侯會葬，説從《左氏》。奔喪不月，此何以月？禮也，爲諸侯五月而葬之禮。今會葬不止邾，一言邾以示例，起大國于小國卿會葬，小國于大國君親行，如昭四年叔弓如滕葬滕成公。見二伯于方伯，方伯于卒正皆大夫弔、卿會葬，爲大國待小國之禮。

丁巳，葬我君定公，雨，不克葬。戊午，日下昃，乃克葬。乃，難也，乃難乎雨也。下昃較日中尤晏，日不足，故以「乃」言之。〇昃，《穀》作「稷」。

葬定公，雨，不克襄事，禮也。詳宣十年《傳》。

辛巳，葬定姒。先葬定姒，後葬定公，《禮》所謂「葬，先輕而後重」者。此先葬定公，後葬定姒，《禮》所謂「其奠①其虞，先重而後輕」也。故何休注此引《曾子問》：「曰：『并有喪，何先何後？』孔子曰：『葬，先輕而後重；其奠其虞，先重而後輕，禮也。』」〇定，謚也。爲夫人別有謚，成風是也；未立爲夫人，則從夫謚，宣是也。

葬定姒，不稱小君，襄四年：「葬我小君定姒，匠慶謂季文子曰：『子爲正卿，而小君之喪不成，不終君

① 奠：原作「葬」，據《禮記・曾子問》及《公羊傳》何注改。下「奠」同。

也。』」此以不成喪爲言，當是彼因匠慶之言而成喪也。不成喪也。惟夫人葬乃稱小君。卒既不稱薨，不言夫人，萬無于葬忽稱小君之禮。是小君之稱不稱由書卒書薨而定，非由葬而定。成喪，雖不稱夫人、不①書薨，可言小君；不成喪，雖稱夫人、稱薨，葬亦不言小君。名分所關，不因儀節而改。不成喪謂妾母卑于夫人，師説如云「不稱小君，非夫人」也，則文意明白。《傳》不以空言解《經》，必兼事禮者，此也。

冬，城漆。庶其叛所以來奔之邑。

冬，城漆。書，冬時工作可以不書。不時告也。因其不時告乃書之。國新有喪，當是告廟者過遲，書此譏其不專于喪事。漆，邾邑也。邾來朝、來奔喪，可謂盡禮。齊因我服，歸濟西田，此當以漆歸邾，乃貪地不已；哀元年即伐邾，二年又分其田，三年圍之，六年又城邾葭。此城漆，所以志魯之貪也。

① 不：原無，據文意補。

春秋左氏古經説義疏卷十二

哀公

元年，春，王正月，公即位。正也。

楚子、陳侯、隨侯、許男圍蔡。諸侯疊次從楚伐蔡，蔡恐，遷于州來。《董子》：「周室衰，夷狄主諸夏。」○隨不常叙，叙者，荆州國，從楚。叙之何以在許上？以其稱侯，與邢侯互相起也。

春，楚子初以楚分伯夷狄，主陳、蔡、吴、秦，故陳不諱從楚，外陳于夷也。召陵以下晉不叙從國，楚猶叙者，以楚敵齊。諸侯無伯，天下分裂矣。圍蔡，圍不言伐。許滅復見者，楚復之也。報柏舉也。在定四年。

三月，越及吴平。吴入越，不書，有《傳》無《經》，爲孔子削例。吴不告慶，吴自成世已記事，此不記，略之，如晉之不告入。本例得記事之國有不書之事，則亦以不告爲説。越不告敗也。越不許以同盟，不專記事則不書，不書則以不告爲説。此如夷不告不書之例。○《傳》于《經》外事多明削例，二《傳》所無。

鼷鼠食郊牛，改卜牛。《集解》：「書，過也。不言所食，非一處。」本《傳》無文，杜據二《傳》立説。《穀梁》「志不敬」，謂養牲不謹，故爲物所傷。○郊牛下《穀》有「角」字。

夏，四月，辛巳，郊。《傳》曰：「魯將以十月上辛有事于上帝、先王，季辛而畢。」魯郊用辛，天子郊用丁。不言用者，猶可郊也。

秋，齊侯、衛侯伐晉。齊、衛前三言次，此何以言伐？一言以明之。齊侯見《經》，晉以下不常見，政在大夫，皆失道也。

秋，齊侯、衛侯會于乾侯，救范氏也。以諸侯助叛臣，惡也。○詳《田敬仲世家》。師不言公，爲內諱也。及齊師、衛孔圉、《經》同目君。鮮虞人《傳》有《經》無，略之也。伐晉，晉主諸侯，無侵伐之者。六卿專，各分黨與，故二國助中行，《經》以伐晉書之。取棘蒲。伐國不言取邑，以伐爲重。

冬，仲孫何忌帥師伐邾。定世來朝、奔喪，有禮于魯，踰年伐之以取利，惡之也。○此著三家專魯，侵小國以自殖。國之大事日，侵伐不日者，不以日計也。

二年，春，王二月，季孫斯、叔孫州仇、仲孫何忌帥師伐邾，取漷東田及沂西田。內帥師將或二或四，此言三卿，一見例。次國三軍，一居二從，故以二卿爲正，四卿則將佐並見。此目三卿者，三軍並出，公獨居，專辭也，且明三家三卿之制。以次序言則仲長、叔次、季又次，魯卿則季長、叔次、仲又次，因三公子功罪而定。季司徒、叔司馬、孟司空。一見以明。○邾懼而賂，故爲下盟。內大夫七伐邾不月，此月者，謹之，亦爲下盟見也。

癸巳，叔孫州仇、仲孫何忌及邾子盟于句繹。服云：「季孫尊卿，敵服先歸，使二人與盟。」

春，伐邾，將伐絞。邾人愛其土，故賂以漷、沂之田取閒田義，故目田。而受盟。微者盟不日，此日，大事也。

夏，四月，丙子，衛侯元卒。

衛靈公卒。《春秋》制謚，靈爲惡辭。《論語》「衛靈公無道」，以能用人，故不喪。○靈以昭七年立，一言盜殺其兄，一言世子奔、大夫奔，不能治家，故有父子禍；定七年後遂從齊叛晉，與齊侯連文三見，次一見伐晉。

滕子來朝。《春秋》始終均記滕朝，書其恭也。滕凡四朝。六卒正皆來朝，莒夷狄，不言朝，略之也。

晉趙鞅帥師納衛世子蒯聵于戚。納下必言國，此于戚以國辭言之，明輒當拒其入衛，不當于戚圍之。以常辭言，當云衛世子蒯聵入于戚，稱世子者，以父命臨之，責聵也。鄭君説，若君薨，有反國之道，當稱子某，如齊子糾是也。今稱世子，如君臣，是《春秋》不與聵反國矣。

六月，乙酉，《傳》有日月，《經》不言者，納不以日月爲例也。晉趙鞅與齊國夏對文。納衛太子于戚。《公羊》：「曷爲不言入于衛？父有子，子不得有父。」謂聵不常，逆命犯衛也。

秋，八月，甲戌，晉趙鞅帥師及鄭罕達帥師戰于鐵，鄭師敗績。《公羊疏》云：「諸家罕達下有『帥師』二字，惟服引《經》無。」〇鐵，《公》作粟。

甲戌，將戰，郵無恤御簡子，衛太子爲右。登鐵上，望見鄭師衆。太子復伐之，鄭師據趙鞅、蒯聵誓辭，則鄭不當助亂。大敗。鐵，晉邑。鞅主兵，又大國，故言「及鄭」。〇侵伐不日，不可以日計也。戰日者，可以日計也。

冬，十月，葬衛靈公。七月而葬，緩。晉獻嗣子争立，不葬，此何以葬？許輒之立，所以信父命也。

十有一月，蔡遷于州來。州來者，國辭也。滅國地地，此地國何？邢遷國故地地，言遷于夷儀也。州來非遷國，故地國。蔡畏楚，以自遷爲文者，不與楚專封也。

蔡殺其大夫公子駟。以其欲遷，故殺駟以説于衆。蔡爲外方伯，殺大夫稱國，無稱人例。此無罪稱蔡者，夷蔡也。

吳洩庸如蔡納聘，而稍納師。師畢入，衆知之。蔡侯告大夫，殺公子駟以說。衆不知其謀，其勢已成，故歸罪于駟，殺而後遷。哭而遷墓。《傳》殺在遷先，書遷而後殺，見其以遷之故殺之也。蔡大夫皆公子、公孫，任用親族，賢才不舉，故其國不治也。冬，蔡遷于州來。蔡初在豫州，州來在徐，故爲徐州伯。衛遷帝丘，故爲冀州伯。《春秋》八伯。魯、陳、吳、楚四舊封，衛、蔡因遷而易地，秦、鄭稱伯以見移封，此《經》義也。

三年，春，齊國夏、衛石曼姑帥師圍戚。《異義》：「輒拒父，《公羊》以爲孝子不以父命辭王父命，許拒其父；《傳》以爲子而拒父，悖德逆倫，大惡也。」《經》爲萬世立法，因人之惑而立義，以明子從父命，孝也；親亡在外，棄位以逃，亦孝也。事果如此，其義易明，惟又有王父與父命從違兩傷。《春秋》決正其義，謂不能從父而逆祖，以父亦祖之子，子順王父，則父爲孝子，逆王父則父亦爲逆子，故義不兩全，惟棄父命而已。

齊、衛①晉納、齊圍，以二義託之二伯也。圍戚，據「圍宋彭城」當言「圍衛戚」，不言者，不使子圍父也。《論語》「夫子不爲衛君」，以爲輒得拒父者，此伯夷父命之說；以爲不得圍戚者，此叔齊天命②之說。夷、齊同行同志，蹟父子勢同水火，此仁人所傷。不許蹟之逆父，所以重父命，而輒之所行，君子傷之矣。求援于中山。中山，趙鞅之與也。

夏，四月，甲午，地震。午，正南，比南荒。

五月，辛卯，桓宮、僖宮災。記此以明用三桓之失道。

---

① 衛：原爲墨丁，據《左傳》補。

② 命：原脱，據文意補。

司鐸火，《經》言災，《傳》言火，便文也。火踰公宮。司鐸、公宮皆不書，書桓、僖宮，明不當復立也。内災無所見，亦不書。孔子在陳，聞火，曰：「其桓、僖乎！」不言及，尊卑敵也。服説同二《傳》。

季孫斯、叔孫州仇帥師城啟陽。啟陽，鄅也。帥師而城者，取鄅而城之。不言鄅者，繼絶存亡，惡其滅鄅以自利，爲内諱，故不言鄅也。○啟，《公》作「開」。

宋樂髡帥師伐曹。屢言伐曹，明志在滅之。

秋，七月，丙子，季孫斯卒。

季孫卒。季孫以後不復見。此内大夫卒皆日，王法所始。備記其卒，明世卿之繫于國也。

蔡人放其大夫公孫獵于吴。此蔡大夫而仕于吴也。凡放者多在敵國，蔡方倚吴，不能放大夫于吴。蓋蔡事吴如大國，仕獵于吴以自結，《春秋》辟其實，以放言之。

冬，十月，癸卯，秦伯卒。秦卒皆時，此獨日者，記卒之終，有加禮。○定九年立，至此十年不記一事，惟記卒、葬。

叔孫州仇、仲孫何忌帥師圍邾。以下叔孫不復見矣。詳録事實，備本末也。

四年，春，王二月，庚戌，盜殺蔡侯申。二月，《公》作「三月」。殺，《公》、《穀》作「弑」。

蔡昭侯昭二十三年立。初從楚，自定公以後，吴滅楚，于哀二年遷州來。二十八年中九記事。將如吴，諸大夫恐其又遷也，承，公孫翩逐而射之，不言弑其君者，盜賤也。入于家人而卒。翩。大夫，非賤也。書盜者，從齊豹之例。

蔡公孫辰出奔吴。

文之鍇後至，先翩射之，中肘，鍇遂殺之，此討其弒君，故殺之。故逐公孫辰。逐之以安國人。辰奔吴，是與昭同事吴者，如惡朝吴，則不得奔吴矣。

葬秦惠公。秦以後不見。

宋人執小邾子。執當地，不地者，執于宋也，蓋因其朝而執之。書者，著宋惡，且起下晉執。○二伯乃言執，宋言執，無伯之辭。僖世無伯，言執滕子，今又執小邾。邾、滕、薛舊爲宋屬。《春秋》乃屬魯，故定元年《傳》「滕、薛、郳皆吾役」是也。此稱人者，小邾有罪，故不稱宋執也。

夏，蔡殺其大夫公孫姓、公孫霍。討賊當稱人，不稱人者，夷蔡也。蔡爲外方伯，與楚殺大夫同，無稱人之例。

而殺公孫姓、公孫盱①。盱，《經》作霍，皆翩黨。既逐同謀之辰，吴人以爲討，久乃殺姓、盱②以説于吴也。

晉人執戎蠻子。使如上執小邾子。蓋楚圍蠻子，蠻子潰，奔晉，楚從晉索蠻子，晉因執而與之。執當地，不地者，執在晉也。○蠻，《公》作曼。

赤歸于楚。一事兩言，文如赤歸于曹者，辟伯晉而京師楚也。董子説：「晉執戎蠻子赤，歸于楚，京師楚也」。

---

① 盱：原作「盱」，據《左傳》改。

② 盱：原爲墨丁，據《左傳》補。

蠻子聽卜，遂執之，晉執衛侯、曹伯，歸于京師，是二伯歸俘于天子之文；今直言晉人執戎蠻子赤歸于楚，則與之同文，故使如二事然。若晉執後乃自奔楚，如宋人執小邾，與赤歸于曹相同。以畀楚師于三户。

城西郛。夏時而城，譏之也。西郛如中城之比，《春秋》兩書皆譏。

六月，辛丑，亳社災。亳，二《傳》作「蒲」，殷都亡國之社。據下執邾子獻于亳社，是災魯之亳社也。

秋，八月，甲寅，滕子結卒。滕無世家，世系不詳。《杞世家》「滕、薛、騶，夏、殷、周之閒封也」，小不足齒列，弗敘也。此備記十九國之卒，明滕爲同姓之卒正也。

冬，十有二月，葬蔡昭公。《集解》：「亂故，是以緩。」過時而月者，危不得葬。○《春秋》蔡九卒七葬，一不卒不葬。以後蔡不見。

葬滕頃公。日卒時葬，待如方伯然。蔡月而滕時者，相比見例，所以明尊卑、決嫌疑，《春秋》之大綱也。

五年，春，城毗。城皆于冬時，此何以于春？明由于失閏也。周正子、丑、寅爲春，再失閏，則正月爲亥，因遲二月，農事亦遲二月乃畢。此以人事見也，志螽，以物候①見也。○毗，《公》作「比」。

夏，齊侯伐宋。齊與宋最親，此伐宋，討其執小邾也。

晉趙鞅帥師伐衛。

夏，趙鞅伐衛，哀世晉用兵一伐衛，此伐衛與上伐宋相比見義。范氏之故也。衛前助范氏。遂圍中

① 候：原作「侯」，據文意改。

牟。中牟，衛邑。不書圍，所謂「伐國不言圍邑」也。

秋，九月，癸酉，齊侯杵臼卒。杵，《公》作「處」。

齊景公卒。詳《齊世家》。

冬，叔還如齊。會葬例皆以月加于如上，此不加者，爲閏月見也。

閏月，葬齊景公。《公羊》：「喪何爲以閏數？喪數略也。」《穀梁》：「喪事不數。」按，二《傳》不同。《白虎通義》謂期不計閏，若大功以下以月計，只記月數，故數閏，若大喪則不記之。此葬以五月爲禮，故得數之。二《傳》不同，乃參差例也。《春秋》二書閏皆在十二月後，所謂歸餘于終，又以閏三月爲非禮，是也。是《傳》意不拘有中氣無中氣，而閏概歸年末，則閏不與十二月相混，簡而易行。至月無中氣，其事甚明，不必移閏以顯之。後世曆家拘于中氣，置閏無常，使餘月與正月相混，簡册淆亂，此當據《經》改正者也。○葬不月，月者，危荼之立也。

六年，春，城邾瑕。再言春城，明失閏。邾瑕者，所取于邾之邑也。不言取，爲内諱也。○瑕，《公》作「葭」。

晉趙鞅帥師伐鮮虞。

春，晉伐鮮虞，治范氏之亂也。四年《傳》「齊會鮮虞，納荀寅于柏人」，此伐取也。不言取者，惡二伯皆不自主，大夫執政也。

吴伐陳。詳《檀弓》。

復修舊怨也。吴已進，此猶狄之者，伐陳，惡事也。

夏，齊國夏及高張來奔。言「及」者，分首從也。《傳》「有天子之二守國、高在」，國固在高之上，會盟列國，卿皆列數，此言「及」，一見例。陳乞將弑其君，故去荼黨，記國、高來奔，弑之先見者也。

六月，戊辰，陳乞、鮑牧國、高、陳、鮑皆卿。及諸大夫《經》大夫不名，《傳》亦用其例，此緣《經》立說也。以甲入于公宮。昭子高。聞之，與惠子國。乘如公，戰于莊，敗，國人追之。國夏奔莒，奔莒不言，從其終録之也。遂及高張、晏圉、弦施來奔。晏、弦不書，非卿也，三命以上乃書于《經》。

叔孫會吳于柤。吳者，狄之也。會吳者，伯辭也。此大會，獨言叔還者，省文，與襄十年柤會同。可知前殊會吳，此不殊，進吳也。此大夫不殊，七年公會亦不殊矣。會同，大事也，何以不日？辟盟也。盟日則會不可日，輕重之序也。

秋，七月，庚寅，楚子軫卒。

昭王卒于城父。昭王賢者，能復國。卒于城父，不地者，未踰竟也。

齊陽生入于齊。陽生篡國。不言公子，當國也，不使陽生主之也。

逮夜，至于齊，與饋者皆入。《集解》：「隨饋食之人入處公宮。」冬，十月，丁卯，立之。

齊陳乞弒其君荼。書陳乞弒君者，事由乞起。〇荼，《公》作「舍」。

使毛遷孺子于駘。不至，殺諸野幕之下，葬諸殳冒淳。

冬，仲孫何忌帥師伐邾。春城邾瑕，冬又伐邾，惡内也。六年五伐邾矣。

宋向巢帥師伐曹。伐曹與伐邾連書，起下同言以歸惡魯、宋也。

七年，春，宋皇瑗帥師侵鄭。

宋師侵鄭，鄭叛晉故也。此晉命也。起下救曹。

晉魏曼多帥師侵衛。言魏氏，起三家分晉。晉以下惟黃池一見。

晉師侵衛，哀世晉二用兵于衛。衛不服也。前衛從齊助范、中行氏，魏乃趙黨，故此報之。書此明晉卿之專，分晉之先見者也。

夏，公會吴于鄫。柤會，大夫不殊，此公會不殊，起黄池之會進之稱子，以方伯待之。○鄫，《穀》作「繒」。

公會吴于鄫。公不會方伯，此近世無伯，故公得會之。吴，揚州之伯，南方之遠國，吴進而九州之制成矣。此《春秋》所以終也。反自鄫，以吴爲無能爲也。詳《魯世家》。

秋，公伐邾。哀世數用兵于邾，悉書其事以惡之。

季康子欲伐邾，乃饗大夫以謀之。秋，公伐邾。此季氏主之，出公者，歸其權于諸侯也。

八月，己酉，入邾。

師遂入邾。入邾，起下吴伐我之事。

以邾子益來。《曲禮》：「諸侯不生名，失地名。」不言公以邾子至而言來，如他人以來也。

以邾子益來，《集解》：「他國言歸，于魯言來，内外之辭。」《傳》内外例無明文，據杜説補。獻之亳社。亳社，諸侯皆得立之，前書災即此也。

宋人圍曹。起下滅曹。不日者，不可以日計也。

鄭桓子思曰：「宋人有曹，鄭之患也，不可以不救。」宋王後，不當滅國，以此著無伯也。滅曹著其在青州，與内同州。青州有二王後，故宋用兵執人皆在青州，外州無之。

冬，鄭駟弘帥師救曹。前宋侵鄭，故此救曹以報之。言救曹，許之也。

鄭師救曹，侵宋。言鄭救，善之也，所以譏我之不救也。

八年，春，王正月，宋公入曹。

宋公伐曹，將還，曹人詬之。以詬亡國，足爲炯。公聞之，怒，遂滅曹。不言滅者，諱同姓滅而魯不救也。

以曹伯陽歸。宋爲王後，不統諸侯，即不許滅國，一見入曹，諱其滅文。滅宜日，不日者，諱之，使若未滅者然也。

執曹伯及司城彊以歸，殺之。曹以下不見。

吴伐我。

三月，吴伐我。齊、莒、邾伐我皆言鄙，三國連界于我，故以鄙言之。吴遠不得言鄙。吴人盟而還。不言盟，城下之盟，爲内諱也。《春秋》以夷狄待吴，故與吴無盟事。

夏，齊人取讙及闡。闡，《公》作僤。

五月，齊鮑牧帥師伐我，《集解》：「不書伐，兵未加而與之邑。」取讙及闡。十五年《傳》：「子貢曰：『吴人加敝邑以亂齊，因其病取讙及闡。』」《公羊》以取二邑爲邾子事，《傳》以爲季姬事，《世家》與《傳》同，足見《史記》本于《左氏》。

歸邾子益于邾。

齊侯使如吴請師，將以伐我，乃歸邾子。不曰邾子歸而曰歸邾子，主内也。益之名，失地也。歸不書，此書者，爲下來奔也。

秋，七月。據《傳》有事，而《經》無者，孔子削之也。魯事不待赴告，又非公不與史書之，而孔子乃略之也。

冬，十有二月，癸亥，杞伯過卒。杞卒正末。始卒一書時，後皆日。王者後，待之有加禮也。○定四年立，十四年不記一事。

齊人歸讙及闡。取歸不言田，無伯之辭也。歸邑不言來，邑在內，非來可言也。

冬，十二月，齊人歸讙及闡，《經》無月，《傳》有者，歸不月也。季姬嬖故也。《齊世家》：季姬嬖，齊復歸魯侵地。

九年，春，王二月，葬杞僖公。三月而葬，速。杞以下不見。○杞七記卒，僖二十三年始卒，記之略，不日、不名、不葬，明黜杞也。以下皆日卒、時葬。昭六年月卒，因事貶也；定四年時卒。踰竟也。

宋皇瑗帥師取鄭師于雍丘。

二月，甲戌，《經》無日月，略之。宋取鄭師于雍丘。《傳》：鄭武子賸因嬖許瑕求邑，乃請外取，故圍宋雍丘。師出不以正也，又全軍覆没，辱莫大焉。稱鄭師不名者，貶之。按，終《春秋》言取師者只二事，宋取鄭，鄭亦取宋，皆循環之理，見兵不可黷，而大夫專兵之禍亟矣。

夏，楚人伐陳。

陳即吳故也。《年表》：「楚伐陳，陳與吳故。」按，陳即吳事，《傳》未詳而有其文，知史公所見之《左氏》或較今本爲多也。

秋，宋公伐鄭。因勝再伐之。

宋公伐鄭。

冬，十月。據《傳》，冬有吳子伐齊事，《經》一時無事者，削之也。

十年，春，王二月，邾子益來奔。月者，再出，謹之也。邾以後不復見。

邾隱公來奔。《傳》：邾子歸，又無道，吴使太宰子餘討之；囚諸樓臺，栫之以棘，使諸大夫奉太子革以爲政，因此逃而奔我。齊甥也，吴、齊有怨，邾爲吴囚之，欲之齊，先過我，故書之。故遂奔齊。

公會吴伐齊。

公會吴子、邾子、郯子《傳》有邾、郯，《經》不言者，吴無從國，故但目①吴。邾，卒正也，郯，連帥也，會不只邾、郯者，舉一以見例也。伐齊南鄙，師于郎。邾益方奔齊，此同伐齊之邾子者，太子革也。邾子、郯子不叙者，略之也。

三月，戊戌，齊侯陽生卒。

齊人弑悼公，赴于師。《集解》：「以疾赴，故不書弑。」凡弑君，赴多不以弑者，《經》書弑，則《傳》以弑言之，如趙盾、崔杼是也；不書弑，則《傳》以疾赴言之，鄭伯髡頑及此是也。

夏，宋人伐鄭。既取其師，伐而又伐，修怨不已，所以有鄭取其師之敗也。

晉趙鞅帥師侵齊。因吴、魯之師乘喪侵齊，無名甚矣。

夏，趙鞅帥師伐齊。二伯之師不自相伐，趙氏伐齊，天下無伯。《經》言侵，《傳》言伐，便文也。于是乎取犂及轅，此外取不書之證，故凡書外取皆有義。毁高唐之郭，侵及賴而還。

① 目：原作「自」，據文意改。

五月，公至自伐齊。此從會吴伐齊而致。吴遠齊近，使得志于齊，危之，故月之也。

葬齊悼公。賊未討而書葬，所謂定、哀①多微辭也。二伯葬例日，此時者，所以起其弑也。

衛公孟彄自齊歸于衛。《傳》例，諸侯納之曰歸。孟彄者，聵之徒，言歸于衛，從輒也。十五年蒯聵入國，彄復奔齊。言自齊者，齊爲之請而歸之，故孫林父稱歸自晉也。

薛伯夷卒。定十二年記卒葬，後不記事，只記卒葬。薛四記卒，不卒者也。莊三十一年不名，昭三十一年名而日，起定十二年名而月。時卒、時葬，卒正下等正例也。

秋，葬薛惠公。薛以下不見。

冬，楚公子結帥師伐陳。前伐未得志，故再伐之。

楚子期伐陳。此楚、吴争陳。蔡已事從吴，陳從吴而楚争之，故伐之。

吴救陳。詳《孔子世家》。

吴延州來季子救陳。救，善事也，何以舉國？不與夷狄憂中國也。

十有一年，春，齊國書帥師伐我。

齊爲鄎故，國書、高無丕但言國氏者，舉重也。帥師伐我，報前會吴伐也。《世家》：「季氏用冉有有功，乃召孔子，孔子自衛反魯。」及清。齊伐皆言鄙，謂彊鄙之事，此不言鄙者，近也。《傳》言及清，敵兵深入，非彊事也。

① 哀：原無，據文意補。

夏，陳轅頗出奔鄭。有罪出奔，書以謹之也。諸侯不守社稷，大夫不保宗廟，凡言奔，皆惡之也。○轅，《公》作袁。

陳轅頗出奔鄭。鄭從齊，陳從吴，故陳從吴命以伐鄭也。

五月，公會吴伐齊。此公與吴子同在師，公會當稱吴子，不言子者，不純進之。月者，爲下戰日出也。

爲郊戰故，公會吴子伐齊。不言「以」者，避恃外。從吴之國多矣，獨舉公者，緣《經》立説，又爲隱見例。

甲戌，齊國書帥師及吴戰于艾陵，齊師敗績，獲齊國書。

戰于艾陵。不言致者，齊敗甚也。不敘公者，不許從吴也。展如敗高子，國子不言高子，以國子主兵見獲，故書之。敗胥門巢，王卒助之，大敗齊師。獲國書、《傳》云「歸其元」，是殺言獲者。君生曰獲、死曰滅，大夫生死皆曰獲。此吴君齊臣，不以吴及齊者，齊尊吴卑。齊二伯，吴以國言，故可先之。此戰公在，不言公，辟從吴以勝齊。獨以吴主之者，不許吴得志于齊也。定、哀世多微辭，以世近事明，不須貶絶。公孫夏、閭丘明、陳書、東郭書，四人不書，非卿。革車八百乘、城濮戰，晉七百乘，鞌戰，晉八百乘。《國語》言齊八百乘，魯賦于吴亦八百乘，然則八百乘，軍額也。甲首三千，以獻于公。

秋，七月，辛酉，滕子虞母卒。滕七記卒：隱七年時卒、不葬，宣九年月卒、不名、不葬，成十六年日卒、不名、不葬，漸以進也；昭三年、二十八年、哀四年皆日卒，嘉之，故從方伯例。

冬，十有一月，葬滕隱公。滕以後不見。

衛世叔齊出奔宋。

冬，衛太叔疾出奔宋。據《傳》，孔文子欲攻之。以自奔爲文者，治家失道，自取其禍也。

十有二年，春，用田賦。此加賦强兵，違什一之制。季孫蓋使民計田出軍賦田賦，兵事也。用者，不宜用也。

春，王正月，《傳》言正月，《經》無者，用田賦不以月見例。用田賦。詳《魯語》。

夏，五月，甲辰，吴孟子卒。《坊記》：「娶妻不娶同姓，所以厚别也。買妾不知其姓，則卜之，以此坊民，《魯春秋》猶去夫人之姓曰『孟子卒』。」至《論語》謂之「吴孟子」。吴孟子三字不連，吴爲口繫，如口繫邾婁之例。

五月，昭夫人《異義》：「《左氏》説孟子非小君，本爲妾，昭公立爲夫人，《春秋》就妾言之。使爲夫人，當稱夫人薨。」孟子卒。本爲夫人則當日，實用夫人禮。不如姒氏，本妾母，故不用夫人禮。昭公娶于吴，吴同姓。故不書姓。吴女當言孟姬，此不書姓，如宋女惠公元妃孟子卒者然。○周娶同姓，穆王已然，當時諸侯大夫習爲故事，不以爲非；《春秋》詳于種學，同族不婚，乃立不娶同姓之制，但譏昭公見例。此《春秋》特義也。死不赴，夫人例得赴。故不稱夫人。妾不得赴。哀母姒氏，《傳》云「不赴、不祔，故不稱夫人」。如書致，升爲夫人，乃稱夫人。不反哭，定十五年《傳》：「不稱小君，不成喪。」不反哭即不成喪之變文。故不言葬小君。姒氏猶書葬，此不書葬但書卒，以見不應娶同姓，不言葬，以貶奪之。○稱小君當稱夫人薨，既不稱夫人薨，則不得稱小君，不以反哭不反哭爲斷。孟子生不稱夫人，薨不葬，本妾母之辭。

公會吴于槖皋。吴地。不殊會吴者，進之也。《年表》「吴召魯、衛」，不言衛，不序也。

吴子使太宰嚭請尋盟。既言尋盟，而前不一書盟，此不與夷狄盟，故終《春秋》無吴盟也。

秋，公會衛侯、宋皇瑗于鄖。公不會大夫，此會，從衛侯録之，不嫌也。公與衛、宋和以伐鄭也。○鄖，《公》作運。

衛侯會吴于鄖。公及衛侯、宋皇瑗盟，而卒辭吴盟。《傳》有盟而《經》無者，避與吴盟也。吴强帥諸侯以伐齊，與中國盟多矣，不書者，不許吴以盟也。《傳》之不盟者，緣《經》立説也。

宋向巢帥師伐鄭。宋四伐鄭矣。

九月，《傳》有，《經》無。宋向巢伐鄭，取錫①，殺元公之孫。自蕭出奔者，遂圍嵒。據《傳》，鄭人城嵒以處平元之族。十二月，鄭罕達救嵒。丙申，圍宋師。《傳》詳日月而《經》不書，以伐國不月。杜以爲《經》無日月皆闕略，非是。

冬，十有二月，螽。襄以下不記蟲災，略其微也。因失閏而書之，下同。

十二月，螽。《公》作「蝝」。季孫問諸仲尼，仲尼曰：「丘聞之，火伏而後蟄者畢。今火猶西流，司曆過也。」杜謂是歲應置閏，而失不置，司曆誤一月，九月初尚温，故得有螽。

十有三年，春，鄭罕達帥師取宋師于嵒。宋贖②兵不已，自取覆没。

宋向魋救其師。上鄭圍。鄭子賸使徇曰：「得桓魋者有賞。」向巢也。魋也逃歸，遂取宋師于嵒。取，易辭。獲成讙、郜延，新獲宋城。以六邑爲虚。

夏，許男成卒。諸侯出其疆卒不日。許男新臣卒于桓師，不言師，内桓師也。此卒于會，不言會，避伯吴也。許卒

---

① 錫：原作「鍚」，據《左傳》改。

② 贖：原作「瀆」，據文意改。

例日，不日，卒于會也。卒于會不言者，吴以夷狄主中國，諸侯莫敢不至，故諱之也。○成，《公》作「戌」。

公會晉侯及吴子于黄池。《穀梁》：「吴子進乎哉！遂子矣。」吴之强大始于會鄭，終于黄池，凡三會、三伐、三盟，終書會伐而不書盟，中外例也。夷狄不責以信義，楚有盟者，大夷，進之已久，此大會不列序諸侯者，夷狄主中國也。○及者，由内及外。但叙二國者，兩伯辭也。

公會單平公、《傳》有單平公，《經》無者，吴爲夷狄，方進之，不使與天子大夫相接。晉、吴皆無從國，但序二國而已。晉定公、哀世晉侯惟此一見。吴夫差吴夷狄，無謚，故直目君名。于黄池。

秋，七月，辛丑，盟，吴、晉争先，如滕、薛争長。吴人曰：「于周室，我爲長。」謂太伯居長。晉人曰：「于姬姓，我爲伯。」伯謂二伯。晉爲同姓，齊爲異姓，故齊稱伯舅，晉稱伯父也。乃先晉人。《吴語》、《史記》皆以吴先歃①，賈氏亦然，謂吴先晉人而歃，非謂晉先吴也。雖有司馬寅之言，晉人用趙武、叔向與楚争盟故事，讓吴先歃。《經》以晉先吴者，此夏時會事，盟在七月，不書；使書，亦當如此次序也。吴人將以公見晉侯，子服景伯對使者曰：「王合諸侯，如踐土之盟是也。則伯二伯，齊、晉是也。帥侯牧侯牧，州牧，《曲禮》所謂九州之長，《王制》之八州八伯是也。《春秋》立九州之制，以魯、衛、陳、鄭、蔡、楚、秦、吴爲八伯。以見于王；如齊、晉合諸侯以朝王、會王世子是也。《顧命》太保帥西方諸侯，畢公帥東方諸侯，《詩》説陝以東周公主之，陝以西召公主之，此以二伯統八方伯之説也。伯合諸侯，齊、晉同盟諸侯是也。則侯帥子男以見于伯。子男爲卒正以下小國，《公羊》：小國稱伯、子、男，伯、子、男一也。魯爲侯牧，帥曹、莒、邾、滕、薛、杞以見于二伯，即魯

---

① 歃：原作「插」，據文意改。下同。

六卒正，可以推之八州矣。自王以下，朝聘玉帛不同，侯牧朝王，兼朝聘二伯，子男則兼朝方伯，故各有等威不同。故敝邑之職貢于吴，有豐于晉，無不及焉，以爲伯也。以吴爲伯，故職貢同于晉，《公羊》兩伯之辭是也。今諸侯會，作合。而君將以寡君見晉君，侯牧帥子男以見于伯。晉爲伯，吴以魯見，是侯帥子男以見之禮。吴自處于牧，而魯降爲子男矣。敝邑將改職貢。將用子男見侯牧之禮。魯賦于吴八百乘，此侯牧見二伯之制。若爲子男，則將半邾以屬于吴，邾以六百乘屬于吴，此子男賦伯之制，今吴既以侯自居，則侯減于伯一半，故魯將以半邾之制三百乘賦于吴也。而如邾以事晉。吴自處于侯，而晉則伯也。伯禮加于侯，故事吴半邾，而事晉則當如邾六百乘。是晉與吴尊卑迥殊也。且執事以伯召諸侯，自命爲二伯。而以侯終之，其終用方伯之制，是自貶也。何利之有焉？」吴人乃止。

楚公子申帥師伐陳。因陳從吴，故伐之。

于越入吴。入吴，惡事也，故稱于越。入者，未滅之辭。吴王歸，與越平。下不書吴事。

六月，丙子，越子伐吴。史文記事甚詳，侵伐無不書日月者，《春秋》之例，乃不書之。丁亥，入吴。言于越者，惡事也。入者，得而不居也。冬，吴及越平。《傳》所言日月與《世家》相合，而《史記》更詳，知劉氏本不及史公所據本完善。據七月盟時中國猶不知越入吴事，此書于秋前者，追書也。

秋，公至自會。公會夷狄不致，致者，吴已進子，不外之，故不爲公諱。○七月辛丑乃盟，公歸當在八月。

晉魏曼多帥師侵衛。中國主盟，惟衛事晉最謹，故《公羊》有「内衛」之説。内四州，魯外最貴衛，《論語》「魯衛之政兄弟」是也。外州最賤吴，以其遠，晚乃録之。吴與楚比，所謂稱王之國也。哀時諸侯叛晉，晉亦内亂，不能主諸侯，而二侵衛、一伐衛、一伐齊外，獨于衛責之嚴，以其服事謹故也。此記伯兵之終，以衛事結之，所以責晉之君臣者深矣。

葬許元公。《春秋》詳六卒六葬，起爲外卒正國也。六卒，則不卒者多，以明卒正例不卒；卒者不日，日者，明與正卒不同。楚卒皆日，吴卒皆月，此皆時葬，又爲一見例。○昭十九年葬許悼公，後至此再記卒葬，以下不見。

九月，螽。螽災甚則月，九月而螽，猶得時也。此爲記災而書。

冬，十有一月，有星孛于東方。《集解》：「平旦，衆星皆没，而孛乃見，故不言所在之次。」

盜殺陳夏區夫。區夫，大夫也，不言大夫，殺于賤者，故不以上下之辭道之。言盜，殺①于賤者也。

十有二月，螽。九月初螽，十二月猶不絶，此爲再失閏。

十有四年，春，西狩獲麟。由人學以通于天學，亦如《大學》之格物誠意。麟爲後來之物，故以《經》爲俟後。

西狩冬曰狩。《春秋》有行夏之意，十四年春即十三年之冬。三月首事，春狩絶筆，明用夏正也。于大野。

叔孫氏之車子鉏商獲《傳》例，「得用焉曰獲」，用焉爲牛馬字誤。麟，孔子受命制作，麟出爲瑞。麟，鹿身又甲，先師以爲木精；四足，又爲毛獸。東西混合，故先師又有土精之説。二《南》終于《麟趾》，《春秋》亦終于是。以爲不祥，以賜虞人。仲尼觀之，曰：「麟也！」麟爲靈物，非世界所有，天學通，乃在郊藪，此非時而至也。然後取之。

① 殺：原作「賤」，據文意改。

春秋左氏古經説續篇附

小邾射以句繹來奔。此發三命以上乃書于《經》之例。《經》惟十九國有君有臣記卒葬，滕以下則無大夫，《傳》則小國多有君有臣，以明削例。故于此見一小邾射，言不書三命以下者乃《經》例也。

小邾射以句繹來奔，魯六卒正，曹、莒、邾三國不氏大夫，滕、薛、杞亦然，小邾無論矣。此一書射，足見史文即附庸之臣亦得書之，然于滕、薛、杞猶削之，録其一二，知史與《經》詳略懸殊，使不書之，則詳略不同之迹不見。曰：「使季路要我，吾無盟矣。」使子路，子路對曰：「魯有事于小邾，不敢問故，死其城下可也。彼不臣而濟其言，是義之也，由弗能。」《集解》：「濟，成也。」

夏，四月，齊陳恒執其君，寘于舒州。《春秋》于大惡如君臣相執、交質、君臣盟之類，《傳》屢言其事，《經》絶不一見，爲天下萬世諱也。○此先師仿前《經》、《傳》之例録以續《經》、《傳》。本出于《國語》，由《國語》録成此《經》。杜以爲魯史之舊，誤。

庚辰，此《經》、《傳》皆先師所立，而《傳》有日，《經》無者，亦如獲麟以前《經》略而《傳》詳也。陳恒執公于舒州。賈云：「舒州，陳氏邑。」晉欒書執厲公不書，凡以臣逐君者，皆以自奔爲文。有國不能君之，反爲臣子所逐，言出奔，所以責君，故以自奔爲文，不使臣加于君上，如以大國執小國君之辭。此與晉厲公事同，如孔子修之，但存下弑文，則此可以削。即欲書之，亦但云齊侯出居于舒州，不使臣加于君。《傳》録此史文，見孔子修《春秋》加損正名例，舉此一隅以待反三。以上二事異《經》見義。○《續經》有「寘」字，《傳》無。按，《經》不見寘字，如執行父舍之于苕丘，寘即舍之變文。據下弑在舒州，則是舍于舒州，非從舒州執以歸，《傳》未詳耳。

庚戌，叔還卒。此與《經》例同者，書之，見《經》有仍史文者，非悉有加損也。○《世本》叔還係叔弓曾孫，謚成子，父西巷敬叔，子叔青見下《傳》。

五月，庚申，朔，日有食之。《五行志》：「春秋二百四十二年，日食三十六。」不數此，如三叛不數小邾射爲四叛之①比。

陳宗豎出奔楚。《經》、《傳》皆先師所立，有無《傳》之《經》者，仿《經》例爲之。

宋向魋入于曹以叛。宋滅曹，曹爲宋邑，如楚滅蕭，蕭爲楚邑。

向魋去年逃歸。遂入于曹以叛。叛而書奔者，必在一年外乃詳記之。此叛在五月，奔在六月，《經》書奔而已，不必言叛。

莒子狂卒。近世莒卒必日，此異《經》見義。

六月，宋向魋自曹出奔衛。言奔衛而必言自曹者，仿昭二十二年宋華亥等自宋南里之例爲之。

使左師巢伐之，民遂叛之，向魋奔衛。魋前不見《經》。

宋向巢來奔。巢係戌曾孫，哀六年伐曹、十二年伐鄭見《經》。

向巢來奔。以上七事皆同于《經》，此緣《經》立説例。此明《經》有仍用史文，不加筆削之事。

---

① 「叛之」二字原爲墨丁，據文意補。

齊人弒其君壬于舒州。陳恒弒君，孔子請討，《論語》及《傳》皆言陳恒，《經》但稱人，以見《經》異于史之例。

甲午，《經》無日月，《傳》有日。案，齊大國，弒君例日，《經》與《傳》異以見例。齊陳恒弒其君壬于舒州。《經》弒君不書地，史文乃有地，言此明書地、不書地之例。此異《經》見例也。

秋，晉趙鞅帥師伐衛。本年共十七事，有《傳》者八，無《傳》者九，隱元年《經》書七事，外七事皆言不書之例，此則以《經》詳《傳》略示例也。

八月，辛丑，仲孫何忌卒。

孟懿子卒。史書卒皆有日。以上二事緣《經》立説。

冬，陳宗豎自楚復入于陳。《經》言復入無自某者，言自某者不言復，與《經》不合，陳人殺之。與良霄、欒盈書法不合者，爲孔子所修，與史不同。

陳轅買出奔楚。買初見，十一年有轅咺。

有星孛。《經》言星孛必言所在，史官所無，孔子補之，以爲筆例。○此發書災異由筆削之例。《公羊》：「不修《春秋》曰『星不及地尺而復』，君子修之曰『星隕如雨』。」與此正同。

饑。原史一年中不止如此，左氏略仿①《經》例，猶録以見異同，然一年録十七事，亦甚詳矣。○按，此特見史文以示例，志不在續《經》，俗以續《經》説之，誤矣。使果志在續《經》，尚不依附《經》例，故爲此乖異之文？不然，豈劉氏所知而傳者乃不知之耶？

① 仿：原作「防」，據文意改。

十有五年，春，王正月，成叛。

成叛《經》内叛皆不言，爲内諱，此言成叛，爲異《經》見例。〇劉氏《考證》：《經》無此書法。于齊。師録此明内諱例爲孔子所加，不指國史原文如此。如内叛《經》不書，《續經》録此，見爲史文，非《經》例。舉一以見義。武伯伐成，不克，遂城輸。墮成不克，不書，爲内諱；如書，但云伐成而已，叛與不克均不言。

夏，五月，齊高無平出奔北燕。襄二十九年齊高止出奔北燕，此用其文例。

鄭伯伐宋。鄭伯伐宋，自襄十一年以後無之，皆大夫帥師。此目鄭伯，亦如内事，哀世多目公也。

秋，八月，大雩。

晉趙鞅帥師伐衛。定八年趙鞅侵衛至此，六見趙鞅用兵于衛。

冬，晉侯伐鄭。自定、哀以後不言晉侯，一公僅一二見，兵事皆六卿專之。〇劉氏《考證》：據《傳》及《世家》，是時晉臣專兵，君若贅旒，晉侯安得自將伐鄭？按，見晉侯亦如見鄭伯，歸其權于君之意也。

及齊平。桓七年「暨齊平」，定十年「及齊平」，此用其文例。

冬，及齊平。《傳》：「子路結纓而死。」

衛孟公彄出奔齊。《經》凡兩事皆書，必一變其文，如二滅則一言入、一言滅，二奔則一言如、一言奔，辟再見也。彄早已出奔，歸又再奔，《經》無此例，以此見《經》凡二事變文之例。

十有六年。按獲麟後至哀二十七年所有之文，皆先師由《國語》編録而成。孔子未卒前後初無二致，考十九年全爲《經》説，餘年録事多先標目，後叙事，如後世綱目之例，多釋例解經之文，非孔子卒以後與前大異也。《國語》記事本終于哀，以事解經必備本末而後明，截然止于獲麟，不足以備本末，如二《傳》是也。又《傳》解《經》有同有異，各有取義，學者不明此義，動以《傳》與《經》異爲疑，故先師自立《經》、《傳》亦存同異之文，則知前之不爲苟同，非《經》意而强説之矣。又《春秋》有筆削加損，説二《傳》者但見已修之《春秋》，未見不修之底本，故不足以明筆削之旨、加損之變。《傳》故采録史文，凡與《經》例不合者亦列之，以明未修之《春秋》不過如此，即《公羊》「星隕不及地尺而復」之説也。續有《經》、《傳》，以爲僭妄，擬《經》則誠爲非聖無法，若采原文以見筆削之迹，則有功無過，爲益不窮，且《續經》所録二年之文半乖義例，説二《傳》者恒能攻之，使先師當日果在續《經》意存配聖，則何不一仿《經》例爲之，而故爲罅漏，以招譏彈？故《續經》三年之文與隱元年七言不書之事爲世詬病，不知此正其宏綱巨例，特留此以示後人，而啟其悟，爲本《傳》之長義。凡二《傳》學者亦當潛思所得，謹就所見述之，尚不能盡其志量也。

春，王正月，己卯，衛世子蒯聵自戚入于衛。稱世子，以父臨之，前已見義。此入可不言世子，言此明《春秋》見不再見之例。史文甚詳，孔子乃削之。○劉氏《考證》：言納于戚則入衛不書，如鄭突入櫟不復書入鄭，即書之，亦不當言自戚，如衛衎歸衛不言自夷儀是也。

閏月，良夫與太子入。此明遲書從赴之例。《經》託之赴告，以爲事雖在去年，其赴春乃至，則于①春書之，不能補書于去年。然此乃爲《經》例，不可專以赴告説之。凡赴至皆與本日不同，而《經》、《傳》同時日者多，如晉侯入國，不應遲至一年赴乃至，此皆爲《經》例，託之赴告如此耳。

衛侯輒來奔。

召獲駕乘車，行爵食炙，奉衛侯輒來奔。

---

① 于：原作「之」，據文意改。

二月，衛子還成出奔宋。此發人名、字、子大例。《經》衛無稱子、大子，惟齊、宋、魯有之。子還成與稱子例混，《經》不言之。

春，以上出奔皆在去年閏月，惟此乃春事。瞞成、褚師比出奔宋。瞞成即子還成，褚師比不書，此亦倣《經》例爲之，以發明《經》、《傳》之例。

夏，四月，己丑，孔丘卒。先儒引《經》書「孔子卒」，以下有《傳》而無史文，乃《國語》舊式。記孔子卒，是弟子尊崇孔子，兼明修《春秋》之旨，漢儒以左氏不祖孔子、不解《春秋》者非也。○劉氏《考證》：孔子之卒謹書于傳記，宜也，而附于《經》，則經爲孔子家乘矣。不知當時皆口授，子夏傳《經》，後乃著竹帛，足見弟子推尊先師，始附于《經》。

孔丘卒。綱終孔子卒，目終哀公孫，皆本末之意。《經》由孔子修，故終孔子卒；接續史文二年，以見筆削意，與隱元年七言不書之發凡起例相同；臚列異《經》之文，以見加損互見緣《經》之説。○凡《魯世家》皆書孔子卒，編在《世家》，又以道德重。弟子述《春秋》，故曰卒之也。孔《疏》以爲魯君臣書于史，誤。按，孔子卒以上標目，舊稱《續經》，非先師意。今擬稱爲事目，非避僭《經》之嫌，十六年以後仍是此例，特事目皆雜存，不如以前之與《傳》别行，略如《經》文例。《經》是孔子所修，故未卒以前仍標事目、事文，魯國之史論述哀公止于如越。舊説多誤，今並正之。

春秋左傳杜氏集解辨正

廖平　撰
邱進之　校點

校點説明

是書又名《左氏集解辨證》、《杜氏左傳集解辯證》、《春秋左傳杜注集解辨正》，成於光緒十八年（一八九二），於光緒三十三年（一九〇七）、民國二十四年（一九三五）兩次刊刻，與《杜氏左傳釋例辨正》（又名《釋例評》）相輔而行。全書分上下二卷，釐爲十二篇，每公爲一篇，上卷含隱、桓、莊、閔、僖、文六公，下卷含宣、成、襄、昭、定、哀六公。該書爲鍼砭杜預以例説經之失而作，廖平指出，東漢治《左傳》者於本傳義例所無之處，皆引《公》、《穀》相證，而杜預力反二傳，譏漢師爲膚引，與范寧《穀梁集解》同。杜氏以「五十凡」爲周公舊例，不言「凡」爲孔子新例，以本傳明文斷新舊之别，既誤解《左傳》大例，又誤説文義，望文生訓。有鑒於此，廖平遂於杜氏詮釋經、傳有未愜者，分别條録，指出其謬，悉加辯證。主要版本有光緒三十三年丁未（一九〇七）成都排印本、民國二十四年（一九三五）自刻本。今據成都排印本整理。

目録

春秋左傳杜氏集解辨正二卷 見《井研縣藝文志·經部》。

東漢治《左氏》者與《公》、《穀》相同，本傳義例所無，皆引二傳相補，如《釋例》中所引許、賈諸條可證。杜氏後起，乃力反二傳，譏漢師爲膚引，頗與范氏《集解》同。考舊説以義例歸本孔子，杜則分爲四門，以五十凡爲周公舊例，不言凡爲孔子新例，例之有無，以本傳明文爲斷。凡五十凡及新例之外，皆以爲傳例，有從赴告魯事，前後相反，不能指爲赴告，則云史非一人，各有文質。一國三公，何所適從！又即所云新舊例言之，五十凡有重文，有禮制，於今無關，幾及十條。且無凡皆爲言凡所統，偶有凡字，以爲周公，偶無凡字，以爲孔子，何所見而云然？且同盟以名，不同盟不名，三條皆爲解滕、薛、杞三小國而發，曹、莒以上并無其文。所謂不同盟者，謂小國不以同盟待之，非爲大國言也；除三小國與秦、宿，更無不名之事。杜不悟其理，於各國之卒，必推考其同盟，本身無盟，求之祖、父，不亦誤乎！大例之外，其誤説文義者，如「豫凶事非禮也」六字，文見《説苑》，謂喪禮衾絞衰裳不豫制，所以解天子、諸侯、大夫、士必數月而葬之故，杜乃以爲子氏未薨而弔喪，至流爲笑柄。又「弒君稱君君無道，稱臣臣之罪」，「稱君」當爲「稱人」，杜不知爲字誤，就文立訓。春秋弒君，正文有不稱君者哉？又何以別於稱臣也？又「帛君」爲「伯尹」之異文，以帛爲裂繻字，是大夫序諸侯上，小國大夫亦同稱子矣。「君氏」爲子氏，又何以解尹氏、武氏連文之傳耶？蓋經本作「尹」，無傳，傳所記之「君氏卒」爲魯事，不見經，後人誤以傳之「君」即經之「尹」，杜氏誤合之，稱夫人爲君氏，何嘗有此不辭之文！此類悉加辨證，與《釋例評》相輔而行，可謂杜學之箴砭也。四譯館自序。

春秋左傳杜氏集解辨正上卷

隱公篇第一

傳：孟子卒。

不偁薨，不成喪也。

此傳便文耳，不可以經例説之。又，夫人例偁薨，不能因儀節而改名偁。傳例有通例，有專説，因不成喪而變魯法，此專説一事，别有微意，不可推于别條。

經：元年春王正月。

隱雖不即位，然攝行君事，故亦朝廟告朔。告朔朝廟例①在襄二十九年。

元年正月無事必書者，爲不書即位，見所謂謹始也。不爲朝廟、告朔而書，朝廟、告朔，常事也，一年須行十二次，史據此而書，經則常事不書。襄二十九年傳别有義，不可推以説此條。襄二十九年經書公在楚，傳以爲釋不朝正于廟也。按傳以釋不朝正解書「公在

① 告朔朝廟例：按《春秋左氏傳》此條杜注，「朝廟」作「朝正」，當據改。

楚」，非以解書「春王正月」也，故僖五年傳言公視朔，而經不書春王正月，此明證也。杜氏誤立朝正告朔乃書王正月之例，雖襲漢師之説，究屬非是。

經①：鄭伯克段于鄢。

言段強大雋傑，據大都以耦國，所謂得雋曰克也。

傳「雋」乃「獲」之誤字，以爲雋傑，誤。詳莊十一年。

經：秋七月，天王使宰咺來歸惠公仲子之賵。

婦人無謚，故以字配姓。

以字冠姓，内外女在生之通偁，非死乃如此，不當以謚言之。謚當爲爵。生者同以字配姓，傳以爲未薨，不當言謚。

歸者，不反之辭。

經「歸」讀同「饋」，非歸入之歸。但泛言歸例，則歸爲得所之辭，非爲不反也。

經：冬十有二月，祭伯來。

祭伯，諸侯爲王卿士者。祭國，伯爵也。

祭爲内諸侯，非外諸侯也。祭，采國，祭公爲三公，祭伯爲監大夫。氏祭，以見爲祭公族，

① 經：原無，據文例擬補。

王臣耳。伯非爵，與仲、叔、季同爲字，所謂「天子大夫不名」，非爵也。

經：公子益師卒。

《春秋》不以日月爲例，惟卿佐之喪獨託日以見義者，事之得失，既未足以褒貶人君，然亦非死者之罪，無辭可以寄文，而人臣輕賤，死日可畧，故特假日以見義。

傳有日月例三條，漢師同于二傳，杜亦有數條。但傳詳事實，經例出于説微，多未詳備，當據以推補，不可駁之。説詳《補例》篇。○此條爲日月例明文，此外尚多。漢師所以言日月例者，蓋據本傳，非襲用二傳。杜「惟卿佐之喪」以下云云明説日月有例，故《釋例》亦多此義，是左氏非無其例，特傳詳事實，經例出于師説，此本采録未備，不如二傳之詳耳，當據以推補。杜既云卿佐喪有此例，其云《春秋》不以日月爲例者，是自相矛盾矣。杜氏解經，惡難好易，是其病根，未嘗不知本傳大例同于二傳。三家同説一經，宏綱巨領，具有本源，不能自異，故於二傳簡易明白之條盡用之。至于繁難之例，二傳先師所不能瑩澈者，欲用之則必多未安，欲補之則力有不足，于是悍然不顧，倡言無此例，然後可以化險阻爲坦途，而其私心難昧，知不能如此魯莽，一切不顧，則又首鼠兩端，故此云無此例，而他條及《釋例》中屢言日月例。不知經學當苦心耐勞，極力求通，不可趨求捷徑。如其以例難通，則可通者通之，疑者闕之，尚不失爲謹慎之道。杜氏《釋例》每條中可通者通之，不能通者皆以爲無義例，是于聖經去留參半，取舍兩岐，直是甄别經文而已。且屬存疑，後人可以補苴；别無依據，師心自用，臆分孰爲有例無例、孰爲已修未修，安知所駁不爲經之要例乎！使有人專與杜氏爲難，盡變其説，杜氏不能謂己「親見寶書，備知修改」。原文經文，實不一律，中多不可依據；必於難通之條，實得平易之理，中本傳之佚説，刊何君之游詞，足見三傳盡屬相同，二傳所有之例皆《左傳》所本有，乃爲得也。

傳：春，王周正月。

言周，以别于夏、殷。

傳以「周」字釋「王」字，謂王即「周」字耳。經不舉周，號以王，舉人，如周人偁「王人」是也，非以别于夏、殷。

傳①：不書即位，攝也

假攝君政，不修即位之禮，故史不書于策。

即位者，受終繼立之名，亦即《通鑑》所云「即皇帝位」，如《世家》云「子某立」，并非元旦升殿受朝也。杜云不修其禮，直以即位爲御殿之偁，則春秋十二公何以元年乃受朝，以外二百四十年皆無一元旦修禮者乎？即此一端，已見其誤。傳言「不書」者，謂實有其事，

① 傳：原無，據文例擬補。

而《春秋》不書耳。「即位」紀公之始，必于元年一書，然後①公乃實于尸柩之前于去年已即位爲君。一年不二君，故于元年乃言之，全不關其御朝不御朝也。杜説直不知即位之名義，例更不足言已。

傳：夏，四月，費伯帥師城郎。不書，非公命也。

傳曰「君舉必書」，然則史之策書皆君命也，今不書于經，亦因史之舊法，故傳釋之。諸魯事，傳釋「不書」，他皆放此。

據杜此説，分經、史爲二，是也，他條直以史法説經，則非矣。此傳杜亦以爲經不書者，因孔子時不能以公命赴告爲據，故以爲史法。

此本師不以空言説經之例也。凡二傳「常事不書」、「見者不復見」諸例，直言筆削而已，本師懲空言流弊，恐失其真，故多假託史法言之。此經之史例，非史之史例也。

此事魯史本書，經削之。魯史有經而無傳者，據魯史立言。如杜氏實未書于史，則直以魯史于魯事每年或一二書，多者亦不過十餘事，殊非情理。況經非公命而書者多，實公命而不書者更多；若泥于公命之言，則是二百四十年魯史實只萬餘字，豈得更云魯史耶！

① 然後：詳文意，此「後」字似衍，當删。

傳：鄭伯克段于鄢。段不弟，故不言「弟」；如二君，故曰「克」；稱「鄭伯」，譏失教也；謂之鄭志，不言出奔，難之也。

傳言夫子作《春秋》，改舊史以明義。不早爲之所，而養成其惡，故曰「失教」；段實出奔，而以「克」爲文，明鄭伯志在于殺，難言其奔。

按，杜以史本書鄭伯之弟出奔衛，經言「鄭伯克段于鄢」，爲《春秋》改舊史，是也；但以傳言「書曰」者爲孔子新義，于書「凡」諸條皆以爲周公舊例、史之成法，則大非。蓋言「凡」者是總例，不言「凡」者，偶爲變文，或爲單舉，不可于中妄分新舊。如此傳「如二君故曰克」即「得獲曰克」之變文，後因總發戰伐攻取之全例，故言「凡」，非言「凡」有不同。杜欲言《春秋》改舊史，則當規畫一定，以經義説之，全爲孔子筆削，乃于難通之條則以爲仍舊文、無義例，是《春秋》半爲史文，半爲孔子所改，説已參差。若能以所不改爲合于己意，無論新舊，同源共貫，亦無不可，今乃以不合常例之條概爲史文舊法，孔子當日何不改之，以成一律？不能整齊，則不必輕改；既已筆削，則不應半途而廢。且治經原貴于通，若以爲半可通半不可通，則人以我之不可通者爲正例，又將以我之通者爲不可通矣。如此説經，直同兒戲。

傳：緩，且子氏未薨。

子氏，仲子也。薨在二年。

經夫人死稱「薨」，葬後舉謚，生前則直曰「某氏」。經云仲子，考宫亦曰仲子，是無謚，爲妾母，妾母不偁「薨」。傳云「未薨」者，謂其爲妾，不得偁「薨」。禮不賵人之妾，故名之。未薨，謂不如成風偁薨，則不應賵，非謂未死，以下子氏當之。仲子當從《穀梁》，以爲惠公之母，如僖公成風之比，傳所謂孝惠娶于宋也，與桓公母仲子別爲一人。仲爲行字，宜多同者，經魯同時有兩子叔姬，是也。故傳云桓公生而惠公薨，不及仲子，則仲子卒必去薨時少遠也。

傳①：豫凶事，非禮也。

仲子在而來贈，故曰「豫凶事」。

豫凶事與上「天子七月」云云，《説苑》引《穀梁》亦有其文，是古別本《穀梁》與傳同，乃解天子諸侯七月五月之故。《王制》：衾絞衰麻，死而後制。天子諸侯尊，儀物備，葬期久，如未死而制，是豫凶事。且《説苑》所引傳文乃説葬王，非謂仲子事，杜説誤。

夷不告，故不書。

隱十一年傳例曰：「凡諸侯有命，告則書，不然則否。」史不書于策，故夫子亦不書于經。傳見其事，以明《春秋》例也。他皆倣此。

---

① 傳：原無，據文例擬補。下條「傳」字同。

赴告爲經例，非史例。本師懲空言之弊，經例書者以爲赴告例，所不書者以爲不赴告。傳有不赴告而書者，又有赴告而不書者，據此可見此經例赴告，非史例也。既爲經作傳，則當全以孔子爲主，不必兼言史例，使後學迷罔。惟當日孔子筆削《春秋》，其説甚明，又經決非魯史之舊，亦甚顯著，故不嫌于假借史法。如經中無伯、子、男，小國則不妨假借伯、子、男以爲名號。杜氏好自立異，以爲依據傳文，實則泥于文字，大失本意。杜以史法不合于經者《春秋》亦仍而不改，則經不純經，史不純史，此説一開，則《春秋》全爲斷爛朝報，不可以義例説之。杜氏尚承舊學，必于難通之條乃言無義例；後人變本加厲，宋、元諸儒并于杜氏之所謂可通、有義例者皆駁之，以爲全無義例。其父殺人，其子必且行劫，皆杜氏爲之備也。

俗説以左氏爲史官，傳爲史文，杜云傳之所據惟策，可知傳不可以史説之。左氏者，七十子之徒，專詳事實，以補口説所不足，非史官史文，故經事多缺，而經外之事反詳。杜以五十凡爲周公垂法、史書舊章，則全以史法説《春秋》矣。左氏不言凡之例本與凡同，以言凡爲周公例、不言凡爲孔子例，周公作、孔子述，則《春秋》全爲鈔襲史例，孔子不出一謀、發一慮。先儒以爲，言凡不言凡無新舊之異，是也。

傳：公立而求成焉。

經無義例，傳直言其歸趣①而已。他皆倣此。

傳言「始通」者釋其事，例則未詳。按傳于言「及」言「會」有凡，又，大夫不書名爲貶，皆有明條，非無義例，此未言者，義例詳後耳。傳偶不言，非遂無義例。經無有無義例者。傳之解經，多言一端，義例、事實，史文不皆全説。杜于經下注下皆微者。又凡盟以國者例在僖十九年云云，言義例者三，于傳下乃云無義例，立言未審。當云：傳義例在後，此直言其歸趣而已。

經：二年春，公會戎于潛。

戎、狄、蠻、夷，皆氏、羌之別種也。戎而書會者，順其俗以爲禮，皆謂居中國若戎子駒支者。陳留濟陽縣東南有戎城。潛，魯地。

《春秋》公諱會戎狄，隱、桓世不見夷狄國，知此非實戎。杜以爲，戎種居中國則當繫地，不繫地，則不可以濟陽戎地當之。《春秋》之例，四裔國不見經。凡中國之夷，皆以地繫，如伊雒戎、陸渾戎、山戎，乃爲真戎。不繫地，非真戎矣。

經：夏，四月，莒人入向。

將卑師少稱「人」。

① 歸趣：《左傳》杜注作「歸宿」，當據改。又杜注「傳」上有「故」字，當據補。

將卑師少稱人，本傳無文，二傳例也。杜氏譏先儒膚引二傳，則已不應引據爲説，今乃合己者引用，不合己者遂駁之，不惟不足以服先儒，後人不審其詳，妄謂本傳無明文者不可用二傳，不知據二傳以補《左》例，杜氏實已如此也。

經：九月，紀裂繻來逆女。

逆女或稱使，或不稱使。昏禮不稱主人，史各言其實①而書，非例也。他倣此。大國稱使，小國不稱使。傳云大夫出奔有玉帛之使乃書，即言此。本傳自有明條，何云非例？昏禮不稱主人，乃《公羊》後師誤説，不求本傳實解，而膚引《公羊》誤説，乃駁先儒之用二傳，過矣！其云「史各隨其實而書」者，蓋不能正《公羊》之誤，故歸之于史，則其所謂史者，不過因不通其説。豈知此固經例，非不可通者耶？

經：紀子帛、莒子盟于密。

子帛，裂繻字也。莒、魯有怨，紀侯既昏于魯，使大夫盟莒以和解之。子帛爲魯結好息民，故傳曰「魯故也」；比之内大夫而在莒子上，稱字以嘉之也。

「帛」與「伯」當爲古今字。杜以子帛爲字，不知經不以「子」爲字，又連舉「帛」字。私心求勝古人，偶因文字小異，遂敢爲異説。莒子，君也，豈可以臣在君上？即謂比之大夫，凡

① 言其實：《左傳》杜注作「隨其實」，當據改。

内大夫會諸侯，皆有「會」文以別異之，此不言「會」；屢數紀、莒，與内大夫之比不合。小國大夫稱「人」。來，魯從内録之，乃稱名而不氏，全經一定之例，所謂賤而不書是也。《春秋》惟齊、宋大國大夫有稱子稱字明文。經書紀履緰即嘉之矣，小國大夫斷無稱子稱字以與大國相混之理。至于「子帛」所以連文者，則以明子伯非爵之義。説詳《疏證》。

經：十有二月乙卯，夫人子氏薨。

桓未爲君，仲子不應稱夫人。隱讓桓以爲太子，成其母喪，以赴諸侯，故經于此稱夫人也。杜誤以子氏爲上仲子，故以爲桓母。子氏當從《穀梁》，爲隱夫人。杜明知桓母不能稱夫人，乃謂以夫人赴于諸侯，經亦從而夫人之，則經爲逢迎君惡，何以爲正名之書？吴、楚稱王，是亦可從而稱王矣。

不反哭，故不書葬。例在三年。

不葬當同《穀梁》。經書不書爲筆削例，不因禮節之隆殺而予奪之。傳有明説，有異義，推考傳例，當據明條，如「君氏」傳本有尹氏之説，則君氏爲異義。且本條文義轇轕，實不以不反哭則不葬，豈可又推以説別條？凡立説當于不可拔之地，若以此等爲據，所謂本實先撥也。

傳：二年，春，公會戎于潛，修惠公之好也。戎請盟，公辭。

許其修好，而不許其盟。禦夷狄者，不一而足。

竊用《公羊》而失其本旨，變「許」爲「禦」，尤不通。

傳：莒子娶于向，向姜不安莒而歸。夏，莒人入向，以姜氏還。

傳言失昏姻之義。凡得失小故，經無異文，而傳備其事，案文則是非足以爲戒。他皆倣此。

杜言「無異文」，即二傳不加貶絶而罪惡見者。不加貶絶之意而異其辭，以辟膚引二傳之嫌。

經：三月，庚戌，天王崩。先十三日。

實以壬戌崩，欲諸侯之速至，故遠日以赴。

遲發喪者有矣，先期之説，最乖情理。疑此爲疑以傳疑之例。本壬戌崩，赴誤爲庚戌，經則承赴，示不敢專改。

襄二十九年傳：鄭上卿有事，使印段如周會葬。今不書葬，魯不會。

天王志崩不志葬，不因會葬乃書。

經：秋，武氏子來求賻。

武氏子，天子大夫之嗣也。平王喪在殯，新王未得行其爵命，聽于冢宰。故傳曰「王未葬」，釋其所以稱父族，又不稱使也。魯不共奉王喪，致令有求，經直文以示不敬，故傳不復具釋也。

傳云「王未葬」，所以釋「賻」字。未爵命、稱父族、王未葬、不稱使，皆用二傳説；「魯不共王喪、致令有求」下，又用《穀梁》「周雖不求，魯不可以不共；魯雖不共，周不可以求之」之説。

經：八月，庚辰，宋公和卒。

元年大夫盟于宿，故來赴以名①。例在七年。

傳據同盟以説經者皆爲經例，不謂事實，故小邾屢同盟，經且不記卒，非經見同盟乃名，不同盟不名。十九國皆在同盟之例，有不名者，謂不以同盟之禮待之。傳之言同盟不同盟，不以見經爲斷，如秦穆公云同盟不見經，蓋以諸侯會盟見經者不過千萬中之一二，豈可以此爲據？又，大國皆名，不必贅言同不同。杜于此例所言百餘條皆爲贅文，發凡于此，後不再糾。

經②：癸未，葬宋穆公。

魯使大夫會葬，故書。

諸侯卒葬，其例最繁。杜氏苦其煩難，不能畫一，故爲簡便之法，全不考十九國隱見之例。《年表》以不書秦穆卒爲君子惡之，此正《左氏》師説。諸侯卒葬，二傳先師亦苦其

---

① 來赴以名：「來」字原脱，據《左傳》杜注補。

② 經：原無，據文例補。

難，使有簡便之法，亦早如杜氏趨便易矣！惟其不通，故不敢避難就易。如云使大夫會葬則書，吴、楚之君，魯豈全不使一大夫？何以不書？莒近魯，豈會葬全不一行？故吴、楚之君不書葬，避其號也。夷狄不葬之例，萬不可不補，一補此例，則不得不同二傳矣。

傳①：不赴于諸侯，不反哭于寢，不祔于姑，故不曰薨。不稱夫人，故不言葬。

夫人喪禮有三：薨則赴于同盟之國，一也；既葬日中自墓反，虞于正寢②，二也；卒哭而祔于祖姑，三也。若此則書曰夫人某氏薨，葬我小君某氏。此備禮之文也。其或不赴、不祔，則爲不成喪，故死不稱夫人薨，葬不言葬我小君某氏。反哭則書葬，不反哭則不書葬。

今聲子三禮皆闕，《釋例》論之詳矣。

以禮節亂書法，最爲荒唐。本爲夫人，例得稱夫人，書薨、言葬小君，一貫之事；稱夫人則必書薨，書薨則必言小君，一定之例也。妾母則稱某氏，不言夫人；不言夫人，則不得書薨、稱小君，一定之例，無或異也。今以禮備不備定稱不稱，則是寵妾嬖人邀一日之私寵，史官曲從過禮，《春秋》亦仍其誤，此奸邪逢迎惡習，豈可説經！姒氏本爲妾母，不赴不祔本爲妾母之禮，云不赴不祔者，即妾母之實據。惟其爲妾，乃不稱夫人。非夫人也，

① 傳：原無，據文例補。

② 虞于正寢：據《左傳》杜注，此句之下有「所謂反哭於寢」六字，當補入。

偶不行赴祔之禮，則貶而不稱夫人，不言薨，不言小君；本爲妾也，偶行赴祔殯哭之禮，便可尊之稱夫人、言薨、言小君。傳文據禮而言，本即爲夫人爲妾之分。今不求其意旨所在，誤以隆殺而定書法，至于混亂名實，尚自以爲出于傳説。似此之人，萬不可以讀傳。如此而託之説傳，則傳當冤屈死矣。

經：四年，春，王二月，莒人伐杞，取牟婁。

書「取」，言易也。例在襄十三年。

取邑皆言取，無別稱。傳例「凡克不用師徒曰取，易辭也」。謂不用師徒乃爲易辭，此言「伐杞」，是用師徒，即非此例。杜説誤。

經①：秋，翬帥師會宋公、陳侯、蔡人、衛人伐鄭。

諸外大夫貶，皆稱人，至于內大夫貶，則皆去族稱名。于記事之體，他國可言某人，而己國之卿佐不得言魯人，此所以爲異也。

此內外例，傳無文，本二傳説。

經：九月，衛人殺州吁于濮。

州吁弑君而立，未列于會，故不稱君。例在成十六年。

① 經：原無，據文例補。下條「經」字同。

稱君不稱君，不以列會不列會爲斷。伐鄭衛人即州吁，列伐列會，一也。成十六年傳言列會，不過言列會則已會諸侯，以後不應討之，非列會則《春秋》必書君也。

傳①：石碏使告于陳曰：「衛國褊小，老夫耄矣，無能爲也。」

八十曰耄。稱國小己老。

《曲禮》曰「大夫七十致仕，曰老」，而傳自稱曰「老夫」；又，「八十曰耄」，此石碏致仕，故傳曰「乃老」，又稱老夫，又稱耄，言已年過七十，將八十也。

經：夏，四月，葬衛桓公。秋，衛師入郕。

將卑師衆，但稱師，此史之常也。

此以二傳例爲史之常法，非也。史文記事當詳，此經例耳，不可以史說。

經：九月，考仲子之宮。

欲以爲夫人。諸侯無二嫡。

此當用《穀梁》說，以爲惠公之母，非桓公母也。說已詳上。

周制：「諸侯再娶。」再娶則稱夫人，傳所言多，《春秋》乃不再娶，以娣姪從。禮：諸侯夫人卒，娣姪得升爲夫人。孟子已卒，何得言二嫡？如云并嫡，則不獨諸侯乃爲非體。蓋

---

① 傳：原無，據文例補。

誤變不再娶之文，而不知其不通。

傳：王使尹氏、武氏助之。翼侯奔隨。

晉内相攻伐，不告亂，故不書。傳具其事，爲後晉事張本。尹氏、武氏連文，即三年經連文之尹氏、武氏。據此，知《左氏》本有作尹之説。世族大夫亦用二傳譏世卿説。《春秋》不早見晉耳，不必以不告不書。本《晉語》之文，先師按年分載，以見《春秋》不早書晉之意，亦非爲後事張本而已。

傳①：四月，鄭人侵衛牧。

經書夏四月葬衛桓公，今傳直言夏，而更以四月附鄭人侵衛牧者，于下事宜得月，以明事之先後，故不復備舉經文。三年「尹氏卒」，其義亦同。他皆放此。

葬衛桓公經本在四月，傳不言者，畧之也。侵牧繫四月者，别牘所記有日月之文，故直用其文。二事同在四月，無先後可言。此即日月例也。杜于經不言日月例，于傳乃言日月例，可見本末失據。

傳：于是初獻六羽，始用六佾也。

① 傳：原無，據文例補。此下四條「傳」皆同。

魯唯文王、周公廟得用八，而他公①遂因仍僭而用之。今隱公特立此婦人之廟，詳問衆仲，衆仲因明大典，故傳亦因言始用六佾。其後季氏舞八佾于庭，知惟在仲子廟用六。周時禮制不明，上下皆用八，《春秋》新制，乃改爲上下等差之制。因仲子廟偶用六佾，借以示例。此素王改制，《春秋》所以爲萬世法也。

傳：鄭人以王師會之。

王師不書，不以告也。

《春秋》不言王師侵伐，非不告也。此爲天王諱例。

傳：宋人使來告命。

告命，策書。

告，即告知其事。命與令同，謂使我出師。

傳：叔父有憾于寡人。

諸侯稱同姓大夫②，長曰伯父，少曰叔父。

此亦當如《曲禮》諸侯之稱上卿曰伯父，下卿曰叔父，故下有加等之文。使上卿，則無可

① 他公：原作「他人」，據《左傳》杜注改。

② 稱同姓大夫：「稱」字原脱，據《左傳》杜注補。

加，非以長少分伯叔。

經：宋人取長葛。

秋取，冬乃告也。上有「伐鄭圍長葛」，長葛，鄭邑可知，故不言鄭也。前年冬圍，不克；今冬乘長葛無備而取之，言易也。

去年冬圍，今秋乃取，見其難，非易辭。「冬圍不克而還，今冬乘其無備」，説無依據，徒欲與二傳立異耳。

經：滕侯卒。

傳例曰：「不書名，未同盟也。」

諸侯不書名，謂不以同盟之禮待之，非必以見經同盟爲證。杜于諸侯卒皆言同盟不同盟，不知十九國皆得爲同盟。滕、薛初見，有不名者，小國初不待以同盟，至成、哀以下，純待以同盟之禮，此《春秋》三世異辭之例也。

經：齊侯使其弟年來聘①。

諸聘皆使卿執玉帛以相存問。例在襄九年。

諸聘皆大國、敵國，傳所謂「大國聘之」是也。小國亦有卿，言朝不言使，故小國通無使聘

① 使其弟年來聘：「來」字原脱，據《左傳》補。

之文。

經：秋，公伐邾。天王使凡伯來聘。

凡伯，周卿士。凡，國；伯，爵也。

凡爲西周采邑。伯，字也。如以爲爵名，何以畿内見公、子、伯而無侯、男耶？子、伯非爵，王臣不可以五等爵言之。杜氏不知此例。

經：戎伐凡伯①于楚丘以歸。

戎鳴鐘鼓以伐天子之使。

杜于傳例膠執其文句，而不通其意旨，所謂食古不化者。「有鐘鼓曰伐」，文見《國語》，謂本討罪用師，據本事，亦因晉趙盾特申此義，不必經之言伐者皆用鐘鼓也。經例伐國乃言伐，伐一人而曰伐，重執天子使也。杜欲變其説，以爲用鐘鼓乃言伐，是孔子修《春秋》須考其用鐘鼓與否，有此理乎？經傳侵伐之有互異者，又何以説之乎？

但言以歸，非執也。

避執天子使，言以歸耳，實即執也。以爲非執，正與經意相反。

傳：謂之禮經。

① 戎伐凡伯：「伐」原誤作「發」，據《左傳》改。

此言凡例乃周公所制禮經也。十一年不告之例，又曰不書于策，明禮經皆當書于策。仲尼修《春秋》，皆承策爲經。丘明之傳博采衆記，故始開凡例，特顯此二句。他皆倣此。

凡言例皆師説，非《左氏》原文。《五行志》引僖二十九年「大雨雹」説曰：「凡物不爲災不書。」又云：「凡雹，皆夏之愆陽，秋之伏陰①。」一爲經例凡，一爲禮例凡，乃先師從傳文推考而出之師説，以爲《左氏》尚非，以爲周公之典，尤爲失實。仲尼修《春秋》，皆承爲經，試問有無筆削加損諸例？杜以爲孔子修《春秋》不過畧易數條，餘皆承舊史，豈知《春秋》大與史異，史文當千百倍于《春秋》，孔子《春秋》實于千百條中用其一二條，而又有損益，豈可以史法説之乎？

經：三月，鄭伯使宛來歸祊。

宛，鄭大夫。不書氏，未賜族。祊，鄭祀泰山之邑，在琅邪費縣東南。

不賜族之説非通例，不必再推別條。《春秋》本以氏不氏見尊卑，若推于事實，則尊卑混矣。小國大夫通不氏，亦以未賜族説之，則尊卑混矣。「大夫」二字欠分明，以爲經之大夫耶？同《穀梁》，則實卿也，例得氏；以爲傳之大夫耶？同《公羊》，則例不氏。義例未明，故以含糊取巧。

---

① 夏之愆陽，秋之伏陰：《漢書·五行志》作「冬之愆陽，夏之伏陰」，當據改。

經：夏，六月，己亥，蔡侯考父卒。

諸侯同盟稱名者，非惟見在位二君也。嘗與其父同盟，則亦以名赴其子，亦所以繼好也。蔡未與隱盟，蓋春秋前與惠公盟，故赴以名。

同盟之説，原據禮待而言，杜以經事證之，誤矣。經無其事，則推本于文；《春秋》無其文，則推于春秋以前。究之書名者，經不皆有盟，經見同盟者，乃不書卒。試問不名者，大國、中國安有此例？不細心體會經文，固執傳文，自生荆棘。只此一例，杜説不下百餘條，易者固無待于言，難者終不能通。此杜氏之大謬也。

經：辛亥，宿男卒。

元年，宋、魯大夫盟于宿，宿與盟也。晉荀偃禱于河①，稱齊、晉君名，然後自稱名，知雖大夫出盟，亦當先稱己君之名以啟神明，故薨皆從身盟之例，當告以名也。傳例曰：「赴以名，則亦書之，不然則否，辟不敏也。」今宿赴不以名，故亦不書名。

不盟不書名，當以此條爲正例。十九國皆同盟會書名，宿與會不書，以宿微國，不列數于盟，故曰不同盟不書名。宿男之不名爲正例，滕、薛、秦之不名，推此例以加之，爲變例。今以宿男例有名，因告不以名，乃不書，全與經傳反。禮：赴辭不稱君名。宿微國，不

---

① 禱于河：《左傳》杜注作「禱河」，則「于」字當删。

數，不能謂其在盟；既同盟，不能謂其不赴；以名赴，臣子不能不以名。又，赴文當一律，不必或名或不名。不知同盟之例，自生荆棘如此。杜引傳例云云，則或名或不名盡由史文，全無義例，又何必引《釋例》耶？

傳：鄭伯請釋泰山之祀而祀周公，以泰山之祊易許田。

成王營王城，有遷都之志，故賜周公許田，以爲魯國朝宿之邑。

營洛豈志在遷都？此誤解《周書》，開脱平王耶？抑以逢迎時君耶？恐有字誤。

傳：秋，會于温，盟于瓦屋。

會温不書，不以告也。

會温、盟瓦屋二事相連，當是史全有其文。《春秋》見者不見，惟存盟以見意耳。如以爲不告，則史無其文矣，《左氏》又何從而得之？杜氏之失，在以周公爲主，孔子爲賓，專説史法，不知傳以筆削之文託于赴告。以《春秋》修《春秋》，不據赴告，其説甚明，故假之以立説，而杜氏乃主張此例，至于無所不至也。

經：挾卒。

挾，魯大夫，未賜族。

《春秋》未命例不氏，不關賜族與否。中多公子公孫不氏者，未可以未賜族言之。

傳：凡雨，自三日以往爲霖。

此解經書霖①也。而經無「霖」字，經誤。

傳以「霖」字解大雨，又自釋「霖」字耳，因此遂謂經誤，足見杜氏視經如土芥。杜氏據傳改經，是其大誤。杜據傳改經者十之七八。

經：春王二月，公會齊侯、鄭伯于中丘。

傳言正月會，癸丑盟；《釋例》推尋經傳日月，癸丑是正月二十六日，知經「二月」誤。

支干數目最易遺誤，然杜氏自撰《長曆》，强經就己，所言未必得實。于此一譏，後不再言。

經：六月，壬戌，公敗宋師于菅。

書敗，宋未陳也。敗例在莊十一年。

此内外例也。傳無「未陳」明文，則不必牽涉史例。

傳：癸丑，盟于鄧。

公既會而盟，盟不書，非後也。蓋公還，告會而不告盟。

外事可言赴告，内事不得以赴告爲説，故傳于内所與事不言赴告，以史不待于告。若以告廟之「告」爲此告，則又假借「告」字而用之，皆非也。

---

① 此解經書霖：「經」字原脱，據《左傳》杜注補。

傳：公會齊侯、鄭伯于老桃。

會不書，不告于廟也。

畧之則不書，何以言告廟？然則凡經書魯事皆必告廟，傳無明文。

經：秋，七月，公及齊侯、鄭伯入許。

還使許叔居之，故不言滅也。

本滅也，隱、桓之世不言滅，故以「入」言之。又，以許後興，故言「入」以存許。此經義，非史文。

傳：宋不告命，故不書。凡諸侯有命，告則書，不然則否。

命者，政令也，國之大事也。承其告辭，史乃書之于策；若所傳聞行言，非將君命，則記在簡牘而已，不得記于典策。此蓋周禮之舊制。

古史有記事記言之説，皆謂之史。魯史所書之事多矣，孔子擇其足以立教者修以爲經。既已修改，不得再言史法，杜氏以經爲史，則記言與不見經之事皆無所歸宿，故又創爲簡牘之説，以救其窮。然仍歸官所掌，不得不名爲史，不過于舊所謂史者分爲二門，一爲經，一爲不見經之事。改頭換面，徒爲朝三暮四而已。史只有經無傳，而傳中多魯史例不當書之事，此左氏本當日載記傳聞而作，不盡據魯史也。杜以左氏據史而作，因傳多史無之事，以經承史文，因傳多經無之事，故別爲簡牘之説。以經事爲典策，以傳事言語爲簡牘；求其説不得，乃爲之辭。不知左所詳他國事有斷不能見魯之簡牘者，而魯之事實，如莊、僖以上多所闕畧，首尾不備，豈簡牘詳于外而畧于内耶？左氏作傳，不必專讀魯之《春秋》。據魯簡牘爲言，不知，亦不通也。

桓公篇第二

經：元年，春，王正月，公即位。

諸侯每首歲必有禮于廟，諸①遭喪繼位者因此而改元正位，百官以序，故國史亦書即位之事于策。桓公簒立而用常禮，欲自同于遭喪繼位者，《釋例》論之詳矣。

繼君實于殯後即位，一年不二君，故《春秋》踰年乃書元年、即位，且因此以見正不正。先君去年已薨，新君于元年初見「即位」二字，謂其繼體爲君耳。無論行禮不行禮，例必書此，不指元旦受朝也。使如杜説，則二百四十年朝元旦者不勝書矣。杜不得即位二字之解，故以行禮不行禮爲説。況傳言書不書，是皆即位，《春秋》乃有書不書之異。杜以書爲實即位，不書則未行禮，大失經意。

① 諸：原作「諸侯」，據《左傳》杜注删。

經：三月，公會鄭伯于垂。鄭伯以璧假許田。

知其非禮，故以璧假爲文，時之所隱。

《春秋》諱其事，以假爲文，杜以「時」言之，意謂魯人諱之，故國史以「假」書之耳。既云孔子修《春秋》，則不必復言史法。杜意以史爲主，實中不祖孔子之病。

傳：冬，鄭伯拜盟。

鄭伯若自來，則經不書；若遣使，則當言鄭人，不得稱鄭伯。疑謬誤。

傳有而經無之事多矣，本係使人，傳歸其事于君者亦多。動言謬誤，非是。

經：二年，春，王正月，戊申，宋督弒其君與夷，及其大夫孔父。

孔父稱名者，内不能治其閨門，外則取怨于民，身死而禍及其君。

孔父，公子嘉字，傳固有明文；名、字相應，同此者亦多。以孔父爲名，意在變《公羊》字爲善例之説而不知。反傳背理，自蹈巨弊。

經：滕子來朝。

隱十一年稱侯，今稱子者，蓋時王所黜。

侯，本爵也；子，託號也。《春秋》貴賤相嫌則異號。前稱侯，因朝不嫌見本爵；此稱子，爲常例，非貶也。《春秋》褒貶全在孔子，不關時王。

經：三月，公會齊侯、陳侯、鄭伯于稷，以成宋亂。

成，平也。宋有弒君之亂，故爲會欲以平之。

成者，未成而成之辭。諸侯討宋亂，公受賂而罷諸侯之師，長養同類，故以成惡惡之。下云以成宋亂，爲賂故立華氏是也。華弒而立之，豈得言平？以成爲平，正與經意相反。其意蓋以内惡當諱，不知桓爲弒賊，《春秋》既已諱之，特于别事爲之起文，所謂微而顯也。如以爲當諱，則納鼎太廟何不諱之？

經：九月，入杞。

不稱主帥，微者也。

不稱主帥者，爲内諱也，不必爲微者。入國大事，必帥師非微者之事。

經：九月，公及戎盟于唐。冬，公至自唐。

凡公行還不書至者，皆不告廟也。隱不書至，不敢①自同于正君書勞策勳。

公還告廟，禮也，魯秉周禮，凡行皆多告廟。《春秋》之書不書别有義，非但以志勤惰，傳偶即一告廟言凡發傳，如因郜子②來朝言問官，季札來聘言觀樂，不爲問官、觀樂乃書二事。隱、桓以上不致，桓一致，爲變例。因不告廟之文據事説經，與《春秋》本意不合。不

① 不敢：《左傳》杜注作「謙不敢」，此脱「謙」字。

② 郜子：疑爲「郯子」之誤。

致者八十餘事，以爲皆不行告廟禮，亦乖情理。

傳：故先書弒其君。會于稷，以成宋亂，爲賂故，立華氏也。

經稱平宋亂者，蓋以魯君受賂立華氏，貪縱之甚，惡其指斥，故遠言始與齊、陳、鄭爲會之本意也。傳言「爲賂故，立華氏」，明經本書平宋亂，爲公諱，諱在受賂立華氏。猶璧假許田爲周公祊故，所謂婉而成章。督未死而賜族，督之妄也。

立華氏即成宋亂之實，成其亂，非平其亂也。杜自以與傳不合，故託于諱，不知桓公惡，《春秋》惡之，諱其弒君之大惡，不諱成亂之小惡，所謂微而顯也。華氏不氏，因下有華氏，非討賊之義，故削不言華，然華早有氏。賜族例不當以爲通例，至于拘泥其說，以爲督妄，非也。

傳：民不堪命。孔父嘉爲司馬。

嘉，孔父字。

嘉名，孔父字，説詳王氏《名字解詁》。杜欲變稱字善善之例，故與經相反。

傳：召莊公于鄭而立之，以親鄭。

莊公，公子馮也，隱三年出居于鄭。馮入宋不書，不告也。

馮出入皆不書，畧之也。華氏弒君既首之，則馮入可不言，此通例也。不告不書，傳説可以説之，注則不能如此，以告不告無實據也。惟當就經例言之，不必張皇史法，臆言不告。

傳：「公至自唐」，告于廟也。凡公行，告于宗廟；反，行飲至，舍爵策勳焉，禮也。

既飲置爵，則書勳勞于策，言速紀有功也。

傳言公出入之禮耳，此爲禮例，非經例。既無因告乃書、不告不書明文，則不當直言史法，規避取巧。

經：三年，春，正月，公會齊侯于嬴。

經之首時必書「王」，明此曆天王所班也。其或廢法違常，失不班曆，故不書「王」。

左氏舊說，皆以稱「天」書「王」爲經義，乃孔子筆削。杜氏苦其難，卻又費其推求，于是概以爲事實，以爲因事而然，此畏難取巧之大端。後世專宗此義，以爲平易，此說經之大患。書「王」豈特爲頒朔？拘于頒正，其說甚小，不應獨桓公時不頒朔。此等說本傳無文，依杜例原可以不說，今乃說之，是用二傳之意，小變其詞耳。此亦爲用二傳。《穀梁》「桓無王」，賈氏用之，是也；杜特變其說，意在避用二傳之名，不知實用二傳，而轉失其精意。

經：夫人姜氏至自齊。

告于廟也。不言翬以至者，齊侯送之，公受之于讙。

夫人至與公即位、公薨相同，例所必書，不必因其告廟。此大誤也，夫人至例書。夫人至禮多矣，豈特告廟？以公至禮說夫人至亦不合。此以行事說經之失。「不言翬以」以下用二傳說。

經：冬，齊侯使其弟年來聘。有年。

五穀皆熟，書「有年」。

本傳無說，用二傳明文。

經：夏，天王使宰渠伯糾來聘。

宰，官；渠，氏；伯糾，名也。王官之宰，當以才授位，而伯糾攝父之職，出聘列國，故書名以譏之。

伯字，糾名。天子大夫不名，以伯仲見字，如祭伯、召伯、毛伯是也，季友、叔肸亦同此例。以伯、糾同爲名，非。

今不書秋冬首月，史闕文。他皆倣此。

以「闕文」說經，自杜氏開之，謬誤傳遺，遂至滔天。是則畏難取巧而已。

經：五年，春，正月，甲戌，己丑，陳侯鮑卒。

未同盟而書名者，來赴以名故也。

不同盟不名例爲滕、薛、杞三小國之專條，方伯以上國皆書名，不必言同盟不同盟。此例杜說多至百條，皆爲贅文。以下倣此。

經：夏，齊侯、鄭伯如紀。

外相朝皆言「如」。齊欲滅紀，紀人懼而來告，故書。齊、鄭大國，不當朝紀，言「如」以見爲襲，非實朝也，不當以「朝」言之。傳無來告之文，即不必以告立說。此因二傳有「外相如不書」之例，故以告爲説，不知傳言外、如而經不見者，即外相如不書之例。此非如，乃襲紀，故書之。

經：天王使仍叔之子來聘。

譏使童子出聘。

有父不必童子，傳言弱，亦父在之變文，童子豈可出使？鄭大夫傳言弱，謂其位卑，非謂年幼弱也。蓋未命稱係父者，即父在子未命之例也。

經：秋，蔡人、衛人、陳人從王伐鄭。

王自爲伐鄭之主，君臣之辭也。王師敗不書，不以告。

「從王伐鄭」謂諸國從王命而自伐鄭，非謂王征鄭、諸國從也。若王在師，當言征，不當言伐。因王敗中肩，不肯以王當之。王師敗，諱其事不言，豈爲不告乃不書？

傳：夜，鄭伯使祭足勞王，且問左右。

祭足即祭仲之字，蓋名仲，字仲足也。「勞王」、「問左右」，言鄭志在苟免，王討之，非也。足當爲名。祭伯、祭仲、祭叔，三人天子大夫，爲監于方伯者。二傳以仲爲字，本爲不易之論，杜不信《公羊》行權之説，故以仲爲名；不知仲本不名，不爲賢乃字之。雖不用《公羊》説，仲仍爲字。凡伯、仲、叔字單舉者，經傳皆爲字例。仲，天子大夫，例不名，《公羊》以爲賢乃字，本爲誤説。然不以賢則可，以爲非字則不可。杜自知不安，又以仲足爲字，過矣。以仲爲名，與以孔父爲名，皆爲誤説。以王討爲非，亦是爲高貴鄉公而發。

傳：仍叔之子①，弱也。

仍叔之子來聘，童子將命，無速反之心，久留在魯，故經書夏聘，傳釋之于末秋。

按傳下大雩再出「秋」字，則非以事釋于秋末。蓋傳于夏言「王奪鄭伯政，鄭伯不朝」，則當別敘仍叔之子云云，傳因鄭事，以夏、秋連敘之，既終鄭事，乃別釋仍叔之子條，故下再言「秋」。文義顯然，以爲夏聘秋②，附會，無謂。

傳：秋，大雩。書，不時也。

十二公傳惟此年及襄二十六年有兩秋。此發雩祭之例，欲顯天時以相事③，故重言秋，異于凡事。

---

① 仍叔之子：原誤倒作「仍叔子之」，據《左傳》乙。

② 夏聘秋：據文意，「秋」下似脱「釋」字。

③ 顯天時以相事：「相事」原誤作「指事」，據《左傳》杜注改。

上文因連屬鄭事，如紀事本末之例，故再出秋字。以此爲例説之，殊非情事。

經：秋，八月，壬午，大閲。

齊爲大國，以戎事徵諸侯之戍，嘉鄭忽①，而忽欲以有功爲班，怒而訴齊。魯人懼之，故以非時簡車馬。

書以見大閲之禮。鄭師在十年，以爲懼鄭，出附會。

經：蔡人殺陳佗。

佗立踰年不稱爵者，篡立，未會諸侯也。傳例在莊二十二年。

弑賊會諸侯則例稱君，不會則不稱君，此漢師誤説傳義，而杜襲其謬。不稱君，不以君待之。《田敬仲世家》以爲蔡人殺陳佗，《春秋》譏之，是也。踰年不必會諸侯稱君者多矣，即卓子猶且稱君。經言蔡人殺陳佗，杜不詳其事，但釋不稱君，又不就本經求義，而妄以會諸侯爲説，皆其失也。

傳：使魯爲其班，後鄭。

魯親班齊饋，則亦使大夫戍齊矣。經不書，蓋史闕文。

傳有經無之事多矣，不當以闕言之。聖人筆削，又不當説以史法。

---

① 嘉鄭忽：《左傳》杜注作「嘉美鄭忽」，當據補「美」字。

傳：七年春，穀伯、鄧侯來朝。名，賤之也。

辟陋小國，賤之，禮不足，故書名。以春來，夏乃行朝禮，故經書夏。欲變失地名，故爲此說。因禮不足而稱名，是以財賂厚薄爲高下也。白狄禮不足，書來，不言朝。傳書在春，偶失檢耳，非春來夏乃朝。日月小故，杜多附會。

傳：祭公來，遂逆王后于紀，禮也。

天子娶于諸侯，使同姓諸侯爲之主。祭公來，受命于魯，故曰禮。

此用二傳說，本傳無文，本經下說亦同。

經：九年，春，紀季姜歸于京師。

書字者，仲父母之尊。

二傳以不稱王后言季姜，爲自紀言之。師其意而變其文，以書字爲仲父母之尊，便失其旨，亦例有不通。

傳：九年春①，紀季姜歸于京師。凡諸侯之女行②，惟王后書。

爲書婦人行例也。適諸侯，雖告魯，猶不書。

① 九年春：「春」字原脱，據《左傳》補。

② 凡諸侯之女行：「行」字原脱，據《左傳》補。

傳陳嬀不書于經。春秋天王多矣，豈止娶二后？史本皆書，經只言二事，以明其禮耳。諸侯嫁女告者多，經例則皆不書，故公子結媵陳人之婦而不書，此經例，何以爲據告？

傳：先書齊、衛，王爵也。

鄭主兵而序齊、衛下者，以王爵次之也。《春秋》所以見魯猶秉周禮。《春秋》之例，二伯主兵，通及天下，此爲常例。又，鄭爲方伯，見經皆在齊、衛下，以齊、衛稱侯，鄭稱伯也。此爲經例。因其爵稱，乃《春秋》之法，至于傳文則不如此，鄭每序諸侯之上。如以傳爲史，則與經相反。

經：九月，宋人執鄭祭仲。

祭，氏；仲，名。不稱行人，聽迫脅以逐君，罪之也。行人例在襄十一年。祭仲監者，執國政，又非使宋，何以稱行人？以仲爲名，駁已前見。

經：突歸于鄭。

不稱公子，從告也。文連祭仲，故不言鄭。

不信挈突之説，故以爲從告。祭仲有義例，鄭突有義例，獨突無義例，何所見而云然？

經：鄭忽出奔衛。

忽，昭公也。莊公既葬，不稱爵者，鄭人賤之，以名赴。

諸侯踰年乃稱爵，在喪稱子。鄭在喪例稱伯，不關葬不葬。此從失地例貶之。鄭人賤之，以名赴，杜何所見？殊非經旨。

經：柔會宋公、陳侯、蔡叔盟于折。

蔡叔，蔡大夫。叔，名也。

叔爲字，《春秋》通例也。以叔爲名，敢爲此説者，欲蔡叔與祭仲相對成文耳。誤中生誤，不可詰究矣。

傳：雍氏宗有寵于宋莊公，故誘祭仲而執之。

祭仲之如宋，非會非聘，見誘而以行人應命。

聘、會乃稱行人，有别事則不稱行人。

經：秋七月丁亥，公會宋公、燕人盟于穀丘。

燕人，南燕大夫。

燕人，君也。大國君不會小國大夫。君稱人，以見其微。

經：八月，壬辰，陳侯躍卒。

不書葬，魯不會也。

此説不通，駁已見前，下不詳言。

經：丙戌，衛侯晉卒。

重書丙戌，非義例，因史成文也。

重書丙戌，使非特筆，孔子當日何不刊正之？豈此重複處孔子亦未嘗見之耶？

經：十有三年，春，二月，公會紀侯、鄭伯。己巳，及齊侯、宋公、衛侯、燕人戰，齊師、宋師、衛師、燕師敗績。

或稱人，或稱師，史異辭也。

燕非十九國，又小，故稱人以異其文。本傳本有稱人之例，以爲史異辭，即史亦當有義，豈史任意妄書無義例耶？然則不得謂之秉周禮矣。

衛宣公未葬，惠公稱爵以接鄰國，非禮也。

踰年稱侯，不以葬爲斷，故魯于文元年先書公即位，此通例也。杜氏蓋承漢師之誤。又魯于元年書葬我君，亦同此。

經：御廩災。

天火曰災，例在宣十六年。

内皆曰災，不分災、火，不當引内外異辭之例。

經：乙亥，嘗。

先其時，亦過也。

秋八月嘗，時也。以爲先時，誤讀傳文。

經：五月，鄭伯突出奔蔡。

突既篡立，權不足以自固，又不倚任祭仲，反與小臣造賊盗之計，故以自奔爲文，罪之也。例在昭三年。

杜多罪上之言，專爲司馬氏而發。○名乃罪之，自奔爲文，例皆如此。

經：鄭世子忽復歸于鄭。

稱世子者，忽爲太子，有母氏之寵，宗卿之援，有功于諸侯，此太子之盛者也。而守介節以失大國之助，知三公子之強，不從祭仲之言，修小善，絜小行，從匹夫之仁，忘社稷之大計，故君子謂之善自爲謀，言不能謀國也。父卒而不能自君，鄭人亦不君之，出則降名以赴，入則逆以太子之禮。始于見逐，終于見殺，三公子更立。亂鄭國者，實忽之由。復歸例在成十八年。

以不昏爲説，大失經旨。

出則降名以赴，入則逆以太子之禮，杜氏臆説此言，即以爲昭公之罪，亦冤矣哉！

稱世子，明其當立，得天倫之正，所以惡突奪嫡。經義正大，杜乃反以爲譏刺鄭昭，大謬。

經：許叔入于許。

許人嘉之，以字告也。

《春秋》以兄終弟及之詞許之，稱叔，不必言赴告。

叔本不去國，雖稱入，非國逆例。

足見凡例當補，不可以一凡盡説諸經。又，國逆乃順逆之逆，杜誤讀爲迎逆，故于傳多不合。

經：郳人、牟人、葛人來朝。

三人皆附庸之世子，其君應稱名，故其子降稱人。有天王喪來朝，稱人，貶之，董子説是也。杜以爲附庸，已怪；以爲附庸之子，尤怪。同時有三世子來朝，其爲意想所不到。

經：秋，九月，鄭伯突入于櫟。

未得國，直書入，無義例也。邑固無言歸例，但書入，容是惡之。入爲内弗受，《春秋》惡突言入。凡入皆譏，非無義例。

經：夏，四月，公會宋公、衛侯、陳侯、蔡侯伐鄭。

蔡常在衛上，今序陳下，蓋後至。陳、蔡、衛三稱侯國，次序無定，杜説似是而非，不能以例其餘。

經：秋，七月，公至自伐鄭。

用飲至之禮，故書。因經書「至」言飲至之禮，傳「入而飲至」，是也，不爲飲至乃書。傳言禮制，經書别有義例。

經：冬，城向。

傳曰：「書，時也。」而下有十一月，舊説因謂傳誤。此城向亦俱是十一月，但本事異，各隨本而書之耳①。經書「夏，叔弓如滕。五月，葬滕成公」，傳云：「五月，叔弓如滕。」即知但稱時者，未必與下月異也。

信如杜説，同一月事，先一事時，後一事月，何不于前事冠以月？此日月例之説也，杜不信日月例，而所言乃如此。劉氏引傳解經，每有失檢之事，而傳文日月最多筆誤。此類以經爲斷。傳文前後本無深義，杜以此爲大例，每于此等立例説之，皆爲贅文。傳以五月叔弓如滕葬滕成公，因葬時連彙言之耳。經書夏，如五月葬，明如例時、葬例月，與會下見日月書監同。經之書夏決在四月，不可據連文之傳以改經例。

經：十有一月，衛侯朔出奔齊。

惠公也。朔讒構取國，故不言二公子逐，罪之也。

《春秋》君出奔，皆其臣逐之也，從無書臣逐君之文。如杜説，朔無罪，則當云二公子逐之

---

① 各隨本而書之耳：原作「各隨本事而書之」，據《左傳》杜注删、補。

耶？朔亦二公子之君也，《春秋》何嘗①有以臣逐君之明文？此爲常例，不言逐爲罪之，故不罪，則當云二公子逐朔耶？怪誕已極。

經：夏，五月，丙午，及齊師戰于奚。

皆陳曰戰。

此魯敗也。内諱敗，不言敗，言戰則敗矣。傳例「未陳曰敗」乃外諸侯平等之例，不可以説魯事。傳據以爲説，皆傳與例合者；傳無明文者，皆非其例，不可推以説之。

經：癸巳②，葬蔡桓侯。

稱侯，蓋謬誤。

以經爲誤，猶爲抄寫之失，以謬爲言，不罵史官，則罵孔子矣，可謂膽大。序云不知以俟後賢③，何不闕疑耶？以一見例，説詳《補證》。

傳：秋，蔡季自陳歸于蔡，蔡人嘉之也。

嘉之，故以字告。

① 嘗：原作「常」，據文意改。
② 癸巳：原作「癸未」，據《左傳》經文改。
③ 以俟後賢：「俟」原作「待」，據杜預《春秋左氏傳序》改。

以赴告爲説，後人萬不敢憑空言之，故凡杜言赴告者，今皆以爲《春秋》例。縱使果如杜言，既經孔子之修，亦爲經例。以經説之，可以包赴告，但云赴告即杜氏無義例之説，一仍史之舊文，則《春秋》乃雜湊之史書，無一點是經文矣。

經：夏，四月，丙子，公薨于齊。

不言戕，諱之也。戕例在宣十八年。

鄭君説加虐乃曰戕，不加虐仍爲殺，《春秋》惟一言戕，餘皆言殺，是也。此不當言戕，非爲諱乃不言。

經：丁酉，公之喪至自齊。

告廟也。

公喪至固應告廟，然喪至重事，使或不告，則經果不書耶？以告廟説公至，已爲不通傳義，至以説夫人至、公喪至，則更爲無理之尤矣。

傳①：齊人殺彭生。

不書，非卿。

無論是卿非卿，例不書；書，則公見弑于外之事顯，非諱莫如深之意。

① 傳：原誤作「經」。

莊公篇第三

經：夏，單伯送王姬。

單伯，天子卿也。單，地；伯，爵也。

單伯，天子大夫，爲監于我者。非卿，單子乃卿。伯，字也。天子大夫不名，故稱字。言送王姬，自其初來言之。單伯從京師至魯，兼送女之事，故言送王姬，如祭仲來兼聘禮也。

經：秋，築王姬之館于外。

公在諒闇，慮齊侯當親迎，不忍便以禮接于廟，又不敢逆王命，故築舍于外。

當日本在内行禮，無待于築，《春秋》諱言其事，故以「于外」外之，不使齊侯與魯爲禮。莊公忘親事仇，無所不至，撥亂反正，爲《春秋》之功，非當日早已外之也。外，如鄭人于楚

公子圍事。

經：王姬歸于齊。

不書逆，公不與接。

不書齊侯之逆，諱與齊主昏也，實與公接，諱而不書，杜説適與經反。果如杜説，豈公接

便可言耶？

傳：元年，春，不稱即位，文姜出故也。

莊公父弒母出，故不忍行即位之禮。據文姜未還，故傳稱文姜出故也。

父弒不言即位，以見有恩于先君，「文姜出」即爲弒之變文。漢師云：四公皆實即位，孔子修經乃有不書，以爲不行禮，是不得即位二字之解。即位大事，毋論行禮不行禮，必當書之。以此見「文姜出」即與弒之變文。

姜于是感公意而還，不書，不告廟。

經言夫人孫于齊，實則夫人至自齊也。公逆之而還，不書至者，方以孫絕之于齊，豈有反書至之理？如杜説，使告廟則必且書至耶？此條尤爲乖謬。

傳：三月，夫人孫于齊。不稱姜氏，絕，不爲親，禮也。

姜氏，齊姓。于文姜之義，宜與齊絕，而復奔齊，故于其奔，去姜氏以示義。

如杜説，文姜正月以後乃歸，三月又孫于齊矣；好異古説，故其失如此。不稱姜氏，尊父以討母，非因孫齊乃貶絕之。姜氏實未孫齊，如杜説，則經去姜氏正爲失刑矣。

經①：夏，公子慶父帥師伐於餘丘。

---

① 經：原誤作「傳」。下條「經」同。

於餘丘，國名。莊公時年十五，則慶父，莊公庶兄。於餘丘豈得爲國名？此邾邑也。口繫言邾，邾音轉爲於，句。餘丘乃邑名。慶父雖幼，自帥師，以爲弑君之先見。此事公在師中，非慶父自將。以爲庶兄，與古説相反。

經：冬十有二月，夫人姜氏會齊侯于禚。

夫人行不以禮，故還皆不書，不告廟也。以告廟説夫人至，爲節外生枝；因不告廟乃不書至，亦不得經意。

經：三月，紀伯姬卒。

隱公二年裂繻所逆者。内女惟諸侯夫人卒葬皆書①，恩成于敵體。有所見乃書，餘則否。適大夫者卑，經不藉以見義，故不書耳。内女適諸侯者，不止見經數人也，書卒而已，不書葬。書葬皆有所起，爲一見例。

經：六月，乙丑，齊侯葬紀伯姬②。

紀季入酅，爲齊附庸，而紀侯大去其國，齊侯加禮初附，以崇厚義，故攝伯姬之喪，而以紀國夫人禮葬之。

---

① 卒葬皆書：「葬」字原脱，據《左傳》杜注補。

② 齊侯葬紀伯姬：「侯」字原脱，據《左傳》經文補。

此正説以諸侯禮，反譏先師以諸侯説之，何也？

經：冬，公及齊人狩于禚。

公越竟，與齊微者俱狩，失禮可知。

齊人者，齊侯也，諱與齊侯狩，故貶稱人。以爲微者，大失經旨。

傳：五年，秋，郳黎來來朝。名，未王命也。

未受①爵命爲諸侯，傳發附庸稱名例也。其後數從齊桓，以尊王室，王命以爲小邾子。

後稱小邾子，即附庸不能以名通之實證。稱子，子非爵，亦非王命之乃稱子。此爲一見例。

經：夏，六月，衛侯朔入于衛。

朔爲諸侯所納，不稱歸，而以國逆爲文。朔懼失衆心，以國逆告也。歸入例在成十八年。

此書入而名，惡朔也。成十八年「歸入」凡，杜解最誤。歸凡爲諸侯專條，納之乃大夫自某歸之例，不可以諸侯納諸侯爲當言歸。又，國逆而立，乃順逆之逆，非迎逆之逆。故經、傳與杜説不合，據此足見其誤。

稱名，絶之也。入者，以惡也。傳以惡曰復入，包入而言，内弗受，有拒難之詞，故言入。

① 受：原脱，據《左傳》杜注補。

《春秋》言人，惡之，非仍告詞。

經：冬，齊人來歸衛俘。

《公羊》、《穀梁》經傳皆言「衛寶」，此傳亦言「寶」，惟此經言「俘」，疑經誤。當求其形近相誤之故，動云「經誤」，則是以經原誤，非字誤之過。

經：夏，四月，辛卯，夜，恒星不見。

蓋時無雲，日光不以昏没。

經云恒星不見，不必更計雲有無矣。夜，二傳作「夕」，與昏字有别。昏時不見星，不足爲異；夜字蓋直貫至夜中，夜明亦不必以日光。

經：夜中，星隕如雨。

如，而也。夜半乃有雲，星落而且雨。其數多，皆記異也。

傳以「如」爲「而」，而雨，星隕且雨也。不必言雲，豈以雨必先雲耶？亦不必言其數多，言多，似以「如雨」爲「似雨」矣。

經：秋，師還。

時史善公克己復禮，全軍而歸，故特書師還。

《穀梁》以還爲善，與傳「君子是以善魯莊公同」。君子，謂作述《春秋》者。傳與二傳本同，杜不以爲經善之，而必歸于史，此蹈以史爲經之弊。

傳：秋，師還。君子是以善魯莊公。

傳言經所以即用舊史之文。

「還」爲經善例，故言君子善之。杜以書「還」爲史，又以爲經仍史文，皆臆造之説。杜每以傳爲據國史而作，蓋承東漢以下僞説。今據其説，有十八可疑：據傳言史，只經文一句，所記言行不出史文，一也；傳魯事多經所不書，杜以爲簡牘之文，然簡牘即爲史文，而仍止總綱一語，以下記事悉非史所有，二也；外國不赴告之事，魯所不記，而傳有之，三也；外事赴告必大事，又文不能詳，今傳記外事多及瑣屑，必非魯史所有，四也；如經爲綱、傳爲目，皆爲史文，若《通鑑綱目》之例，則傳説當于見經事例發傳，今傳于見經事或無傳，而詳其説于不見經之條，足見傳文非綱目之比，五也；有經即有傳，而二傳所不詳之事，傳當詳之，今詳則皆詳、畧則皆畧，傳不必本於史文，六也；記事之文多樸質，如二傳言事多樸質之文，今傳浮夸，動引《詩》、《書》禮制爲説，七也；記事之文與經説不合，故二傳記事之文皆與經無干，今傳文皆與經合，爲傳例所本，與時事不合，必非史文，八也；如果史文，詳畧當各相同，今隱、桓之文畧，定、哀之文詳，必非緣史而作，九也；因史作傳，莊公不應七年傳全不及經事，十也；史但言事與經意不必合，今有解經語，必非史文可知，十一也；以爲史文，則全爲周公之典，非仲尼之經，與孔子修《春秋》改制之説不合，十二也；孔子作六經，皆爲素王之制，史爲國制，不能與之皆合，今傳與六經相通，全爲素王之制，與周制不合，十三也；六藝作于孔子，今傳文皆據已定言之，中多六經師説，出于七十子之徒，非史所有，十四也；《國語》分國爲篇，不與六經相應，孔子卒後之傳不附經而行，既無史文，而猶有傳，十五也；魯國史不應詳于外而略於内，今外詳而内畧，十六也；《春秋》不詳越事，而《國語》有《越語》，十七也；如據史作傳，則當編年，依經立傳，今《國語》分國不編年，十八也。凡此十八事，皆爲非史文之證，由是而推，其證無窮。左氏蓋博雅君子，身通六藝，記大而畧小，詳近而畧遠，不獨爲《春秋》作傳。動以國史言之，此東漢以後之僞説，不可以説《春秋》者也。

經：公及齊大夫盟于蔇。

來者非一人，故不稱名①。

齊無君，不應稱名耳。凡書來者皆有賓介，不止一人，但書其尊者，豈爲「非一人」乃不名？

經：九月，齊人取子糾，殺之。

公子爲賊亂，則書。齊實告殺，而書齊取殺者，時史惡齊志在譎以求管仲，非不忍其親，故極言之。

---

① 故不稱名：原作「故不名」，據《左傳》杜注補「稱」字。

稱子，明當立。本魯人自殺之，經諱爲齊所迫，故書齊人取殺，歸惡於齊也，如取田然。

責內不自強，方欲立而又殺，不自得。

經：十年，春，王正月，公敗齊師於長勺。

齊人雖成列，魯以權譎稽之，列成①而不得用，故以未陳爲文。例在十一年。

考傳文，齊實早成列矣，經不言戰者，此爲內外例，內敗外直言敗，不言戰，不關陳未陳。杜不明內外例，泥於十一年傳文，以爲通例，故雖已陳，猶以未陳之例言之，足見其說不通。未陳，猶言不敢相敵耳。

經：九月，荆敗蔡師于莘。

荆，楚本號，後改爲楚。楚僻陋在夷，于此始通中國②，然告命之詞猶未合典禮，故不稱將帥。

荆爲州名，州舉之説是也。楚爲中國害不始于此，經至此乃書楚，先治中國，後治夷狄也。不稱將帥即州舉之例，《春秋》略之耳。

經：夏，五月，戊寅，公敗宋師于鄑。

---

① 列成：原作「成列」，據《左傳》杜注乙。

② 始通中國：據《左傳》杜注，「中國」作「上國」，當據改。

傳例曰：「敵未陳曰敗某師。」

此内例偶與外同者，外以不陳不言戰，内則内敗不言戰。此經以内而遇不陳之事，自當兼以未陳爲説。如杜説，則傳無内外例，而魯之勝外，亦非情理所有。

經：秋，宋大水。

公使弔之，故書。

因書乃記弔事，非因弔乃書外災。王後、外大國、内方伯例得書災，以外夷狄小國，雖告與弔，亦不書之。

傳：十一年，夏，宋爲乘丘之役故，侵我。公禦之。宋師未陳而薄之，敗諸鄑。凡師①，敵未陳曰敗某師。

通謂設權譎變詐以勝敵，彼我不得成列，成列而不得用，故以未陳獨敗爲文。

此爲言敗不言戰本例。凡有内外尊卑大小者，則有變例，如外弑君曰「戕」。鄭補二例，是也。此内外例與事實偶合者耳，杜誤以爲通例。

傳：皆陳曰戰。

堅而有備，各得其所，成敗決于志力者也。

---

① 凡師：「師」字原脱，據《左傳》傳文補。

内諱敗言戰，内外例當補。凡無尊卑内外之分，平等之詞，乃用此例。

經：秋，八月①，甲午，宋萬弒其君捷，及其大夫仇牧。

萬及仇牧皆宋卿。仇牧稱名，不警而遇賊，無善事可稱②。

萬非卿。仇牧能殉君難，死不避難，直書而美自見。弒事出于倉卒，乃以不警譏之，過矣。亦爲死北闕之難者而發。

經：單伯會伐宋。

既伐宋，單伯乃至，故曰會伐宋。單伯，周大夫。

單伯，天子大夫，爲監于魯者。言會伐，内大夫之例，若周大夫，不得言會伐。齊請師於周，天子乃命魯以監者帥師會之，非王臣帥王師以會伐也。

經：冬，單伯會齊侯、宋公、衛侯、鄭伯于鄄。

齊桓修霸業，卒平宋亂，宋人服從，欲歸功天子，故赴以單伯會諸侯爲文。

單伯，監魯者，故經言會諸侯。魯臣自當如此，豈因赴而然。

經：冬，十有二月，會齊侯、宋公、陳侯、衛侯、鄭伯、許男、滑伯、滕子，同盟于幽。

---

① 八月：原作「七月」，據《左傳》經文改。

② 無善事可稱：《左傳》杜注作「無善事可褒」，當據改。

陳國小，每盟會①皆在衛下，齊桓始霸，楚亦始強，陳侯介于二大國之間，而爲三恪之客，故齊桓因而進之，遂班在衛上，終於《春秋》。

陳、衛、蔡三國次序無定，以起其餘之有定。陳非小國，經偶書衛上耳，豈齊侯進之耶？諸侯次序不用三恪説。

經：邾子克卒。

克，儀父名。稱子者，蓋齊桓請王命②以爲諸侯，再同盟。

《春秋》進之，不必言齊桓請命，此本漢師説而誤者。據此，知杜于先師説合己者用之，異己者駁之，實多用舊説。

經：十有七年，春，齊人執鄭詹。

詹爲鄭執政大臣，詣齊見執，不稱行人，罪之也。行人例在襄十一年。

詹不氏，二傳微者之説是也。以爲執政大臣，何所據而云然？以爲詣齊見執，更爲臆造。

經：夏，齊人殲于遂。

齊人戍遂，翫而無備，遂人討而盡殺之，故時史因以自盡爲文。

① 盟會：原作「會盟」，據《左傳》杜注乙。

② 蓋齊桓請王命：「蓋」字原脱，據《左傳》杜注補。

此《春秋》特筆，以爲翫敵之戒。時史之文，何以知之？

傳：虢公、晉侯、鄭伯使原莊公逆王后於陳。陳嬀歸於京師。

虢、晉朝王，鄭伯又以齊執其卿，故求王爲援，皆在周，倡義爲王定昏。陳人敬從①。得同姓宗國之禮，故傳詳其事。不書，不告。

此諸侯女惟王后行不書之確證。有所見乃書，非不告也。鄭伯以執其卿求援于周，傳何常有此義？

經：秋，公子結媵陳人之婦于鄄，遂及齊侯、宋公盟。

公子結，魯大夫。《公羊》、《穀梁》皆以爲魯女②媵陳侯之婦，其稱陳人之婦，未入國，畧言也。大夫出竟，有可以安社稷、利國家者，則專之可也③。結在鄄聞齊、宋有會，權事之宜，去其本職，遂與二君爲盟，故備書之。本非魯公意，而又失媵陳之好，故冬各來伐。

直抄二傳，乃譏漢師膚引二傳，何也？本傳無文，先師引二傳相補，一也。何以許自引，不許先師引之耶？

---

① 敬從：原作「敬服」，據《左傳》杜注改。

② 皆以爲魯女：「爲」字原脱，據《左傳》杜注補。

③ 則專之可也：「則」字原脱，據《左傳》杜注補。

經：夫人姜氏如莒。

非父母國而往，書姦。

無傳，闕疑可也。逆詐之言，恐爲誣謗。

經：秋，七月，戊戌，夫人姜氏薨。

薨寢祔姑，赴于諸侯，故具小君禮書之。

本爲夫人，自應稱夫人，豈以一時禮節厚薄而亂嫡庶之名分耶？誤解傳文，故爲此謬説。

經：癸丑，葬我小君文姜。

反哭成喪，故稱小君。

夫人、小君，一稱也，苟非反哭成喪，則不稱小君耶？誤解傳文，其謬如此。

經：秋，七月，丙申，及齊高傒盟于防。

高傒，齊之貴卿，而①與魯之微者盟。齊桓謙接諸侯，以崇霸業。

諱公與大夫盟耳，非微者，以微者之盟不日。

經：冬，公如齊納幣。

母喪未再期而圖昏，二傳不見所譏，左氏又無傳，失禮明故。

---

① 而：此字原脱，據《左傳》杜注補。

足見本傳無文。杜據二傳爲説，何必譏先師膚引二傳。

經：祭叔來聘。

《穀梁》以祭叔爲祭公，來聘魯。天子内臣不得外交，故不言使，不與其得使聘。

祭公爲王臣三公。祭叔者，稱字，天子大夫，與祭伯、祭仲同氏祭。以見王臣爲監之例。

公、叔尊卑相懸，以祭叔爲祭公，誣《穀梁》甚矣！《穀梁》云内臣，即謂爲魯監者耳，非謂爲天子内臣也。

經：荆人來聘。

不書荆子使某來聘，君臣同辭者①，蓋楚之始通，未成其禮。

州舉稱人，小進之，言聘，次乃書君；使不氏大夫，終乃有大夫名氏。此《春秋》漸進之例，用夏變夷之道。

經：蕭叔朝公。

叔，名。

叔非名，與祭仲、祭叔、孔父同。

傳：非是，君不舉矣，君舉必書。

① 君臣同辭者：「者」原作「也」，據《左傳》杜注改。

書于策。

此爲史法大例，説云非公命不書、公不與不書，皆從此出。史文君舉必書，一年之中，必成卷帙；如下言公不視朔，則以前皆視朔矣，即此一事，一年當書十二次，則其餘可推。經文甚少，皆孔子削之也。

經：八月，丁丑，夫人姜氏入。

《公羊傳》以爲姜氏要公，不與公俱入，蓋以孟任故。用《公羊》明説，忽又易楚女爲孟任，進退失據。

經：郭公。

蓋經闕誤也。自曹羈以下，《公》、《穀》之説既不了，又不可通之于左氏，故不采用。此杜氏情屈求白之詞，足見倚二傳爲重。

經：冬，公子友如陳。

諸魯出朝聘皆書如。不果彼國，必成其禮，故不稱朝聘，《春秋》之常也。公子友，莊公之母弟，稱公子者，史策之通言。母弟至親，異于他臣，其相殺害，則稱弟以示義。至于嘉好之事，兄弟篤睦，非例所與。或稱弟，或稱公子，仍舊史之文也。母弟例在宣十七年。朝聘言如，内外之例如此。公如朝，大夫如聘，無待言，豈因不果成禮乃不言之？經成不成皆言如也，以史策爲言，非説經之體。公子稱方以爲例，忽又不以爲例。魯事既不可以赴告言，則直以爲史文無例，《春秋》亦無例矣。

傳：夏，六月，辛未，朔，日有食之。鼓，用牲于社，非常也。

非常鼓之月。《長曆》推之，辛未實七月朔。置閏失所，故致月錯。

杜氏《長曆》，所謂畫鬼神也，駁者已多。今于此類一并從畧。

經：曹殺其大夫。

不稱名，非其罪。例在文七年。

惟卿爲大夫，曹小國，非卿，故不名以起之。杜以不名爲無罪，誤以大國例説小國。

經：夏，六月，公會齊侯、宋公、陳侯、鄭伯，同盟于幽。秋，公子友如陳，葬原仲。

原仲，陳大夫。原，氏；仲，字也。禮，臣既卒不名，故稱字。季友違禮會外大夫葬①，具見其事，亦所以知譏。

原爲王畿邑名，傳證最多。原仲，天子爲監于陳之大夫也，故不名，非以卒不名。禮有不名之譏，説不可以例名。凡列國大夫單稱字，氏王采者、監者。

經：杞伯來朝。

杞稱伯者，蓋爲時王所黜。

① 會外大夫葬：「外」字原脱，據《左傳》杜注補。

上稱侯，爲見本侯，此稱伯，爲託號。侯、子、伯，一也，豈爲時王乃稱伯不稱侯？

經：二十有八年，春，王三月，甲寅，齊人伐衛。衛人及齊人戰，衛人敗績。

齊侯稱人者，諱取賂而還，以賤者告。不地者，史失之。

齊侯稱人，貶之也。杜以諸侯不以稱人爲貶，非也。不地者，戰于城下，既出衛，可以不地，奈何以爲史失？

經：大無麥禾。

書于冬者，五穀畢入，計食不足而後書也。

易以避凶年築臺之言，而爲此説。

傳：二十九年，春，新作延廄。書，不時也。

經無「作」字，蓋闕。

傳以「作」字釋「新」字耳，經三傳皆同，何得輕言闕誤？據傳文以疑經，非也。

經：七月，癸巳，公子牙卒。

飲酖而死，不以罪告，故得書卒。書日者，公有疾，不責公不與小斂。

傳于内事無赴告之例。此以告爲告罪，謂告廟不以罪，可謂迂曲之至，不知乃《春秋》諱之也。大夫卒日，正也，諱之從正卒例，不必以小斂爲説。

經：八月，癸亥，公薨于路寢。

路寢，正寢也。公薨皆書其所，詳凶變。

弑則不言地，所言未審。

經：冬，十月，己未，子般卒。

子般，莊公太子。先君未葬，故不稱爵。不書殺，諱之也。

葬則稱爵，杜此説最謬。二傳云：未葬稱子某，既葬稱子，是也。

經：公子慶父如齊。

慶父既殺子般，季友出奔，國人不與，故懼而適齊，欲以求援。時無君，假赴告之禮而行。

何以見假赴告而行？赴告本爲傳中史例，傳有明文者，言之可也，無明文者不可言。杜好用其説，幾欲全經皆爲史文，其謬甚矣。

閔公篇第四

經：季子來歸。

季子，公子友之字。季子忠于社稷，爲國人所思，故賢而字之①。

---

① 賢而字之：「字」原誤作「立」，據《左傳》杜注改。

季爲字，子者尊稱，二傳「字不如子」是也。卒書季友，爲名、字并見，非季子爲字。得其所曰歸，内有難，喜之，故言來歸，如女子大歸不返。

經：九月，夫人姜氏孫于邾①。

哀姜外淫，故孫稱姜氏。

按，如杜意，當云：文姜弑君，故去姜氏；哀姜罪輕，故稱姜氏。

經：齊高子來盟。

蓋高傒也。齊侯使來平魯亂，僖公新立，因遂結盟，故不稱使也。魯人貴之，故不書名。子，男子之美稱。

《曲禮》：大夫入天子國曰「某士」，自稱曰「陪臣某」，于外曰「子」。鄭君説：子，有德之稱，《春秋》曰：「齊高子來盟。」按，稱子本爲禮制，庶邦小侯于外曰「子」，四夷雖大曰「子」，大國大夫于外曰「子」，足見子非爵。《春秋》「子」非爵，爲尊稱，不徒曰「男子之美稱」也。

---

① 夫人姜氏孫于邾：原作「夫人孫于齊」，據《左傳》經文改補。

僖公篇第五

經：八月，公會齊侯、宋公、鄭伯、曹伯、邾人于檉。

公及其會而不書盟，還不以盟告。

齊桓盟多不歃血，經言「會」以嘉之。公實與盟，則史當書盟。告謂告廟，豈史不據事實，又從告廟之詞而録之耶？

經：冬，十月，壬午，公子友帥師敗莒師于酈，獲莒拏。

拏，莒子之弟。不書弟者，非卿；非卿，則不應書。

傳云非卿，謂非大夫卿之比，不謂拏非莒卿也。小國無大夫，從内録之乃見，見則不氏，故不言公子，不言弟。小國卿卑，亦不言氏。非小國卿則當書弟也。

經：十有二月，丁巳，夫人氏之喪至自齊。

僖公請而葬之，故告于廟而書「喪至」也。齊侯既殺哀姜，以其尸歸，絶之于魯，僖公請其喪而還。不稱「姜」，闕文。

喪至大事，例書，不爲告廟。不稱姜，絶之。不稱姜氏既爲例，則不稱姜亦例矣，豈可以爲闕文？

傳：元年，春，不稱即位，公出故也。

國亂，身出復入，故即位之禮有闕。

公出在去年，入亦在去年。于正月言公出，追敍禍亂，以明繼弑，所謂不以空言説經也。凡言「不稱」、「不書」，實皆有其事而經不書之詞；若無其事，傳不得云「不書」、「不稱」。此削例也，公實即位，而經不書之耳。去年出、入與今年即位行禮、不行禮亦不相干。

傳：公出復入，不書，諱之也。諱國惡①，禮也。

掩惡揚善，義存君親，故通有諱例，皆當時臣子率意而隱，故無淺深常準。聖賢從之，以通人理，有時而②聽之可也。

《春秋》爲魯諱之，不必疑非良史直筆，又不必以爲《春秋》皆仍史文。

傳：邢人潰，出奔師。

奔聶北之師也。邢潰不書，不告也。

不書邢潰，爲齊桓諱。見者不復見，言邢遷而潰可見，非不告不書。總之，傳無赴告明文，則不必推演其事。

① 諱國惡：「國」原作「君」，據《左傳》傳文改。

② 而：此字原脱，據《左傳》杜注補。

傳：凡侯伯，救患、分災、討罪，禮也。

侯伯，州長也。

侯伯，二伯也。

經：二年，春，王正月①，城楚丘。

楚丘，衛邑。不言城衛，衛未遷。

城楚丘，是遷衛也，不言城衛者，楚丘異地，不可言城衛也。云衛未遷，未詳其意。

經：夏，五月，辛巳，葬我小君哀姜。

反哭成喪②，故稱小君。例在定十五年。

夫人例稱小君，非因反哭乃稱。杜誤讀定十五年傳文，而故爲此謬説。

傳：公懼，變色；禁之，不可。公怒，歸之，未絶之也。蔡人嫁之③。

爲明年齊侵蔡傳。

本與四年傳文相連，因以傳附經割裂之，故爲此注，在劉本已然。特杜以傳附經，愈形割

---

① 王正月：原誤作「王二月」，據《左傳》經文改。

② 反哭成喪：「成喪」原誤作「成哀」，據《左傳》杜注改。

③ 蔡人嫁之：「之」下原衍一「也」字，據《左傳》傳文删。

裂耳。

經：四年，秋，及江人、黄人伐陳。

受齊命討陳之罪①，而以「與謀」爲文者，時齊不行，使魯爲主。與謀例在宣七年。

按，受齊命，則不得爲與謀。且傳例「與謀曰及」，及爲「以」之字誤。說詳《五十凡考》。故凡齊、晉皆無與謀之文。此之言「及」，由内及外之辭，以齊桓與諸侯及江、黄也，非魯别有謀，師説皆誤。

經：五年，春，晉侯殺其世子申生。

稱晉侯，惡用讒。書春，從告。

凡殺不目君，因殺其世子、母弟，乃目君，蓋其親也，不可目國。不因讒乃稱晉侯。經于晉初見有緩書之例，不可以告言之。

經：秋，八月，諸侯盟于首止。

王之世子尊與王同，齊桓行霸，翼戴天子，尊崇王室，故殊貴世子。以世子同王，尊卑無别矣。但云將繼體爲君，尊之異于王臣耳。

經：冬，晉人執虞公。

---

① 受齊命討陳之罪：「討陳之罪」四字原脱，據《左傳》杜注補。

晉侯修虞之祀①，而歸其職貢于王，故不以滅同姓爲譏。

《春秋》之例，見者不復見。滅同姓之例，于衛從重者一見之，故餘則從畧。謂因修祀職貢乃不譏，經無此意；滅爲大事，不因此小善遂不以爲罪。

傳：十二月，丙子，朔，晉滅虢。虢公醜奔京師。

不書，不告也。

言滅下陽而虞、虢舉，故不書滅虞、虢，非因不告；使告，不將重言一滅乎？

經：秋，楚人圍許。

楚子不親圍，以圍者告。

據傳言楚子，圍則稱人，爲貶之。《春秋》舉圍，非從告辭。杜以諸侯不以稱人爲貶，故于傳十四條有明文者亦改之。敢于自信，而駁傳。

經：七年，春，齊人伐鄭。夏，小邾子來朝。

郳之別封，故曰小邾。

本爲別國異封，經則藉以見附庸之例。不稱郳，孟子所謂不能以名通、附于大國曰附庸者是也，故直稱小邾。

---

① 修虞之祀：「祀」原誤作「禮」，據《左傳》杜注改。

經①：鄭殺其大夫申侯。

申侯，鄭卿。專利而不厭，故稱名以殺，罪之也。例在文六年。

文六年凡當專爲宋國例，不當推説别條。申侯當爲寄公，非卿之稱名也。

經：八年，春，王正月，公會王人、齊侯、宋公、衛侯、許男、曹伯、陳世子款盟于洮。

王人與諸侯盟，不譏者，王室有難故。

《春秋》避盟王，世子王臣在盟，無譏詞。杜此説無據。

經：鄭伯乞盟。

新服未與會，故不序列，别言乞盟。

未至而使人求盟，故書乞盟。若至，則序之，非至而不序。

經：秋，七月，禘于太廟，用致夫人。

夫人淫而與弑②，不薨于寢，于禮不應致。

不薨于寢，謂文姜薨于夷也。其云不薨于寢，即與弑而見討于齊之實證。傳不實目其罪，而以不薨于寢之微文説之，非不薨于寢便不致也。不薨于寢乃尋常之事，何得因此

① 經：原無，據文例補。

② 淫而與弑：《左傳》杜注作「淫而與殺」，當據改。

絶之于廟？杜乃據此以爲通例，過矣。

經：夏，公會宰周公、齊侯、宋子、衛侯、鄭伯、許男、曹伯于葵丘。

天子三公不字。

《公羊》：天子三公稱公。易稱公爲不字，便失其理。

經：秋，七月，乙酉，伯姬卒。

《公羊》、《穀梁》曰：未適人，故不稱國。已許嫁，則以成人之禮書①，不復殤也。婦人許嫁而笄，猶丈夫之冠。

明用二傳，以補本傳所不足。未適人二語，説者之辭，非二傳明文。

經：冬，晉里克殺其君之子奚齊。

獻公未葬，奚齊未成君，故稱「君之子奚齊」。受命繼位，無罪，故里克稱名。

未踰年例不稱名，舍之稱君乃變例。目曰「君之子」，惡其不正。未踰年，無正稱，詞窮也。

傳：王使宰孔賜齊侯胙。

尊之，比二王後。

---

① 以成人之禮書：句末原衍一「之」字，據《左傳》杜注删。

二伯之禮，不必言「二王後」。

傳：使孔賜伯舅胙。

天子謂異姓諸侯曰伯舅。

天子謂異姓二伯曰伯舅，方伯曰叔舅，文見《曲禮》。以諸侯言之，失其尊卑之次。

傳：令不及魯，故不書。

前已發不書例，今又重發①，嫌霸者異于凡諸侯。

令，與「命」同。以令爲言，獨見此條，與赴告不同，此史例也。然則書二伯兵事不及魯者，皆爲史所不書，而《春秋》筆之矣。

經：狄滅温，温子奔衛。

蓋中國之狄滅而居其土地。

此晉滅之，託于狄耳，故温爲晉所據。

經：晉里克弑其君卓，及其大夫荀息。

荀息稱名者，雖欲復言，本無遠謀，從君于昏。

漢師以爲善荀息者，直書其事而自見，不在稱名稱字，今欲駁其説，但譏荀息可也，不必

① 又重發：《左傳》杜注「又」作「復」，當據改。

言稱名不稱名。杜既改孔父稱字爲稱名、不爲善例，則于此不必以名爲說可也。是凡殺大夫稱名者不爲例矣。若以名爲罪之，亦誤讀七年傳文。

經：晉殺其大夫里克。

名以罪之。

奚齊者，先君所命，卓子又以在國嗣位，罪未爲無道，而里克親爲三怨之主，累弑二君，故稱不去大夫，稱人以殺者，殺之不以其罪。經不以稱名爲罪，杜誤據宋大夫「非其罪也」傳。

經：十有一年，春，晉殺其大夫丕鄭父。

以私怨謀亂國，書名，罪之。

大夫殺惟宋、曹二國不名，乃有別例。杜誤讀傳文，以爲不名無罪，名則爲罪。然則惟二國大夫有無罪之人，餘皆有罪，又何必屢發傳耶！豈諸國大夫毫無一無罪者耶？不知經例，莫此爲甚。

經：秋，八月，辛卯，沙鹿崩。

沙鹿，山名。陽平元城縣東有沙鹿土山，在晉地。災害繫于所災所害，故不繫國。

「名山大川不以封」，故不繫國。

傳：十四年，春，諸侯城緣陵，而遷杞焉。不書其人，有闕也。

闕，謂器用不具①，城池未固而去，爲惠不終也。

闕即離至不可得序，所謂散詞也。本謂其人有闕，不指器用。

澶淵之會，既而無歸，大夫不書，而國別稱人，今此總曰諸侯，君臣之詞。

按，本經不書其人而言諸侯，此畧例，猶稱諸侯，則非貶例矣。澶淵，大夫也，而稱人，此貶之也。兩不書其人，文同而意異。稱諸侯爲畧，非貶，故三見此例，貶例則多。既言貶，則君臣皆得同辭，貶爲奪爵，君貶，與微者相同。既言褒貶，則有進退，不可以君臣之詞説之。杜氏此例頗知決嫌明疑之處，特以施于貶例，遂失其旨耳。此大例，杜誤者數十條。

經：十有一月，壬戌，晉侯及秦伯戰于韓，獲晉侯。

例：得大夫曰獲。晉侯背施無親，愎諫違卜，故貶絶，下從衆臣之例。

傳例：君曰滅，大夫曰獲，君臣之辭也。杜氏又云：大夫生死皆曰獲，則君生稱獲，死稱滅，正例也。以君稱獲爲從衆臣之辭例，然則生獲君當以何爲正稱？

經：十有六年，春，王正月，戊申，朔，隕石于宋，五。

---

①　謂器用不具：「謂」字原脱，據《左傳》杜注補。

聞其隕，視之石，數之五，各隨其聞見先後①而記之。莊七年，星隕如雨，見星之隕而隊于四遠若山若水，不見在地之驗，此則見在地之驗，而不見始隕之星②。

此隱括二傳文而説之。

經：是月，六鷁退飛，過宋都。

是月，隕石之月。重言「是月」，嫌同日。

此杜氏日月例。

經：三月，壬申，公子季友卒。

稱字者，貴之。公與小斂，故書日。

當云公子例。字與名并見者，賢之也。不小斂故不日，乃卿降禮之詞，不可推于他條。即以君禮于臣言之，不止一事，如言與小斂，是不與大斂也。

經：冬，邢人、狄人伐衛。

狄稱人者，史異詞。傳無義例。

狄稱人，善之。從中國則中國之，此中外大例也。即使史文異詞，亦當有意，若以史含糊

---

① 先後：原脱，據《左傳》杜注補。

② 而不見始隕之星：「而」字原脱，據《左傳》杜注補。

書之，孔子亦囫圇仍之，則《春秋》誠可置高閣矣！杜不知進退美惡之説，故趨此巧便耳。

經：宋人執滕子嬰齊。

稱人以執，宋以罪及民告。例在成十五年。傳例不以名爲義，書名不書名，皆從赴①。稱人爲伯討，不稱人非伯討，指齊、晉二國而言，以外不在此例。此非伯討，宋稱人者，宋與二伯異例，説以二伯例，非也。宋非二伯而執諸侯，其失易見，美惡不嫌同詞也。諸侯生稱名爲惡詞，傳有明文，以諸侯不以名不名爲例。杜之誤説，概歸從史，取巧便耳。稱人稱爵亦《春秋》之例，非據赴詞。《春秋》諸侯不生名，傳以衛侯燬名爲滅同姓罪之，何得云從赴？稱人稱名皆從赴，是直無義例可言矣。

經：夏，六月，宋人、曹人、邾人盟于曹南。

曹雖與盟而猶不服，不肯致餼，無地主之禮，故不以國地，而曰曹南，所以及秋而見圍。曹南地名，非國也，如魯濟、邾瑕。以地地爲地國，誤矣。全以實事説之，亦謬。

經：己酉，邾人執鄫子，用之。

稱人以執，宋以罪及民告也。鄫雖失大國會盟之信，然宋用之，爲罰已虐，故直書用之，言若用畜産也。不書社，赴不及也。

---

① 皆從赴：「皆」字原脱，據《左傳》杜注補。

二伯乃以稱人爲伯討，以邾人執鄫子，其失易見，故稱人以貶邾子也。若稱爵，嫌以尊臨之，非以罪及民告。不言社，不可以訓不見之也。言用者，存其大而畧其細，不没其實也，豈是從赴告之文？

經：西宫災。

西宫，公①别宫也。天火曰災。例在宣十六年。

釋西宫當引古説。内無火例，不當以外例言之。與「御廩災」同誤。

經：執宋公以伐宋。

不言楚執宋公者，宋無德而争盟，爲諸侯所疾，故②總見衆國共執之文。

不使楚得執中國。不書楚，所以存中國，豈反譏宋公？

經：楚人使宜申來獻捷。

獻宋捷也。不言宋者，秋伐宋，冬獻捷，事不異年，從可知。不稱楚子，使來不稱君命行禮。

不稱楚使，貶之也。以夷狄獻中國捷，故不目宋，爲中國諱也。戎捷衛寶，須得目之。楚稱人，貶楚子也。既書使，正以君命行禮，何反云不以君命耶？

---

① 公：原脱，據《左傳》杜注補。

② 故：原脱，據《左傳》杜注補。

經：秋，八月，丁未，及邾人戰于升陘。

邾人縣公胄于魚門，故深恥之。不言公，又不言師敗績。

內不言戰，言戰則敗，故不可以「皆陳」説之。不言公，不言師敗，爲內諱也。

經：冬，十有一月，己巳，朔，宋公及楚人戰于泓，宋師敗績。

楚告命，不以主帥人數，故略稱人。

尊宋抑楚，故畧稱人，此中外例也，非楚告以人也。杜以諸侯無稱人之例，爲此一説，其誤者數十條。

經：秋，楚人伐陳。冬十有一月，杞子卒。

杞入春秋稱侯，莊二十七年絀稱伯，至此用夷禮，貶稱子。

襄十六年傳：會鄭伯，爲夷故也。下傳云：鄭伯傅王，用平禮也。用夷禮即用平禮之變文，夷謂平等，謂伯、子、男同等，非夷狄之夷也。

傳：十一月，杞成公卒。書曰「子」，杞，夷也。

成公始行夷禮以終其身，故于卒貶之。杞實稱伯，仲尼以文貶稱子，故傳言「書曰子」以明之。

他條皆以爲從史、從赴、無義例，此獨以爲仲尼貶之稱子，何所見而云然？用夷禮別一義，此當與「鄭伯夷故也」同一例。

傳：赴以名，則亦書之。

謂未同盟。

未同盟而書以名，則是與例相反，然則名不必以同盟爲定。蓋上文所謂「凡諸侯同盟，死則赴以名，禮也」，謂禮制如此，史依此而書，乃史法也。此句及下文皆謂經例，謂經許以同盟，則仍史書之，不然則否。是史多有名，而經削之也。

不然則否，

謂同盟而不以名告。

不然者，謂經不以同盟待之。此無論史本有名亦削之不録也。據禮，赴詞無名，臣子不能名君父。杜説誤解傳意，與禮相反，于經例亦進退失據。

辟不敏也。

敏，猶審也。同盟然後告名，赴者之禮也。承赴，然後書策，史官之制也。内外之宜不同，故傳重詳其義。

辟，法也，與譏、貶同意，「辟不敏」謂惡其不敏而黜罰之。此句指用夷禮爲説。杜説皆譏，駁詳《補證》。

傳：戊申，使殺懷公于高梁。不書，亦不告也。

再發不告者，言外諸侯入及見殺，亦皆須告乃書于策。

傳于晉事，自隱、桓以來言之詳矣，經則至僖世乃見，此《春秋》遲見晉之大例。經書之則以爲告，不書則以爲不告，此經例以赴告爲筆削，非果晉不告魯也；經之書不書原不以赴告爲例也。時魯與晉不通，故傳發此例。經不筆之，故經、史相同。據經言，亦爲畧之。凡與魯相通之國而不書者，則是經削，非史不書矣。

傳：管、蔡、郕、霍、魯、衛、毛、聃、郜、雍、曹、滕、畢、原、酆、郇，文之昭也。

十六國皆文王子也①。

十六國兼畿内畿外言之。周人世卿，天子畿内皆世，如外諸侯。毛、原皆在畿内，杜以爲諸侯入爲卿士者非。陳原仲以原爲氏，故爲方伯、監大夫，鄭原繁當亦監大夫，與原仲同氏原。

凡、蔣、邢、茅、胙、祭，周公之胤也。

胤，嗣也。

杜以凡、祭爲諸侯入爲卿士者，非。

傳：敢告叔父

天子謂同姓諸侯曰叔父。

① 皆文王子：原作「皆文王之子」，衍一「之」字，據《左傳》杜注删。

魯爲方伯，故稱叔父。《曲禮》：九州之長，同姓天子謂之叔父，異姓謂之叔舅。據此足以定二伯方伯之制。但云諸侯，便與二伯稱伯父者無分別。

經：宋蕩伯姬來逆婦。

稱婦，姑存之辭①。婦人越竟逆婦②，非禮，故書。

姑存之辭，譏娶母黨也。非母黨，則姑在與否畧矣。

經：宋殺其大夫。

其事則未聞③。于例爲大夫無罪，故不稱名。

此杜最謬之説。因其罪④而不書其名，何以獨在曹、宋三國？何以宋屢見不名？餘國皆書名，則全爲有罪矣。以名不名定有罪無罪，是稱人以殺稱國以殺、言大夫不言大夫通不爲例矣。

大夫有罪無罪以名不名爲例，此爲宋國專例。宋大夫惟大夫例不名，而間有名者，所謂

① 姑存之辭：原作「姑在之詞」，據《左傳》杜注改。下《辨正》中「姑存之辭」亦因之而改。

② 逆婦：原作「迎婦」，據《左傳》杜注補。

③ 其事則未聞：「未聞」原作「不聞」，據《左傳》杜注改。

④ 因其罪：據上下文意，似當作「因其無罪」。

欲蓋彌彰，惡事，故以有名爲罪。至子二伯、方伯以下諸國，不在此例矣。

經：秋，楚人圍陳，納頓子于頓。

子玉稱人，從告。頓子不言歸，興師見納故。

子玉稱人，貶之，以大夫例諸侯。納之曰歸，説諸侯，亦失其解。説詳《五十凡考》。

經：冬，十有二月，癸亥，公會衛子、莒慶，盟于洮。

衛文公既葬，成公不稱爵者，述父之志，降名從未成君，故書子以善之①。莒慶不稱氏，未賜族。

未踰年君，公侯之國例得稱子。小國大夫例不氏，傳所謂賤而不書者也，奈何以未賜族説之？

傳：十二月，盟于洮，修衛文公之好，且及莒平也。

衛文公將平之，未及而卒；成公追成父志，降名以行事，故曰修文公之好。

郢書燕説，影響支離。

經：夏，齊人伐我北鄙。

孝公未入魯竟，先使微者伐之。

---

① 書子以善之：「書子」原作「稱子」，據《左傳》杜注改。

貶之稱人，不必以爲入竟、未入竟。兵事君專之，有命已得稱君，豈必待其親至？使如杜説，則目君以殺者皆君自操刃矣。不信進退例，以諸侯無稱人之説，其誤至此。

經：冬，楚人、陳侯、蔡侯、鄭伯、許男圍宋。

傳言楚子使子玉去宋，經書人者，恥不得志，以微者告。猶序諸侯之上，楚主兵故。

《春秋》内中國外夷狄，傳文原有中外之分。杜氏力反舊説，凡尊中國貶夷狄諸文，皆以爲據赴、無義例，中外大例，幾無一語及之，非也。此稱人者，貶楚子也。貶得臣，亦所以貶諸侯也。以諸侯從夷狄圍中國，故深惡之也。傳言楚子及諸侯圍宋，非主得臣也。

經：十有二月，甲戌，公會諸侯，盟于宋。

諸侯伐宋，公與楚有好，而往會之，非後期。宋方見圍，無嫌于與盟，故直以宋地。

傳：二十七年，春①，杞桓公來朝，用夷禮，故曰子。

杞，先代之後，而迫于東夷，風俗雜壞，言語衣服有時而夷，故杞子卒，傳言其夷也。今稱朝者，始于朝禮，終而不全，異于介葛盧，故惟貶其爵。

《曲禮》：夷狄「雖大曰子」，故《春秋》有夷狄稱子之例。一説經言伯言子本爲一等，以爲夷狄，不合經義，然則用夷禮與用平禮同，當讀同「會鄭伯夷故也」之夷，故用平等之禮，

---

① 此「春」字原脱，據《左傳》傳文補。

非夷狄之夷，方與經合。以伯爲爵，不知經例，經例子貴于伯，二傳所謂「字不如子」是也。

傳：不廢喪紀，禮也。

弔贈之數不有廢。

齊、魯新有怨，齊不必來赴，魯亦不必往弔。會葬經書之者爲筆，特以明不可以小怨廢喪紀。小怨不廢喪紀，爲合禮制；有仇，則廢之可也。

經：二十有八年，春，晉侯侵曹。晉侯伐衛。

再舉晉侯者，曹、衛兩來告。

但以告言，遂事亦當兩來告，不言遂而再目晉侯，《穀梁》説是也。經不言遂，有别義，不可以赴告説之。

經：夏，四月，己巳，晉侯、齊師、宋師、秦師及楚人戰于城濮，楚師敗績。

宋公、齊國歸父、秦小子憖既次城濮，以師屬晉①，不與戰也。子玉及陳、蔡之師不書，楚人恥敗②，告文畧也。

---

① 以師屬晉：「屬晉」原作「屬夷」，據《左傳》杜注改。

② 楚人恥敗：「人」字原脱，據《左傳》杜注補。

經言三國師，是與戰之文不審，何以必云不與戰？不書陳、蔡之師，常例也。《春秋》書楚師多有從國不言者，不忍以中國從夷狄故也。因傳言陳、蔡，可以定此例。此乃隱見中外大例，不關告文。

經：楚殺其大夫得臣。

子玉違其君命以取敗，稱名以殺，罪之。

以稱名爲罪，則齊、晉、陳、衛、蔡、鄭、莒、秦、楚無一可逃罪矣，惟宋、曹二國乃有無罪大夫，此誤以宋專條推説餘國矣。

經：公朝于王所。

王在踐土，非京師，故曰王所。

下即以河陽爲京師，不當以京師爲王城。此言不朝而召王耳。

經：衛元咺出奔晉。

元咺，衛大夫，雖爲叔武訟訴，失君臣之節，故無賢文。奔例在宣十年。

杜所云「賢文」不知何所指，豈謂稱字耶？不知衛大夫無稱字例。

經：公會晉侯、齊侯、宋公、蔡侯、鄭伯、陳子、莒子、邾子、秦人于温。

陳共公稱子，先君未葬，例在九年。宋襄公稱子，自在本班。陳共公稱子，降在鄭下。陳懷公稱子，而在鄭上。傳無義例，蓋主會所次，非褒貶也。

陳、衛敘序無定，雖有喪，常在鄭上，陳共公一在鄭下，此乃敘序以年之例，即此便爲例。主會次序暗襲《公羊》「其序則主會者爲之」①。語參舉以見其變，即此便爲義例，非必一定乃爲義例。

經：壬申，公朝于王所。

壬申，十月十日。有日而無月，史闕文。

不用二傳日不繫月之説，以爲史闕，則經不足貴矣。不明古説，要能自立，如但以闕文從史説之，則説如不説。

傳：鄭伯傅王，用平禮也。

傅，相也。以周平王享晉文侯仇之禮享晉侯。

「會鄭伯」傳云「夷故也」，説者云：夷，平也。此傳云「用平禮」，即杞子傳云「用夷禮」，夷，平也。稱爲叔父，猶以方伯之禮待之，襄以後乃稱伯父，故曰用平禮。非周平王之禮。

傳：王命尹氏及王子虎、内史叔興父策命晉侯爲侯伯。

以策書命晉侯爲伯也。《周禮》「九命作伯」。

① 「其序」云云，見《公羊傳·昭公十二年》，原文作「其序則齊桓晉文，其會則主會者爲之也」。

侯伯，二伯也。二伯同姓當稱伯父，此稱叔父者，以晉初起，統外方伯，用平禮，故始稱叔父。自襄公以下，乃稱伯父。

傳：甯武子爲輔，鍼莊子爲坐，士榮爲大士。

大士，治獄官也。

大士若治獄官，不勝，不當殺之。下云「及其獄官」，蓋傳云爲當謂見事，不追敘在位之官職。

傳：且明德也。

隱其召君之闕，欲以明晉之功德。河陽之狩，趙盾之弑，泄冶之罪，皆違凡變例，以起大義危疑之理，故特稱仲尼以明之。

孔子筆削，全經皆然，非獨此三條乃當説以改作。杜僅據此三條爲言者，欲以見凡不言者多爲史文也。

經：二十有九年，春，介葛盧來。

不稱朝，不見公，且不能行朝禮。雖不見公，國賓禮之，故書。

史例有衛侯來會葬不見公故不書之傳，乃經例不書大國來，其云不見公不書，是傳不以空言説經之事託之于不見公耳，無不見公則不書之説。如此條即云不見公，而經書之，知經自有筆削，不據史文也。如以賓禮之，衛侯遠來，豈有不賓禮之者乎？《春秋》筆削，自與史法不同。

經：秋，衛殺其大夫元咺及公子瑕。

咺見殺稱名者，訟君求直，又先歸立公子瑕，非國人所與，罪之也。瑕立經年，未會諸侯，故不稱君。

咺之有罪無罪，不從稱名見之。瑕不稱君，無意爲君也，故以咺及之。殺大夫稱名爲罪，諸侯立未會諸侯不稱君，皆杜最不通之説。

經：晉人、秦人圍鄭。

各使微者圍鄭，故稱人。

傳明言晉侯、秦伯，鄭燭之武亦説秦伯，此爲貶之，則稱人。乃以圍鄭爲使微者，不用貶例，故其誤至此。

傳：東門襄仲將聘于周，遂初聘于晉。

公既命襄仲聘周，未行，故曰「將」；又命自周聘晉，故曰「遂」。自入春秋，魯始聘晉，故曰「初」。

此不惟聘晉之始，亦如京師之始。襄仲本聘晉，如晉，道由京師，故以京師首之。傳不敢先君而後臣，故爲此説，而言外見實如晉，而文託重于周也。杜説殊不得微意。

經：三十有①一年，春，取濟西田。

晉分曹田以賜魯，故不繫曹。

本爲魯田，昔爲曹，今得侵地，故不繫曹。曹取魯田，「公追戎于濟西」是也。

不用師徒，故曰取②。

克國不用師徒，乃不言滅、入而曰取，取邑則無論用師不用師皆言取，全經大例，衆所共知。杜云「不用師徒故曰取」，誤以國例説邑矣。當云「晉分于我，故不用師徒而取之。凡邑，不用師徒曰取」。「邑」當爲「國」字之誤。杜據誤字爲説，故諸條皆誤。説詳《五十凡考》。

經：秋，衛人及狄盟。

不地者，就狄廬帳盟。

不地者，盟于狄地，不當以廬帳言之。

經：夏，四月，辛巳，晉人及姜戎敗秦師于殽。

晉侯諱背喪用兵，故通以賤者告。姜戎，姜姓之戎，居晉南鄙，戎子駒支之先也。晉人角

---

① 有：原脱，據《左傳》經文補。

② 故曰取：「故」字原脱，據《左傳》杜注補。

之，諸戎掎之①，不同陳，故言「及」。

《春秋》貶之耳，非以微告也。言「及姜戎」，戎，微也，豈以不同陳故言「及」？以大及小爲常例，不必言其陳不陳，又何論其同不同。

經：晉人敗狄于箕。

郤缺，稱人者，未爲卿。

不用敗例，故爲此説，不知此三世例。晉文初亡，政在諸侯，大夫帥師不目，自陽處父以後乃目之，自不關爲卿不爲卿。

傳：葬僖公，緩。

今在此，簡編倒錯。

此劉氏引傳解經時失檢者。此爲傳文大例，如此者數十百條。

文公篇第六

經：元年，春，王正月，公即位。

---

① 諸戎掎之：「掎」原誤作「犄」，據《左傳》杜注改。

先君未葬，而公即位，不可曠年無君。

踰年得即位，不以葬爲斷。未殯則不得即位，凡在殯後，皆得即位。

經：天王使叔服來會葬。

叔，氏；服，字。

叔爲伯仲，服乃實字。

經：天王使毛伯來錫公命。

毛，國；伯，爵。諸侯爲王卿士者。

毛，畿内世卿，非外諸侯。誤讀傳文，以爲外諸侯，如鄭、虢之比。

經：晉侯伐衛。

晉襄公先告諸侯而伐衛。雖大夫親伐，而稱「晉侯」，從告辭也。

二伯事皆以君爲主，宣、成以後，大夫乃專征伐。此非從告辭。

經：衛人伐晉。

衛孔達爲政，不共盟主，興兵鄰國，受討喪邑，故貶稱人。

貶稱人，是也。他條不言褒貶以爲從赴告者，非。

經：秋，公孫敖會晉侯于戚。

禮：卿不會公侯，而《春秋》魯大夫皆不貶者，體例已舉，故據用魯史成文而已。内稱公，卒稱薨，皆用魯史。

此内外例，本傳無文，用二傳相補。

經：冬，十月，丁未，楚世子商臣弑其君頵。

商臣，穆王也。弑君例在宣四年。

以子弑父，尤爲大變，不得以「稱名罪之」爲説。

經：二年，春，王二月，甲子，晉侯及秦師戰于彭衙，秦師敗績。

孟明名氏不見，非命卿也。

大夫帥師，非中國大夫不見于經。孟明，卿也，以秦國例不書之。

經：三月，乙巳，及晉處父盟。

處父爲晉正卿，不能匡君以禮，而親與公盟，故貶其族。族去，則非卿，故以微人常稱爲耦，以直厭不直。

晉爲二伯，比公，其臣尊同天子之卿，比魯君爵秩相等，公如晉言朝晉。以卿與公盟，正得其當，何以責處父非禮？此《春秋》内外例。内尊其君，于相嫌之地别異之，故去處父氏，以申公之尊。此經意如此，不可以直不直言之。

經：公子遂如齊納幣。

傳曰：禮也。僖公喪終此年十一月，則納幣在十二月也。《士昏》禮六，其一納采，納徵始有「玄纁束帛」，諸侯則謂之納幣，其禮與士禮不同。蓋公爲太子時已行昏禮。傳譏服中生子，則喪中不得議昏。傳言「禮」者，專謂娶元妃爲禮，爲全經禮制發傳，不專爲本事。杜以《公羊》「譏喪娶」，謂議昏在早，不用其説，故以爲太子時已行昏禮；不知其説仍與傳即位禮不合，仍當以譏喪娶説補足之。

傳：秋，八月，丁卯，大事于太廟，躋僖公，逆祀也。

僖①是閔兄，不得爲父子。嘗爲臣，位應在下，令居閔上②，故曰逆祀。

爲人後者爲之子，臣、子一也。「不得爲父子」，何以傳以祖禰父子言之？

傳：凡君即位，好舅甥，脩昏姻，娶元妃以奉粢盛，孝也。

謂諒闇既終，嘉好之事通于外内，外内之禮始備。此除凶之即位也。于是遣卿申好舅甥之國，脩禮以昏姻也。元妃，嫡夫人。奉粢盛，共祭祀。

三年喪畢，乃行吉禮。祭，經猶譏，何況昏娶？此傳言即位娶元妃之禮，以爲太子妃，不升爲夫人之禮。

經：夏，五月，王子虎卒。

---

① 僖：原作「僖公」，據《左傳》杜注删改。

② 令居閔上：「令」原誤作「今」，據《左傳》杜注改。

不書爵者，天王赴也。翟泉之盟，雖輒假王命①，周王因以同盟之例爲赴。王子，猶内之稱公子，親之，不舉爵號，卒應名。王子即如爵，書王子以明尊卑，又以起王子猛卒，爲奪其尊之辭。不得爲同盟乃卒。

經：秦人伐晉。

晉人恥不出，以微者告。

秦用師例稱人。

經：雨螽于宋。

自上而墮，有似于雨。宋人以其死爲得天祐②，喜而來告，故書。

此爲記異，非因宋告乃書。宋人亦不以此爲喜也。

傳：夏，四月，乙亥，王叔文公卒，來赴，弔如同盟，禮也。

王子虎與僖公同盟于翟泉，文公是同盟之子，故赴以名。傳因王子虎異于諸侯，王叔又未與文公盟，故于此顯示體例也。經書五月，又不書日，從赴也③。

① 雖輒假王命：「雖」字原脱，據《左傳》杜注補。
② 得天祐：「祐」原誤作「祜」，據《左傳》杜注改。
③ 從赴也：「也」原誤作「告」，據《左傳》杜注改。

言如同盟，則不必實同盟。傳之言同盟，不以見經爲據，杜以爲因父及子，非也。傳有日，經無者，畧之。

經：冬，十有一月，壬寅，夫人風氏薨。
僖公母，風姓也。赴同祔姑，故稱夫人。
已立爲夫人，故稱夫人，不謂偶行其禮乃稱。果爲夫人，亦不因不行其禮不稱夫人。杜誤解傳文。

傳：公曰：「同盟滅，雖不能救，敢不矜乎？吾自懼也。」
秦、江同盟。不告，故不書。
傳之言同盟，不以見經爲據，同盟者甚多，不皆書也。以爲不告不書，非是。

經：王使召伯來會葬。
召伯，天子卿也。召，采地；伯，爵也。來不及葬，不譏者，不失五月之内。
稱伯，字也；稱字，天子大夫，非卿。葬時來會于葬地，故先書葬，後書會葬。

經：晉殺其大夫陽處父。
處父侵官，宜爲國討，故不言賈季殺。
二傳之説爲是，杜説殺大夫例最謬。

經：閏月不告月，猶朝于廟。

諸侯每月必告朔聽政，因朝宗廟。文公以閏非常月，故闕不告朔。如泥君舉必書之例，則此一事全經當書二千餘次，豈復成爲經？君舉乃書，則不舉不書，此乃書不舉。

傳：閏月不告朔，非禮也。

經稱「告月」，傳稱「告朔」，明告月必以朔。以非正月，故言月不言朔。當用《穀梁》說。告朔必以朔，不待言。

經：七年，春，公伐邾。三月，甲戌。取須句。

須句，魯之封内屬國也。僖公反其君之後，邾復滅之，書「取」，易也。例在襄十三年。言伐而後言取，則非易也。

經：宋人殺其大夫。

宋人攻昭公，并殺二大夫，故以非罪書。

不名，本與曹大夫不名相起，以見非大夫，此爲正説。據傳以爲衆辭，故不名。且言非其罪，是論其事之得失，何嘗以不名爲非罪？更無以此爲通例偏説全經。凡殺大夫名者，皆有罪耶？

經：戊子，晉人及秦人戰于令狐。

趙盾廢嫡而外求君，故貶稱「人」。晉諱背先蔑，而夜薄秦師，以戰告。

言戰不言勝敗，畧之也。此夜薄秦而以戰爲言，足見「皆陳曰戰，未陳曰敗」之非通例。如通例，則當云「晉人敗秦人于令狐」矣。

經：冬，徐伐莒。

不書將帥，徐夷告辭畧。

《春秋》之死不必言告辭。

傳：書曰「宋人殺其大夫」，不稱名，衆也，且言非其罪也。

不稱殺者及死者名①，殺者衆，故名不可知；死者無罪，則例不稱名。

傳明文云「不稱名，衆也」，以衆爲不名之正解，且言「非其罪」，是言其事之得失不于不稱名言之。杜乃以不名爲無罪之通例，不惟説本條，推之不名之曹大夫，并推之有名大夫；枝葉雖繁，本根初不平實，此杜之巨謬也。

經：乙酉，公子遂會雒戎，盟于暴。

公子遂不受命而盟，宜去族，善其解國患，故稱公子以貴之。

暗襲二傳公子結之説以説暴盟，望文生訓，非也。

經：宋人殺其大夫司馬，宋司城來奔。

---

① 不稱殺者及死者名：原作「不稱略殺者者名」，據《左傳》杜注改。

司馬死不舍節，司城奉身而退，故皆書官而不名，貴之。

經書司馬、司城與書宰，以備三公之制，《春秋》惟見三官名，意本在此，而傳以不舍節、公以司城逆意諸爲説者，事實也。孔子曰：「其事則齊桓晉文，其義則某竊取。」因有其事，書官以別取義，經意與事實不相背也。

傳：冬，襄仲會晉趙孟，盟于衡雍，報扈之盟也。遂會伊雒之戎。

伊雒之戎將伐魯，公子遂不及復君，故專命與之盟。

「戎將伐魯」，臆造事實，又自生善惡。

傳：書曰「公子遂」，珍之也。

珍，貴也。大夫出竟，有可以安社稷利國家者，專之可也①。

不言公子，則當言遂會伊雒之戎盟于暴，遂嫌爲名，又嫌爲遂事，辭窮，故稱公子。珍之者，以遂盟戎，舉公子，見其尊貴。二事皆君命，不可以《公羊》「公子結要盟」之説説之。

傳：公以其官逆之，皆復之，亦書以官，皆貴之也。

卿違從大夫，公賢其效節，故以本官逆之，請宋而復之。司城官屬悉來奔，故言「皆復」。

「皆復」之「皆」字因下「皆」字誤衍，傳無官屬悉來之文，不可以別傳之説牽混言之。

---

① 專之可也：「也」字原脱，據《左傳》杜注補。

經：九年，春，毛伯來求金。

求金以共葬事。雖踰年而未葬，故不稱王使。

于葬變除，此杜氏短喪之說。經意不以葬爲斷，所謂三年不稱王也。

經：晉人殺其大夫先都。

以作亂討，故書名。

書名，正也。以此爲罪，冤獄多矣。

經：冬，楚子使椒來聘。

稱君以使大夫，其禮辭與中國同。椒不書氏，史畧文。

初稱人聘，進稱君使不氏大夫聘，終稱名氏大夫聘，以次而如①，《春秋》之序也，豈史文之畧也？

經：十年，春，王三月，辛卯，臧孫辰卒。

公與小斂，故書日。

傳有不推于他條之說，此類是也。

傳：襄仲聘于宋，且言司城蕩意諸而復之。

---

① 以次而如：據文意，似應作「以次而加」，因形近致誤也。

八年①意諸來奔，歸不書，史失之。

凡大夫來奔者，歸例不書，豈可以爲史失之據？此足見杜于經例多不通。

傳：冬，十月，甲午，敗狄于鹹，獲長狄僑如②。

不書，賤夷狄也。

不以爲告畧，歸于孔子者，爲爲内事也。惜不以此推于他條。

經：杞伯來朝。

復稱伯，舍夷禮。

伯、子、男一也，非舍夷禮。

經：冬，十有二月，戊午，晉人、秦人戰于河曲。

稱「人」，秦、晉無功，以微者告也。「皆陳曰戰」，例在莊十一年。

稱「人」，畧之，非以微者告。言戰不言敗，亦畧之。據傳文，非皆陳。

傳：故書曰：「郕伯來奔。」不書地，尊諸侯也。

既尊以爲諸侯，故不復見其竊邑之罪。

---

① 八年：原作「八月」，據《左傳》杜注改。

② 僑如：原作「矯如」，據《左傳》改。

杜于經下云「稱爵，見公以諸侯禮迎之」，以禮節變名稱，此杜氏之巨謬。據傳而論，郕伯以去年卒，太子當立，而自安于夫鍾，故今書郕人乃别立君，而世子以地來奔。郕爲小國，稱伯，公因其以地來，尊崇，逆以諸侯大國之禮，故曰「非禮」。書曰「郕伯」，見其非諸侯大國之君。謂之郕伯，原其已踰年，得稱君，非經以逆禮而書人之子以其父之爵也。可稱郕伯，經乃書之；因書伯，可見以侯禮逆之爲失禮。大夫以地則當言以地，今不言者，尊君也。君得專地，大夫不得專地，故君不言以地，而三叛則言地也。

經：夏，五月，乙亥，齊侯潘卒。

乙亥，四月二十九日。書五月，從赴。明係《長曆》推算之誤，以爲從赴，然則五月無乙亥，赴何以遲二日？遂以本月所無之日赴耶？

經：秋，七月，有星孛入于北斗①。

既見而後②入北斗。斗有杓，故言入。與他孛同，非有見而後入之異。

---

① 有星孛入于北斗：「入」字原脱，據《左傳》經文補。

② 後：據《十三經注疏校勘記》，當作「移」。

經：晉人納捷菑于邾，弗克納。

邾有成君，晉趙盾不度于義，而大興諸侯之師，涉邾之竟，見辭而退。雖有服義之善，所興者廣，所害者衆，故貶稱人。

本傳無文，本二傳説。

經：九月，甲申，公孫敖卒于齊。

既許復之，故從大夫例書卒。

此亦書日，何以不云「公與小斂」耶？知書日不以小斂爲據。專説益師，不可推于他條。

經：公子商人弑其君舍。

舍未踰年而稱君者，先君既葬，舍已即位。例在宣四年。

成舍爲君，所以重商人之弑。以葬爲書君，經無此例，傳無明説。且昭公葬不書，五月卒，七月弑，相去二月，不必在葬後。

經：冬，單伯如齊。

單伯，周卿士。爲魯如齊，故書。

書如齊，是内臣之例。若外大夫爲魯事往者多矣，不書「如」，一定之例也。

經：齊人執單伯。

諸侯無執王使之義，故不依行人例。

單伯，監大夫也，與内臣執同例。

傳：十四年，春，頃王崩。周公閱與王孫蘇争政，故不赴。凡崩、薨，不赴則不書；禍、福，不告亦不書。懲不敬也。

欲使怠慢者自戒①。

争政不赴，説見《史記》。此皆爲削例，所以懲創其事，故不書。

傳：書曰「宋子哀來奔」，貴之也。

貴其不食汙君之禄，辟禍速也。

子哀來奔，二傳無説，傳以爲高哀，則高氏，哀名。稱曰子哀，如王人子突以子配名，如子般、子野之比。美其事，故褒之稱子；亦以宋爲大國，可以稱子。如齊大國稱高子，宋孔父稱字。子哀稱子，皆實可稱字稱子，乃稱之。

傳：冬，單伯如齊，請子叔姬，齊人執之。

恨魯恃王勢以求女故。

單伯，爲魯監。襄仲告王，請以王寵求昭姬，王不特遣使，以單伯王臣、在魯，即命單伯以王命往，故經書「如」、「執」，皆從内臣之例。杜不得此例，遂以單伯爲王臣，全與經例相

---

① 自戒：原誤作「日戒」，據《左傳》杜注改。

反矣。

經①：單伯至自齊。

此内臣執而致之之例，若王臣，例不言至。單伯王臣，而爲監于魯，故經書同内臣。杜不知此義。

傳：齊人許單伯請而赦之，使來致命。

以單伯執節不移，且畏晉，故許之。

并致，將歸子叔姬。

傳：書曰「單伯至自齊」，貴之也。

單伯爲魯拘執，既免而不廢禮，終來致命，故貴而告廟。

大夫執者則致，是經常例，不必言告廟。

傳：凡勝國，曰「滅之」；獲大城焉②，曰「入之」。

得大都而不有。

大城當指國言，非以外之大都。

---

① 經：原作「傳」，據文例改。

② 獲大城焉：「焉」字原脱，據《左傳》傳文補。

傳：凡諸侯會，公不與，不書，諱君惡也。

謂國無難，不會義事，故爲惡。不書，謂不國別序諸侯①。不與，謂公至會爲諸侯所外，恥辱深，故不書，爲諱惡。若外會，公不與而書者多矣，不以諱，惟爲諸侯所外，乃諱之。照經本改。

經：夏，五月，公四不視朔。

《春秋》十二公，以疾不視朔非一也，義無所取，故特舉此以表行事。

此于筆削隱見之例畧有所窺，惜不能推盡其餘。

經：冬，十有一月，宋人弑其君杵臼。

稱君，君無道也。例在宣四年。

二傳稱人以弑，衆失君之辭，以衆弑則君無道可知；書臣以弑，是以一人弑君，故以爲臣之罪。本傳「稱君君無道」，君當爲「人」之誤字。本經書人以弑，傳云「書曰宋人弑其君杵臼，君無道也」，可知君爲人字之誤。經有書人、稱臣二者之異，然莫不稱君。據宣四年書「鄭公子歸生弑其君」，此稱臣也，與本經惟一稱人、一稱名爲異，其稱君皆同，不能謂稱君爲「君無道」。杜據誤字爲説，故不得稱君之實。

① 謂不國別序諸侯：「謂」字原脱，據《左傳》杜注補。

傳：書曰「宋人弒其君杵臼」，君無道也。

始例發于臣之罪，今稱國人，故重明君罪。

杜據誤本「稱君君無道」爲説，故語欠明晰。當云：稱人以弒，衆弒君之辭，故曰君無道。

傳例曰：稱人，君無道也。

經：十有七年①，春，晉人、衛人、陳人、鄭人伐宋。

自閔、僖以下終于《春秋》，陳侯常在衛侯上，今大夫會在衛下。傳不言陳公孫寧②後至，則寧位非上卿故也。

經：齊侯伐我西鄙。

西，當爲「北」，蓋經誤。

四鄙之例，莒在東，邾在南，齊在西北。「齊人伐我西鄙」五見于經，此常例也。此「西」字二傳所同，傳并無明説，今據傳改經，可謂荒唐。

經：夏，五月，戊戌，齊人弒其君商人。

不稱盜，罪商人。

---

① 十有七年：原誤作「十有一年」，據《左傳》經文改。

② 陳公孫寧：原誤作「衛公孫寧」，據《左傳》杜注改。

傳例：凡弑君稱人，君無道。

經：冬，十月，子卒。

先君既葬不稱君者，魯人諱弑，以未成君書之。子，在喪之稱。

自生例而自解之，皆無稽之談。

經：莒弑其君庶其。

稱君，君無道也。

此小國例稱國弑，如大國稱人；稱人弑，如大國稱臣。杜説甚誤。

傳：公冉務人曰：「若君命，可死；非君命，何聽？」弗聽，乃入，殺而埋之馬矢之中。

惠伯死不書者，史畏襄仲，不敢書殺惠伯。

以此責太史，恐未平允。

傳：「夫人姜氏歸于齊」，大歸也。

惡、視之母出姜也。嫌與有罪出者異，故復發傳。

有罪皆言「孫」，不相嫌；嫌則當云「嫌與有罪出者同」，不當云「異」，恐係字誤。

春秋左傳杜氏集解辨正下卷

宣公篇第七

經：三月，遂以夫人婦姜至自齊。

稱婦，有姑之辭。不書氏，史闕文。

不言氏，譏娶母黨與喪娶。

經：公子遂如齊。六月，齊人取濟西田。

魯以賂齊，齊人不用師徒，故曰取。

凡取邑，用師徒不用師徒皆曰取。

經：楚子、鄭人侵陳，遂侵宋，晉趙盾帥師救陳。

傳言救陳、宋，經無宋字，蓋闕。

救陳，從重言之，非經闕。

經：宋公、陳侯、衛侯、曹伯會晉師于棐林，伐鄭。

晉師救陳、宋，四國君往會之，共伐鄭也。不言會趙盾，取于兵會，非好會也。

不言會趙盾，不以大夫主諸侯也。

傳：元年，春，王正月，公子遂如齊逆女。尊君命也。

諸侯之卿出入稱名氏，所以尊君命也。傳于此發者，與還文不同，故釋之。

内大夫出稱名氏，入皆名而不氏。凡氏皆爲尊君命，此常例，非爲此條專説。

傳：三月，遂以夫人婦姜至自齊。尊夫人也。

遂不言公子，替其尊稱，所以成小君之尊也。公子，當時之寵號，非族也，故傳不言舍族。《釋例》論之詳矣。

自卑，所以尊夫人。公子親之，以爲氏，不必言族，亦非寵號。

經：秋，九月，乙丑，晉趙盾弑其君夷皋①。

靈公不君，而稱臣以弑者，以示良史之法，深責執政之臣。例在四年。

至趙盾，所以明不討賊之義。

傳：趙宣子，古之良大夫也，爲法受惡，惜也，越竟乃免。

越竟則君臣之義絶，可以不討賊。

亡不越竟，史責其近于知情，反不討賊，乃其實罪。言其越竟乃免者，謂雖越竟猶不得免也，豈真謂越竟可免耶？越竟則可不討賊，尤與經意相反。傳本微辭，自杜説之，遂成大

---

① 弑其君夷皋：「君」字原脱，據《左傳》經文補。

謬。

傳：宣子使趙穿逆公子黑臀于周而立之。

黑臀，晉文公子。

不討之，而反使逆新君，此微言也，著其不討之實。此豈越竟遂免？

經：秋，公如齊①。公至自齊。

告于廟。例在桓二年。

何常有此説？杜自立例耳。

傳：凡弑君，稱君，君無道也；稱臣，臣之罪也。

稱君，謂惟書君名而稱國以弑，言衆所共絶也。

稱君，「君」字當爲人，謂稱人以弑。爲君無道，不可以稱國爲稱君也。杜據誤本不能正誤，而以稱君與稱臣對言，非也。

經：叔孫得臣卒。

不書日，公不與小斂。

推益師傳爲説，非是。

---

① 公如齊：「公」字原脱，據《左傳》經文補。

傳：秋，九月，齊高固來逆女，自爲也。故書曰「逆叔姬」，卿自逆也。

適諸侯稱女，適大夫稱字，所以别尊卑也。此《春秋》新例，故稱「書曰」，而不言凡也。

言凡不言凡，無新、舊之分。

傳：冬，召桓公逆王后于齊。

召桓公，王卿士。事不關魯，故不書。

已見不再見，非以不關魯而不書。

經：七年，春，衛侯使孫良夫來盟。夏，公會齊侯伐萊。

傳例曰：不與謀也。

不與謀，謂不主兵謀也。二伯主兵，諸侯以師從，通言「會」，不言「及」。傳于此言之者，以萊近齊。因其易知，一言以示例。

傳：夏，公會齊侯伐萊，不與謀也。凡師出，與謀曰「及」，不與謀曰「會」。

與謀者，謂同志之國，相與講議利害，計成而行之，故以相連及爲文①。若不獲已，應命而出，則以外合爲文。皆據魯而言。師者，國之大事，存亡之所由，故詳其舉動以例别之。

與謀曰及，及當爲「以」，形近字誤。《春秋》莊八年以下，兵事不言「及」，知不以「及」爲

---

① 以相連及爲文：「及」字原脱，據《左傳》杜注補。

例。當爲「以」，謂以楚師伐齊取穀是也。傳又曰「能左右之曰以」，「内用外師曰以」，「我爲人所用曰會」。在内爲以，師在會，則當云「會」也。

經：辛巳，有事于太廟。仲遂卒于垂。

不言公子，因上行還間無異事，省文從可知也。稱字，時君所嘉，無義例也。

經不稱公子而氏仲，不得云以爲省文，省文乃二傳一見、再見、卒名之例，不在此條。稱仲爲疏之，亦非稱字，當云稱氏也。

經：九月，晉侯、宋公、衛侯、鄭伯、曹伯會于扈。晉荀林父帥師伐陳。辛酉，晉侯黑臀卒于扈。

卒于竟外，故書地。

扈，晉地，以爲竟外，非也。諸侯卒于竟外，則當地國，不地邑矣。

經：陳殺其大夫洩冶。

洩冶直諫于淫亂之朝以取死，故不爲《春秋》所貴而書名。

立論偏僻，殊非傳意。

傳：九年，春，王使來徵聘。

徵聘不書。

既來徵聘，自當言公，公亦必有此舉，而經乃不書。杜以爲「不書」，是也，乃他條又固執

「公舉」、「君舉」而言，何耶？

傳：晉荀林父以諸侯之師伐陳。

不書諸侯師，林父帥之，無將帥。

非無將帥，畧之不言耳。

經：癸巳，陳夏徵舒弑其君平國。

徵舒，陳大夫也。靈公惡不加民，故稱臣以弑。

靈公無道，因下見討賊之義，故稱臣，非君無道也。

經：秋，天王使王季子來聘。

王季子者，《公羊》以爲天王之母弟，母弟而稱季子，然則字季子也①。天子大夫例稱字②。用《公羊》説而失其意。「季」爲字例，「子」爲號，以「季子」爲字，非。此爲卿，亦非天子大夫。

經：齊侯使國佐來聘。

既葬成君，故稱君命使也。

---

① 母弟而稱季子，然則字季子也：「母弟」句原脱，下句句末之「也」字亦脱，均據《左傳》杜注補。

② 天子大夫例稱字：「例」字原脱，據《左傳》杜注補。

齊、晉非實侯，故居喪不稱子，非因葬不葬而異。杜因此條創爲葬則稱君之説，于經多不通，而曲護其説，可笑也。

傳：書曰「崔氏」，非其罪也。

典策之法，告者皆當書以名。今齊特以族告，夫子因而存之，以示無罪。又言「且告以族，不以名」者，明《春秋》有因而用之，不皆改舊史。

不稱名者，因其告稱氏。不名，借以譏世卿。史書氏據告，經之書氏，則譏世卿也。高、國去之，本非其罪，非罪而猶譏者，《春秋》常于嫌得者見不得，以起譏世卿也。「不皆改舊史」，是也。惟傳言史法與經相合，此爲經、史相同，就經、史異説言之，是也；若傳無明文，則不得臆造事實，以爲孰改孰不改。且其所不改者，皆史與經合，自有義例。又，非仍史則無義例也，仍史之説，乃煩于改者耳。

傳：凡諸侯之大夫①違，告于諸侯曰：「某氏之守臣某，失守宗廟，敢告。」所有玉帛之使者則告，不然，則否。

恩好不接，故亦不告。

經惟書大國敵國，小國不書，尊卑之等也。

① 凡諸侯之大夫：「侯」字原脱，據《左傳》傳文補。

經：冬，十月，楚人殺陳夏徵舒。丁亥，楚子入陳。

楚子先殺徵舒而欲縣陳，後得申叔時諫，乃復封陳，不有其地。故書入在殺徵舒之後。

此不用外徵舒説。

經：納公孫寧、儀行父于陳。

二子淫昏亂人也。君弑之後，能外託楚以求報君之仇，内結强援于國，故楚莊得平步而討陳，除弑君之賊。于時陳成公播蕩于晉，定亡國之嗣，靈公成喪，賊討國復，功足以補過，故君子善楚復之。

諸侯有納，大夫無納，言納大夫，是爲譏文矣。此等事直書而美惡見，豈有反美楚子與二人補過之義？

傳：故書曰「楚子入陳，納公孫寧、儀行父于陳」，書有禮也。

没其縣陳本意，全以討亂存國爲文，善其得禮。

美楚子專在復陳，不爲納大夫而善之。

經：夏，六月，乙卯，晉荀林父①帥師及楚子戰于邲，晉師敗績。

晉上軍成陳，故書戰。

① 荀林父：「林」字原脱，據《左傳》經文補。

外大戰必具戰敗之文，不爲上軍成陳乃書戰。

經：晉人、宋人、衛人、曹人同盟于清丘。

晉、衛背盟，故大夫稱人。宋華椒承群僞之言，以誤其國，宋雖有守信之善，而椒猶不免譏。

此用二傳譏貶之説，惜不能推廣。

經：十有五年，春，公孫歸父會楚子于宋。夏，五月，宋人及楚人平。

平者，總言二國和，故不書其人。

以人言之，衆辭也。

經：六月，癸卯，晉師滅赤狄潞氏，以潞子嬰兒歸。

潞氏，國，故稱氏。子，爵也。林父稱師，從告。

潞氏以氏言，别赤狄之類從狄言之也。稱子，從中國詞言之，子非爵。滅稱師，不以臣目

滅也，非從告。

經：王札子殺召伯、毛伯。

王札子，王子札也。蓋經文倒札字。

未免輕率。

傳：初税畝，非禮也。穀出不過藉。

周法：民耕百畝，公田十畝，借民力而治之，税不過此。

周百畝而徹，不用公田，公田乃助。孔子定制，乃取殷助法，有公取周百畝定爲井九百，八家有公井之制。《春秋》之法，非周制已如此，孟子之言可證。

經：六月，癸卯，日有食之。

不書朔，官失之。

《五行志》引劉氏說有二日晦日之分，杜說以爲皆朔日，史有闕文。

傳：凡太子之母弟，公在曰公子，不在曰弟。

以兄爲尊。

此傳說也，經則凡公子于父世不見，子不臣父也，惟「陳人殺其公子禦寇」，此太子，非公子。乃見稱弟親之，不見「以兄爲尊」義。

傳：凡稱弟，皆母弟也。

此策書之通例也。庶弟不得稱公弟，而母弟或稱公子。若嘉好之事，則仍舊史之文；惟相殺害，然後據例以示義。所以篤親親之恩，崇友于之好，《釋例》論之備矣①。

母弟正辭稱公子，有所見乃稱弟。鄭伯弟來聘名語，可見嘉好之事亦稱弟，非必殺害乃然。

---

① 論之備矣：「備」原誤作「詳」，據《左傳》杜注改。

經：秋，七月，邾人戕鄫子于鄫。

傳例曰：「自外曰戕。」邾大夫就鄫殺鄫子。

鄭君説加虐乃曰戕，常殺但云殺。

經：甲戌，楚子旅卒。

吴、楚之葬，僭而不典，故絶而不書，同之夷蠻，以懲求名之僞。

隱襲《公羊》「吴、楚之君不書葬，避其禍也」之説而易其辭。求名之説未安。

經：公孫歸父如晉。冬，十月，壬戌，公薨于路寢。歸父還自晉，至笙，遂奔齊。

凡大夫還不書，《春秋》之常也，今書歸父還、奔，善其能以禮退。不書族者，非常所及；今特書，畧之。笙，魯竟外①，故不言出。

大夫還不書，用二傳説。不書族者，一事再見，卒名也。傳有舍族尊夫人、叔孫豹不氏爲棄命之説，杜不推二條以説本傳，是也；惟以此爲「畧之」，則未盡其義。

傳：邾人戕鄫子于鄫。凡自虐其君曰弑，自外曰戕。

弑、戕皆殺也，所以别内外之名。弑者，積微而起，所以相測量，非一朝一夕之漸；戕者，卒暴之名。

① 魯竟外：《十三經注疏》本《左傳》作「魯竟也」，當從。

戕字鄭君曾補細例。「弒者」云云，用二傳説。戕亦非卒暴之名①。

傳：書曰「歸父還自晉」，善之也。

二傳以「還」爲善辭。傳于「師還」以爲善魯莊公，歸父還自晉以爲「善之也」，是以「還」爲善例，與二傳同。

成公篇第八

經：秋，王師敗績于茅戎。

不言戰，王者至尊，天下莫之得校，故以自敗爲文。

用二傳説。

經：六月，癸酉，季孫行父、臧孫許、叔孫僑如、公孫嬰齊帥師會晉郤克、衛孫良夫、曹公子首及齊侯戰于鞌，齊師敗績。

曹大夫常不書，而書公子首者，首命于國，備于禮，成爲卿故也。鞌，齊地。

用二傳而小變其説。按曹爲小國，小國之卿例不書，非成爲卿則得書。當以二傳説爲

---

① 卒暴之名：此「卒暴」原倒作「暴卒」，據文意乙。

長。

經：冬，楚師、鄭師侵衛。

子重不書，不親伐。

略之稱師，實則不止楚國之師，從者尚多，不言耳。

經：十有一月，公會楚公子嬰齊于蜀。

公與大夫會，不貶嬰齊者，時有許、蔡之君故。

楚非大國，初有大夫，尊卑不嫌，故不諱。惟大國大夫尊同，乃諱之。

經：丙申，公及楚人、秦人、宋人、陳人、衛人、鄭人、齊人、曹人、邾人、薛人、鄫人盟于蜀。

傳曰：「卿不書，匱盟也。」然則楚卿于是始與中國準。自此以下，楚卿不書，皆貶惡也。

用《公羊》「楚始有大夫」之説。

經：三年，春，王正月①，公會晉侯、宋公、衛侯、曹伯伐鄭。

宋、衛未葬，而稱爵以接鄰國，非禮也。

踰年《春秋》書爵，實則三年然後稱君。以葬後爲當稱君，與自以爵接鄰國，皆失之。

經：甲子，新宮災，三日哭。

① 王正月：「月」字原脱，據《左傳》經文補。

三年喪畢，宣公神主新入廟，故謂之新宫。書三日哭，善得禮。宗廟，親之神靈所馮居，而遇災，故哀而哭之。

本傳無文，用《穀梁》説。

經：鄭伐許。

不書將帥，告辭略。

傳：晉郤克、衛孫良夫伐廧咎如，討赤狄之餘焉。廧咎如潰，上失民也。

不言其人，以國，狄之也。

此傳釋經之文，而經無「廧咎如潰」，蓋經闕此四字。

不言潰，畧之也，傳言潰，而師據二傳例説之耳。以爲經闕，則大誤。

傳：小國之上卿當大國之下卿，中當其上大夫，下當其下大夫。上下如是，古之制也。

古制：公爲大國，侯、伯爲次國，子、男爲小國。

當云：二伯爲大國，方伯爲次國，卒正爲小國。

傳：衛在晉，不得爲次國。

春秋時以强弱爲大小，故衛雖侯爵，猶爲小國。

晉之伯《春秋》伯之，非受命之伯，故稱侯不稱公，又外之，初不稱伯父。衛同稱侯，故云不爲次國。

傳：十二月，甲戌，晉作六軍。

爲六軍，僭王也。萬二千五百人爲軍。

三軍，百里國之制，與二伯有異。萬二千五百人爲一軍，小國之制，與二伯不同。杜不知此義。

傳：十一月，己酉，定王崩。

經在蟲牢盟上①，傳在下，月倒錯。衆家傳悉無此八字，或衍文。

足見《左氏》非一本，有異同。

經：夏，宋公使公孫壽來納幣。

昏禮不使卿，今華元將命，故特書之。宋公無主昏者，自命之，故稱使也。公孫壽，蕩意諸之父。

「昏聘不使卿」，禮無此説，經無此例。「宋公無主昏者」、「稱使」，用《公羊》之誤説。

經：晉殺其大夫趙同、趙括。

傳曰：「原、屏，咎之徒也。」明本不以德義自居，宜其見討，故從告辭而稱名。

愈爲迂曲無理。

---

① 經在蟲牢盟上：「盟」字原脱，據《左傳》杜注補。

傳：凡諸侯嫁女，同姓媵之，異姓則否。

必以同姓者，參骨肉至親，所以息陰訟。

此諸侯禮，若天子娶十二女，同得用異姓，如齊媵是也。

經：二月，伯姬歸于宋。

宋不使卿逆，非禮。

不親迎則書「歸」。

經：晉人執鄭伯。

鄭伯既受盟于蒲，又受楚賂會于鄧，故晉執之。稱人者，晉以無道于民告諸侯。例在十五年。

稱人，伯討也。但言鄭有罪耳。《春秋》稱人，以衆詞執，豈晉自以稱人稱爵爲褒貶耶？

經：五月，公會晉侯、齊侯、宋公、衛侯、曹伯伐鄭。

晉侯，太子州蒲也。稱爵，見其生代父居位，失人子之禮。

太子攝命而往，當稱子，此何以不稱子？尊晉侯之命也。尊其命，故目晉侯，不以子言之也。

經：齊人來媵。

媵伯姬也。異姓來媵，非禮也。

宋爲王後，用天子之禮，故有異姓。在諸侯爲失禮，在宋爲得禮。

傳：五月，晉立太子州蒲以爲君，而會諸侯伐鄭。

生立子爲君，此父不父、子不子。經因書晉侯，其惡明。

此太子攝政耳，不必過泥傳文。

經：十有一年，春，王三月，公至自晉。

正月公在晉，不書，諱見止。

在晉不存公，在楚乃存，此中外例，非諱見止不書。

經：秋，叔孫僑如如齊逆女。

成公逆夫人，最爲得禮，而經無納幣者，文闕絶也。

見者不復見耳，豈文闕絶耶？若史文，則闕絶不知凡幾矣！

傳：非聖人，誰能修之？

修史策成此五者。

既經孔子修乃成此五美，則説經當全就孔子立論，不必再言史法，杜乃多就史策言之，是孔子修如未修矣。此其自相矛盾處。

經：宋華元出奔晉。宋華元自晉歸于宋。

華元欲挾晉以自重，故以外納告。

不必言「告」。

經：楚殺其大夫公子側。

側，子反。背盟無禮，卒以敗師，故書名。

書名爲正，非有罪之辭。此杜誤説殺大夫稱人爲有罪、稱國爲無罪。楚殺皆稱國，不稱人者，略之也。略，故不言有罪無罪。

經：秋，公會晉侯、齊侯、衛侯、宋華元、邾人于沙隨，不見公。

不及鄢陵戰故。不諱者，恥輕于執止。

傳「公不與不書」，此公不與而書，爲變例。不見公者，可以見也；因可以見，故不諱，而書諸侯會。

傳：曹伯歸自京師。

諸侯歸國，或書名，或不書名，或言歸自某，或言自某歸，無傳義例，從告辭。

傳偶無文，若不補例，闕之可也。以爲無傳義例，則大非矣，諸侯無自某歸之例。

經：冬，十月，乙亥，叔孫僑如出奔齊。

公未歸，命國人逐之。

此非公命而書者。據此，足見不以公命爲斷。

經：夏，公會尹子、單子、晉侯、齊侯、宋公、衛侯、曹伯、邾人伐鄭。

周使二卿會之。晉爲兵主，而猶先尹、單，尊王命也。單伯稱子，蓋降爵。以稱子爲二卿，是也；乃以子爲伯之降，則舛誤之甚。畿内諸侯以公、卿、大夫、士爲等級，何書有公、侯、伯、子、男外諸侯之五等耶？伯爲字，天子大夫也；子尊于伯，稱子豈得爲降？杜不知單子爲王臣、單伯爲監者之義。

經：九月，辛丑，用郊。

書用郊，從史文。

不以「用」字爲例，未通傳義。

經：庚申，晉弑其君州蒲。

不稱臣，君無道。

當云「稱國以弑，君無道甚矣」。傳有稱人、稱臣二例，此稱國例，當據補之。

傳：葬于翼東門之外，以車一乘。

言不以君禮葬。諸侯葬，車七乘。

此不成喪。隱云不成喪，明以見弑君也。

傳：凡去其國①，國逆而立之，曰「入」。

① 凡去其國：「其」字原脱，據《左傳》傳文補。

謂本無位，紹繼而立。

以下二句爲諸侯例。按，諸侯公子統言入，不當以紹繼而立爲言。逆謂不順理，非送逆之逆。例以別美惡，不言事實。

傳：復其位，曰「復歸」。

亦國逆。

入爲惡，歸爲善，復歸爲尤善。復其位，而安至如歸也。

傳：諸侯納之，曰「歸」。

謂諸侯以言語告請而納之，有位無位皆曰歸。

以下二句爲大夫例。歸爲善詞。大夫歸皆言自某，故云諸侯納之。

傳：以惡曰「復入」。

謂身爲戎首，稱兵入伐，害國殄民者也。此四條所以明外内之援，辨逆順之辭，通君臣取國有家之大例。

大夫有「復入」，諸侯無「復入」。「入」爲惡，「復入」尤惡。

傳：「丁未，葬我君成公」，書，順也。

薨于路寢，五月而葬，國家安静，世適承嗣，故曰「書，順也」。

此「順」與「國逆而立」「逆」字對文，立不正爲逆。

襄公篇第九

傳：元年，春，己亥，圍宋彭城。非宋地，追書也。

成十八年，楚取彭城以封魚石，故曰「非宋地」。夫子治《春秋》，追書繫之宋。何必如此張皇！實則全書皆夫子追書，非史文。杜意以宋告不言「宋」，魯史仍云無宋字耳。

傳：夏，五月，晉韓厥、荀偃帥諸侯之師伐鄭，入其郛。

荀偃不書，非元帥。

不書，舉重也。

傳：凡諸侯即位，小國朝之，大國聘焉。

大字小。

敵國亦如此，不必言「字小」。

經：夏，五月，庚寅，夫人姜氏薨。六月，庚辰，鄭伯睔卒。

未與襄同盟，而赴以名。庚辰，七月九日，書六月，經誤。

支干數目固易差誤，然杜氏所言《長曆》恐不能全無誤處。

經：戊寅，叔孫豹及諸侯之大夫及陳袁僑盟。

諸侯既盟，袁僑乃至，故使大夫別與之盟。言諸侯之大夫，則在雞澤之諸侯也。殊袁僑者，明諸侯大夫所以盟，盟袁僑也。據傳，盟在秋。《長曆》推戊寅七月十三日，經誤。

說本二傳。以爲經誤，固杜氏之常。

經：八月，辛亥，葬我小君定姒。

定，謚也。赴同祔姑，反哭成喪，皆以正夫人禮，母以子貴。

「母以子貴」，《公羊》說。既立以夫人，故夫人之。不立者，不以爲夫人，姒氏是也。豈以夫人禮遂夫人之？

傳：對曰：「三《夏》，天子所以享元侯也。」

元侯，牧伯。

元侯爲二伯，牧伯乃方伯。杜不知二伯、方伯之分。

傳：匠慶用蒲圃之檟，季孫不御。

御，止也。傳言遂得成禮，故經無異文。

杜强傳文以合己說。不成喪、不書葬有別義，經則禮不成者不必不葬，杜說誤。

傳：書曰「楚殺其大夫公子壬夫」，貪也，君子謂楚共王于是不刑。

陳之叛楚，罪在子辛。共王既不能素明法教，陳叛之日，又不能嚴斷威刑，以謝小國，而擁其罪人，興兵致討，加禮于陳，而陳恨彌篤，乃怨而歸罪子辛。子辛之貪，雖足以取死，然共王用刑爲失其節，故言不刑。

稱國以殺，方以爲壬夫貪，又以爲楚共王不刑，足見言大夫之罪者兼有責其君之例。

傳：九月，丙午，盟于戚，會吴，且命戍陳也。

公及其會而不書盟，非公後會，蓋不以盟告廟。

爲盟夷狄，故經畧不言，豈因不告廟？經爲夫子修，豈猶曲顧告廟之文耶？

傳：季文子卒，大夫入斂，公在位。

在阼階，西鄉。

此公與小斂之證。師偶據此爲説。

傳：六年，春，杞桓公卒。始赴以名，同盟故也。

杞入《春秋》，未嘗書名。桓公三與成同盟，故赴以名。

師意謂以同盟之禮待之耳，不謂見經有同盟明文。傳言同盟不同盟不以見經爲斷。

經：十有二月①，己亥，同盟于戲。

傳言「十有一月己亥」，以《長曆》推之，十二月無己亥，經誤。

① 十有二月：「有」字原脱，據《左傳》經文補。

自立一説，遂據以駁經，可謂膽大。

經：十年，春，公會晉侯、宋公、衛侯、曹伯、莒子、邾子、滕子、薛伯、杞伯、小邾子、齊世子光會吴于柤。

吴子在柤，晉以諸侯往會之，故曰「會吴」。吴不稱子，從所稱也。

殊會，外之也。吴不稱子，因爲夷狄，《春秋》狄之，非自不稱子。

經：楚公子貞、鄭公孫輒帥師伐宋。晉師伐秦。

荀罃不書，不親兵也。

秦、晉之事，《春秋》畧之。

經：戍鄭虎牢。

伐鄭諸侯各受晉命戍虎牢。不復爲告命，故獨書魯戍，而不敘諸侯。

主善以内，不敘諸侯，不必言告命不告命。

傳：秋，七月，楚子囊、鄭子耳侵我西鄙。

于魯無所恥，諱而不書，其義未聞。

經例惟三國言鄙，餘不言。三國外，伐我惟書吴，故不書楚、鄭伐。

傳：諸侯之師城虎牢而戍之。晉師城梧及制。

不書城，魯不與也。

言戍而城可省，非魯不與。

傳：王叔奔晉。不書，不告也。

此史不書而經亦不加者，故經不書。

經：十有一年，春，王正月，作三軍。

增立中軍。萬二千五百人爲軍①。

特立一軍。不必言人數。萬二千五百人爲一軍，乃五十里小國之制，百里大國四倍于此，方伯大國百倍于此。

傳：楚子囊乞旅于秦。秦右大夫詹帥師從楚子，將以伐鄭。鄭伯逆之。丙子，伐宋。

鄭逆服，故更伐宋也。秦師不書，不與伐宋而還。

楚子從國不常敍，不必與伐不與伐。

傳：諸侯之師觀兵于鄭東門。鄭人使王子伯駢行成。甲戌，晉趙武入盟鄭伯。冬，十月，丁亥，鄭子展出盟晉侯。

二盟不書，不告。

不書，略之，非不告。

---

① 爲軍：原衍作「爲一軍」，據《左傳》杜注删。

傳：十二月，戊寅，會于蕭魚。

經書秋，史失之。

經、傳時月不相合，多由字誤。

傳：己丑，秦、晉戰于櫟，晉師敗績，易秦故也。

不書敗績，晉恥易秦而敗，故不告也。

不書敗績，晉、秦之戰亟矣，經畧之也。

傳：爲邢、凡、蔣、茅、胙、祭，臨于周公之廟。

即祖廟也。六國皆周公之支子，别封爲國，共祖周公。

凡祭，皆畿内封、采見經者，非外諸侯、别封國。

傳：十三年，春，公至自晉，孟獻子書勞于廟，禮也。

書勳勞于策也。桓二年傳曰：「公至自唐，告于廟也。凡公行，告于宗廟；反行，飲至、舍爵、策勳，禮也。」桓十六年傳又曰：「公至自伐鄭，以飲至之禮也。」然則還告廟及飲至及書勞三事，偏行一禮，則亦書至。悉闕，乃不書至。傳因獻子之事以發明凡例，《釋例》詳之。

傳散見三事，凡總而目之。此凡出于傳之實證，經書致有别義，傳因經書致，乃于經下繫事，如觀樂、同官①之比。以事附經，非因有此禮乃書之傳，無不行不書之傳。

傳：夏，郜亂，分爲三。師救郜，遂取之。

經不稱師，不滿二千五百人。傳通言之。

不言師，諱滅國也。軍與師通文，不必言其數，以師爲二千五百人。天子六軍，或云天子六師，軍、師同文也。

經：十有四年②，春，王正月，季孫宿、叔老會晉士匄、齊人、宋人、衛人、鄭公孫蠆、曹人、莒人、邾人、滕人、薛人、杞人、小邾人會吴于向。

吴來在向，諸侯會之，故曰「會吴」。

殊會吴，外之。

經：己未，衛侯出奔齊。

諸侯之策，書孫、甯逐衛侯，《春秋》以其自取奔亡之禍，故諸侯失國者，皆不書逐君之賊也。不書名，從告。

《春秋》不以臣加于君，故不言出其君，而以自奔爲文。諸侯不生名，不書名，常也；稱

①　同官：疑爲「問官」之誤。

②　十有四年：「有」字原脱，據《左傳》經文補。按，以下類此者徑補，不再出校。

名，加以誅絶之罪。

傳：于是子叔齊子爲季武子介以會，自是晉人輕魯幣，而益敬其使。

齊子，叔老字也。言晉敬魯使，經所以并書二卿。

會列二卿，以見賓介之義，餘不見，爲畧之。

經：十有五年，春，宋公使向戌來聘。二月，己亥，及向戌盟于劉。劉夏逆王后于齊。

劉，采地；夏，名也。天子卿書字，劉夏非卿，故書名。天子無外，所命則成，故不言逆女。

劉夏與劉卷同爲天子卿，故在會稱子；此名者，君前臣名，從王后之尊以名之也。天子卿稱子，大夫稱字。「天子無外」以下，用二傳說。

傳：官師從單靖公逆王后于齊。卿不行，非禮也。

官師，劉夏也。天子官師，非卿也。劉夏獨過魯告昏，故不書單靖公。天子不親昏，使上卿逆而公監之，故曰「卿不行，非禮」。

劉子、單子皆卿也，官師即卿從者。單子爲介，不見經。「卿不行」當云「公不行」，天子不親迎，當使公，諸侯乃使卿，劉夏卿行，是「公不行」爲譏。傳以祭公爲合禮，是公當行也。

傳：齊子帥師會晉荀偃。書曰「會鄭伯」，爲夷故也。

夷，平也。《春秋》于魯事所記不與外事同者，客主之言，所以爲文固當異也。魯卿每會公侯，《春秋》無譏，故于此示例。不先書主兵之荀偃，而書後至之鄭伯，時皆諸後大夫，義取皆平，故得會鄭伯。

此内外例。

經：陳侯之弟黄出奔楚。

稱弟，明無罪。

以稱弟不稱弟爲例。

經：邾庶其以漆、閭丘來奔。

以邑出爲叛。適魯而言來奔，内外之辭。

本二傳説，内外例。

經：秋，欒盈出奔楚。

盈不能防閑其母，以取奔亡。稱名，罪之。

直書其事而罪過見。盈之惡多矣，不必以防閑其母立説。

經：陳殺其大夫慶虎及慶寅。

書名，皆罪其專國叛君。言「及」，史異辭，無義例。

經爲孔子所修，其不得以爲史文無義例。

經：冬，十月，乙亥，臧孫紇出奔邾。

書名者，阿順季氏，爲之廢長立少，以取奔亡，罪之。

大夫出奔例名，豈有大夫奔而不名者？

經：衛侯入于夷儀。

夷儀本邢地，衛滅邢，而爲衛邑。晉愍衛衎失國，使衛分之一邑。書入者，自外而入之詞，非國逆之例。

衛侯入夷儀，與鄭伯入櫟相同。入者惡辭，凡書入，皆爲惡，傳例曰「以惡曰復入」，包入而言。國逆而立之曰入，非迎逆，乃順逆，據此可見。

傳：其五月，秦、晉爲成。晉韓起如秦涖盟，秦伯車如晉涖盟。

傳爲後年修成起本，當繼前年之末，而特跳此者，傳寫失之。

此劉氏引傳解經失檢之故。

經：甲午，衛侯衎復歸于衛。

復其位曰復歸。名與不名，傳無義例①。

既以衛侯燬滅邢爲義例，則此不得云無義例。

經：秋，宋公殺其世子痤。

稱君以殺，惡其父子相殘害。

---

① 傳無義例：「傳」字原脱，據《左傳》杜注補。

本二傳説，不以稱君不稱君爲無義例。

傳：甲午，衛侯入。書曰復歸，國納之也。

本晉納之夷儀，今從夷儀入國，嫌若晉所納，故發國納之例。言國之所納而復其位。

傳例：國逆而立之曰入。杜以國逆爲國納之，復其位曰復歸；今傳以國納解「歸」字，是國逆與國納有别，非逆而立之也。歸爲歸其位，復歸爲復歸其位，傳言復歸，所以包歸言之。

傳：對曰：「晉士起將歸時事于宰旅，無他事矣。」

起，宣子名。禮：諸侯大夫入天子國稱士。

《曲禮》：大國大夫入天子國自稱曰士，于外曰子，鄭君引傳士起、高子爲證。齊、晉，二伯、大國，故可稱士、稱子，方伯以下無此例。

經：夏，叔孫豹會晉趙武、楚屈建、蔡公孫歸生、衛石惡、陳孔奂、鄭良霄、許人、曹人于宋。

案傳，會者十四國，齊、秦不交相見，邾、滕爲私屬，皆不與盟。宋爲主人，地于宋，則與盟可知。故經惟序九國大夫。楚先晉歃，而書先晉，貴信也。陳于晉會，常在衛上，孔奂非上卿，故在石惡下。

十四國而書九國，此隱見例。楚在先而後晉，此加損例。陳、蔡、衛三國無一定次序，不必附會。

經：衛侯之弟鱄出奔晉。

衛侯始者云「政由甯氏，祭則寡人」，而今復患其專，緩荅免餘，既負其前信，且不能友于賢弟，使至出奔，故書弟以罪兄。

《春秋》重信，書此以美鱄之信，衍説可不必。

經：秋，七月，辛巳，豹及諸侯之大夫盟于宋。

夏會之大夫也。豹不倚順，以顯弱命之君，而辨小是以自從，故以違命貶之。《釋例》論之備矣。

此以再見卒名爲正説，杜氏所謂省文也。師説以豹不氏爲棄命，此一家之言。

經：冬，十有二月，乙亥，朔，日有食之。

今《長曆》推十一月朔，非十二月。傳曰「辰在申，再失閏」，若是十二月，則爲三失閏，故知經誤。

可以不説。

傳：乃先楚人，書先晉，晉有信也。

蓋孔子追正之。

此説是也，惜不推廣此例，多説以史。

傳：夏，齊侯、陳侯、蔡侯、北燕伯、杞伯、胡子、沈子、白狄朝于晉，宋之盟故也。

陳侯、蔡侯、胡子、沈子，楚屬也。宋盟曰晉、楚之從交相見，故朝晉。燕國，今薊縣。

此外相如不書之例。

傳：癸巳，天王崩，未來赴，亦未書，禮也。

嫌時已聞喪，當書，故發例。

史因不赴不書，經不筆之，故經、史相合。

經：二十有九年，春，王正月，公在楚。

公在外，闕朝正之禮甚多，而惟書此一年者，魯公如楚，既非常，此公又踰年，故發此一事以明常。

中國不存公，楚乃存公，不爲朝正乃書之。

經①：閽弒吴子餘祭。

閽，守門者，下賤，非士，故不言盜。

盜、閽一也，非士則書盜。

經：吴子使札來聘。

不稱公子，其禮未同于上國。

---

① 經：原誤作「傳」，據《左傳》經文改。下條「經」字同。

書吴聘，明其爲方伯也。不氏，《春秋》于夷狄初見待之如小國之制，與楚椒、秦術相同。

傳：二十九年，春，王正月，公在楚，釋不朝正于廟也。

釋，解也。告廟在楚，解公所以不朝正。

經爲危公久在楚乃書之，傳以爲書以見公所以不朝告之故。

傳：乃使巫以桃、茢先祓殯。楚人弗禁，既而悔之。

禮：君臨臣喪乃祓殯，故楚悔之。

此魯君親送喪而不書，猶可云爲魯諱。君猶親送喪，則使人可知，而楚皆不葬，知不當以爲我有往必書。

傳：魯之于晉也，職貢不乏，玩好時至，公卿大夫相繼于朝，史不絶書。

書魯之朝聘①。

府無虚月。

無月不受魯貢。

據此，知經于史文所削多矣。

傳：爲之歌《邶》、《鄘》、《衛》。

---

① 書魯之朝聘：「之」字原脱，據《左傳》杜注補。

武王伐紂，分其地爲三監。三監叛，周公滅之，更封康叔，并三監之地。故三國盡被康叔之化。

三監之説，傳無明文，于此可見。

傳：爲之歌《王》。

《王》，《黍離》也。幽王遇西戎之禍，平王東遷，王政不行于天下，風俗下與諸侯同，故不爲《雅》。

《國風》言九州之事，《王》主中州，所謂中天下而立，定四海之民。《國風》中必有《王》，與《雅》别，非《雅》、《王》降爲《風》。

傳：爲之歌《豳》。

《詩》第十五。豳，周之舊國，在新平漆縣東北。

當以傳本爲正。今本《豳》居末，非也，乃毛氏本妄改古事①耳。

傳：自《鄶》以下，無譏焉。

《鄶》第十三，《曹》第十四。言季子聞此二國歌，不復譏論之，以其微也。

二《南》爲二伯，《邶》、《鄘》、《衛》、《鄭》、《齊》、《豳》、《秦》、《魏》、《唐》、《陳》爲八方伯，

---

① 古事：疑當作「古書」。

《檜》、《曹》爲卒正，與《春秋》許、曹同。此爲真古本，不當據毛本疑之。

經：十有一月，莒人弑其君密州。

不稱弑者主名，君無道也①。

小國與大國不同。稱人者，莒無大夫，正詞稱人也。

昭公篇第十

經：三月，取鄆。

不稱將帥，將卑師少。書取，言易也。

書取言易，不當更用將卑師少之説。

經：秋，莒去疾自齊入于莒。

國逆而立之曰入。

言入，惡詞也。傳例「以惡曰復入」，包入而言。國逆而立之者，不當立而立，其道不順也。

---

① 君無道也：「也」字原脱，據《左傳》杜注補。

傳：荀吴之嬖人不肯即卒，斬以徇。爲五陳以相離，兩于前，伍于後，專爲右角①，參爲左角，偏爲前拒，以誘之。翟人笑之，未陳而薄之，大敗之。

傳言荀吴能用善謀。

此爲「未陳曰敗」之正説。

傳：觀書于太史氏②，見《易象》與《魯春秋》，曰：「周禮盡在魯矣！」

《易象》，上下經之象辭。《魯春秋》，史記之策書。《春秋》遵周公之典以序事，故曰「周禮盡在魯矣」。

傳：「吾乃今知周公之德，與周之所以王也！」

《易象》、《春秋》，據已定言之。以爲周禮者，孔子云「從周」，託之于周也。

《易象》、《春秋》，文王、周公之制。當此時，儒道廢，諸國多闕，惟魯備，故宣子適魯而説之。以六經託之周公，故爲此説，所謂聖作賢述先後相同也。

經：北燕伯款出奔齊。

不書大夫逐之，而言奔，罪之也。書名，從告。

---

① 專爲右角：此四字原脱，據《左傳》傳文補。

② 觀書于大史氏：「書」字原脱，據《左傳》傳文補。

不使臣加于君，故以自奔爲文。書名，《曲禮》曰：諸侯不生名，失地，名。

傳：丁未，滕子原卒。同盟，故書名。

同盟于襄之世，亦應從同盟之禮，故傳發之。

經以同盟之禮待之，不謂實事同不同。

經：四年，春，王正月，大雨雹。

當雪而雹，故以爲災而書之。

災而兼異，不獨爲災。

經：楚人執徐子。

稱人以執，以不道于其民告。

傳：子産曰：「小國共職，敢不薦守？」獻伯、子、男會公之禮六。

經書人耳，非以不道于其民告。

鄭，伯爵，故獻伯、子、男會公之禮。其禮同，所從言之異。

鄭爲方伯，例稱侯，因見入爲卿士，故稱伯。伯，字也，非爵。傳以伯、子、男言之，此緣經立説，非鄭果伯爵。又，鄭爲外諸侯，傳云入爲王朝卿士①，亦緣經立説。

---

① 王朝卿士：「士」字原無，據文意擬補。

傳：吴人敗其師于房鍾，獲宫廄尹棄疾。子蕩歸罪于薳洩而殺之。歸罪于薳洩，不以敗告，故不書。

略之，故不書。

經：八年，春，陳侯之弟招殺陳世子偃師。

以首惡從殺例，故稱弟，又稱世子。

稱弟，盡其親以惡之。公子爲正稱，弟爲變。

經：秋，蒐于紅。

革車千乘，不言大者，經文闕也。

大蒐，方伯簡一州之兵。蒐，方伯自簡本國之兵。方伯千乘，自簡軍，故不言大。説詳《漢書·刑法志》，非經有闕。

經：冬，十月，壬午，楚師滅陳。

不稱將帥，不以告。

夷狄滅中國，貶之稱師，非不以將帥告。

經：執陳公子招，放之于越。

復稱公子，兄已卒。

傳例：公在曰公子，不在曰弟。謂于父世稱公子，兄世稱弟。此稱公子，本爲正稱，稱弟乃變。此復正稱，不必言不在兄世。

經：葬陳哀公。

嬖人袁克葬之。魯往會，故書。

嬖人私葬陳侯，其事詭秘，其國既亡，魯何得往會？此事陳不告，魯亦不往，《春秋》存陳，不使楚滅，故葬其君，與書陳災同。杜不用二傳書葬不書葬之例，專以爲我有往則書，據此足見其例之不通。

傳：秋，大蒐于紅。自根牟至于商、衛，革車千乘。

大蒐，數軍實、簡車馬也。根牟，魯東界。琅邪陽都縣有牟鄉。商，宋地。魯西竟接宋、衛也。言千乘，明大蒐，且見魯衆之大數也。

經無「大」字，傳有者，本爲方伯自簡車徒特爲極大之事，較前後爲重，故經特書其事，而傳以「大」言之。與簡一州經書「大」之「大」，文同而事異。

傳：冬，十一月，壬午，滅陳。輿嬖袁克①殺馬毁玉以葬。

欲以非禮厚葬哀公。

---

① 輿嬖袁克：「輿」字原脱，據《左傳》傳文補。

服氏云：「馬，陳侯所乘；玉，陳侯所得。故不稱陳侯得之①。」按服説是也，非厚葬。

經：夏，四月，陳災。

陳既已滅，降爲楚縣，而書「陳災」者，猶晉之梁山沙鹿崩不書「晉」。災害繫于所災所害，故以所在爲名。

「名山大川不以封」，故梁山沙鹿不繫晉。此書「陳災」，存陳也。已爲楚縣猶記災，使陳若未亡者然。陳，國名，非山川之比。蓋經惟内方伯得記災，故惟書宋、衛、陳、鄭災；楚爲外方伯，通不記災。杜據「赴告」、「我往」爲言，陳已滅，無赴告可言可知。陳爲楚邑，猶記災；二百四十二年中，楚不應全無災，不應全不告，又不應我皆不往，據此足見當補中外例。記災爲中外尊卑儀注，非如杜例之説。

傳：伯父若裂冠毀冕，拔木塞原，專棄謀主，雖戎狄，其何有余一人②？

伯父猶然，則雖戎狄，無所可責。

至此乃稱晉爲伯父，純待以二伯之禮。如楚，初待以小國禮，後乃同于方伯。

---

① 此所引服氏語或有誤字。按《正義》引服虔云：「馬，陳侯所乘馬；玉，陳侯所佩玉。故殺馬毀玉，不欲使楚得之。」

② 何有余一人：「余」原誤作「于」，據《左傳》傳文改。

傳：九月，叔孫婼、齊國弱、宋華定、衛北宫喜、鄭罕虎、許人、曹人、莒人、邾人、滕人、薛人、杞人、小邾人如晉，葬平公也。

經不書諸侯大夫者，非盟會。

十三國皆往，惟書魯，此隱見例也。成十年「諸侯莫在」，公送葬，魯諱之；若諸國皆大夫會葬，惟魯爲君，此亦「諸侯不在」也。

經：夏，四月，丁巳，楚子虔誘蔡侯般，殺之于申。

蔡侯雖弑父而立，楚子誘而殺之，刑其群士，蔡大夫深怨，故以楚子名告。

諸侯不生名，名則誅絶之罪。見楚子名，惡之也，豈曲循蔡人之怨而以名書之？

經：晉伐鮮虞。

不書將帥，史闕文。

狄晉也。獨于此狄晉，從重。一狄之，見者不復見。

傳：齊侯、衛侯、鄭伯如晉，朝嗣君也。

晉昭公新立。

外相如不書，據此可見。

經：十有三年，春，叔弓帥師圍費。

不書南蒯以費叛，不以告廟。

言圍費而叛可知。經無書内叛之文，爲内諱也。

經：夏，四月，楚公子比自晉歸于楚，弑其君虔于乾谿。

比去晉而不送，書歸者，依陳、蔡以入，言陳、蔡猶列國也。比歸而靈王死，故書弑其君。靈王無道而弑稱臣，比非首謀而反書弑，比雖脅立①，猶以罪加也。靈王死在五月，又不在乾谿，楚人生失靈王，故本其始禍以赴之。

傳云「不送」，言比不得晉心耳，未嘗不藉晉力。言自晉，即可云諸侯納之，不必以陳、蔡言，陳、蔡初復，何能納比？楚君臣得失，直書而可見。經必書比弑，以見棄疾之惡，不必以書臣爲君罪臣罪之證。乾谿地，王死雖不在乾谿，禍由乾谿而起，故以目之，非赴以乾谿也。

經：楚公子棄疾殺公子比。

比雖爲君，而未列于諸侯，故不稱爵。殺不稱人，罪棄疾。

比雖會諸侯，無稱君之例。殺稱人不稱人，不必以弑成君之例例之。

經：蔡侯廬歸于蔡。陳侯吴歸于陳。

陳、蔡皆受封于楚，故稱爵。諸侯納之曰歸。

---

① 比雖脅立：「比」上原衍「是」字，據《左傳》杜注删。

「諸侯納之曰歸」，此大夫例，不必以説諸侯。「復其位曰復歸」，單言「歸」亦如此。陳、蔡已亡，言歸如未亡之辭，所以存二國也。

經：十有四年，春，意如至自晉。

書至者，喜得免。

凡大夫至不書，惟執乃書。

傳：王曰：「叔氏①，而忘諸乎？」

叔，籍談字。

賓稱伯氏，介稱叔氏，叔非字。

經：楚人及吴戰于長岸。

吴、楚兩敗，莫肯告負，故但書戰而不書敗也。

此畧之不言敗，非莫肯告負。

傳：君子曰：「盡心力以事君，舍藥物可也。」

藥物有毒，當由醫，非凡人所知。譏止不舍藥物，所以加弑君之名。

此加損例。

① 叔氏：原誤作「叔父」，據《左傳》傳文改。

經：二十年，春，王正月。夏，曹公孫會自鄸出奔宋。

嘗有玉帛之使來告，故書。

傳例指大國而言，曹爲小國，無聘使之文，例不應書。此書爲變，不可以「玉帛之使」言之。

經：夏，四月，乙丑，天王崩。六月，叔鞅如京師，葬景王。王室亂。

承叔鞅言而書之，未知誰是，故但曰亂。

王室亂，言其嫡庶之難，不及外也。「承叔鞅言而書，未知誰是」，孔子亦仍之耶？似此立説，殊爲侮經。

經：尹氏立王子朝。

尹氏，周世卿也。書尹氏立子朝，明非周人所欲立。

用二傳説。

傳：二十三年，春，王正月，壬寅朔，二師圍郊。

二師，王師、晉師也。王師不書，不以告。

《春秋》歸權二伯，不言王師，言晉即王師也，故不言王師征伐。《孟子》引孔子云「其事則齊桓、晉文」，是也。

傳：書曰「胡子髡、沈子逞滅，獲陳夏齧」，君臣之辭也。

國君，社稷之主，與宗廟共其存亡者，故稱滅。大夫輕，故曰獲。獲，得也。

大夫生死皆曰獲，諸侯生曰獲，死曰滅。以同死也，君臣異詞，使生獲，則不異詞。

經：冬，吴滅巢。

楚邑也。書滅，用大師。

諸侯附于楚者。邑不言滅，此吴報仇之師也。

經：冬，十月，戊辰，叔孫婼卒。

公不與小斂而書日者，公在外，非無恩。

不必推益師傳，非通例也。

傳：十二月，庚辰，齊侯圍鄆。

欲取以居公，不書圍，鄆人自服，不成圍。

不書圍，易詞，言内不敢叛公也，不必論本事成圍不成圍。

經：三月，公至自齊，居于鄆。夏，公圍成。

成，孟氏邑。不書齊師，師賤衆少，重在公。

以公爲主，不必拘齊師之多少、將之尊卑。

經：尹氏、召伯、毛伯以王子朝奔楚。

召伯當曰召氏，經誤也。尹、召族奔，非一人，故言氏。書奔在「王入」下者，王入乃告諸侯。

經稱尹氏以見世卿之禍，言氏略賤以譏之。傳或緣以立義，于内外大夫多以氏言之。經言召伯，不稱氏，據傳稱氏以改經，謬妄之至。崔氏奔稱氏，師以「舉族」言之，此專説崔氏，不可以他條推而説之。《春秋》舉重，言奔多舉族以出，經録重者而已，不舉其族。誤讀傳文，遂以改經，謬妄之至。

傳：王子朝及召氏之族、毛伯得、尹氏固、南宫嚚奉周之典籍以奔楚。

尹、召二族皆奔，故稱氏。重見尹固名者，爲後還見殺。

召氏雖舉族，經仍以伯書之。《春秋》譏世卿，王臣言尹氏，外臣言崔氏，以示其例。已見不更見，不能因族而稱氏；如以族稱氏，則奔者後多不見其族，則全經多以氏舉矣。

經：夏，四月，吴弑其君僚。

僚亟戰民罷，又伐楚喪，故光乘間而動。稱國以弑，罪在僚。

吴與小國同例，不言大夫，不當據中國大國例説之。

經：楚殺其大夫郤宛。

無極，楚之讒人，宛所明知而信近之，以取敗亡，故書名罪宛。

宛無罪，傳有明文。除宋曹三不名，凡殺皆有名；杜以爲名則有罪，誣枉甚矣！楚殺大夫皆稱國，不稱人殺，畧之也。有罪無罪，傳自言之，經不詳也。

經：邾快來奔。

快，郲命卿也，故書。

小國無命卿。大夫盟會不見經，惟于魯事間書之，書則不氏。此爲來魯故書，非郲如大國有命卿，杜説甚謬。

經：冬，十有二月，吴滅徐。徐子章羽①奔楚。

徐子稱名，以名告也。

失地，名，非告詞。失地不皆名者，國有存亡，罪有大小，不能執一不名之事以駁名不名之例。

經：冬，黑肱以濫來奔。

黑肱，郲大夫。濫，東海昌慮縣。不書郲，史闕文。

不書郲，口繫郲。黑肱與快同爲郲卿，小國之卿如大國大夫，黑肱與快無貴賤之分。

傳：三十一年，春，王正月，公在乾侯，言不能外内也。

公内不容于臣子，外不容于齊、晉，所以久在乾侯。

「内」當爲「公」字之誤，不能外公，故書公「在」。

傳：郲庶其、莒牟夷、郲黑肱以土地出，求食而已，不求其名，賤而必書。

① 章羽：原作「章禹」，據《左傳》經文改。

《春秋》叛者多矣，惟取三人來適魯者，三人皆小國大夫，故曰賤。

三人皆小國卿，非大夫。

經：三十有二年，春，王正月，公在乾侯。取闞。

公別居乾侯，遣人誘闞而取之，不用師徒。

經以易詞言之，不問用師徒不用。

經：冬，仲孫何忌會晉韓不信、齊高張、宋仲幾、衛世叔申、鄭國參、曹人、莒人、薛人、杞人、小邾人城成周。

世叔申，世叔儀孫也。國參，子産之子。不書盟，時公在外，未及告公，公已薨。

不書盟，不可以盟于王城也，不爲告公乃書。公出而書盟者多，不必皆告，若以告爲言，即成周亦不當書也。

定公篇第十一

經：元年，春，王。

公之始年，而不書正月，公即位在六月故。

用二傳説。

經：夏，六月，癸亥，公之喪至自乾侯。

告于廟，故書至。

喪至重事，例書，不必言告廟不告。

經：戊辰，公即位。

定公不得以正月即位，失其時，故詳而日之，記事之宜。無義例。

「詳而日之」即義例也。日、時不過以見詳畧，紀事之宜，即此是例，非必非常可駭乃爲義例。

傳：六月，癸亥，公之喪至自乾侯。戊辰，公即位。

諸侯薨，五日而殯，殯則嗣子即位。癸亥，昭公喪至，五日殯于宮，定公乃即位。

本二傳説。

經：劉卷卒。

劉子奉命出盟召陵，死則天王爲告同盟，故不具爵。

王臣不言爵，書卒亦不以同盟之故。

經：庚辰，吴入郢。

弗地曰入。吴不稱子，史畧文。

吴不稱子，狄之。善事稱子，惡事狄之，經本有此例。

傳：晉文公爲踐土之盟，衛成公不在，夷叔，其母弟也，猶先蔡。

踐土、召陵二會，經書蔡在衛上，霸主以國大小之序也。子魚所言，盟歃之次。載書本蔡在衛下，經以衛子初立，改于蔡下，所謂「以年」也。

經：秋，晉人執宋行人①樂祁犂。

稱行人，言非其罪。

用二傳説。

經：季孫斯、仲孫忌帥師圍鄆。

何忌不言「何」，闕文。鄆貳于齊，故圍之。

不用《公羊》説。以爲孔子以後之闕文可也，不可以爲史闕。

傳：凡獲器用曰得，得用焉曰獲。

謂用器物以有獲，若麟爲田獲，俘爲戰獲。

謂生物死物之分，死物不動，但曰得，生物有變動，則曰獲。亦難易之詞。

經：晉趙鞅歸于晉。

韓、魏請而復之，故曰歸。言韓、魏之彊，猶列國。

---

① 行人樂祁犂：「行人」原誤作「行入」，據《左傳》經文改。

入爲惡辭，歸爲善辭，在本國，不必以諸侯納之爲例。

經：五月，於越敗吳于檇李。

使罪人詐吳亂陳，故從未陳之例書敗也。

此變例，不必言已陳未陳。

傳：秋，七月，壬申，姒氏卒。不稱夫人，不赴，且不祔也。

赴同、祔姑，夫人之禮。二者皆闕，故不曰夫人。

赴同，夫人之禮，姒氏，妾母，不用其禮。傳微其詞，不直言非夫人，但以禮節言之。

傳：葬定姒。不稱小君，不成喪也。

公未葬而夫人薨，煩于喪禮，不赴不祔，故不稱小君，臣子怠慢也。反哭于寢，故書葬。

妾母不稱夫人，自應不稱小君。以不成喪爲言者，不成夫人之喪也，非以不赴不祔乃不稱小君，亦非以禮煩而怠慢。

哀公篇第十二

經：楚子、陳侯、隨侯、許男圍蔡。

隨世服于楚，不通中國。吳之入楚，昭王奔隨，隨人免之，卒復楚國。楚人德之，使列于諸侯，故得見經。

隨非不通中國，不在十九國之數，經不常敘之耳。經于此一書，以備卒正之數，非楚列之諸侯乃見經。

傳：三月，越及吴平。吴入越，不書，吴不告慶，越不告敗也。

嫌夷狄不與華同，故復發傳。

經書不書不以告不告爲據，史不書以不告，經不書以畧夷狄。此經、史皆不書，故傳以不告爲説。

傳：齊侯、衛侯會于乾侯，救范氏也。師及齊師、衛孔圉、鮮虞人伐晉，取棘蒲。

魯師不書，非公命也。孔圉，孔烝鉏曾孫。鮮虞，狄師①，賤，故不書。

非公命而書者多矣，此畧之，故内外皆不書。

經：二年，春，王二月，季孫斯、叔孫州仇、仲孫何忌帥師伐邾，取漷東田及沂西田。

邾人以賂，取之易也。

言帥師伐，取非易辭。

經：三年，春，齊國夏、衛石曼姑帥師圍戚。

① 狄師：原作「狄帥」，據《左傳》杜注改。

曼姑爲子圍父，知其不義，故推齊使爲兵首。戚不稱衛，非叛人。

戚不繫衛，不使得圍戚也。齊爲二伯，得主兵，《春秋》以齊先衛，非衛推齊乃先齊。

經：四年，春，王二月，庚戌，盜殺蔡侯申。

賤者，故稱盜。不言弒其君，賤盜也。

本《穀梁》說。

經：晉人執戎蠻子赤歸于楚。

晉恥爲楚執諸侯，故稱人以告，若蠻子不道于其民也。赤本屬楚，故言歸。

夷狄不當以諸侯例之。「赤歸于楚」句，避伯晉而京師楚也。

經：六月，辛丑，亳社災。

亳社，殷社，諸侯有之，所以戒亡國。

用二傳說。

經：夏，齊國夏及高張來奔。

二子阿君，廢長立少。既受命，又不能全，書名，罪之也。

罪之有無不當據書名定之。

經：齊陽生入于齊。

爲陳乞所逆，故書入。

傳例「國逆而逆之」，逆順之逆，非迎逆。傳例「以惡曰復入」，包入而言。凡言「入」皆惡也，不爲國逆之事言「入」。

經：秋，公伐邾。八月，己酉，入邾，以邾子益來。

他國言歸，于魯言來，外内之辭。

此内外例。

經：八年，春，王正月，宋公入曹，以曹伯陽歸。

曹人背晉而奸宋，是以致討。宋公既還，而不忍褚師之詬，怒而反兵，一舉滅曹。滅非本志，故以入告。

曹，同姓之國，諱滅言入，不爲探其本志。

經：夏，齊人取讙及闡。

不書伐，兵未加而魯與之邑。闡在東平剛縣北。

言取二邑，則伐可知。内取邑爲重，伐爲輕。傳無「兵未加而魯與邑」之文。

經：衛公孟彄自齊歸于衛。

書歸，齊納之。

言自齊歸，則是諸侯納之可知。

經：冬，楚公子結帥師伐陳。吴救陳。

季子不書，陳人來告，不以名。

吳無大夫。聘，美事，一見季子，言使以明方伯之例。兵事不言大夫，與秦同。外告不以名。

傳：冉有用矛于齊師，故能入其軍。孔子曰：「義也。」

不書戰，不皆陳也。不書敗，勝負不殊。

不書戰、敗，略之，爲下有大戰。

經：夏，五月，甲辰，孟子卒。

魯人諱取同姓，謂之孟子，《春秋》不改，所以順時。

春秋時，娶妾不以同姓爲諱，《春秋》改制，乃諱之。非時人所已明，《春秋》乃順之。

傳：死不赴，故不稱夫人。不反哭，故不言葬小君。

反哭者，夫人禮也。以同姓故，不成其夫人喪。

當日實反哭，經以不反哭禮待之耳。

傳：九月，宋向巢伐鄭，取錫，殺元公之孫，遂圍嵒。十二月，鄭罕達救嵒。丙申，圍宋師。

此事經在「十二月螽」上，今倒在下，更具列其月以爲別者，丘明本不以爲義例，故不皆齊同。

此劉氏引傳解經時之失檢，非左氏不以爲史例。

經：公會晉侯及吴子于黄池。

夫差欲霸中國，尊天子，自去其僭號而稱子，以告令諸侯①，故史承而書之。

司馬氏説「吴、楚之君，王也，而《春秋》貶之曰子」，非自去其號、史承而書之。

① 以告令諸侯：「令」原誤作「今」，據《左傳》傳文改。